삼국유사의 상상력

정 호 완

지문당

머리에

유사와 사기를 아우르는 풍물 소리 들리는 삼국유사의 숲길을 걸을 수 있다면.
유사에 나오는 짐승 이야기를 머리에 올리고 유사 '기이'와 사기의 '본기'를 통섭했습니다.
행운이 늘 함께 하소서.

감내 두 손

글 눈

1
유사의 숲

2
영혼의 노래

1
유사의 숲

1. 유사의 숲

곰은 어머니

날씨도 화창한 봄날 환웅을 찾아간 곰순이, 호순이는 무릎을 꿇고 빌었다.

"환웅님, 저희들도 사람이 되고 싶습니다."

환웅은 쓰다 달다 말이 없다.

"어떤 고생이 되더라도 시키시는 대로 하겠습니다. 이 어리석은 짐승들에게도 길을 열어 주십시오."

"글쎄. 쉬운 일이 아닌데."

"제발요……."

"내가 하라는 대로 따르겠다 이거지."

"그렇고 말구요. 어느 안전이라고 다른 말을."

환웅이 주는 쑥과 마늘을 받아서 햇빛을 보지 않고 백 일 동안을 견디라는 것이다.

굴속에 들어간 지 며칠이 지났을까? 호순이는 견딜 수가 없었다. 너무도 답답한 나머지,

"곰순아. 쑥과 마늘만 먹고는 난 도저히 못 견디겠다. 고기 맛이 그리워…. 우리 저 넓은 세상으로 같이 나가서 사이좋게 살자."

호순이는 견딜 수 없어 굴을 나가 버린다. 홀로 남은 곰순이는 외롭고 힘든 고통의 나날을 견디면서 죽을 것만 같은 외로움과 배고픔을 참고 스무하루 만에 문득 아름다운 여인이 되었다. 놀라운 일이었다. 말이 곧 힘이며 말 속에 영혼이 깃들어 있는 것인가. 압록강 어름에는 다투어 피는 철쭉이며 자작나무 잎이 우거지고 있었다. 금강하(錦江河)의 깊은 굴 같은 물길에는 천지 못에서 흘러나온 신령한 냇물들이 노래하며 흘러 송강하(松江河)로 들어가고, 새들은 읊조리고.

나물을 뜯던 곰녀는 물소리를 들으며 새소리를 듣고 문득 누군가 그리운 마음에 목소리를 돋우어 아리랑을 불렀다. 어디서 그런 소리가 났을까? 자신도 시나브로 환웅님이 계신 동굴로 다가갔다.

"환웅님, 저도 아이를 갖고 싶습니다. 저에게 귀여운 아이를 갖게 해주십시오."

그 역시 아무 말이 없었을 뿐. 그러기를 여러 차례. 하루는 환웅이 신하에게 웅녀를 데려 오라고 하였다. 그는 이미 남자로 변신하여 웅녀를 맞고 있었다.

"아름답고 사랑스러운 나의 사슴이여. 그대 내게로 오라. 앞으로 아이를 낳거든 단군이라 하시오."

참으로 저녁노을 곱게 물든 봄날의 하루 저녁을 보냈다. 하늘이 땅이고 땅이 하늘같은 그런 황홀한 꿈속의 하루였다. 꿈인 듯 생시인 듯, 그 사랑스럽던 남자는 어디론가 기적 같이 사라지고 새소리 가득한 미인송 그늘의 벌 소리만 윙윙거리고. 황금의 노을이 물든 구름이 백두산 천지에 명주 비단으로 흘러내리듯 그렇게 서서히 흘러가고 있었다.

"임은 어디로. 임이시여."

만나자 이별이라. 그 무덥던 여름과 가을이 가고 겨울 어느 추운 날 아이를 낳았으니 환웅님의 말대로 단군왕검(檀君王儉)이라 하였다. 단군이란 본디 신(神)에게 제사를 드리는 제사장 곧 부족의 우두머리를 일컫기도 하는 말이다. 아, 그럼 이 아이가 자라서 이 겨레를 이끌어갈 지도자란 말인가. 웅녀는 온갖 정성을 다하여 단군을 길렀다. 힘들고 어려운 일을 어머니 혼자서 해내고 어린 단군을 돌봤다. 무서운 호랑이와 짐승들이 우글거리는 숲속에 집을 짓고 살자니 어려운 일이 얼마나 많았을까? 큰 탈 없이 자란 단군은 말 타기와 활쏘기를 잘 하였다. 단군은 스승이라고도 일렀다. 단골 혹은 당골이라고도 한다. 여기 스승이란 무당을 이른다.

소도에 올라가 아침저녁으로 빌었다. 갈라진 겨레를 아우르고 통일된 나라를 이루게 해달라고. 백두산 호랑이를 주름잡는 활쏘기와 말달리기는 단군을 따라 잡을 사람이 없었다. 시월상달이 그의 생일 어름이었다.

"다른 겨레들과 어울려 살아야 한다. 혼자서는 살 수 없으니."

"어머니, 알겠습니다. 너무 걱정하지 마십시오."

이것이 바로 홍익인간(弘益人間)이다.[1] 그렇다. 고마(곰)을 조상신으로 하는 겨레뿐만 아니라 호랑이도 승냥이도 함께 갈 수 있는 세상을 열어야 한다. 그밖에도 말이며 소며 돼지며 순록의 겨레들도 같이 살아야 하지 않겠는가. 단군은 마침내 후에 광개토대왕이 꿈꾸던 그런 거룩한 나라를 이루었으니 조선(朝鮮)이라 하였다. 유엔 정신이 바로 홍익이 아니던가. 전쟁이 있는 곳에 평화의 봄을 심는데 어찌

1) 아버지가 아들의 뜻을 알아차리고 삼위태백산을 내려다보니 사람들을 널리 이롭게 할 만하였다(父知子意 下視三危太伯乃授天符印三箇, 〈삼국유사〉 권 제1 기이). 조선은 '아름다운 아침의 나라'로 풀이한다. 이두식으로 읽으면 '조선-소선-솟'의 대응성을 엿볼 수가 있다. 태양은 하늘의 신이다. 하늘의 신을 믿고 따르는 거룩한 영혼이 깃드는 나라로 풀이할 수도 있다.

그리 잘 안 되는지. 어떤 이는 한 달러씩만 일 억 사람이 유엔과 함께 하면 이 지구상의 굶주림 없고 헐벗은 이가 없다는데, 그럴 듯한 생각이다.

곰도 한 가지 재주는 있다. 누구나 타고난 저 나름의 소질이 있으며 이를 인정해 살려야 한다. 우리나라에 가장 확실한 자원이 있다면 그게 바로 사람인데 아옹다옹하고 살지만 우리 겨레의 뿌리를 떠올리면, 곰은 거룩한 존재로서의 상징성을 지닌다. 곰녀의 소중함이 이를 데 없다. 곰이 단군의 어머니이고 백두산은 달리 웅신산(熊神山)이며 금강(錦江)의 본 이름이 웅진(熊津)이었음을 고려하면 예사롭지 않다. 이는 곰 숭배에서 말미암는다.

옛말에 곰은 고마였다(신증유합). 곰이야말로 경건하게 삼가서 흠모해야 할 대상이었다(고마 敬, 고마 虔, 고마 欽). 단군신화에서 단군의 어머니인 곰신-웅신(熊神)은 우리 겨레 말미암음의 뿌리니까. 오늘날 진해의 옛 이름이 웅신이었음은 암시하는 바가 매우 크다. 일본어로 곰은 구마(kuma)이고 가장 큰 축제 가운데 하나인 아이누의 구마 마쯔리(熊祭)가 이러한 곰의 신성성에 대한 가능성을 더하여 준다. 짐승과 더불어 교감할 수 있는 사람들의 나라가 곧 조선이었다.

아이누 말로 신(神)을 가무이라고 하는데 우리말에서도 신은 검(신자전)이었다. 말하자면 조물주가 검이다. 우리말에서 신을 검이라 함은 그 연원이 깊다. 그렇게 배우지 않았고 가르치지도 않았으니 모르는 것은 아무 이상할 게 없다. 우리 것을 우리가 얼마나 알고 있는가에 대한 되돌아봄이 필요하지 않은가.

감사함을 드러내는 본디 우리말이 '고맙다'이다. '고마'에 '같다'는 말이 아우러짐으로써 '당신은 (나의) 어머니와 조상신, 하느님과 같다'는 뜻이 된다. 고맙다는 겨레의 화두이고 우리의 뿌리의식을 드러낸 이정표다. 조상을 모른다면 누가 후손이라 일컬을 수가 있을까.

고마님은 읊조린다(한겨레, 2008. 4. 30. 짐승이름 참조).

쑥 마늘 스무 하루 꽃다운 사연
더불어 살라고

• 되새김

곰 하면 단군왕검의 어머니인 웅녀가 떠오른다. 곰이 마늘과 쑥을 먹고 스무하루만에 아름다운 여인으로 변하였다. 마침내 하늘의 천제인 환인의 아들 환웅과 혼인하여 단군왕검을 낳는다.

곰이 여인으로 되었다 하여 한자로는 웅녀(熊女)라 한다. 웅녀의 웅(熊)은 매우 주목할 만한 요소다. 〈삼국유사〉 고구려조에서는 백두산을 웅신산이라고도 한다. 웅신산은 고유한 말로 곰신 뫼가 된다. 백두산을 당시로는 태백산(太伯山)이라 하였다. 여기 백(伯)은 맥(maek)으로도 읽는다. 그럼 '웅-백-곰(고마)'이 같은 곰을 뜻하는 말임을 짐작하게 한다. 〈삼국유사〉 마한조에서 이른바 예맥의 맥(貊)과 같은 뜻으로 읽힐 가능성이 높다. 〈본초강목〉에서는 '맥'은 쇠를 먹고 사는데 곰과 비슷하다고 풀이하고 있다.

이러한 맥락으로 백제도 맥 겨레 곧 곰을 토템으로 하는 겨레들이 세운 나라로 보아야 한다. 그러니까 백제가 아니라 '맥제'라고 해야 옳다고 본다. 백제를 세운 비류와 온조도 고구려 동명왕의 자손들로서 남쪽으로 내려가 마한을 정복하고 그 터에 또 다른 고구려를 세운 것이다. 〈삼국유사〉 마한조에 보면 오늘날의 강릉에 예국(濊國)이, 춘천에 맥국(貊國)이 있었다.

우리의 〈삼국유사〉와 같은 성격의 일본 〈고사기(古事記)〉에는 고구려를 고려(高麗)라고 하였는 바 저네들은 고려를 고마(koma)라고 한다. 이르자면, 고려악(高麗樂)은 고마라꾸, 고려인(高麗人)은 고마진이라 읽었다. 지금도 일본어로는 곰을 구마(kuma)라 하며 북해도에서는 12월 초 무렵 곰 축제를 연다.

공주의 옛 이름은 고마나루(용비어천가)였다. 지금도 고마 나루라는 말로 이른다. 곰골이 공골로, 다시 공주(公州)로 굳어져 쓰인다. 오늘날의 진해가 옛날에는 웅신현(熊神縣)이었다. 한마디로 산악지역에 살던 곰과 함께 살아왔던 겨레들이 우리의 조상이 아니었을까.

곰의 가죽은 추위를 막고 덮고 자는 이불로 곰의 고기는 겨우 내내 먹을거리가 되며 곰의 뼈는 얼음집을 짓는 데 뼈대가 되며 외적을 막는 무기가 되기도 하였다(백남운, 1933, 조선사회경제사 참조). 말하자면, 지금의 곰탕도 곰의 고기나 뼈를 먹을거리로 만들어 먹던 선인들의 문화가 남아 있는 것일 가능성도 있다.

고마(곰)의 소리가 약해져 떨어지면 '고마(곰)-호마(홈)-오마(옴)'가 된다. '구물구물-후물후물-우물우물'이나 '곰패다-홈패다-옴패다'도 같은 어름의 보기들이다. 언어질서로 보아도 기역이 약해져서 떨어지면 히읗이, 다시 소리 값이 없는 이응이 되기에 그러하다. 결국 오늘의 어머니(엄마, 옴마)는 고마(곰)에서 비롯하였다고 볼 수 있다.

말이 붉은 알을

진한(辰韓)의 여섯 마을 촌장들이 모여 새로운 임금을 모시기 위해 알천 언덕에 올라갔다. 그때 한 사람이 소리를 쳤다.[2)]

"남쪽을 보십시오. 저 말을요."

2) 최치원은 기록하였다. "마한은 고구려이고 진한은 신라다(馬韓麗也辰韓羅也, 〈삼국유사〉 권1 기이 제1). 신라를 처음으로 세운 박혁거세는 나정 곁의 숲속에서 말의 울음소리와 더불어 태어났다(〈삼국사기〉 신라본기 제1)."

과연 나정(蘿井) 우물가에 흰 말이 엎드려 있는 것이 아닌가. 조심스럽게 가까이 가자 그 흰 말은 붉은 알 하나를 남겨두고 하늘로 소리를 지르며 홀연히 올라가 버렸다. 알은 세상에서 보기 힘든 크고 멋진 것이었다. 알천랑이 놀라운 듯.

"자 보십시오. 이 알은 분명 하늘이 말로 하여금 우리 진한에 보내온 것입니다. 참으로 신기한 일입니다."

알은 마치 큰 박과 같은 모습이었다. 마침내 그 알을 깨어 보았다. 더욱 놀라운 일이 벌어졌다. 그 알에서 단정하고 잘 생긴 사내아이가 나온 것이다. 알천이 앞장을 서서 아이를 데리고 동천(東泉)에 목욕시켰더니 몸에서 빛이 나고, 새와 짐승이 춤을 추었으며, 천지가 진동하고 해와 달이 빛났다.

"여러분. 이 아이야말로 우리가 찾던 새로운 나라의 임금이 될 분입니다. 이분을 우리들의 지도자로 모십시다."

소벌도리가 나서더니 한술 더 떴다.

"이 어린 임금이 우리의 새 세상을 밝힐 것이니 혁거세(赫居世)라 합시다. 박처럼 생긴 알에서 나왔으니 성씨는 박씨(朴氏)라 하는 게 어떨까요."

다음 날 정식으로 6촌장 회의를 열었다. 영웅이 태어나면 그에 걸맞은 짝이 있는 법. 촌장들은 혁거세 임금의 짝을 구하려고 했다. 그런데 이게 웬일인가. 바로 그 날. 알영(閼英) 우물에 계룡(鷄龍)이 나타났다. 계룡의 왼쪽 겨드랑이에서 여자 아이가 태어났다.[3] 매우 아름다웠으나 입술이 닭의 부리와 같지 않은가.

"아이의 입술이 꼭 닭의 부리와 같네. 이걸 어떡하지?"

3) 〈삼국사기(三國史記)〉 신라 본기에는 "정월에 용이 알영정에 나타나서 오른쪽 겨드랑이 갈빗대 밑으로 한 여자 아이를 낳았다. 한 노파가 이 여자 아이를 데리고 와 기르며 우물 이름을 따서 알영(閼英)이라고 불렀다"라고 나와 있다.

취산의 진지촌장이 나서더니 북천에 가서 아이를 목욕을 시키자고 하니 좋다고 하였다. 거짓말처럼 튀어나온 입술이 예쁘게 다시 들어갔고 본디 모습으로 돌아왔다. 모두가 하늘의 뜻이었다. 마침내 혁거세는 알영을 맞이하여 부부가 되었고 뒷날 임금과 왕비가 되어 신라 천년의 큰 디딤돌을 놓았다(〈삼국유사〉 참조).

• 되새김

말 하면 몽고다. 몽고의 비행기에는 말대가리가 그려져 있다. 공항에 들어가니 역시 마찬가지. 말 공연장에도 데릴지 국립공원에서도 전통적인 국립극단공연에서도 예외 없이 말이 등장하는 걸 보았다. 공연장 안에 말을 기르고 말 공연을 하는 공간이 함께 있으니 말 오줌냄새가 코를 찌른다. 그런데도 저네들은 아무렇지도 않아 한다. 해금을 켜면서 말을 모는 노래를 부르는 소년의 모습. 공연단의 노래 가운데 다른 말은 못 알아듣겠고 당골 곧 무당이라는 말은 귀에 잘 들어왔다. 말의 영혼과 교류하는 사람의 모습이 저런 걸까 하는 의구심도 일어난다.

우리말에서 말로 소리가 나는 뜻으로는 세 가지가 있다. 사람이 타고 다니는 말(馬), 되로 주고 말로 받는다고 할 적의 말(斗), 입으로 삶의 생각과 느낌을 전하는 말(言)이 그렇다. 서로 뜻은 달라도 옮김이란 점에서는 다를 바 없다.

말은 몽고의 모린(morin)에서 비롯하였을 가능성이 높다. 제주방언에서는 지금도 '모리'라 함을 보면 암시하는 바가 매우 크다. 또 윷놀이에서 도, 개, 걸, 윷, 모라 할 때 걸을 지명의 대응으로 보아 말을 뜻하는 말이기도 하다. 거룩하다의 '거룩'이 말을 뜻하는 걸에서 갈라져 나온 형태임을 짐작할 수가 있다. 삼한 가운데 마한(馬韓)의 마도 말의 거룩함과 으뜸을 이른다. 따라서 말이 접두사가 되어서 크다-거룩하다로 쓰임을 알 수가 있다. 우리 몸의 가장 높은 부분을 '머리'라 함도 거룩한 천마(天馬) 사상의 그림자로 보아 무리는 없을 것이다. 모음이 바뀌어 쓰이는 이형태로 볼 수 있기에 그러하다(한겨레, 2008. 5. 14. 짐승이름 참조).

하늘엔 말소리가 바람소린 양
긴 목에 갈기로
바람에 말달리던 광개토왕의
영혼의 소리로

개의 덕성

개에게도 도덕이 있다면…. 주인에게 덤비지 않으니 그 첫째요, 큰 개한테 작은 개가 덤비지 않는다는 게 둘째다. 셋째는 아비의 털빛을 새끼가 닮는다. 넷째는 때(時)가 아니면 어울리지 않는다. 다섯째는 한 마리가 짖으면 마을 개들이 따라서 짖는다.

글쓴이가 길림성 장춘에 있을 때다. 아침이면 장춘시의 수목원 길은 오가는 사람들로 붐빈다. 그날따라 사람이 거의 없었다. 이른 아침이라 그랬을까. 미루나무 길을 걷다 배가 아파 심한 통증을 느꼈다. 마침 사람도 없고 하여 염치 불고, 수목원 나무 숲 속으로 들어가 시름을 풀었다. 허리춤을 여미며 나오려는데 나보다 훨씬 멀리 들어가 나무 밭에 일을 보고 나오는 누렁이 한 마리가 나를 보더니 도망치듯 달아나 버린다. 순간 부끄러웠다. 개들도 저렇게 사람인 나보다 더 멀리 들어가 일을 보는데 나는 길에서 얼마 안 떨어진 곳에 가서 일을 보았다니. 그것 참 씁쓸하다.

〈삼국유사〉의 이야기를 빌면, 사람으로 둔갑한 개와 닭이 구렁이와 짜고 주인을 죽이려고 하는 이야기가 나온다. 그래서 오래된 개나 닭은 기르지 않아야 한다는 속설이 생겼다. 〈삼국사기〉에는 진평왕 54년(632)에 흰 개가 대궐 담 위로 올라왔다고 기록하고 있다. 밤과 낮으로 깨어 있으라는 울부짖음이었던가.

더러는 개를 일러 삼육(三育)의 짐승이라고. 슬기로움, 어짊과 덕, 용(勇)과 체(體)를 이른다. 〈계림유사〉에서 개를 가희(家豨)라 하였다. 오늘날도 충청 지역에선, '가이'라 이른다. 가이>개를 보면 우리말 변화와 궤를 함께한다. 만주어로는 구리(kuri)라 하고, 길략크말로 가뉜(kanyn)이라 한다. 한자어로는 구(狗) 소리와 유연성이 있음을 말하기도 한다. 가희라 함을 보면, 개가 흔하지 않은 짐승임을 암시하고 있다. 한자의 자원으로 보자면, 개는 산신 곧 호랑이한테 바치는 제수로 쓰였던 것으로 보인다. 이르자면 헌신(獻身)의 '헌'이 그러한 경우다. 흔히 이바지라고 한다. 뒤로 오면서 희생의 제물이 소로 바뀌었지만. 망나니 같은 친구를 개 같은 놈이라 한다. 과연 그럴까. 주인을 위하여 제 목숨을 버리는 개도 있으며 사내들의 뿌리 힘을 돋우기 위하여 개들의 고기를 즐기거늘. 신에게 드리던 거룩한 제물이었건만.

유월을 맞으면서 겨레와 나라를 위하여 목숨을 바쳐 순국한 이들을 생각하면 참으로 내 안의 내가 얼마나 속 좁고 왜소한가를 되돌아볼 때가 있다. 밤을 지새워 짖어대며 어렵고 힘든 주인의 처지를 헤아리는 개도 있음을 떠올릴 일이다. 친구 개에게 두어 줄 글로 위로한다(한겨레, 2008. 6. 18. 짐승이름 참조).

삼복에 죽는다고 슬퍼마시게
제 명에 못 살고

조선족 멍멍국을 본디 좋아해
잘 가라우 거저

호랑이 모르는 길을

아침 바다에 노을이 그리도 붉더니만 벌건 대낮에 대포 세례가 어인 일인가. 하루아침에 집 주인의 목이 두 동강 나고 집은 불에 타버렸지. 이게 인민이 영웅이라는 말인가. 오랑캐가 바로 우리들의 동족이라니. 참으로 가슴 저미는 일이었네. 사돈 남 말 할 수가. 최근 들어 노크 귀순이라는 용어가 생길 정도로 참으로 어이없는 일이다. 그동안 우리네는 뭘 했단 말인가. 입으로는 국민의 생명과 재산을 지킨다, 말로는 하루아침에 통일하고 세계평화다 하련만. 똥 묻은 개가 겨 묻은 개 나무라는 꼴이지 뭐. 에라 이 썩을 놈의 세상살이가 왜 이리도 살기가 팍팍한가 말일세.

호랑이 모르는 길을 생쥐가 안다. 저마다 남모르는 능력과 정보가 있다는 얘기다. 〈삼국유사〉의 단군신화에는 곰과 함께 범이 나온다. 범과 곰은 두루 환웅에게 사람이 되기를 빌었는데, 곰은 됐으나 범은 못 됐다. 토템이란 관점에서 보면, 상징으로 곰을 내세우는 겨레가 범을 내세우는 겨레를 이겨낸 것으로 풀이하기도 한다.

신라 풍속에 해마다 2월이 되면 초파일(初八日)에서 15일까지 서울의 남녀가 다투어 흥륜사(興輪寺)의 탑을 도는 복회(福會)를 연다. 신라 원성왕(元聖王) 무렵 김현(金現)이라는 선비가 서라벌에 살았다. 밤이 깊도록 혼자서 탑을 돌고 있었다. 그때 한 낭자 또한 염불을 하면서 따라 돌다가 말 없는 가운데 서로의 마음이 통하여 돌기를 마치자 으슥한 숲에 들어가서 진한 정분을 나눴다(〈삼국유사〉 참조).

낭자가 돌아가려 하자 김현이 따라갔다. 낭자는 극구 사양하고 거절했지만 김현은 굳이 따라 나섰다. 길을 가다가 산기슭에 다다라 한 초가집으로 들어가니 늙은 어머니가 낭자에게 물었다.

"함께 온 사람은 누구냐."

낭자가 사실대로 말하자 어머니는 말했다.

"아무리 좋은 일이라도 없느니만 못하다. 그러나 이미 저지른 일이어서 나무랄 수도 없으니 깊숙한 곳에 숨겨 두어라. 네 오빠들이 나쁜 짓을 할까 두렵다."

하고 김현을 구석진 곳에 숨겼다. 아니나 다를까. 조금 뒤에 세 마리 범이 으르렁거리며 들어와 사람의 말로 말했다.

"집에서 짐승의 비린내가 나니 잘 되었다. 배고픈 참에."

늙은 어머니가 꾸짖었다.

"너희 코는 개 코냐. 무슨 미친 소리냐?"

이때 하늘에서 외치는 소리가 들렸다.

"너희들이 즐겨 목숨을 해침이 너무하다. 마땅히 한 놈을 죽여 악행을 벌하겠노라."

세 호랑이들은 이 소리를 듣자 모두 큰 걱정을 하게 되었다. 낭자가

"세 분 형님께서는 빨리 피해 가시오. 내가 그 벌을 대신 받겠습니다."

하고 말하니, 모두 기뻐하여 고개를 숙이고 꼬리를 치며 달아나 버렸다. 낭자가 들어와 김현에게 말했다.

"처음에 저는 선비께서 우리 집에 오시는 것이 부끄러워 짐짓 사양하고 반대했습니다. 그러나 이제는 숨김없이 속내를 말씀드리겠습니다. 또 저와 선비님은 비록 갈래는 다르나 하루 저녁의 정분을 나눈 부부의 연을 맺었습니다. 세 형님의 악행은 하늘이 이미 미워하시니 한 집안의 재앙을 저 혼자 받으려 하오나, 보통 사람의 손

에 죽는 것이 어찌 낭군의 칼날에 죽어 은혜를 갚음만 하겠습니까. 제가 내일 성안에 들어가 몹시 난동을 부리면 나라 사람들은 저를 어찌할 수 없을 것입니다. 임금께서 반드시 높은 벼슬로써 적당한 사람을 뽑아 저를 잡게 할 것입니다. 그때 낭군은 겁내지 말고 저를 따라 성 북쪽의 숲속까지 오시면 제가 기다리고 있겠습니다."

김현은 말했다.

"사람이 사람과 사귐은 인륜의 도리지만 다른 짐승과 사귐은 대개 떳떳한 일이 아니오. 그러나 일이 이미 이렇게 되었으니 진실로 하늘이 준 복인데 어찌 차마 아내의 죽음을 팔아 한 세상의 벼슬을 바라겠소."

낭자가 말했다.

"낭군은 그리 마시오. 이제 제가 일찍 죽는 것은 대개 하늘의 명령이며, 또한 저의 소원이요, 낭군의 경사이며, 우리 일족의 복이요, 나라 사람들의 기쁨입니다. 한 번 죽어 다섯 가지 이로움을 얻을 수 있는 터에 어찌 마다하겠습니까. 다만 저를 위하여 절을 짓고 독경을 하며 좋은 업을 짓게 된다면 낭군의 은혜, 이보다 더 큼이 없겠습니다."

그들은 서로 울며 울면서 헤어졌다. 날이 밝았다. 참으로 사나운 범이 성안에 들어와서 사람들을 해치니 감히 당해 낼 자가 없었다. 임금이 듣고 왕명으로,

"범을 잡는 사람에게 2품의 벼슬을 주겠다."

라고 하였다. 김현이 대궐에 나아가 아뢰었다.

"소신이 해보겠습니다."

왕은 먼저 벼슬을 주고 격려하였다. 김현이 칼을 쥐고 숲 속으로 들어가니 범은 낭자로 변하여 반갑게 웃으면서,

"어젯밤에 낭군과 마음속 깊이 정을 맺던 일을 잊지 마시오. 오늘

내 발톱에 상처를 입은 사람들은 모두 흥륜사의 간장을 바르고 그 절의 나팔 소리를 들으면 나을 것입니다."

하고는, 이어 김현이 찼던 칼을 뽑아 스스로 목을 찔러 죽었다. 김현이 숲 속에서 나와서,

"범을 잡았다."

라고 말했다. 그리고 범에게 다친 사람들의 상처는 그 범이 시킨 대로 치료하니 모두 나았다. 민가에서는 범에게 입은 상처에는 역시 그 방법을 쓴다. 김현은 벼슬에 오르자, 서천 가에 절을 지어 호원사(虎願寺)라 하고 항상 범망경(梵網經)을 강론하여 범의 저승길을 인도하고 또한 범의 희생으로 자신을 성공하게 해 준 은혜에 보답했다(〈삼국유사〉 참조).[4]

범은 만주어 비럼(birəm)에서 비롯한 것으로 보인다. 참고로 몽고어로는 발스(bals)라 한다. 오늘날의 범은 '벋'에서 '벌'로, 다시 벌엄-버럼-버엄-범으로 바뀌어 굳어졌다. 옛말에 호랑이는 갈웜(〈훈몽자회〉)이라고도 이른다. 갈웜은 갈범에서 비롯된다. 일본말로 호랑이는 도라(dora)다. 그 원형은 돋>돌로 바뀌었으며, 같은 소리의 틀로 재구성할 수 있으니, 그 형태는 닫(dat)이었다. 〈향약구급방〉에서는 호랑이를 짜둘흡(地頭乙戶邑)이라 적고 있다. 기원적으로 보아 닫과 '짜-다'로 그 대응성을 상정할 수 있다.

오늘날 '두렵다'의 '두리-'를 호랑이의 원형으로 봄이 온당하다. 견훤이 어렸을 때 어머니가 밭일을 하는 사이에 범이 내려와 견훤에게 젖을 먹여 길렀다고 한다. 높고 깊은 산골짜기에 세운 산신각에는 호랑이가 산신을 태운 그림들이 걸려 있다. 일본어로 도라(とら)는 좋

4) 범망경의 범(梵)은 신을 뜻하는 인도 브라만의 줄임말로 보이며 이는 호랑이를 뜻하는 '범(虎)-범(梵)'의 소리가 비슷하고 또한 호랑이를 산신으로 모시는 민속에 뿌리를 둔 것으로 보인다.

은 참고가 된다. 이는 범을 산신으로 숭배함에 그 뿌리를 둔다. 〈후한서〉 동이전에, 범한테 제사를 지내고 그것을 신으로 섬긴다고 하였다. 특히 흰 호랑이를 영험한 신으로 모시며, 서쪽을 상징한다. 12지신의 하나이기도 하다. 신과 자연과 생명을 경건히 섬기는 문화 복원이 되어야 한다(한겨레, 2008. 5. 7. 짐승이름 참조).

어흥~ 기가 죽어 옴짝달싹도
먹잇감 될 밖에
정화수 장독대엔 달맞이꽃만
사랑에 목숨을

개천에서 용이

감자바위 고향에 가면 면서기만 해도 출세했다고. 나그네의 앞집에 별이 셋 뒤로는 국회의원, 가운데로는 교수라, 개천에서 용 났다고 하지. 굳이 이르자면 하용출(河龍出)이라고나 할까.

육이오 난리에 아버지 돌아가시고 어둡고 모진 칼바람 부는 벌판에서 시린 가슴 안고 자랐지. 그런 사람이 한둘이 아니었으니까. 용은 하늘로 올라가면 비를 내리고 못 오르면 이무기가 되어 사람들을 해치고 잡아먹는다고. 흑룡강의 괴물도 아니련만.

신라 때 보양(寶壤) 선사가 가무는 땅에 비를 내린 죄로 죽게 된 이무기 상좌를 구해주었다는 이야기. 〈삼국유사〉 권4 의해(義解) 보양이목에 실려 전한다. 지금도 청도 운문사에 가면 절 서편으로 흐르는 냇물에 웅덩이가 있는데 이무기 이야기가 안개처럼 서려 있다. 하늘로 올라가려는 듯.

보양 선사가 당나라에서 돌아오다 서해 용궁에 들러 불법을 전하고, 용왕의 아들 이목(璃目)을 데리고 왔다. 용왕이 보양 선사에게 부탁을 한다.

"선사님. 아이가 아직 여러 가지로 모자랍니다. 좋은 그릇으로 만들어 주시면 좋겠습니다. 세상에 훌륭한 일을 할 수 있도록."

"힘써 보겠습니다만 저의 법력이 모자랍니다. 나무아미타불."

보양은 운문산 동녘 봉우리 작갑(鵲岬)에 절을 세워 작갑사라 하였다. 이목은 절 옆의 작은 못에 살면서 스님을 도왔다. 어느 해인가 날이 몹시 가물었다. 이를 안타깝게 여긴 이목이 비를 내리게 하였다. 하느님은 이목이 제 마음대로 비를 내렸다고 그를 죽이고자 하였다.

"스님, 살려주십시오. 어찌하면 좋습니까?"

"……"

하늘의 사자가 내려와 다그쳤다.

"이목이를 내놓으시오. 하늘의 명이요."

어리둥절한 스님은 이목을 숨기고 배나무(梨木)를 가리켰다. 한자음으로는 같은 이목이 되기에. 마침내 배나무가 벼락을 맞고 부러져 죽었다. 그 뒤 이무기는 보양 스님의 도움으로 죽은 배나무를 살렸다. 이 설화는 승려와 용의 이야기로 민간의 물 신앙과 절 신앙이 습합된 모습을 보여주고 있다.

용의 옛말은 '미르(〈훈몽자회〉)'다. '미르'는 물(水)이니 '밀-물'로 이어지는 낱말 겨레라 할 수 있다. 용은 물과 불을 다스리는 상징이었다. 농경 시기에 물이란 정말 소중한 것이었다. 한자음으로 용은 영(靈)과 상통하는 바 있다. 땅이름에도 '용' 계열이 숱하다. 용산(미르기메)·용천(미리내)·용소(미르기물)에다 용강·용전·용지·용성·용담·용두 등이 곳곳에 있다.[5)]

5) 〈고기(古記)〉에 따르면, 기원전 58년 무렵 4월 8일에 하늘의 황제가 흘승골성(訖升

용이란 권위의 상징이요, 능력자의 정수리다. 그래서 임금 관련의 말에는 용이 들어가는 경우가 흔히 있다(용안, 용상, 용포, 용루 등). 그런가 하면 가장 거룩한 공간인 모든 절의 법당에는 용이 트림을 하며 법당을 지키고 있다. 그 얼굴에 값하는 절이 황룡사(黃龍寺)다. 이 절은 황룡사 9층탑과 장육상과 함께 신라의 세 가지 보물(三寶)로 남아 전한다. 애석하게도 고려 고종 25년(1238)에 몽골의 침략으로 불타 없어지고 말았다.[6)]

이서의 〈마경초집(馬經抄集)〉에 동계(東溪) 선생이 곡천(曲川) 선생에게 말의 계보를 물어본다. 용에서 토끼로, 토끼는 기린으로, 기린은 말로 계보를 이어간다. 말도 천마사상과 같이 하늘과 통하는 영성을 부여함을 보면 두루 짐승을 인간의 조상으로 믿는 토템의 한 얼 안에 넣어야 할 것이다. 용이 날아 빛나는 거기 온갖 사랑 강물처럼(한겨레, 2008. 4. 30. 짐승이름 참조).

미르님 비를 주소 애간장 타는
내 한 몸 바치리

돼지의 영험

이야기 속에 나오는 돼지는 어떤 것이 있을까. 고구려 유리왕 시

骨城)에 내려 왔다. 다섯 용이 끄는 오룡거를 타고서 왕성을 정하고 왕이라 하면서 나라의 이름을 북부여라 했다. 자신의 이름을 해모수(解慕漱)라 일렀다. 아들은 부루라 하였으며 뒤에 동부여로 도읍을 옮겼다(〈삼국유사〉 권 제1 기이 1 참조).

6) 황룡사(皇龍寺)는 서라벌에 있었던 것으로, 현재는 터만 남아 당시의 상황을 말하여 준다. 황룡사는 9층 목탑과 장륙상(丈六像)과 더불어 신라 삼보(三寶)의 하나다. 진흥왕 14년(553)에 절을 짓기 시작, 진흥왕 27년(566)에 마무리하였다. 선덕여왕 14년(645)에 완성되었다는 논의도 있다.

절, 하늘의 제사 올릴 때 쓰려고 한 돼지인 교시(郊豕)가 달아났다. 제수를 맡았던 설지(薛支)로 하여금 다시 국내성에서 교시를 잡아서 그곳 사람들에게 맡아 기르게 하였다(〈삼국사기〉 참조).

돌아온 설지는 임금에게 서울을 국내성으로 옮기는 것이 좋겠다고 하자 임금이 가서 답사를 한 뒤 서울을 옮겼다. 돼지가 달아난 방향이었기 때문이다. 이런 이야기는 산상왕 때도 이어진다. 임금에게 아들이 없어 정성을 다하여 하늘에 기도를 올렸다. 왕 12년 되던 해 겨울, 제사에 쓸 돼지가 도망친 곳으로 갔다. 거기에는 아름다운 여인이 있었다. 임금이 남 모르는 어두운 밤에 여인의 집을 찾아가 정을 나누고 이듬해 왕자를 얻었다. 말하자면 하늘이 돼지를 통해서 왕자를 보냈다고 믿고 서울을 옮기라고 미리 알려준 셈이다.

고려 태조 왕건의 경우도 다르지 않다. 왕건의 할아버지 작제건(作帝建)은 서해 용왕을 돕고서 그 대가로 용왕의 딸과 돼지를 얻어서 고향으로 돌아온다. 집으로 돌아온 작제건이 돼지를 우리에 넣으려 하였으나 돼지는 말을 듣지 않고 송악산 기슭에 가서 눕는 것이 아닌가. 마침내 이곳으로 서울을 옮겨 정하게 된다.

울산의 천전리에 가면, 반구대 암각화에 집돼지와 멧돼지 그림이 또렷하게 새겨져 있다. 그런 그림은 그 뒤 신라 때 많이 나타난다. 오늘날의 보은(報恩)은 삼년산성이었다. 산성에서 앞발 괴고 앉아 있는 돼지가 출토되었다. 진덕, 성덕, 경덕, 원성, 헌덕, 흥덕의 왕릉과 김유신 묘, 구정동 방형분, 원원사 절터석탑, 용강고분 내부에서도 12지신으로 나타난다. 이는 고려와 조선 왕릉에서도 이어지는 문화다.

돼지는 열두 짐승 가운데 마지막이다. 상해일(上亥日)이라 하여 삼가라는 가르침을 주고 있다. 〈삼국유사〉에 신라 소지왕(炤知王)의 사연을 바탕으로 하는 이야기가 있다. 방위로는 돼지가 북서북이요, 시간으로는 9-11시에 값한다. 이용 가치로서 돼지보다는 존재가치로서 돼지가 우리와 함께 하던 짐승임을 깨달아야 할 때다. 〈삼국유사〉에는 동부여의 금와왕 때 유화가 낳은 알을 돼지에게 주었으나 거들떠보지도 않았다.

돼지가 알은 먹지 않지만, 뱀은 잡아먹는다. 어렸을 적에 보면 독사라도 돼지에게 걸리면 잡아먹힌다. 뱀독도 돼지에게는 별로 힘을 쓰지 못한다. 사람은 독사에게 물리면 죽을 수 있다. 그런데 돼지는 괜찮다. 해독 작용을 하는 요소가 있어서일까.

돼지는 옛말에 '돋-돝-도'라고 이른다(신증유합). 여기에서 '도'는 도-개-걸-윷-모의 도로 돼지의 기본형으로 보인다. 추정컨대, 도는 히옿 종성으로 쓰이는 낱말로 '도'가 돋-돝으로 굳어진 형태로 된다. 그럼 도와 돼지와의 관련은 어떠한가.

망아지와 강아지, 송아지의 접미사 '-아지'가 '도'에 붙어 도야지>돼지로 소리가 바뀌어 오늘에 쓰이게 되었다. '-아지'는 새끼를 가리키는 말로 돼지는 새끼 돼지를 이른다. 그러나 오늘날에는 어미 돼지를 통틀어 쓰이는 말로 바뀌었다. 그러니 어미 돼지가 낳은 돼지를 그냥 돼지 새끼라 한다.

풀이에 따라서는 돼지의 옛말 '도'는 한자 저(猪)의 고대 한자음 됴>도로 바뀌어 굳어진 형태로 보기도 한다. 그럴 개연성도 있다. 이는 고뿔에서와 같이 코의 옛말이 함께 쓰임과 같다고나 할까. 아울러 한자로 돼지 돈(豚)이 우리 말 '돈'과 소리가 같아 돼지가 재물과 관련된 상징으로 떠오르게 된 것이다(한겨레, 2008. 5. 28. 짐승 이름 참조).

아라리 아라리오 내 죽거들랑
삼겹살을 고루
설사 나 배 아프면 내 생각도 좀

돈돈 하지 말고

거북이의 힘

"거북이여 거북이여 머리를 내놓으시오. 만일 내놓지 않으면 불에 구워 먹으리다."

기억에 생생한 구지가의 노랫말이다. 노래에서 거북은 김수로왕의 탄생을 불러올 만큼 신성한 영성을 지닌다. 주몽의 고구려 건국과정에서도 거북이 등장한다. 주몽이 금와왕(金蛙王)의 군사에게 쫓겨 강을 건너야 할 때, 자라 곧 거북이 다리를 놓아 주어 무사히 강을 건너게 해 준다. 무속 신화에서도 거북은 버려진 바리공주를 구해준다. 이와 같이 거북은 신성하면서도 예언적인 기능을 하는 존재로서 그 구실을 드러낸다. 갑골점(甲骨占)이라 하여 거북의 뼈를 이용하여 점을 친다. 여기 갑(甲)은 거북을 뜻하는 글자다. 일종의 토템 신앙의 중개자로서 거북을 신성시한 것이다. 이규보의 〈청강사자현부전(淸江使者玄夫傳)〉이나 〈별주부전〉에서의 거북은 모두 거북의 신성함을 드러낸다. 때로는 거북이 우직한 짐승으로도 나온다. 그러한 이야기는 구토지설(龜兎之說)로 대표된다. 물론 〈삼국사기〉 열전에 나오는 속내들이다.

옛날 동해 용왕의 딸이 심장에 나쁜 병이 들었다. 의원이 토끼의 간을 구하여 약에 넣어 먹어야 나을 수 있다고 했다. 그러나 바다에는 토끼가 없었다. 어떤 거북이가 용왕에게 말했다.

"제가 토끼의 간을 구해 오겠습니다."

마침내 거북은 뭍으로 올라와 토끼를 만나 이야기했다.

"바다 가운데 한 섬이 있다. 그곳에는 매나 독수리가 침범하지 못한다. 거기에 가면 편안히 지내고 근심이 없는 안락한 곳이 있다."

거북이 말에 넘어간 토끼를 등에 태우고 이삼 리쯤 헤엄쳐 갔을 때, 토끼를 돌아다보고 말했다.

"지금 용왕의 따님이 아파서 모름지기 토끼의 간으로 약을 해야 하겠기에, 수고를 꺼리지 않고 너를 업어 간다."

토끼가 말했다.

"슬프다! 나는 신의 후손이라서 오장을 능히 꺼내 빨아서는 다시 넣는데, 지난번에 마음이 어수선하기에 간을 꺼내 씻어서 바위 밑에 잠깐 넣어 두었다. 네가 하는 달콤한 말을 듣고 바로 오느라고 간이 아직 거기에 있다. 돌아가서 간을 가지고 오는 것이 어떻겠는가. 그러면 너는 구하는 것을 얻고, 나는 간이 없어도 살 수 있으니 피차 좋은 일이 아니겠나."

거북은 그 말을 믿고 되돌아갔다. 언덕에 오르자마자 토끼는 풀 속으로 들어가며 거북에게 말했다.

"너는 몹시 어리석구나, 간이 없이 사는 놈이 어디 있겠나!"

거북은 어안이 벙벙해져 말없이 물러났다. 옛말로 거북은 거붑(〈두시언해〉 3-5)이었다. 끝음절 '붑'에서 같은 비읍 소리의 맞섬 현상으로 거붑-거북으로 바뀐 것이다. 이를 두고 한자 기원으로 풀이하기도 한다. 고대 중국에서 귀복(龜卜)이라 하여 점복문화가 있었다. 귀복에서 소리가 정착되는 과정에서 거북이 되었다는 것이다. 마침내 귀복-거복-거북이 된 것으로 상정한다. 그럴 듯하다.

거북토템은 한자가 들어오기 이전인 〈삼국유사〉의 가락국기에 구지가가 나오고, 양산지방의 모심기 민요 가운데 왕거미 노래에서 거미가 거북이었음을 떠올릴 수 있다. 오히려 우리말 거미(거무)-검에서 그 원형을 찾음이 더 온당할 것으로 본다. 여기 검(감)은 일본으로 건너가 가미(神)가 되고 거북을 일본어로 가메(game)라 함을 보면, 한자 기원에 대한 설득력이 떨어질 것으로 본다. 최남선의 〈신자전(新字典)〉에서 '검'을 신으로 풀이하고 있음 또한 한 방증이기도 하다. 마침내 거미(거무)의 검에 -음이 붙어 거믐>거붐-거븝-거북으로 말이 변한 과정을 풀이하면, 무리가 덜할 것으로 보인다. 〈본초강목(本草綱目)〉에서는 거북의 수컷을 뱀으로 상정하고 있다.

거북은 때로 남근을 상징하여 기원적으로는 태양 숭배를 드러냄 또한 널리 알려져 유물·유적들이 이를 뒷받침해 준다. 생명을 신의 경지로 우러르던 생명 존중의 그 기풍이 소중하다(한겨레, 2008. 6. 4. 짐승이름 참조).

멋있게 오래 살고 더불어 꿈을
정겨운 동행을
거북님 두 눈으로 속내를 뚫어
맑게 해 주려나

뱀의 혀

박혁거세 임금이 나라를 다스린 지 62년 만의 일이다. 하늘로 올라간 지 이레 만에 그 몸이 땅에 떨어져 흩어지자 왕비도 임금을 따라서 세상을 뜬다. 나라 사람들이 두 분을 합장하고자 했으나 뱀이 따라와 장례를 방해하므로 흩어진 몸을 따로 모셨다. 그래서 오릉 혹은 사릉(蛇陵)이란 이름이 생겼고, 오늘날 담엄사 북릉을 이른다. 이 이야기에는 뱀이 알을 많이 낳는 까닭에 나라와 자손의 번영을 기원하는 뱀 신앙이 바탕에 깔린 것으로 볼 수 있다.

〈삼국유사〉에는 원효와 사복(蛇福)—곧 뱀복에 대한 이야기가 실려 전한다. 어렸을 때부터 말도 못하고 일어서 다니지 못하고 기어 다녔다고 하여 부쳐진 이름일 터. 그러한 전설의 흔적이 오늘날 전북 부안의 변산에 자리한 내소사의 원효방 암자를 중심으로 전해온다. 뱀동이라고도 이른다. 이 암자는 원효와 사복이 머물렀던 곳으로 물이 없던 너덜이었다. 한데 이 두 사람이 머물면서 바위틈에서 물이 나오고 이 물을 받아다가 차를 다려 사복이 원효에게 차 공양을 하였다고 한다.

전설에 따르면, 땅군들이 뱀을 잡는데 뱀에게 올가미를 씌우기가 어려우면 "뱀복이 나드신다"고 외치면서 땅을 구르며 뱀복이를 세 번 부르면 뱀이 스스로 머리를 올가미에 넣는다고 한다. 이 뱀복이 즉 사복은 땅군들의 시조로 존숭되었다. 사복은 춘원 이광수의 소설 〈원효대사〉에서 땅꾼으로 그려졌다. 후대 사람들은 민중 속에 묻혀서 살았던 이 별난 사람들이면서 성자에 대한 수많은 이야기꽃을 피웠다. 반면에 귀족불교에 대한 자신들의 조롱과 야유를 이런 식으로 표현한 것으로 보인다.

때때로 뱀신은 재물신인 칠성신과도 통한다. 칠성신은 한꺼번에 아들 일곱을 낳는다. 그래서 인간에게 다산과 풍요를 가져다주는 대상으로 칠성신이 민속 신앙으로 자리 잡는다. 뱀이 다산·풍요의 상징이 된 보기는 제주 민속에서 잘 드러난다.

옛날에 뱀은 ᄇᆡ얌(용비어천가) 혹은 ᄇᆡ암으로 쓰였다. 접미사로 보이는 -암(얌)은 '바이검'에서 기역이 떨어져 배검>배엄>배얌>뱀으로 바뀌어 굳어져 쓰인 것으로 볼 수 있다. ᄇᆡ담>ᄇᆡ람>ᄇᆡ암>뱀으로 보기도 한다.

배검에서 '검'은 거북이를 이른다. 〈본초강목〉에서 거북의 수컷은 뱀으로 드러나기도 하는데, 다리가 퇴화한 자리에 배로 기어 다니는 동물을 이른 것으로 볼 수 있는 까닭이다. 뱀이 불사신으로, 재생신으로 숭배되는 한편, 서양에선 사탄이나 저주와 악의 존재로 나타나기도 한다. 어떤 이가 나를 일러 '사탄'이라 했다. 자신의 종교를 믿지 않으니까. 그럼 내가 뱀이라도 되었단 말인가. 한 입으로 두말을 하는 이를 보고 뱀의 혀라고 한다. 세상에는 뱀들의 행진이 너무도 흔하여 뱀을 잡아먹는 돼지를 놓아먹어야 한다니까. 그런데 그 돼지는 누가 잘 먹지. 그럼 돼지가 무슨 사탄이라도 되나(한겨레, 2008. 8. 13. 짐승이름 참조).

한 생을 온 몸으로 기어 다니다
몇 푼에 팔리는
뱀독이 약 된다네 거시기 약을
산 채로 이를 빼

원숭이가 나무에서

원숭이해에 난 사람은 슬기롭고 재능이 있다. 달로 치자면 모든 곡식들이 자라서 속이 차 가는 음력 7월이다. 원숭이는 가을에 이삭이 여물어 수그러들 때까지 기다리는 지혜를 갖추었다.

가령 탈춤놀이에서도 원숭이는 마을의 재앙을 막아주고 구경꾼들에게 웃음을 선사한다. 송파의 산디놀음과 양주의 별산대 놀이의 원숭이탈, 봉산탈춤으로 이어진다. 원숭이는 영험한 짐승이다. 〈삼국유사〉에 따르면, 이차돈이 순교할 때 나뭇가지가 부러지고 원숭이들이 떼지어 울었다고 한다.

한자로 원숭이 원(猿)의 구성을 보면, 긴팔원숭이를 가리키나 흔히 일반적인 원숭이의 뜻으로 통용된다. 개 견(犬)과 옷 길 원(袁)으로 이루어지기에 그러하다. 형성 글자로 털이 덮인 긴 팔을 지닌 원숭이를 이른다.

옛말에 원숭이는 '납'(납(爲猿), 〈훈민정음 해례〉)이라 한다. 근대어로 오면서 납 혹은 나비가 보인다. 여기 '나비'란 가볍고 날램을 드러내는 '납다'에서 비롯한 말로 보인다. 그럼 '납'이란 무엇인가. 기둥과 기둥 사이에 올려놓는 나무를 도리라 하는바, 도리를 납(납(爲槺), 〈훈몽자회〉)이라 한다. 그러니 높이 달려 있는 나무를 일컫는다. 이르자면 높은 나무에 잘 매달리는 짐승을 납이라 하고 거기에 재다, 재빠르다의 뜻을 더하여 '짓납이'라 한 것으로 상정할 수 있다. '잔나비'는 오늘날에도 속담 등에서 원숭이란 말을 대신하여 널리 쓰인다. 요즘처럼 각박한 세상에 사람이 재능도 있고 덕까지 갖춘다면 더 무엇을 바라겠는가. 얄팍한 꾀로 사람을 우롱함을 조삼모사(朝三暮四)라 한다. 겉과 속이 다른 꾀로 남을 속이는 경우를 이른다.

중국 송나라 때의 일이다. 저공(狙公)은 원숭이들에게 먹이를 아침에 세 개, 저녁에 네 개씩 주겠다는 말에 원숭이들이 너무 적다고 화를 내며 펄펄 뛰었다. 그럼 아침에 네 개, 저녁에 세 개씩 주면 어떻겠느냐는 말에 원숭이들은 매우 좋아하였다. 사람 보아 가며 거짓말하라고.

외국과 협상을 하는 마당에 나라 안의 국민들이 싫어하면 좋은 점을 이야기하여 구슬리고 좋아하면 이를 밀어 붙이고. 도처에 저공들이 날개를 치는 판이니(한겨레, 2008. 8. 6. 짐승이름 참조).

원숭이 늑대보고 나 따라 와봐
것도 못하느냐
자랑 끝에 불난다고 나무 끝에서
나뭇잎 바람에

노루 때리던 막대기

노루를 때려잡던 막대기만 가지면 무슨 짐승이든지 잡을 수 있다고 생각하는 어리석은 사냥꾼을 이른다. 그에게 쫓기는 노루와 나무꾼, 그리고 선녀의 이야기가 있다. 얘기마다 줄거리가 조금씩 다르다. 나무꾼의 도움으로 노루는 살고 그 노루의 도움으로 나무꾼은 선녀를 만난다. 아이 셋을 낳기 전에는 날개옷을 돌려주지 말라고 하였으나 마침내 그는 날개옷을 돌려주었고 아이들과 선녀는 옷을 입고 하늘나라로 간다. 나무꾼은 이들을 그리며 살다가 수탉이 된다는 이야기도 있다.

노루는 하늘의 비밀을 아는 신통력을 갖고 있으며 은혜를 갚을 줄 아는 짐승으로 여긴다. 이러한 상징성은 삼한시대 경산에 있었던 압독국 혹은 압량국의 다른 이름인 장산(獐山)처럼 나라 이름에까지 오르게 된다. 사람의 오줌을 마시고 딸을 낳았다는 노루 얘기도 있다(〈삼국유사〉 참조).

하지만 불길한 징조를 보여주기도 한다. 〈삼국사기〉 고구려 편에서 더러 나온다. 유리왕이 사냥하러 갔다가 흰 노루를 잡는다. 이어 백제 시조 온조가 임금의 자리에 오른다. 혹은 중천왕 15년(262)에 흰 노루를 잡았는데 그 해 11월 우레와 지진이 있었다. 장수왕 때는 흰 노루를 잡고서 그 해 12월에 눈이 다섯 자나 내려 큰 피해를 입었다.

고려 때에도 서울에 자주 노루가 나타났다. 노루가 나타나면 불길하다고. 고려 우왕 때 하늘의 천기를 보는 일관(日官)이,

"전해오는 비기에 따르면, 노루가 도성 안에 들어오면 나라가 망한다고 하였으니 몸과 마음을 깨끗이 하고 각별히 조심하여 행동하십시오."

라고 아뢰었다. 노루사냥은 보통 밤에 한다. 노루들이 밤에 밭에

내려와서 곡식을 먹고 새벽에 돌아갈 때, 그 길목을 지키다가 잡기도 하지만 흔히 몰이사냥을 한다. 이것은 노루가 살기에 알맞은 산의 기슭을 3-4명의 몰이꾼이 산기슭 가까운 계곡에 지키고 있다가 잡는 방법이다. 노루는 대개 비탈을 내려 와서 골짝을 건너 건너편 산으로 올라가는 습성이 있으니 이러한 특성을 이용한다. 더러는 노루가 새끼를 낳는 단오절 무렵, 노루 새끼의 우는 소리를 하거나 피리를 불어서 유인 사격하는 피리사냥이 있다.

노루의 옛말은 노ᄅᆞ(〈훈몽자회〉)였다. 북부 방언으로는 놀기, 더러는 노랗다에서 온 것으로 보기도 한다. 노ᄅᆞ>노루로 바뀐 것이다. 일본말로는 노로이며 몽고말로는 시르가(sirga)다. 일본에서는 노로와 함께 쿠지카(kuzika)라고도 이른다. 여기 쿠(ku)는 한자 황(黃)을 일본식으로 읽은 것이고 지카(zika)는 사슴을 가리킨다. 그럼 노루를 누런 사슴쯤으로 본 것이다. 만주말의 시루가투(sirugatu)는 사슴과 비슷하나 몸집이 다소 작고 황백색을 띤 짐승이다. 하지만 그 소리는 아주 흡사하다. 크게 보아서는 고라니와 같은 갈래에 든다(한겨레, 2008. 7. 23. 짐승이름 참조).

노루 골 노루 없어 선녀 얘기만
으악새 소리로
눈 밝은 노루 덕에 임 가신 자리
달빛 거문고로

여우의 꼬리가

고구려 차대왕이 사냥할 때 흰 여우가 울어 활을 당겼으나 맞추지 못하였다. 임금이 무당에게 연유를 물었다.

"여우는 요사스러운 짐승으로 상서롭지 못 한 데다가 빛깔이 희니 더욱 스산합니다."

백제 의자왕 때, 여우 떼가 궁중으로 들어왔다. 흰 여우 한 마리가 상좌평 책상 위에 올라앉았다(〈삼국사기〉). 신라에서는 비형랑(鼻荊郎)이 귀신을 시켜 여우로 변신하여 달아나는 길달을 죽였고, 거타지(居陀知)는 중으로 변한 늙은 여우를 활로 쏘았다. 고려 왕건의 조상인 작제건(作帝建)이 아비를 찾아 서해를 항해하다가 늙은 여우를 물리치고서 서해 용왕의 딸과 결혼한다(〈삼국유사〉).

〈삼국사기〉에는 백제의 멸망이 이미 예고된 일이라 적고 있다. 이는 신라인들의 의도적인 이야기로 보인다. 의자왕과 삼천궁녀 이야기도 마찬가지. 백제 왕조의 몰락을 엿보게 하는 자연현상들은 의자왕 19년(659) 2월, 20년(660) 6월까지 비교적 다양하고 자세하게 기록되어 있으니 다음과 같다.

19년 봄 2월, 여우 떼가 궁중에 들어왔다. 흰 여우 한 마리가 상좌평의 책상에 올라앉았다. 여름 4월, 태자궁에서 암탉이 참새와 교미하였다. 5월, 서울 서남쪽 사비하에서 큰 고기가 나와 죽었는데, 길이가 세 발이었다. 8월, 여자 시체가 생초진에 떠내려 왔다. 길이가 18자였다. 9월, 대궐 뜰에 있는 홰나무가 사람이 곡하는 소리처럼 울었으며, 밤에는 대궐 남쪽 길에서 귀신의 곡소리마저 들렸다.

좋지 않은 일이나 징조로 여우가 등장하는 일이 종종 있다. 흔히 이상한 소리를 지르면, 여우 해골 파는 소리라 한다. 어렸을 적 해 질 무렵 공동묘지를 지나갈라치면 머리가 곤두서고 무슨 부스럭 소리만 나도 겁을 먹고 달음박질을 했던 기억이 있다. 사람들은 여우가 공동묘지에서 사람들의 해골을 파먹는다고 하며 사람도 잡아먹는다고 했으니, 어린 마음에 오죽했으리.

여우의 옛말은 여ᅀᆞ 혹은 여ᅀᅳ였다. 오늘날에도 일부 충청 지역에서는 여수, 경상 전라 지역에서는 야시라 한다. 표준말이 여우니 여수(야시)-여수(여ᅀᅳ)-여우로 바뀐 것이다. 풀이에 따라서는 여수(야시)의 기원형을 엿(얏)으로 보고, 엿(얏)의 기원형을 냣(녓)으로 보기도 한다. 따라서 받침소리의 걸림을 생각하면, 냗(녓)-(녇)-엿(얏)이 되고 여기에 접미사 ᄋᆞ가 붙었다는 풀이가 된다. 엿보다를 옛말로 여수다(박통사 번)라 하고 경상도 말에 여성이 남성을 홀린다고 할 때 '야시하다'고 한다. 여우의 신통력에서 나온 속성을 엿보게 해준다.

매우 교활한 사람을 비유해서 말할 때 특히 그런 여자를 이를 때 구미호라 한다. 꼬리가 아홉 개 달린 사술의 달인을 이른다. 박종화의 역사소설 〈금삼의 피〉에서 구미호는 사내를 호리는 여자를 말한다.

"마을 여자들은 읍내 다방에 사나이를 호리는 구미호가 들어왔다고 수군거렸다. 장녹수는 구미호같이 상감 연산을 잘 농락하여…."

여우는 재주를 잘 부린다. 때로는 아이 울음소리도 잘 내서 개나 돼지를 홀려 끌고 가서 잡아먹는다는 이야기를 더러 들은 기억이 난다. 어렸을 적에 구미호 이야기를 듣고 자라 여우의 꼬리는 아홉인 줄로 알았다. 나중에 동물원에 가서 꼬리는 하나임을 알게 되었다. 아이들 간을 빼먹기도 한다는 이야기도. 그럼 얼굴에 손을 대고 제 모습이 아닌 이들은 구미호의 갈래에 들어가는지 궁금하다. 아름다움을 위해서라면 무엇인들 사양하리오. 요즘 시골에 가도 여우를 만나기란 쉬운 일이 아니다. 둔갑을 치는 여우들이 사람들의 마음속에 들어와 살고 있나. 가짜들이 너무나 많은 세상에 사니 원 참(한겨레, 2008. 8. 27. 짐승이름 참조).

여우가 술을 부려 정은이 부자

하루아침거리
기름 값 온 시름을 속 후련하게
골을 파더라도

쥐구멍이라도

"불의 근원은 금정산에 들어가 한쪽이 차돌이고 한쪽이 무쇠인 돌로 툭툭 치면 불이 날 것입니다. 또 물의 근원은 소하산에 들어가서 샘물이 흐르는 것을 보면 알게 될 것입니다."

손진태의 〈조선신가유편(朝鮮神歌遺篇)〉에 나오는 이야기다. 불과 물의 근원을 몰라 생식을 하던 미륵이 생쥐를 붙잡아다 볼기를 치며 밝혀냈다는 사연. 그러니까 물과 불의 근원을 잘 알 정도로 쥐가 슬기롭다는 얘기다. 십이지 열두 짐승 가운데 맨 앞에 나오는 게 쥐(子)다. 사람이 땅 위에 살기 이전에도 쥐는 있었다.

〈삼국유사〉에는 김유신의 출생과 관련한 고구려의 추남(楸南)이란 점쟁이의 쥐에 대한 재미있는 이야기가 나온다. 겉으로는 한 마리의 쥐이나 배 안에 새끼까지 하면 여덟 마리가 되는 것을 모르고 임금은 추남을 처형한다. 처형당하기 전에 추남이 신라의 대장군이 되어 고구려를 멸망시키겠다는 다짐을 하고 죽는다.

피할 길이 없을 때 쥐구멍이라도 찾는다. 정말 화급함을 이른다. 쥐도 아주 급하면 저 잡아먹을 고양이를 문다. 아울러 '거문고를 쏘라'는 사연이 전한다. 소지왕은 즉위 10년 되던 해 남산 천천정에 갔다. 그때 까마귀와 쥐가 갑자기 나타나서 울더니, 이어 쥐가 사람의 말을 하였다.

"까마귀가 날아가는 곳으로 따라가 보세요."

한 신하가 소지왕의 명을 받아 까마귀의 뒤를 따라갔다. 피촌이란 마을에서 도착하였는데, 난데없이 돼지 두 마리가 서로 싸우고 있었다. 그 모습을 본 신하는 넋을 잃고 한참 동안 구경을 하였고, 뒤늦게 정신을 차린 뒤 까마귀를 찾아보았으나 간 데가 없었다. 바로 이때, 연못 속에서 한 노인이 나타나서 편지를 주었다. 그 편지 겉봉에는 이렇게 쓰여 있었다.

"이 편지를 열어보면 두 사람이 죽고, 열어보지 않으면 한 사람이 죽을 것이다."

신하는 노인의 편지를 소지왕에게 바쳤으나, 왕은 한 사람이 죽는 것이 낫다며 편지를 열지 않았다. 그런데 일관이 아뢰기를,

"거기 한 사람은 바로 전하입니다."

소지왕은 하는 수 없이 편지를 열어 보았다.

"거문고 갑을 쏘아라!"

이윽고 왕은 궁으로 달려 들어와 거문고 갑을 활로 쏜 뒤 열어 보았다. 그 안에는 스님과 왕비가 간통을 하고 있었다. 소지왕은 이들을 처형했고, 그 뒤 해마다 정월의 첫 해일(돼지 날), 첫 자일(쥐 날), 첫 오일(말 날)이 되면 모든 일을 삼가고 함부로 행동하지 않았다고. 특히 보름날은 까마귀를 기리는 날로 삼아 찰밥으로 제사를 지냈다.

〈삼국사기〉에도 쥐의 신통력에 대한 이야기가 실려 전한다. 신라 혜공왕 5년(769), 오늘날의 원주시인 치악현에는 8천여 마리의 쥐 떼가 대이동하는 이변이 일어났다. 그 해 겨울은 눈이 전혀 내리지 않았다는 대목이 나온다. 잇단 화산 폭발, 배의 난파 등 위험을 사전에 알아차린 쥐들이 먼저 보금자리를 옮긴 것이다.[7]

7) 혜공왕은 임해전에서 신하들을 불러 모아 잔치를 베풀었다. 5월에는 메뚜기들이 농작물에 큰 해를 입혔고, 혹심한 가뭄이 들었다. 11월에는 8천 마리의 쥐가 한데 몰

온달 장군의 전사지로 알려진 아차산의 유래도 쥐와 무관하지 않다. 조선 명종 때의 일이다. 당시 도성에 점을 잘 치는 것으로 유명한 홍계관이라는 사람이 있었는데, 명종이 소문을 듣고 그를 불러 쥐가 들어 있는 궤짝으로 그의 능력을 시험했다. 궤짝 안에 들어 있는 쥐의 수를 알아맞히라는 임금의 명이 떨어졌다.

그가 쥐의 숫자를 맞히지 못했다. 명종은 처형을 명하였다. 그런데 얼마 후 궤짝에 있는 암쥐의 배를 열어보니 새끼가 들어 있어서 점쟁이 말이 맞았다. 아차! 하며 처형을 중단시켰으나 이미 홍계관은 죽은 뒤였다. 그 뒤로 사람들은 처형 장소의 위쪽을 아차산(阿且山)이라고 불렀다.

아차산은 바보온달과 평강공주의 슬픈 사랑 이야기로 더 많이 알려졌다. 평강공주와의 인연으로 고구려의 명장이 된 온달은 신라군과 전투하다가 아차산성에서 전사했다. 어쩐 일인지 그의 관이 땅에서 떨어질 줄을 몰랐다. 공주가 와서,

"죽고 사는 일은 이미 결정되었으니 마음 편히 돌아갑시다."

하자 관이 움직였고 장사를 지냈다. 임금은 이 소식을 듣고 크게 통곡하며 울었다(〈삼국사기〉 참조).

쥐는 '주이'에서 왔다. 주이>쥐가 된다. 주이의 원형은 폐음절형인 '줃'에 접미사 '-이'가 붙은 말로 보았다(서정범). '줃이-주디-주리-주이-쥐'와 같이 바뀌어 굳어진 형태라는 얘기다. 옛말로 거슬러 올라가면 마찰음과 파열음이 아울러 나는 파찰음소가 쓰이지 않았다. 그렇다면 '수이-주이-쥐'와 같은 형태를 생각할 수 있다. 다시 수이는 사이를 뜻하는 슷(間 〈훈몽자회〉)에 접미사 -이가 붙어 '슷이-스시-수시-수이'로 되었음을 짐작할 수가 있다. 사람과 신 사이를 통하는 존

려 한양으로 갔다. 그 해 겨울에는 눈도 오지 않았다(〈삼국사기〉 참조).

재로, 아니면 짐승과 날짐승(새)의 중간 존재로 보려는 생각이 투영된 것으로 보인다. 새도 쥐도 아닌 게 박쥐다. 한편에선 수많은 쥐가 실험용으로 사라져 간다. 쥐를 보면 자연히 절로 두려워진다(한겨레, 2008. 7. 30. 짐승이름 참조).

우르르 우당탕탕 왕 노릇 하나
정은 강물되고

닭의 숲, 계림

스마트폰을 산 지 얼마 되지도 않아 지하철에서 놓고 내렸는지 잃어버렸다. 어디다 두었는지 아무리 찾아도 알 길이 없다. 어쩔 수 없어 또 샀다. 집에 가서 말도 못하고.

“아, 내가 닭의 대가리가 되어 가나 봐.”

“왜요. 뭘 잃어버렸어요?”

“……휴대 전활….”

“까마귀 고기를 먹지도 않았는데 말야….”

기억력이 떨어지고 어떤 문제를 해결할 때 전혀 능력을 펴지 못할 때 흔히 쓰던 말이다. 요즘은 별로다. 과연 닭은 그런 짐승인가.

어미 닭은 먹이를 찾고도 흉내만 내고 새끼한테만 주어 정작 어미는 굶을 수밖에 없는 모성을 강하게 갖고 있다. 닭도 이러하거늘 지도자로서 어찌 민초들을 나 몰라라 하리. 박혁거세의 부인 알영(閼英)은 처음 태어났을 때 입술이 닭의 부리와 같았다. 발천(撥川)에 가서 씻기니 본디 모습으로 돌아왔다. 김알지의 탄생설화에서도 흰 닭이 나온다. 신라의 본디 이름이 닭 계자 ‘계림’이 아닌가(《삼국유사〉 참조).

〈삼국사기〉 탈해 임금 편을 따르면, 신라 제4대 탈해왕(脫解王) 9년(65) 3월 밤, 탈해가 오늘날의 경주인 금성의 서쪽 시림(始林) 가운데에서 닭 우는 소리를 듣고 호공(瓠公)을 보내어 살펴보게 하였다.

호공이 가보니 금궤 하나가 나뭇가지에 달려 있었다. 흰 닭이 그 밑에서 울고 있었으니 그가 돌아와 이 사실을 알리자, 탈해가 날이 밝는 대로 그 궤짝을 가져오게 해 열어 보니 속에 슬기롭게 생긴 어린 사내아이가 있었다. 왕은 너무나 기뻐하며 아이 이름을 알지(閼智)라 부르고, 금 궤짝에서 나왔다 하여 성을 김씨(金氏)로 했다. 이때부터 시림을 계림(鷄林)이라 하고, 나라 이름도 계림으로 불렀다.[8] 시림-계림에서 우리는 시-계를 같은 뜻으로 볼 수 있다. 시(始)는 이두식 표기로 보고 계(鷄)는 한자의 뜻을 이른 것으로 보인다. 그럼 '시'는 새의 경상도 지역의 방언으로 지금도 그렇게 소리를 내는 지역이 있다. 그럼 '시림(始林)'은 닭의 숲이란 말이 된다. 본디 숲이란 생명의 뿌리임은 동서양이 다 같은 은유와 상징으로 이해한다.

닭의 옛말은 '돌(達)'이었다. 기원형은 '달구'로 보인다. 지금도 경상도 말에서는 '달구'라 하는 지역이 있다(달구통, 달구집, 달구벌). 더러 '달'이라 하기도 한다. '달구(달)'는 날아다니는 보통의 새를 이르는 보통 명사였는데 뒤로 오면서 집에서 기르는 새를 이르게 되었다. 그러니까 의미의 축소가 일어난 것이다.

중국의 옛 문헌에는 큰 닭을 툑(蜀)이라 하였다. 우리나라로 들어와 '툑>톡>독'으로 쓰였을 가능성이 있다는 풀이도 있다. 제주도 말에서는 병아리를 독새끼라 하니까. 하지만 한자가 들어오기 이전부터 '돌(돌구)'가 쓰였다면 이를 어떻게 풀이할 수 있을까. 무리가 따른

---

8) 탈해는 아이를 보고 "이 어찌 하늘이 나에게 아들을 보낸 것이 아니겠는가?" 하며 그가 금 궤짝에서 나왔으므로 성은 김(金)이라 하였다(〈삼국사기〉(상) 탈해 참조).

다. 줄탁동시(啐啄同時), 불가에서는 목숨이 태어남의 갈래를 태생(胎生)·난생(卵生)·습생(濕生)·화생(化生)의 네 가지로 풀이한다. 태생은 어머니 모태에서 태어나는 포유류 동물이, 난생은 알로 태어나 이 알이 다시 부화하여 비로소 한 생명이 탄생되는 날짐승과 같은 갈래들을 이른다.

파충류의 일부가, 습생은 곰팡이류와 같이 습한 곳에서, 화생은 하늘에서처럼 생각하면 그대로 나타나는 것을 이른다. 알에서 태어나는 경우를 보기로 한다. 불가에서는 이를 두고 난생 혹은 이생(二生)이라 한다. 어미의 뱃속에서 알로 태어남은 일생(一生), 알에서 깨어나 껍질을 깨고 생명을 얻으매 이생이라고 한다. 알에서 병아리가 태어나는 과정을 줄탁동시(啐啄同時) 또는 줄탁동기(啐啄同機)라고 한다. 하나의 원리요, 기제인 것이다. 어미 닭이 품고 있는 알에서 나올 때가 되면 알 속의 새끼는 먼저 안쪽에서 껍질을 톡톡 쪼는데 이를 '줄(口+卒)'이라 한다.

병아리의 껍질 쪼는 소리를 들은 어미 닭은 바깥에서 같은 자리의 껍질을 쪼아 병아리가 세상으로 나오도록 도와주는데 이를 '탁(啄)'이라고 한다. 줄탁의 행위가 같은 시간, 같은 곳을 향해 정확히 이루어져야 병아리는 생명의 누리로 나온다.

교육에서 줄탁동시는 가장 바람직한 스승과 제자의 사이로 풀이한다. 병아리의 탄생 과정의 섭리를 알게 되면서, 모든 생명 현상은 홀로가 아닌 상호작용의 열매임을 중시하게 되었다. 독불장군(獨不將軍). 그렇고말고. 아무리 잘난 사람이라도 어버이와 형과 아우, 이웃과 사회, 나라와 자연, 심지어는 생명이 없는 것까지도 현재의 나와 걸림이 안 되는 것은 없는 법. 나를 둘러싸고 있는 세상의 모든 것과 어울리고 섬기는 자세가 가장 중요한 것임을. 때로는 알면서도 다른 이에게 속아주는 그런 배려가 필요하다. 인생은 배움터인 것을.

오르막길을 오르는 짐수레를 뒤에서 조금만 밀어주어도 그 수레는 쉽게 마루턱을 오를 수 있다. 목마른 이에게 물 한 모금이 그를 편하게 해줄 수도 있음을. 삶에 지친 나머지 삶의 의욕을 잃은 사람에게 격려와 위로를 주어 활기찬 삶을 살게 해 주는 것, 어려운 문제를 풀지 못해 쩔쩔매는 학생에게 그 풀이를 도와주는 등 다른 이에게 유익함을 주는 행위는 모두 탁인 것이다. 스스로가 애씀은 줄(啐)이요, 힘을 보태고 용기를 줌은 탁(啄)인 것이다. 줄탁동시가 중요하다. 더욱 중요한 것은, 서로서로 배려하고 살가운 사람이 됨을 힘쓰는 친절과 용기를 주는 누리는 분명 우리의 낙원이 아니겠는가. 세상을 따스하게 함께 열어가는 줄탁동시의 웃음꽃이 피는 낙원을 만들어 가야 한다. 출발은 마음을 다스리는 것이다(한겨레, 2008. 6. 26. 짐승이름 참조).

꼬꼬댁 날이 새나 재촉을 마라
가야만 하는데
심봉사 날이 샜다 배가 고픈데
진수성찬 청아

기러기 형제

온조 임금 43년(25) 9월, 기러기 백여 마리가 왕궁으로 날아들었다. 점치는 일관이 이르기를,

"기러기는 백성을 뜻함이니 앞으로 먼 곳의 사람들이 전하께 돌아올 것입니다."

같은 해 10월이 되자 남옥저로부터 20여 집이 백제로 와서 살겠

다고 청원을 하므로 받아들여 살게 하였다(〈삼국사기〉). 기러기는 홀로 날지 않는다. 저네들은 떼로 무리지어 날아간다. 그 모습을 형제가 나란히 살아가는 데 비유하기도 한다. 그래서 형제 항렬을 기러기에 비유하여 안항(雁行)이라 이른다.

기러기는 하늘의 전령이었다. 흔히 전서구라 한다. 하느님의 불을 별들에게 전하는 제사장의 구실도 하였다. 민속의 경우, 혼례장에서 예식을 갖기 전에 신랑이 기러기를 신부 집으로 가져간다. 신부의 어른들에게 절을 하는 전안(奠雁)이라는 의례가 있다. 기러기는 암·수컷의 금슬이 좋기로 정평이 나 있다.

홀아비나 홀어미를 일러 '짝 잃은 기러기'라 한다. 조선 말엽 〈규합총서(閨閤叢書)〉에는, 기러기를 신의와 예절과 절개로 상징한다. 밤이 되면 무리를 지어 잠을 자되 한 마리는 자지 않고 망을 보며, 낮이면 갈대를 머금어 주살을 피하는 슬기로움을 갖추고 있어 결혼의 자리에 기러기를 쓴다고 하였다.

〈삼국유사〉에서 일연은,

"절은 천상의 별 만큼 많고 탑도 기러기 떼처럼 솟아 있는 곳(寺寺星張 塔塔雁行)"

이라고 경주의 남산을 일렀다. 지금도 남산에는 절터 121곳과 불상 87구, 석탑 71기가 남아 있다.

옛말로 기러기는 긔려기(〈훈몽자회〉)였다. 기럭기럭 하며 운다고 붙인 이름이다. 말하자면 소리를 흉내 낸 이름이다. '긔럭'에 사물이나 사실을 드러내는 접미사 -이가 붙어 굳어진 것. 풀이에 따라서는 갈매기의 -기와 같이 '기'가 새를 뜻하는 말로 보기도 한다. 일본어의 가리(雁), 몽고어의 갈라군, 터키어의 가즈와 그 유연성이 아주 깊어 보인다. 짐승의 이름에 접미사 -이가 붙어 이루어지는 경우가 많은 것으로 보아 앞의 풀이에 그럴 가능성이 있다(한겨레, 2008. 10.

1. 짐승이름 참조).

철 따라 날아와선 새끼를 길러
되돌아가느니
먼 하늘 정겨운 곳 은하수 건너
거룻배 두둥실

까마귀 날자

신라 아달라왕 4년, 왜인들이 수교 차 왔던 해다. 연오랑과 세오녀는 동해 바닷가에 살고 있었다. 어느 날 연오는 바위를 타고 일본으로 건너가 임금이 된다. 기다려도 돌아오지 않는 남편을 찾아간 세오녀는 연오가 벗어놓고 간 신발을 보고 그 바위로 올라가니 다시 그녀를 태운 바위는 일본으로 건너간다. 세오녀(細烏女)는 연오(延烏)의 왕비가 된다. 연오는 기다렸다는 듯이,

"어서 오이소. 기다리고 있었소이다. 부인."

"다시 만나 뵙게 되어 죽어도 여한이 없습니다."

"그 무신 소리요. 다시는 헤어지는 일이 없으리다."

저들이 일본으로 건너가고 없을 무렵, 신라에는 해와 달이 빛을 잃어 세상이 깜깜해졌다. 임금은 사람을 시켜 일본으로 건너가 두 사람을 되돌아서 오라고 한다.

그러나 연오는 갈 수가 없었다.

"하늘의 뜻을 따라서 와서 임금이 되었으니 돌아갈 수가 없다고 알리시게."

"그럼 신라는 어찌 되는 겁니까?"

그 대신에 해와 달의 정기를 모아 세오가 짠 비단을 내어 주며 돌아가 이 비단을 제물로 삼아 제단을 모으고 제를 올리라고 이른다. 말대로 하였더니 해와 달이 다시 전과 같이 빛을 되찾았다. 오늘날에도 영일의 석동 일월지(日月池)는 신에게 제사를 올렸던 곳.[9] 말하자면 철기문화를 갖고 일본으로 건너가 그 곳에서 새로운 나라를 일으킨 주역으로 봄이 옳을 것이다. 연오와 세오의 오(烏)는 까마귀를 뜻한다.

세상이 많이 달라졌다. 오비이락(烏飛梨落)이라 하여 재수 없이 오해를 받거나 일이 잘못 됨을 이를 때 쓰는 고사성어다. 하지만 글자 그대로 까마귀가 날자 배는 떨어지는 게 없고 전깃줄이 끊어진 일이 벌어지기도 한다. 몇 해 전 창원시 양덕동 일대에 전기가 1시간 이상 끊기는 사고가 일어났다. 한전에 따르면, 고압선 전깃줄에 앉았던 까마귀가 전선 세 가닥 중 한 가닥을 그 날카로운 주둥이로 쪼면서 전선이 끊어지고 전기가 하루 종일 나갔다. 담당자는,

"까치나 까마귀로 말미암은 정전은 도시보다는 주로 농촌에서 발생하는 일이 많지요. 아마도 배고픈 까마귀가 먹을거리를 찾다가 전선을 쫀 것 같다."

라고 말했다. 무언가 자신의 먹잇감을 구하기 위한 활동이었던 것이다. 옛말로 까마귀는 가마괴(〈능엄경언해〉)였다. 가마괴-가마귀-까마귀로 바뀌어 쓰였음을 상정할 수 있다. 가마괴의 -괴를 고이-고리로 보아 고리를 새로 보는 풀이도 있다. 그러나 접미사 -이가 붙어 이루어지는 짐승이나 새의 이름이 많음을 고려하면, '가막'에 -위(이)가 붙어 만들어진 것으로 볼 수 있다. 까마귀는 검은 새의 일종이다.

9) 〈삼국유사〉에 나오는 서출지(書出池) 설화 속에는 쥐가 나와 천천정에 행차한 소지왕에게 일러 까마귀가 날아가는 곳으로 따라가 보라고 한다. 마침내 한 노인이 주는 편지를 받고 나서 우여곡절 끝에 임금이 죽음을 면하게 된다는 사연이다.

일본에서는 까마귀를 가라스(からす)라 이른다. 여기 가라-구로는 검은색을 이르고 -스는 새의 변이형으로 보는 풀이가 있다. 우리에게 까마귀는 별로지만 일본에서는 행운을 가져다주는 길조(吉兆)라 여겨 나라 새로 삼았다. 본질적으로 세오녀의 '세'는 쇠를 이른다. 날아다니는 모든 것을 총칭하여 '새'로 불렀다.

특히 까마귀의 '감'은 '검'과 더불어 색으로는 검정색이요, 실체로는 신(神)을 뜻한다. 그럼 까마귀는 신의 새로 볼 수도 있다. 한국전쟁 직후 많은 사람들이 전쟁과 질병으로 죽었다. 그때 산골에는 많은 까마귀들이 매일 같이 산기슭을 돌며 짖어댔다. 골골이 돌아 나오는 그 메아리 소리가 더욱 스산하였다. 사람들은 죽은 사람들의 살점을 먹으려고 온다며 소리를 질러 쫓으려 했고 아이들은 무서워 까마귀 소리만 들어도 귀를 틀어막기도 했던 기억이 난다(한겨레, 2008. 10. 8. 짐승이름 참조).

어미 새 먹을거리 마련하려고
심청이 되살아
차라리 저 새만도 자식이 원수
모두가 타타타

꿩 잡는 게 매지

자리나 명분에 관계없이 얻고자 하는 걸 얻어낼 때 쓰는 말이다. 수로왕이 가락국(駕洛國)을 다스릴 때, 완하국(玩夏國) 함달왕의 아들인 탈해가 수로왕의 나라를 빼앗으러 왔다고 으름장을 놓는다.

"왕께서는 어떻게 저를 쫓아내시겠습니까?"

"좋은 말 할 때 가는 게 나을 텐데…."

"그럼 한 번 겨누어 보시지요."

"좋소."

수로와 탈해는 술법을 겨루어 임금의 자리를 걸고 겨누기로 하였다. 잠깐 사이에 탈해는 매가 되니 수로는 독수리가 되어 그 뒤를 쫓았다. 다시 탈해가 참새로 변하니 수로는 새매가 되었다. 탈해는 항복하였다. 이때 독수리와 새매가 된 수로가 더 이상 매와 참새가 되었던 탈해를 잡지 않았던 것은 수로가 그만큼 마음이 어질었기 때문이었다(〈삼국유사〉 참조).

매의 꽁지에 매어 두는 이름이 새겨진 뼈를 강원도에서는 단장구, 평안도에서는 시치미라 이른다. 매를 돌려받은 주인은 이때 대가로 닭 값을 쳐주거나 잡은 꿩을 대신 주기도 한다. 달아난 매를 먼저 본 사람이 주인에게 매를 돌려주지 않는 것을 시치미 뗀다고 한다. 그러니까 이름표를 떼 내고 자기의 매로 삼아 버린다는 이야기다. 시치미의 시는 새를 이르고 치미는 꼬리에 달아 놓은 이름표를 이른다.

〈삼국사기〉의 김후직(金后稷) 편에는 다음과 같은 사연들이 올라 있다. 후직은 지증왕의 증손으로 그는 진평대왕을 정성으로 섬겨 오늘날의 장관에 값하는 이찬(伊湌)이 되었다가 병부령으로 옮겼다. 대왕은 사냥을 몹시 좋아하였다. 후직이 직간하였다.

"옛적 임금들은 하루에도 만 가지 정사를 보살피되 반드시 깊이 생각하여, 좌우에 바른 선비를 두고 그들의 바른말을 받아 들였으며, 부지런하고 꾸준히 노력하여 감히 안일무사한 생각을 품지 않았습니다. 이런 뒤라야 풍속이 어질어지고 나라를 잘 보전할 수 있었습니다. 한데 지금 전하께서는 매일 포수를 데리고 매와 사냥개를 놓아 꿩과 토끼를 잡기 위하여 산과 들로 뛰어 다니기를 스스로 제어하지 못하고 있습니다. 〈노자(老子)〉에 '말과 사냥은 좋아하는 이의 마음을 미치게 한다'고 하였으며, 〈서경〉에는, 안으로 여색에 빠지거나 밖으로 사냥을 일삼는 것 가운데 한 가지만 저질러도 망하지 않는 자가 없다고 하였습니다. 이를 보면 사냥은 안으로 마음을 방탕하게 하고, 밖으로 나라를 망치는 것이니 반성해야 합니다. 전하께서는 이를 유념하소서."

마침내 왕은 후직의 말을 듣지 않았다. 그 뒤, 후직이 병들어 죽음을 앞두게 되었을 때 자기의 세 아들에게 말했다.

"내가 신하로서 임금의 잘못을 바로잡아 주지 못하였다. 아마 대왕은 놀고 즐기는 일을 그만 두지 않아 망하게 될 것이다. 이것이 내가 근심하는 것이다. 죽어서라도 꼭 임금을 깨우쳐 주려 하니, 대왕이 사냥 다니는 길섶에 나를 묻어라."

세 아들은 그의 유언대로 하였다. 후일 왕이 사냥을 가다가 도중에 어렴풋한 소리가 들렸다.

"가지 말라!"

라는 소리가 들리는 듯 했다. 왕이 돌아보며,

"소리가 어디서 나느냐?"

라고 물었다. 옆에 따르던 신하가 말하기를,

"저것은 후직 이찬의 무덤입니다."

하고는 이어서 후직이 죽을 때 남긴 말을 전해 주었다. 대왕이 눈물을 흘리면서 말했다.

"그대는 임금에게도 바른말하고 죽어서도 잊지 않으니, 나에 대한 사랑이 깊도다. 끝내 잘못을 고치지 않는다면 살아서나 죽어서나 무슨 낯으로 대하겠는가!"

왕은 마침내 다시는 사냥을 하지 않았다.

〈삼국유사〉에는 이런 이야기도 있다. 혜공의 어릴 때 이름은 우조(憂助)였다. 그는 집이 가난하여 그의 어머니가 공의 집에서 삯품을 팔아 어렵게 지내는 터였다. 우조는 천진공을 위하여 매를 길렀다. 공은 이를 몹시 마음에 들어 했다. 어느 날인가 공의 동생이 관원이 되어 임지로 떠나면서 형에게 매를 하나 달라고 하여 임지로 갔다. 하루는 저녁이 되어도 데리고 갔던 매가 돌아오지 않아 보고 싶어 했다. 그래서 내일 아침녘에 우조를 보내 찾아오게 하리라 마음을 먹고 우조를 찾았다.

"예, 여기 있습니다."

"내일 날이 밝거든 매를 찾아와라."

"그러실 필요가 없습니다. 여기 가져 왔습니다."

"어, 어찌 알고서…. 아니, 네가…."

주인은 깜짝 놀랐다. 지난번 형인 천진공의 종기를 낫게 해준 일도 있어 이 사람은 보통 사람이 아님을 깨닫게 되었다.

"성자를 몰라보고 무례를 범하였소이다. 앞으로는 저를 선도해주시기 바라오."

하면서 마당 아래로 내려가서 혜공 스님에게 절을 하였다. 매의 옛말은 '매'였고 그 소리는 마이였다(〈두시언해〉 8-18 鷹). 전몽수(1940)에서는 매를 맣(長·大)에 접미사 -이가 붙어 이루어진 말로 보았다. 새 가운데는 가장 사나운 새를 이른 것이다. 맣은 으뜸을 가리키는 맛에서 비롯했을 가능성이 높다. 다시 접미사 -이와 만나 마이-매로 변한 것으로 볼 수 있다. 세상에는 보통사람이 많다. 더욱이 꼴찌로 기죽어 사는 이가 많다. 호주에 갔을 때 들으니 시드니 대학에는 꼴지 장학금도 있다고. 못난 사람은 못난 대로 사는 거지(한겨레, 2008. 10. 29. 짐승이름 참조).

꼴찌도 장학금을 남의 이야기
정신만 차리면

신바람 한 오백 년 살아가야 해
얼씨구절씨구

가을 뻐꾸기

"낮에 우는 뻐꾸기와 밤에 우는 두견이도 저 아무개와 같이 돌아갈 수 없는 신세여서 저렇게 우짖는가. 아무개가 저승사자를 따라서 수천 리를 가다보니 커다란 산이 우뚝 길을 막고 서네. 그 산은 바람도 쉬어가고 석가세존도 머리 깎고 쉬어 가던 단발령이라네…(서산 지역의 무속 신화)."

한 번 가면 다시 오지 못하는 죽은 사람의 원통한 한을 풀어주려는 산 사람들의 바람을 노래한 것이다. 전설에 따르면, 뻐꾸기와 두견새는 살기 좋은 곳을 떠돌다가 우리나라에 터를 잡고서 돌아가지 못하는 고향에 대한 그리움을 달래려고 그리 운다는 사연.

되돌아오지 못하는 죽은 이의 영혼이 마치 새들의 신세와 같음을 은유적으로 드러낸 것이다. 말하자면 죽은 이의 영혼이 뻐꾸기로 환생하여 울음으로써 애달프게 운다. 일종의 윤회라고 할까. 때로 뻐꾸기는 우리가 바라는 이상향을 상징하는 파랑새로도 이른다.

"날아가리라 내 아가의 곁으로 돌아가리. 뻐꾹새가 많이 날아와 우는 동리"

장만영 시인의 '뻐국새 우는 마을'의 한 구절을 펴온 것이다. 뻐꾸기와 관련한 속담이 있다. 속담이란 생활 속에서 얻은 보석 같은 삶의 슬기로운 열매들이다. 짤막한 표현으로 그 의미가 맵고 짜다. "가을 뻐꾸기 소리 같다." 실속 없는 헛소문을 이른다. 뻐꾸기는 봄의 철새인데 이 뻐꾸기가 가을에 울 리 없다. 거짓말이다. 하지만 요즈음은 정작 5월이 되어도 우리 농촌에서 뻐꾸기 소리를 듣기 어렵다. 그래서 거짓말 잘하는 이를 가을 뻐꾸기인가 하는 은유도 있음직하다.

정치 계절이 다가오면 온통 가을 뻐꾸기들의 소리로 동네가 시끄러워 진다. 예산도 없는데 복지비로 얼마를 들여 좋은 세상을 만들겠다, 모두가 하나같이 서민의 편에 선다고 한다. 실은 그렇지도 않으면서.

착하게 살면 극락 가고 천당에 간다고. 열심히 하면 좋은 학교 가고 좋은 일자리 구할 수 있다고. 글쎄. 꼭 그럴까. 말잔치로 끝나버린 젊은 백수들이 거리로 몰려나오고 있지를 아니한가. 땅만 파면 세상이 좋아지고 일자리가 많이 생긴다고. 과연 그러했는지. 이 모두가 나를 포함한 가을 뻐꾸기들의 교향곡이 아니고 무엇인가. 바다 건너오가는 가을 뻐꾸기들의 소리는 요란한데도 먹고 사느라고 그만(한겨레, 2008. 11. 5. 짐승이름 참조).

봄 되면 제 스스로 참을 수 없어
밤새도록 울어
아마도 한 겨울에 뻐꾸기 울어
안 봐도 선하이

참새가 방앗간을

붉은 말이 밤낮으로 큰길에 나타나고 백조가 좌평의 책상 위에 올라앉지를 않나, 암탉과 참새가 태자궁에서 짝짓기를 하지 않나. 또 사비강(백마강)에는 석 자짜리 물고기가 나와 죽고 서해변의 작은 물고기가 떼로 나와 죽어나갔다(〈삼국유사〉 참조).

어렸을 적 참새에 대한 기억들. 가을이면 익어가는 논과 밭에 벼와 수수, 조를 까먹는 참새들을 쫓는 일로 하루해가 저물었다. 그러다 겨울 눈이 내리면 여기저기서 참새를 몰며 참새를 잡아 구워 먹는다. 한편, 어미 잃어 가여운 참새 새끼들을 데려다 솜으로 가려주고 다시 숲으로 보내주었던 일들도 있다.

〈삼국사기〉에는 고구려의 유리(類利) 왕자 이야기가 나온다. 유리명왕(琉璃明王)이 용상에 올랐다. 이름은 유리(類利) 혹은 유류(孺留). 주몽의 맏아들이고, 어머니는 예씨(禮氏)다. 전에 주몽은 부여에 있을 때 예씨의 딸에게 장가들어 부여를 떠난 뒤 아이가 태어났으니 이 아이가 유리다. 유리는 어릴 적 길거리에서 놀다 참새를 쏜다는 것이 잘못하여 물을 긷는 부인의 항아리를 깨뜨렸다. 부인이 꾸짖어 말하기를,

"이 아이가 아비가 없어서 이처럼 고약하구나."

"죄송하오. 하지만, 아비 없는 것과 활을 잘 못 쏜 것과 무슨 상관이 있습니까?"

"저런……(버릇없는)."

"(뺨을 때리며) …다시는 이런 짓을 하지 말거라."

어머니가 나와 물을 긷던 부인에게 정중하게 사과를 하고 뒤치다꺼리를 해 주고 마무리되었다. 파란 많은 어린 시절을 보낸 그는 마침내 임금이 되어 주몽의 대통을 이어 갔다.

참새의 옛말은 춤새(삼강행실도)였다. 춤(眞)에 새를 더하여 참새라 하게 되었다. 그러면 다른 새들은 새가 아니고 거짓의 새란 말인가. 본디 춤이란 차다(滿)의 명사형이 굳어져 쓰인 말이다. 거짓이란 거죽 곧 속이 차지 않은 상태를 이른다. 미루어 보건대 참새는 이 땅에서 오래 살았던 관계로 철새들처럼 왔다 갔다 하지 않으니 우리들 주위에서 쉽게 찾을 수 있어 그리 부르게 된 것으로 보인다. 참새가 황소 등 위에 올라 앉아 네 고기 열점과 내 고기 한 점을 바꾸지 않겠

다고. 크다고 반드시 좋은 것은 아니고 작은 것이 아름다울 수 있으니까. 다음은 영화 이야기.

아침에 콩나물국밥을 먹으러 식당에 들렀던 피씨, 어제 마신 술기운이 빠진 탓인지 손이 떨린다. 금단 증상이었다. 피씨는 소주 한 병을 시켜 맥주잔에 부어서 단숨에 들이켰다. 손떨림은 가라앉았다. 그는 정신을 가다듬어 병원을 찾았다.

"허허, 글쎄 당신은 술 마시는 사람 기분을 몰라요!"

당시(1967) 가장 잘 나가던 국도극장에서 개봉, 대박을 터뜨렸던 영화 '팔도강산'에서 술꾼 남편이 늙은 아내에게 털어놓은 이야기다. 영어로는 '여섯 딸들'이라 했다. 딸 여섯에 아들 하나를 둔 노부부가 팔도에 흩어져 사는 자식들을 찾아 돌아가면서 우리나라의 근대화 현장의 애환을 속내로 하는 줄거리다. 회갑을 앞두고 딸들의 초대를 받은 노부부는 첫째 딸이 사는 충청도와 둘째 딸이 사는 전라도를 거쳐 넷째 딸이 사는 부산을 방문한다.

자식들 가운데 가장 부유하게 사는 넷째 딸네 집에 들어섰을 때 술꾼 남편의 눈에 가장 먼저 들어온 것은 책장 안에 넣어둔 인삼주였다. 아내가 극구 말렸건만, 술꾼 남편은 참새가 방앗간을 그냥 지나칠 수 없다면서 술을 꺼내려 들었다. 막을 길 없는 목마름이 있었다.

"영감이 제 정신이요. 이 모꼬?"

인삼주를 꺼내려던 술꾼 남편은 재채기를 하면서 값비싼 고려자기를 깨뜨렸다. 깨진 고려자기를 보고 넷째 사위가 내던진 말에 노부부는 마음이 상해서 황급하게 넷째 딸집을 떠났다.

"야, 술맛 참 좋다! 물맛이 좋아서 그런지 술맛이 꿀맛이구려!"

속초의 다섯째 딸을 찾은 남편은 막걸리를 들이켜며 아내에게 말했다. 다섯째 사위는 가난한 어부였다. 팍팍한 살림에 딱히 대접할 게 없었던 딸은 묵은지에 막걸리를 내놓았다. 딸은 아버지의 주량을 익히 알던 터라 막걸리에 물을 탔다. 이 모든 사정을 알고 있는 노부부는 물 탄 막걸리 한 사발에서 가난하지만 착하게 살아가는 딸의 정성 어린 술맛을 보게 된다.

"이 술맛도 참 좋지만, 나는 너희 집에서 먹던 그 막걸리가 훨씬 좋더라!"

훗날 건오징어 한 축을 들고 회갑잔치를 찾은 다섯째 딸이 축수 술잔을 올리면서 술에 물을 타서 죄송했다며 울먹이자 딸의 마음을 십분 헤아린 부모는 이렇게 말한다. 가난해도 오순도순 살아가는 딸 내외가 정성껏 준비한 막걸리는 노부부에게 세상에서 가장 맛있는 술이었을 것이다.

피 영감은 술맛을 느낀 지 오래되었다고 했다. 술꾼이 되어버린 후, 언젠가부터 술맛은 더 이상 의미가 없다고 했다. 그에게 술은 그냥 알코올을 마시기 위한 수단이었을 뿐. 그렇다. 세상에서 가장 맛있는 술은 그런 술을 마시고픈 이 앞에 놓인 첫 잔이다. 마음 따스한 다섯째가 따라주는 물을 탄 막걸리의 첫 잔이 꿀맛이었던 때문이다(한겨레, 2008. 12. 17. 짐승이름 참조).

참새가 방앗간을 그냥 지날 순
참말을 해야지
막걸리 한 잔 술에 젖어 드는가
정 꽃은 피련만, 아리 아라리요

파랑새는 어디쯤

"새야 새야 파랑새야 녹두밭에 앉지 마라. 녹두꽃이 떨어지면 청포

장수 울고 간다." 애절한 사연과 노랫가락이 가슴으로 젖어든다. 갑오경장 때 일본군에 맞서 조국을 지키려다 산화한 전봉준의 동학군을 풍유적으로 나타냈다. 여기 파랑새는 파란 군복을 입었던 일본군이요, 녹두꽃은 녹두장군 전봉준의 군사들이다. 또 파랑새의 파랑은 전봉준의 전(全)을 풀어 쓰면 팔에 왕을 더한 글자이니 이어 소리를 내면 팔왕-파랑이 되니까. 일종의 드러냄의 묘랄까.

외세의 침략을 받지 않고 평화롭게 살 수 있기를 바라던 흰옷 입은 사람들. 파랑새가 노래하는 그러한 이상향이 정말 존재하는 것일까. 노벨문학상을 받았던 메테를링크의 〈파랑새〉에서는 어떻게 파랑새를 그리고 있는가.

날아간 파랑새를 찾아가기 위하여 어린 남매는 산을 넘고 물을 건너 길을 떠난다. 어디에도 파랑새는 없었다. 지친 나머지 집에 돌아와 보니 그토록 간절하게 찾아 헤맸던 파랑새는 저네들 집 새장에서 노래하며 어린 친구들을 기다리고 있지 않은가(등잔 밑이 어두운 걸). 파랑새가 묻는다.

"어딜 갔다 이제 오니?"

"널 찾으러 갔었지."

"여기 있잖아."

"그, 그래…."

이레 동안 명상 수도 끝에 파랑새의 도움으로 관음굴에 들어가 수행을 하니 연꽃이 피어나고 관세음보살을 만나 그 자리에 홍련암을 세웠다는 의상 스님의 이야기도 큰 흐름은 같다(〈삼국유사〉 참조). 어떤 이들은 프랑스와 소리가 비슷하여 파랑새와 연관을 짓기도 한다(한겨레, 2009. 2. 11. 짐승이름 참조).

파랑새 찾아 갔네 묘향산으로

휘파람 소리에
제 눈에 안경이니 어디로 간들
생긴 대로 살아

이무기를 내 놔

"어서 이무기를 내 놓아라. 처형하러 왔노라."

보양은 배나무를 가리키며,

"둔갑한 이목입니다."

별안간 벼락이 나무에 떨어지고 나무의 허리가 잘렸다. 그러곤 조용해졌다. 마루 밑에 숨겨주었던 이목이 고맙다는 인사를 하고 바로 배나무를 만지니 되살아났다(〈삼국유사〉 참조).

때는 신라 중기 무렵. 논과 밭이 거북등이 되어 물 한 모금 구하기가 어려웠다. 하긴 건기에는 일부 지역에 따라서는 마실 물이 없다. 눈비가 오지 않으니. 보양 스님이 운문사 절 옆의 깊은 못 속에 살고 있는 이무기에게 비를 내려달라고 부탁을 하니 이를 딱하게 여긴 이무기가 하늘의 명을 어기고 비를 뿌린 것이 문제의 빌미였다. 분명 목숨을 건 일이다.[10]

배나무와 관련지어 이목(梨木), 그 소리가 바뀌어 이무기가 되었다. 물론 전설이다. 이두식으로 읽으면 이목의 '이'가 뱀을 이른다. 배이(梨)니까. 이무기는 천 년을 기다려야 뜻을 이룬다는 큰 뱀으로 알려져 온다. 영화 디워(the war)에서 부라퀴는 하늘을 주름잡는 용. 어려운 세상이고 보니 이러한 신출귀몰한 괴물이라도 나타나 세상을

10) 여기 이무기라 함은 용이 되지 못한 이목(離目)을 가리킨다. 이에 접미사 '-이'가 붙어 '이무기'로 소리가 굳어져 쓰인 형태다.

한 번 크게 바꾸어 놓았으면 하는 소리 없는 아우성이 들리는 듯. 이 부라퀴는 곰으로 치자면 불곰이다. 몹시 야물고 암팡스러우며 이로운 일이면 기를 쓰고 덤벼드는 사람을 이른다. 하기야 우리 사는 길목에서 그렇지 아니한 사람이 몇이나 될까. 영화의 끝자락에 이르면 아리랑이 나오는 것으로 보아 한 민족의 쓰라린 한에 대한 씻김굿 같은 그런 느낌을 받게도 한다. 이무기는 나와 우리의 이야기요, 무의식이란 연못 속에서 끝없이 때를 기다리는 모두의 영상인 것을.

이런 이무기의 전설은 우리 선인 적부터 전해오던 이야기다. 강원도 태백에 가면 검룡소라는 연못이 있다. 한강의 발원지 중 하나로도 알려진 이 연못과 이무기의 이야기를 살펴본다. 아주 오랜 옛날에 이 소에는 용이 되려는 이무기가 한 마리 살았다. 이 이무기는 서해에서 살다가 용이 되기 위해서 강을 거슬러 올라왔다.

"어, 여기 좋은 연못이 있네, 형들 여기서 자리하고 삽시다."

"그래? 자 살펴봐라."

"응, 아주 좋아."

저네들은 한강의 뿌리 샘인 검룡소에서 용이 되기 위한 준비를 했다. 소 앞에는 바위에 할퀸 모양으로 자국이 나 있다. 이 자국은 서해에서 한강을 거슬러 올라온 이무기가 소 안으로 들어가기 위하여 발버둥을 치느라고 생긴 흔적이라는 것이다.

소 안으로 들어간 이무기는 용이 되기 전까지 이곳에 살면서 주변의 가축들을 잡아먹으면서 하늘로 올라 갈 때를 기다리고 있었다. 자신들이 키우던 짐승들이 자꾸 없어짐을 알게 된 사람들은 처음에는 이것이 이무기의 소행인지 몰랐다. 나중에 이무기의 짓임을 알고 힘을 합쳐 작살로 이무기를 찔러 죽이고 소를 흙으로 메워버렸다. 그 뒤 다시는 이무기의 해를 입지 않았다. 최근 들어 태백에서는 다시 전설의 둥지를 다시 살려 검룡소의 정취를 살려 놓았다(한겨레,

2009. 7. 20. 짐승이름 참조).

스님의 말만 믿고 메마른 땅에
오지랖 떨다가
저승 길 멀다 않고 날 잡으러 와
꿩 대신 닭인가

오소리의 젖어미

토굴 안에는 죽은 어미 곁에 오소리 새끼가 끙끙대며 슬피 울고 있었다. 그 소리가 너무 애처롭고 슬퍼서 목탁을 치며 염불을 해주고 있는데, 대안이 돌아와 목탁을 치고 있는 원효를 보고 물었다.

"뭐 하는 거냐."

원효는 머뭇거리다,

"새끼가 어미의 죽음으로 울고 있기에. 염불을 합니다."

대안이 혀를 차며,

"허허… 배고플 때는 밥이 부처여."

하며 아랫마을에서 동냥해온 젖을 물리는 것이 아닌가. 원효는 할 말을 잊었다. 오소리 새끼를 통해서 원효가 대안에게 깨달음을 얻는다(〈삼국유사〉 참조). 오소리는 달리 오수리라 이른다. 사투리로 오수라고도 한다. 임실의 오수(獒樹)에 가면 의견비가 있다. 그러면 오소리를 개의 일종으로 본 것이니 '크고 억센(敖)개'란 의미 부여를 하고 있다.

어느 날 김개인은 술에 취해 불에 타는 줄도 모르고 자고 있었다. 이를 안타깝게 여긴 오수는 털에 물을 묻혀 주인 둘레의 풀을 적셨고,

찬 물 덕분에 마침내 주인이 술에서 깨어나 보니 오수는 옆에 죽어 있었다. 개의 무덤을 만들어 장사를 지내고 사람들은 의로운 오수를 기리기 위하여 비를 세워 주었고 의견 석상을 만들어 세운다.

몸은 작고 다리도 짧지만 송아지보다 큰 순록도 사냥감으로 하며 때로는 독사도 거리낌 없이 잡아먹는다. 그러고는 겨울잠 속으로 들어간다. 많은 털로 싸여 있으며 설령 독사에게 물려도 죽지 않는다. 한번 물면 그만이다. 이르자면 송곳 이빨이다. 오소-오사-오수를 낱말 짜임으로 풀이하면 옷의 이형으로 볼 수 있다. 옷은 몸 위에 두르는 것이니 오소리들은 넉넉한 털로 옷을 둘렀으니 말이다. 오소리는 넉넉한 털만이 아니고 그 기름은 불에 덴 데를 아물게 하는 민간요법에도 잘 쓰였다(한겨레, 2009. 3. 25. 짐승이름 참조).

오소리 울지 마라 경을 읽어줘
젖 주니 안 울어
대안에 길을 물어 그지없구려,
바람아 어디로

임금님의 귀는

그날따라 경문왕의 귀는 하릴없는 나귀의 귀였다. 임금은 왕관 속에 귀를 숨겨서 아무도 그 일을 알지 못하게 했다. 하지만 왕관을 다루는 복두장만은 예외였으니. 임금의 엄명이 떨어졌다. 이러한 사실을 다른 이에게 알리지 말 것임을 임금은 복두장에게 단단히 이른다.

"복두장, 이 사실을 다른 사람에게 알게 한다면 그날이 네 제삿날인 줄 알라."

"명심 또 명심하겠습니다."

이 명을 어기는 날이면 모든 게 끝장이다. 그러니 얼마나 답답할 것인가. 가슴에 묻고 살았던 복두장은 죽음이 가까워 오자 도림사의 대나무 숲으로 가서 목이 터져라고 외쳤다.

"임금님의 귀는 당나귀 귀!"

그런데 이게 웬 일인가. 대나무 숲에 바람이 불면,

"임금님의 귀는 당나귀의 귀다."

복두장의 목소리가 들려오곤 했다. 경문왕은 그 소리가 너무 너무 싫어 대나무를 모두 없애 버리고 그 자리에 산수유를 심었다. 놀라운 일을 보게 된 복두장은 임금의 귀가 당나귀 같다는 사실을 누군가에게 이야기 하고 싶은 강렬한 충동을, 대나무 숲에 털어놓았다. 어떤 강한 느낌이나 생각이 있으면 어떤 모양으로라도 이를 표현하고 싶어지는 게 인지상정. 경문왕의 기행은 이뿐이 아니다. 잠을 잘 때에도 가슴에 차디찬 뱀을 얹어 놓고 잠을 이루는 습관이 있었다. 임금도 무언가 끓어오르는 답답함이 가득한 사람이었을 게 분명하다. 복두장만 보고 왜 그러냐는 건 사돈 남 말 하는 건데(〈삼국유사〉 참조).

〈삼국사기〉에는 신라 흥덕왕 9년(834) 사람들이 너무나 사치스런 의복을 다스리기 위하여 옷이나 신에 짐승들의 가죽을 사용하는 것을 신분에 따라 정한 기록이 있다. 고구려·신라·백제의 사람들이 사냥으로 잡은 살쾡이, 오소리, 고라니, 산토끼, 스라소니, 다람쥐, 호랑이, 여우, 사슴, 노루, 담비, 수달, 표범 등의 가죽의 교역이 자주 일어났음을 알 수 있다.

옛날에 말을 부러워하는 나귀가 있었다. 말은 먹을 것도 많고, 보살핌도 잘 받고 있다. 그러나 자신은 주인을 위하여 아무리 열심히 일을 해도 마른풀조차 배불리 먹을 수 없음이 불만이었다. 투덜거렸다.

"이거 너무 불공평하잖아. 하느님도… 뭐 이래?"

그러다 전쟁이 터졌다. 말은 머리끝부터 발끝까지 발에는 쇠 말굽을 하고 무장으로 무거운 장병을 태우고 먼지 자욱한 싸움터를 이리저리 뛰어 다녀야 했다. 더러는 참혹하게 죽고 말았다. 이러한 사연을 안 나귀는 생각을 바꾸어 도리어 말이 불쌍하다는 생각을 하게 된다.

"나귀로 태어난 게 얼마나 행운인가? 복불복이야."

당나귀는 본디 당라구(唐騾駒)였다. 뒤로 오면서 당나귀(〈청구영언〉)로 소리의 변화가 일어나 굳어져 오늘에 쓰이는 말이다. 타는 말보다는 적으나 병에 강하고 고집이 세기로 잘 알려져 있다(한겨레, 2009. 4. 1. 짐승이름 참조).

임금은 귀를 막고 나라를 어찌
복두장 무슨 죄
당나귀 이야기 속 참삶의 길이
지쳐도 이 길을

능소니의 죽음

옛날 한 사내가 연미산(燕尾山)에 나무하러 갔다 길을 잃었다. 배가 고파 바위 굴 속에 쉬고 있던 중 한 처녀를 만났다. 그리고 마침내 부부의 연을 맺게 되었다. 하지만 여인의 정체가 곰임을 안 사내는 놀라 도망가려 했다. 아이 둘을 낳았으니 도망가지 않으리라 안심한 암곰이 굴을 나간 사이 사내는 강을 헤엄쳐 도망을 갔다. 늦게 이 일을 알고 뛰어온 암곰이 돌아오라고 하였으나 헛일.

"서방님, 가지 마시오. 나를 두고 가지 마시오."

"……"

철벙거리는 강물소리 속에 암곰의 애절한 목소리는 바람결에 간간히 들려올 뿐. 암곰은 새끼 곰을 안고 금강에 빠져 죽고 만다. 그 뒤 금강을 건너는 나룻배가 풍랑에 뒤집히는 일이 많아 사람들이 나루 옆에 사당을 짓고 곰의 넋을 위로했다. 이름 하여 웅신단(熊神壇)이라 하며 지금도 그 모습을 찾아볼 수 있다.

이 전설과 관련하여 고마 나루로 부르다가 한자화되는 과정에서 미화하여 비단 금(錦)자를 써서 금강이 되었다. 곰이란 한자는 없기에 그리했다. 더러는 금강을 비단 가람이라 하여 향수어린 이름으로 일컫기도 한다. 어미 따라 죽은 곰 새끼들이 애처롭다. 곰 새끼를 달리 능소니라 한다. 능소니의 능(能)은 한자로 곰을 가리킨다. 서로 다른 소리와 뜻이 있으니 곰은 능이고 자라를 이를 때는 내이며 별을 이를 때는 태로 읽는다.

팔공산에 가면 능성재가 있다. 본디의 우리말로 말하자면 능성재는 곰티(熊峴)가 된다. 곰 웅(熊)의 바탕이 능(能)이다. 능력이 있어야 산다고 할 때 능력의 상징적인 뿌리는 곰에서 말미암는다. 둔해 보이지만 재주를 잘 부린다. 사람처럼 일어섬은 물론, 나무에 잘 기어오르며 물에서도 헤엄을 잘 친다. 재주꾼을 '능꾼'이라 함도 곰에서 멀지 않다. 딴청을 부리며 다른 사람을 속일 때 우리는 '능청(能靑)' 부린다고 한다.

옛날 이야기, 집 주인이 가지 않고 눌러 앉은 손님을 보내려고 한다.

"가라고 가랑비 오네."

라고 넌지시 말을 했다. 온 손님은 아주 스스럽게,

"있으라고 이슬비가 오는구려."

라고 능청맞게 말하면서 가지 않았다. 주인은 마음속으로 손님이어서 돌아가기를 바랐지만, 차마 드러내 놓고 말을 할 수 없었다. 양식도 다 떨어져 가고. 하지만 손님은 그 집에서 더 머물고 싶었다. 능청 밑바탕에 깔린 의미는 능소니가 재주를 잘 부린다는 데 뿌리를 내리고 있다(한겨레, 2009. 4. 8. 짐승이름 참조).

재주는 곰이 넘고 삯은 주인에
담까지 뽑아서
솜씨도 하늘이지 누구를 위해,
운명이 부르면

물개의 제사

하루는 혜통(惠通)이 집 동쪽 시내 위에서 놀다가 한 마리의 수달을 잡아먹고 그 뼈를 동산에 버렸다. 이튿날 새벽에 가보니 그 뼈가 없어졌다. 이상히 여겨 핏자국을 따라가 보았다. 뼈는 예전에 살던 구멍으로 돌아갔고 새끼 여섯 마리를 안고 있지 않은가. 너무도 놀란 혜통은 뉘우치고 그 길로 출가를 결심, 마침내 중국으로 건너가 법문을 공부했다(〈삼국유사〉 참조).

사람이 아니라고 짐승을 마구 잡아 죽이는 것은 부처님의 뜻이 아닐뿐더러 자연의 순리에도 어긋남을 깨달은 혜통은 자신의 행동이 잘못됨을 뉘우치고 이를 계기로 수도자의 길을 걷게 된다.

수달에게 여러 가지 그럴싸한 의미를 부여한 게 사람이다. 그러나 그의 털과 가죽을 좋아하여 많은 숫자의 수달이 사람 손에 죽어갔다. 세계적으로 수달의 털과 가죽은 질이 썩 좋아 비싼 값에 팔린다고 한다. 〈조선왕조실록〉에서도 수달의 모피가 고려인삼과 함께 중국과의 교역에서 가장 선호되는 물품이라고 여겨왔다.

수달은 족제비와 아주 비슷하다. 발가락 사이로 물갈퀴가 달려 있어 물속을 헤엄쳐 다니면서 물고기를 잡아먹는다. 저네들은 좀 이상한 버릇이 있다. 잡아온 고기를 먹으려 할 때 먼저 좌우에 고기를 늘어놓고 제사를 지내는 듯하다. 비유적으로 글을 지을 때 참고가 될 만한 자료를 늘어놓음을 이르러 달제(獺祭)라 한다. 개사슴록(犭)에 여울을 드러내는 뢰(瀨>賴)를 더하여 만들어진 것이다. 그러니까 수달이란 물에서 헤엄치며 고기를 잡아먹고 사는 '물개'를 이름이다. 수달은 말하자면 물개다. 옛말로는 멍우리(〈동의보감〉 탕액 1-55)다. 수달은 자신의 흔적을 남기되 모래톱 위나 바위에다 잘 떨어지지 않도록 작고 굳어진 모양의 똥, 멍울을 남긴다. 그래서 멍울에 '이'를 붙여 멍우리라 부르게 된 것이다. 누구나 뚜렷한 발자취 남기기를 좋아하나 그게 어디 쉬운가(한겨레, 2009. 6. 10 짐승이름 참조).

물개도 어버이를 부끄러운 줄
거울로 삼아야
수달은 가더라도 멍울은 남아
발자국이라도

박쥐와 까마귀

민속놀이 가운데 박쥐노리개가 있다. 저고리 고름이나 치마허리에 차는 부녀자들의 장식용으로 차고 다니는 노리개를 이른다. 언제부터 노리개를 차기 시작하였을까. 정확한 연대는 알기 어렵다. 신라시대에 허리띠에 달던 요패나 고려시대에 허리띠에 금방울이나 향료를 넣은 비단주머니를 차던 풍습이 조선시대 와서 노리개로 변한 것으로 짐작된다.

오래 전부터 박쥐와 까마귀에 대한 전설이 내려온다. 아주 오랜 옛날 까마귀가 귀신 병에 걸려서 곧 죽게 되었다. 벗의 죽음을 안타깝게 여긴 박쥐는 까마귀에게 어떻게 하면 네 병을 쫓을 수 있을까를 물었다.

"큰 바람을 일으켜서 귀신 병을 날려버리면 돼."

까마귀가 얼핏 대답했다.

"하지만 난 설치류일 뿐이야."

이때만 해도 박쥐는 보통의 설치류들과 같은 앞다리를 가지고 있었다.

"내가 어떻게 바람을 일으키나?"

박쥐는 불가능한 일이라고 말했다.

"그렇다면 난 죽을 수밖에 없어."

까마귀는 한숨을 쉬었다. 박쥐는 무슨 일이 있어도 친구인 까마귀를 살리고 싶었다. 박쥐는 온 힘을 다 짜내어 손가락의 길이를 늘이기 시작했다. 손가락의 길이가 늘어나자 손가락 사이에 붙어있던 살도 함께 늘어났다. 박쥐는 커다란 나뭇잎처럼 변한 자신의 두 팔을 흔들어서 큰 바람을 일으켰다. 까마귀에게 붙어 있던 귀신 병은 그 바람을 맞고 모두 날아간다. 귀신 병이 떠나자 까마귀는 벌떡 일어나 박쥐에게 고맙다는 인사를 한다.

"고마워 친구, 날 살려준 보답으로 지금 네 모습을 그대로 유지할 수 있도록 해 줄게. 이제부터 너는 땅 위를 걷는 짐승들 중에 유일하게 하늘을 날 수 있는 날짐승이 될 거야."

그래서 박쥐의 날개는 오늘에까지 이르게 되었다. 박쥐의 '박'은 한자로 복(福)과 소리가 비슷하여 오복을 가져다주는 동물이라고 생각하였다. 그래서 박쥐모양의 노리개나 박쥐 문양을 넣은 노리개를 많이 달았다고 풀이한다.

일반적으로 노리개는 고름에 거는 부분인 띠돈, 끈, 패물, 매듭, 술로 이루어진다. 노리개는 다는 패물의 갈래와 크기에 따라 평복용과 예복용으로 가름한다. 패물의 갈래는 모양, 술에 따라 여러 가지가 있다. 궁중에서 사용하던 대삼작, 상류층에서 즐겨 차던 중삼작, 보통의 젊은 처자나 어린이들이 사용하던 소삼작이 있다.

박쥐의 생태를 되돌아보면, 박쥐는 '밝쥐'에서 비롯하였을 가능성이 높다. 박쥐는 밤을 낮 삼아 날아다닌다. 때로는 새처럼, 더러는 쥐처럼 살아간다. 그러니까 '밤눈이 밝다'에서 밤눈이 밝은 쥐, 다시 '밝쥐'로 다시 '박쥐'로 굳어져 쓰이게 되었다. 이는 박혁거세가 불거내(弗炬內) 곧 '밝은 누리'의 '밝'에서 '박'으로 굳어져 쓰이는 경우와 다르지 않다. 박쥐가 초음파로 지형과 대상의 움직임을 알아서 밤의 활동을 한다는 사실을 안 것은 뒤의 일이다(한겨레, 2009. 7. 15. 짐승이름 참조).

소리로 빛을 삼고 굴에서 살아
영혼의 둥지를
어둠 속 빛 그리다 정인을 만나
사랑 샘 흐르고

독수리와 매

가락국기에 전하기를, 수로왕 3년 완하국 함달왕의 아들 탈해가 가락국의 왕위를 뺏으려 가락에 오니 수로왕이 거절하고, 탈해와 도술로써 시합을 하는데 그가 매면 수로왕은 독수리가 되고 그가 참새가 되면 왕은 새매로 변신하므로 탈해가 항복하고 달아나니 왕이 수군 5

백 척을 내어 신라 어름까지 내쫓았다(〈삼국유사〉 참조).

독수리는 매보다 한 수 위다. 힘이 있는 이가 그렇지 못한 이를 앞서고 다스리게 된다. 이게 자연의 섭리 가운데 하나이며 살아가는 질서다. 어찌 보면 모든 것이 공평하다는 것은 대자연의 질서가 아니라는 생각이 든다. 얼핏 보기로는 힘센 것이 그렇지 못한 경우도 있다. 낱개로 보면 메뚜기가 사자를 이길 수는 없다. 그러나 여러 마리의 메뚜기가 달려들면 잠자던 사자는 뼈만 앙상하게 남고 자취 없이 사라지고 만다. 그렇다면 어느 쪽이 더 힘이 있는가를 한가지로 정의하기란 매우 어려운 일.

독수리의 갈래로는 대머리 독수리와 참수리, 검독수리와 흰꼬리수리, 흰목 독수리와 흰 죽지 수리, 항라머리검독수리와 물수리가 있다. 날개를 폈을 때 약 1미터에서 3미터 정도에 이른다. 온몸이 어두운 갈색을 띠며, 뒷머리에는 엷은 암갈색의 부드럽고 긴 솜털이 있다.

독수리의 독은 대머리 독(禿)을 쓴다. 독수리의 생김새는 매나 수리와 비슷하고 뒷머리가 벗어지는 수가 많다. 수리는 머리란 뜻이다. 살이 비치고 목도리를 두른 것 같은 솜털이 있다. 마침내 '대머리 모양의 으뜸 새'라는 뜻임을 미루어 볼 수가 있다[11](한겨레, 2009. 7. 22. 짐승이름 참조).

수리도 높이 날면 누렵지 않나
잡을 듯 놔주는
그리움 독수리로 거북노래를
파도로 춤을 춰

11) 〈삼국사기〉 지리지에는 '수리'가 꼭대기임을 드러내는 지명에 대응됨을 알 수 있다. 峯城縣本高句麗述尒忽縣述尒忽縣一云首泥忽.

고니의 소리

〈삼국유사〉에 따르면, 백령도는 곡도(鵠島) 곧 고니섬이었다. 고구려의 땅이었으며 뒤로 오면서 고려 태조가 하얀 고니에 뒤덮이는 섬이라 하여 백령(白翎)이라 하였을 터. '곡' 자가 드러내듯 이 섬은 온갖 철새들의 낙원이었고 특히 고니가 많이 살았다. 바다에 배를 띄우고 멀리 나가서 보면 섬 전체가 모두 날개로 덮인 듯하다. 이 섬은 거타지 설화와 깊은 관계를 보이는 사연이 있다.

신라 진성여왕 때였다. 거타지(居陀知)는 임금의 둘째 아들인 아찬 양패(良貝)가 당나라에 사신으로 갈 때 그들을 지켜주던 궁사 중 한 사람이었다. 항해 도중 일행은 곡도에서 풍랑을 만났다. 점을 쳐보니 섬에 있는 신지(神池)에서 제를 올려야 했다. 일행이 제를 올리자 물이 높이 솟아올랐고, 그날 밤 양패의 꿈에는 한 노인이 나타났다.

"활 잘 쏘는 이 하나만 섬에 두고 떠나시게."

섬에 남을 이를 가리기 위해 각자의 이름이 쓰인 목간(木簡) 50쪽을 물에 넣자 거타지 목간만이 물에 잠겼다. 거타지가 섬에 홀로 남게 되었다. 문득 한 노인이 못에서 나와 말하기를,

"나는 서해의 신이다. 매일 해가 뜰 때마다 하늘에서 한 중이 내려와 다라니를 외우며 못을 세 바퀴 돈 후 내 가족들을 모두 물 위에 뜨게 하여 간을 빼먹었네. 이제는 나와 아내, 그리고 딸 하나만이 남아 있지. 그 중이 나타나거든 활로 쏘아주시게."

거타지가 승낙하자 노인은 물속으로 들어갔다. 그는 용이 둔갑한 사람이었다. 다음날 아침 그의 말대로 중이 내려와 노인의 간을 먹으려고 했다. 그때 거타지가 활을 쏘자 중은 늙은 여우로 변해 죽었다. 노인은 이에 대한 보답을 하겠다면서,

"내 딸을 자네의 아내로 삼아주시게."

노인은 딸을 한 송이 꽃으로 변하게 해서 거타지에게 주었다. 두 마리 용에게 명하였다.

"거타지를 받들어 사신으로 가는 배를 뒤쫓아 당나라까지 그 배를 호위하라."

"알겠습니다. 분부 받들겠습니다."

당나라 사람들은 두 마리의 용이 배를 호위하는 품새에 놀라 임금에게 아뢰니 당나라 임금은 신라의 사신을 비상한 사람이라고 여겨 성대히 대접하고 후한 상까지 내렸다. 신라로 돌아온 거타지는 품속의 꽃을 여자로 변하게 한 뒤 아내로 맞아 행복하게 살았다. 연평도 사건으로 배가 깨지고 사람이 죽고 할 때 어디 거타지 같은 사람은 없는 것인가.

오늘날에는 뜻하지 않게 남과 북의 차가운 날씨에 고니들도 독감을 앓고 있다. 그러면 고니 독감이겠지. 안타까운 일이다. 언제쯤 저네들의 자유로운 비상과 새소리를 들을 수가 있을지. 고니는 언제 보아도 흰빛을 띠고 날아든다. 본디 바탕이 아름다운 것은 꾸미지 않아도 아름답다.

그래서 고니는 멱을 감지 않아도 희다(鵠不浴而白)는 말이 생겼다. 고니가 울 때 '곡곡(鵠鵠)'하며 운다고 했다. 곡(鵠)의 반절식 한자의 소리는 '곡(姑沃切)'이었으니 '곡곡-고고'가 됨을 알겠다. 오늘날의 중국 한자음으로는 '구구'가 되지만. 그러니까 곡곡은 '고고'로 소리를 내야 옳다. 그러면 고니는 고고하고 우는 새라 하여 그리 불렀을 가능성이 높다. 꾀꼬리나 뜸부기 혹은 방울새도 녀석들이 우는 소리를 따서 새의 이름으로 삼는 일이 있으니 그러하다.

고니는 흔히 백조라 부른다. 진도에 가면 바닷가에서 겨울을 난다. 고니가 날아드는 곳은 진도 수유리 일원의 물 맑은 호수다. 이들을 천연 기념물 101호로 지정하여 보호하고 있다(한겨레, 2009. 7.

22. 짐승이름 참조).

고니가 떼져 날면 좋은 세월이
정겨운 고향은
꽃 향에 취했느냐 눈을 감으니
한강은 꿈꾸고

기린의 뿔 사이에

나라의 보배인 〈삼국유사〉를 완성한 절이 군위의 인각사(麟角寺)다. 여기 인각은 기린의 뿔을 이른다. 절의 동쪽과 서쪽은 기린의 뿔로 알려진 팔공산맥 화산의 가지가 절의 동과 서로 흘러 내려와 둥지를 틀고 있다. 기린의 뿔 위에 지어진 절이라 하여 생긴 절의 이름이다.

기린은 키가 가장 큰 짐승으로 약 5미터 안팎, 암수 모두 뿔을 가지고 있다. 뿔은 약간 물렁한 연골로 되어 있다. 뿔의 모양으로 암수의 구분이 가능한데, 암컷의 뿔은 꼭대기에 털이 나 있는 반면, 수컷의 뿔은 털이 없다. 어느 날 새끼 기린이 엄마 기린에게 물었다.

"난 왜 이렇게 목이 길지? 어디 다니려면 아주 불편해."

"좋은 점도 많단다. 고맙게 생각해야지. 높은 나무 잎도 잘 따먹고 공격해 오는 사나운 짐승이 오는 것도 미리 알아차릴 수 있으니까 빨리 피할 수 있단다."

"난 하느님한테 빌어서 짧게 해달라고 할 거야."

잠도 자지 않고 새끼 기린은 하느님한테 빌었다. 잠시 풋잠을 이루고 꿈을 꾸는 동안에 목이 짧아져 버렸다. 밖에 나가 놀던 새끼 기린은 해가 져도 돌아오지 않았다. 숲속에 있던 늑대에게 잡아먹힌 것이다. 다른 새끼 기린들은 할 말이 없었다.

"그래 어른들 말을 들어야 해. 이미 쓰라린 경험을 통해서 깨달음을 얻은 분들이니까…."

잃어버린 친구를 생각하며 눈물을 흘리고 엄마를 따라서 보금자리로 돌아갔다. 문헌으로 보면, 기린의 기(麒)는 수컷, 인(麟)은 암컷을 이른다. 중국의 전한 말엽 경방(京房)이 지은 〈역전(易傳)〉에 이르기를, '기린'은 몸이 사슴 같고 꼬리는 소와 같으며, 발굽과 갈기는 말과 같으며, 빛깔은 5색이라고 하였다. 봉황과 마찬가지로 기린이 나타나면 거룩한 임금이 나타날 징조라고 여겼다.

한마디로 기린은 상상 속의 짐승이었다. 암컷 기린은 이마에 뿔이 하나 돋아 있고 끝에 살이 붙어 있어 다른 짐승을 해치지 않는다. 그래서 기린은 어진 짐승의 표상으로 보았다. 기린을 뛰어난 인물에 비유하고, 그래서 뛰어난 젊은이를 '기린아(麒麟兒)'라고 한다.

우리말이란 관점에서 보면 기린의 풀이는 달라진다. 코끼리를 '코가 길다' 해서 지은 것처럼 기린은 그 키가 짐승 가운데에서 가장 크다. 크다는 것은 긴 것이다. 그러면 기린은 목이 가장 긴 짐승이므로 그리 붙인 것은 아닐까. 기린이 한마디쯤 할 법하다(한겨레, 2009. 8. 23. 짐승이름 참조).

넘 길면 지루하오 반쯤은 웃고
사랑의 밀어로
선사님 학소대에 산울림으로
하나 되는 꿈을

해모수는 승냥이로

하백(河伯)이 잉어로 변하면 해모수(解慕漱)는 수달이 되어서 잡고, 사슴이 되면 승냥이가 되고, 꿩이 되면 매로 변하여 쫓았다. 마침내 하백은 해모수가 하느님의 아들임을 인정하고 그의 딸인 유화와 해모수의 혼인을 허락하게 되었다(〈삼국유사〉 참조).

승냥이는 개과의 짐승으로 산에서 무리를 지어 산다. 이리와 매우 비슷하다. 주둥이와 사지는 이리보다 짧고, 귀는 곧으며 꼬리를 늘어뜨린다. 북한의 기록을 보면, 풍산지역의 토종개와 승냥이의 혼혈로부터 풍산개의 유래를 찾을 수 있다. 이를테면 호랑이까지도 잡아 죽이는 사납고 무서운 개다. 압록강의 샛강인 옹천강 원류가 시작되는 함경북도의 유일한 토종으로 백두산 높은 지대의 화전민들이 사냥에 이용, 북한의 천연기념물 제35호로 지정, 보호되고 있다.

승냥이의 옛말은 승량이(訓蒙字會)였다. 승냥이는 승량이에서 소리가 변하였다. 여기 승량이의 알맹이는 '랑(狼)'에 있다. 자원을 보면 개사슴 록(犭)에 어질 량(良)을 더하였다. 량은 랑(浪)과 같은 뜻을 공유한다. 밀려오는 물결처럼 이리떼가 몰려듦을 이른 것이다. 나머지 승냥의 '승'은 사자를 가리키며 뛰어남을 가리키는 산(狻, suan)에서 비롯하였을 가능성이 있다. '산'은 승(僧)과 상통하기에 그러하다(한겨레, 2009. 9. 16 짐승이름 참조). 고덕한 승려를 산하(狻下)라고 이른다.

떼 몰려 호랑이도 잡아먹는데
뭉치면 산다고
힘 믿고 어정대다 골로 가기도
혼자만 살려다

소귀에 경 읽기

소에게 글을 읽힌다고 무슨 쓸모가 있으리. 아무리 좋은 글이나 말이라도 들을 사람이 알아듣지 못하면 그뿐. 흔히 우이독경(牛耳讀經)이라 한다. 미친 소고기 파동에 각을 세우던 사람들, 생각해보면 소가 소의 고기를 먹는 셈이니 어찌 멀쩡할 수가 있을까. 그건 아닌데. 한쪽은 아니라고, 다른 한쪽은 기라고. 누가 기고 누가 아닌지를 가늠하기가 어려웠다. 하지만 분명 서로는 서로에게 귀를 기울이지 않았다. 특히 힘 있는 사람들이 더욱 그랬다. 그 말 많던 사대강 사업도 예서 뭐가 다르리.

〈삼국유사〉를 살피자면 권4에 원효불기(元曉不羈) 부분이 나온다. 소를 타고 〈금강삼매경소〉를 적어 어전에서 법문을 하는 이야기가 나온다. 이 내용을 재구성해 보았다.

조정에서는 당나라 사신 편에 가져온 〈금강삼매경〉 강론 때문에 큰 야단이 났다. 어느 스님이라도 그 내용을 풀이할 수가 없기에 그러했다. 임금 앞이라 아무도 선뜻 나서지 못하였다. 임금이 물었다.

"여러 대사님 가운데 누가 이 〈금강삼매경〉을 풀어 닷새 뒤에 왕비의 병 고침을 위하여, 경문을 가져온 당나라 사신 앞에서 법문을 할 수 있단 말이요. 평소 그리도 잘 아는 스님들이 많지 않았소이까?"

그때였다. 거지 행색을 한 대안대사가 앞으로 나와 임금에게 아뢰었다.

"전하, 제가 알기로는 〈금강삼매경〉 강론은 송광사에 있는 원효 한 사람밖에는 없습니다."

"그럼 어서 기별하여 오늘 밤으로 원효스님에게 경문을 보내 〈금강삼매경소〉를 작성하도록 하세요."

마침 신문왕(神文王)의 왕비가 좋지 않은 병에 걸렸다. 당나라 사신은 〈금강삼매경〉 강론을 들으면 나을 거라는 용왕의 말을 전해 왔다. 사신의 말을 들은 신문왕은 이를 시행하도록 왕명을 내렸다. 원효는 〈금강삼매경〉을 받고 밤낮으로 풀이를 하기 시작하였다. 닷새 뒤에 궁에 들어가 왕비를 모신 어전에서 당나라 사신이 있는 자리에서 법문을 해야 했다. 거의 끝이 날 무렵, 날이 밝았다. 이상한 일이 벌어졌다. 원효가 밖으로 나와 보니 대사의 시중을 들던 시자가 번역하고 풀이한 원고를 아궁이에 넣고 책을 불사르고 있지 않은가.

"시자, 너 이 무슨 해괴한 일을 하는 것인가? 바른대로 말을 하여라. 너 이 원고가 뭐 하는지를 알고서나 이리 하는 게냐?"

시자는 무릎을 꿇고 엉엉 소리를 내어 울면서,

"큰 스님, 제가 너무 잘못했습니다. 어떤 벌이라도 달게 받겠습니다."

내용인즉, 서라벌에서 왔다는 어떤 스님이 시자에게 많은 돈을 주면서 스님이 그 경전을 해석하여 내일 임금 앞에서 강의를 하면 큰 스님들 위신이 떨어지니 원효 스님이 풀이해 놓은 원고를 모두 태워 버리라고 했다는 사연. 만일 말대로 하지 않을 경우, 시자의 집에 있는 가족들을 모두 해치겠다고 해서 이런 짓을 저질렀다는 것이다. 한동안 말이 없던 원효는 쓰고 있던 글까지 내주면서,

"시자, 너의 잘못이 아니다. 이것까지 모두 태워 버리렴."

원효는 소를 타고 서라벌로 가기로 하였다. 소의 뿔 사이에 벼루를 놓고 붓으로 〈금강삼매경소〉를 지어 어전에서 법문할 글을 쓰면서 길을 나섰다. 누가 이를 말릴 수가 있으랴.

이로 하여 중국의 많은 절에서는 소의 경전으로 알려졌다. 마침내 원효는 소를 거꾸로 타고 입궁을 하면서 소의 등 위에서 정리한 글로 법문을 하였다. 우연의 일치로 왕비의 병도 낫게 되었으니 신문왕의 기쁨은 컸다. 소가 경을 모른다 해도 마음은 하나, 목숨은 한 뿌리. 그렇지 않은가.

소의 옛말은 '쇼'였다. 방언으로는 '시' 혹은 '세'라고도 이른다. '시-세'는 '사이'와 걸림이 있다. 사이라면 무슨 사이일까. 인도의 경우는 지금도 소를 거룩한 짐승으로 친다. 그러면 사람과 신의 사이가 아니었을까.

산골에 워낭소리 안개로 피어
제 가락에 겨워. 뎅그렁 흔드는

• 되새김

〈삼국유사〉 사복불언 부분에 나오는 이야기다. 사복(蛇福)은 신라의 열 분 성인에 드는 사람이다. 일명 사동(蛇童)·사파(蛇巴) 혹은 뱀보라고도 이른다. 그는 경주 만선북리 마을에서 살던 젊은 과부의 아들로 태어났다. 말하자면 아버지가 누구인지도 모르는 채. 무슨 출생의 비밀이라도 있는 것인가. 열두 살이 되도록 말을 못함은 물론이고 일어서지도 못하여 늘 뱀처럼 기어 다녔다고 붙여진 이름, 사복이라 하였다. 어느 날 문득 뱀보의 어머니가 돌아가자 뱀보는 고선사(高仙寺)에 머물던 원효(元曉)를 찾아갔다.

"그대와 함께 옛날 경(經)을 싣고 다니던 암소가 지금 죽었으니 같이 가서 장사지냄이 어떠한가."

"내가 간다고 돌아간 분이 살아날까."

"마음의 문제지. 그렇게 믿으면 되는 거야."

뱀보는 원효와 함께 집으로 돌아와서 죄를 뉘우치는 포살(布薩)을 하고 수계(授戒)하였다. 원효는 시신 앞에서 빌기를,

"나지를 말지어다, 죽는 것이 괴롭다. 죽지를 말아라, 나는 것이 괴롭다."

뱀보가 원효의 말이 너무 길다고 하면서 다시 이르기를,

"죽고 사는 것이 모두 괴롭구나."

"태어나지 않았으면 죽지도 않았을 것을."

주거니 받거니. 두 사람이 상여를 메고 활리산(活里山) 기슭으로 가서 장사를 지냈다. 뱀보는 게(偈)를 지어 읊었다.

"부처님께서는 사라수 숲에서 열반하셨네.
지금 또한 그와 같은 이가 있으니
연화장으로 들어가려 한다네."

말을 마치자 뱀보는 잔디의 줄기를 뽑았다. 그 아래로는 가을 하늘 같은 고요함과 맑고 그윽함이 있는 세상. 분명 이 세상은 아니었다. 뱀보가 어머니의 시신을 업고 함께 그 속으로 들어가자 땅이 갑자기 평평해졌다. 뒷날 사람들은 뱀보의 영혼을 위하여 금강산 동쪽 기슭에 도량사(道場寺)라는 절을 세웠다. 해마다 3월 14일이면 대승의 진리를 말하고 점을 치는 법을 알리는 점찰법회(占察法會)를 열었다. 뱀보가 신령스러운 모습을 드러냄이니 참으로 보기 드문 일이었다.

2

영혼의 노래

2. 영혼의 노래

꽃 이바지 노래—헌화가

봄이 다 가도록 비가 오지 않았다. 모를 심은 논바닥은 거북이 등이 되었고 바닷가 마을로는 마실 물조차 없었다. 참으로 큰일이었다. 가는 곳마다 아우성이고 기우제를 지내느라 불을 놓고 동이 틀 무렵까지 야단이다. 아무 소용이 없다. 마른 하늘에 연일 내리쬐는 뙤약볕이 저주스러울 뿐. 혹독한 가뭄이다.[1)]

마침 순정공(純貞公)이 강릉태수로 부임해 가고 있었다. 새납을 불며 북을 치고 위풍당당하게 길을 재촉하였다. 삼척 어름에 이르렀다. 말에게도 먹이를 주고 쉬어갈 겸 바닷가에서 점심 채비를 하고 있었다.

순정공은 성덕왕의 신임이 두터운 신하였다. 여러 가지 민정을 살

1) 성덕왕 4년(705) 10월 나라의 동쪽 지역에 흉년이 들어 많은 유랑민이 생겼다. 관원을 보내어 이들을 구제하였다(〈삼국사기〉).

피는 길이기도 하였다. 그의 아내 수로부인(水路夫人)도 함께 따라 나섰다. 벼랑위에 핀 진달래꽃도 가뭄에 거의 말라버렸으나 아름다웠다. 수로부인과 비교하여 누가 더 고운지 가르기가 어려울 지경. 저 꽃을 꺾어다가 용왕 제단에 바치고 비를 오게 해달라면 좋겠다는 생각이 수로의 뇌리를 스쳐 지났다. 순정공에게 슬쩍 귀띔을 하기는 하였지만 조심스러웠다. 그렇게 해보라고 한다(아마 그녀는 무녀였을 가능성도…).

"누가 저 벼랑 위에 꽃을 꺾어다 나에게 줄 사람이 있겠소?"

앞뒤를 둘러보아도 나서는 이가 아무도 없다. 삼척 고을에서 마중차 나온 아전이 묻는다.

"그 꽃을 갖고 싶어 하십니까?"

"저 꽃을 꺾어다가 용왕 전에 기우제라도 드리고 싶었소이다."

"안 그러면 제가 대신 용왕에게 볼모로 잡혀서라도 비를 오게 해야 하지 않겠습니까? 고을이 이 지경인데……."

"참말로 속 깊은 말씀이십니다. 하긴 저희 고을에도 가뭄이 너무 심하여 곳곳에서 기우제를 지내기는 합니다만."

막상 꽃을 꺾어서 바치겠다는 사람이 없다. 순정공의 수행원이 이 사람 저 사람을 보고 올라가 꽃을 갖다 바치면 어떠냐고 하지만 아무 소용이 없긴 마찬가지.

그때였다. 마을의 한 노인이 사람들과 함께 소를 끌고 기우제를 지내려 지나가고 있었다. 아주 절박한 심경으로 사람들 보고, 헌화가를 불렀다.

질붉은 진달래꽃 벼랑에
손에 잡은 암소 놓게 하시고
나를 아니 부끄러워하시면

꽃을 꺾어 바치오리다.

"소를 바치며 기우제를 드릴 게 머 있노? 마님의 말대로 꽃만 꺾어 다 용왕에게 바쳐 비가 오신다면… 얼마나 좋겠노?"

"어르신 말씀이 옳습니다. 하지만 저 높은 벼랑 위에 누가 있어 올라가 꽃을 꺾어 오겠습니까요?"

"내가 한 번 올라 가볼까?

"안 됩니다. 어르신이 어떻게 올라간다는 말입니까? 저희들도 못 하는데요."

마을 족장을 맡고 있는 노인이 수로에게 다가섰다.

"그 꽃을 갖다 뭐하시게요? 용왕님께라도 기우제를 지내시게요?"

"……"

말이 없다. 그렇다는 뜻이었다. 농사에 너무나도 소중한 암소까지도 기우제의 제물로 생각했던 족장은,

"그럼 좋습니다. 소는 살려 주고 대신 꽃으로 기우제를 용왕님께 올리기로 하는 겁니다. 약속하시는 거지요?"

그렇다. 수로는 용왕과 통하는 염력을 갖고 있었다. 하늘에 제를 올리는 일을 맡았던 천관 출신이라 그럴 법도 하지 않은가?

노인은 벼랑에 절을 하고는 이내 소를 매었던 긴 끈을 풀어서는 허리에 묶었다. 벼랑 위로 솟은 소나무 능치에 끈을 매고 대롱대롱 매달리며 꽃을 꺾어 내려 왔다. 자리에 함께 했던 모든 이들이 박수를 치며 좋아하였다. 완전 영웅이었다.

"꽃을 꺾어 왔습니다. 마님 차례입니다."

"알겠습니다."

준비해 온 간단한 포와 제수를 차려 놓고 가운데 진달래꽃을 놓고 절을 하며 주문을 외운다. 피어오르는 향이 마치 용왕 전에 감응이라

도 하듯이 멀리 바다 쪽으로 사라져 갔다. 북을 치며 춤을 추기 시작한다. 모두가 따라 추며 노래를 한다. 신을 기쁘게 하기 위함이다.

"거북님[2] 비를 주오 메마른 땅에
만일 아니 주면
그물로 잡아다가 구워 먹으리
거북님이시여"

"거북님, 거북님, 민초들의 명줄 같은 소의 희생을 거두시고 이 꽃을 바치오니 받아주소서. 안 그러면 저의 목숨을 거두어 주소서."

이제 용왕제는 끝이 났다. 모두 눈물을 흘리면서 얼싸 안고 함께 울었다. 아침부터 조금씩 몰려들기 시작한 먹구름이 모이더니 천둥 번개와 함께 소나기가 내리기 시작하였다. 비를 맞으며 집으로 돌아가는 사람들은 모두 행복하였다.

• 되새김

〈삼국유사〉에 나오는 헌화가(獻花歌)다. 암소를 끌고 가던 노인이 수로부인(水路夫人)으로 하여금 물신에 치성을 올리기 위하여 벼랑 위의 철쭉을 꺾어 바치며 읊었다는 향가다. 향가는 본디 노래하는 문학이다. 신라 성덕왕(聖德王) 때 강릉 태수로 부임해 가는 남편 순정공(純貞公)을 따라 가던 중 길가에서 쉬고 있었다. 이 시절에는 〈삼국사기〉에 따르면 가뭄이 자주 들어 비를 내리게 해달라는 기우제를 여러 곳에서 지냈다.

마침 높은 절벽에 진달래꽃이 피어 있는 걸 보고 그 아름다움에 끌

2) 원 글에는 거북이 나온다. 여기서는 용왕을 원관념으로 본 것이다. 그러니까 거북은 보조관념에 해당된다. 거북은 물과 뭍에서도 사는 용왕의 사자로 상정한 것이다.

리어 누가 저 꽃을 꺾어 나에게 달라 했지만 워낙 높은 절벽이라 아무도 나서지 못했다. 그때 암소를 끌고 가던 한 노인이 위험을 무릅쓰고 절벽에 기어올라 꽃을 꺾어다 바쳤다. 이때 꽃을 바치며 부른 노래다. 몸은 비록 늙었으나 젊은 날의 열정은 아름다운 여인의 청을 들어주고 싶었을 것이다. 여인의 빼어난 미모와 그를 향한 노인의 속정을 그리려는 것으로 보인다. 장소는 강릉시 강동면 심곡리 바닷가에 있는 절벽으로 추정된다. 여기서 부인의 이름에 주목하고자 한다. 수로(水路)는 물길이다. 이 길로 가면 용왕을 만날 수 있다. 용왕은 물을 다스리는 수신이다. 모든 게 타들어가는 가뭄에 물꼬를 틀 수 있다면 그보다 더 좋을 수는 없을 것이다.

노인은 힘없고 가진 게 없는 백성들의 상징으로 볼 수도 있다. 죽을 힘을 다 해 벼랑 위의 꽃을 꺾어 바침으로써 수로 부인은 용왕에게 사람 대신 꽃을 바쳐 용궁의 임금에게 이바지를 하여 마침내 비를 내리게 할 수 있다는 믿음을 백성들에게 주는 것이 아닌가. 여기 해가사(海歌詞)에 나오는 거북은 용왕을 가리킨다. 거북은 물신의 신몸으로 흔히 등장한다. 수로와 진달래꽃은 동격이다. 그럼 수로부인이 꽃을 들고 물속으로 용왕을 찾아 들어간 것은 자신이 제물이 된 것으로 상정할 수 있다. 물신에게 몸을 바쳐 비를 오게 해달라는 염원을 드림으로써 많은 사람들이 마음으로 위안을 받고 치유를 받는 정황이다. 살아가는 길목에서 물이란 참 생명의 젖줄이니까 예나 지금이나 소중하게 다루는 것을. 말하자면 비를 오게 해달라는 기우제 별신굿이라고 보면 좋을 듯. 올해 인각사에서는 세계문인들이 모이는 펜클럽 대회 마지막 날 〈삼국유사〉의 집필 완성지인 인각사를 회원들이 방문하였다. 도권 스님이 쓴 '천년의 기다림' 뮤지컬을 무대에 올려 많은 이들에게 감동을 안겨주었다. 그 날도 비가 내렸고 자리한 이들은 모두 비에 젖었다.

참꽃은 벼랑에서 불타듯 피어
물길을 열어 줘
몸인들 아까울리 비를 오시게
어화둥둥이야

임금의 길, 신하의 길—안민가

경덕왕의 시름은 날로 깊어 갔다. 건강은 기우는 해처럼 시름시름 나빠졌고 나라 안의 정치는 안정될 기미가 보이지 않았다. 가장 걱정거리는 자신이 죽은 뒤 저 어린 태자가 어떻게 나라를 이끌어 갈 수 있을까 함이었다. 안압지(雁鴨池)를 돌다가 태자를 불렀다.

"예, 아바마마, 부르셨사옵니까?"

"그래, 참으로 꽃봉오리들이 고와 보이는구나. 너랑 같이 보고 싶어서 불렀다. 태자야, 저 꽃들이 열매를 맺으려면 어떤 과정을 거쳐야 하는지 아는가?"

"예, 아바마마, 여름의 무더운 날씨와 비바람 몰아치는 계절을 겪어내고서야 열매를 맺는 줄 아옵니다."

"옳지, 그렇고말고."

"너도 훌륭한 임금이 되려면 어렵고 힘든 일이 있어도 잘 견뎌야 한다. 알겠느냐?"

"예 아바마마."

그러고는 곧장 왕비에게 뛰어간다.

"저 어린 것이 어떻게 거친 파도를 넘어 나라를 이끌어 갈 것인가?"

그렇다. 훌륭한 스승을 만나서 잘 가르쳐야 한다. 누가 있을까. 이런저런 생각을 하며 귀정문(歸正門)으로 올랐다. 봄바람이 시원했다.

지난해에도 풍년은 졌는데 집을 버리고 산적이 되거나 거리를 방황하는 사람들은 날로 늘어나고 있었다. 임금은 그 까닭을 너무나 잘 알고 있다. 신문왕 때 귀족들의 녹읍(祿邑) 제도를 폐지했던 것을 자신의 치세에 와서 저네들의 세력에 밀려 마침내 녹읍제를 다시 부활할 수밖에 없었으니.[3)]

녹읍제하고 맞바꾼 게 바로 당나라의 주군현제 수입과 당의 황제의 신임이 아닌가. 귀족들의 수탈에 못 견디고 정든 고향을 버리고 거리를 떠돌다 굶어죽는 사람들이 늘어날 수밖에 없었으니. 그렇다고 힘이 없으니 녹읍을 거두어들일 수도 없고. 답답한 마음을 누를 길이 없을 뿐 아니라 태자를 이끌어 줄 스승을 찾아보니 그것도 마음대로 되지 않았다. 귀정문에 올라서 신하들에게 학문과 덕망이 높은 승려를 한 사람 데려 오라고 일렀다. 우여곡절 끝에 충담사(忠談師)를 불러왔다.

"대사가 충담이시오?"

"그렇습니다."

"지난 번 찬기파랑가(讚耆婆郎歌)를 지었던 대사님 아니시오? 반갑소이다."

"그럼 이번에는 어떻게 하면 나라를 잘 다스릴 수 있는 지에 대하여 왕자를 위하여 향가를 한 수 지어줄 수 있겠소이까?"

"별로 잘 하질 못해서."

"겸양의 말씀이지요. 누가 대사만큼 향가를 한단 말입니까?"

함께 차를 마시면서 천천히 읊기 시작하였다. 물론 임금은 태자 생각이 났다.

---

3) 경덕왕 16년(757) 신하들의 월급을 없애고 예전처럼 다시 일정한 기준에 따라서 직급별로 논과 밭을 주었다. 말하자면 신하들의 등쌀에 못 견디어 왕권이 약화된 것이다(〈삼국사기〉).

"아, 잠깐. 태자를 불러야지."

"태자를 데려 오라. 어서."

내관이 태자를 데리고 왔다.

"너 이리 와서 대사님의 안민가를 들어보렴. 그리고 그 느낌을 애비한테 말해 보라."

충담사가 나라 정치를 어떡하면 잘 될 것인가를 향가로 읊기 시작하였다.

임금은 아버지며, 신하는 자애 깊은 어머니요,
백성은 어리석은 아이.
백성은 사랑받음을 알 것이오.
무지하게 살아가는 백성들,
이들을 먹여 다스림에
이 땅을 버리고 어디로 갈 것인가.
나라 안 다스림을 알 것입니다.
아아, 임금답게 신하답게 백성답게 한다면,
나라 안이 평화로워질 것입니다.

노래를 들으면서 어린 태자를 품에 안고 임금은 눈물을 흘린다. 처음 듣는 것은 아니지만 왜 이렇게 가슴을 파고들어 후회뿐인 나날이었던가. 태자는 피곤한지 아버지 품에 안겨 벌써 꿈나라를 여행하고 있었다. 얼마 뒤 경덕왕은 생을 마감한다.

• 되새김

안민가(安民歌)는 신라 35대 경덕왕 때 충담사(忠談師)가, 임금을 위하여 백성을 편안하게 하는 도리를 읊은 향가다. 이 작품은 임금을 아버지로, 신하는 어머니로, 백성을 자식으로 보고 부모와 자식의 행할 바가 무엇인가를 말하고 있다. 임금과 신하는 나라에 대한 책임을 통감하고, 백성은 군신의 은혜에 고마워하는 모습으로 발전해야 함을 뜻하고 있다. 시상의 전개 과정을 통해서 나라의 평안과 불국토(佛國土) 건설이라는 이상에 이르게 된다. 섬기는 이가 다스림은 예와 오늘이 다를 수 없다.

경덕왕의 태자는 신라 36대 혜공왕으로 용상에 올랐다. 이름은 건운(乾運)이며 8살에 즉위하여 태후(太后)가 대리로 정사를 돌보았다. 재위 기간 중 천재지변이 자주 일어나고 흉년이 들어 민심이 날로 나빠졌다. 자라면서 정치는 귀족들에게 맡겨 놓고 사치와 방탕을 일삼아 나라 안의 기강이 제대로 서지 못했다. 마침내 780년 이찬(伊飡) 김지정(金志貞)의 반란으로 왕비와 함께 죽게 된다. 경덕왕은 충담으로 태자의 왕사를 삼고 싶었지만 충담은 이에 응하지 않았다. 그가 남긴 향가만 오롯이 전할 뿐이다.

믿음이 재산인데 누구를 기대나
강 건너 등불만
아서라 배고파야 이웃 사람을
애살로 백성을

기파랑의 기상-찬기파랑가

경덕왕은 한때 아들이 없었다. 그걸 왕비의 탓이라고 생각했다. 마침내 임금은 사량 부인을 버리고 만월 부인을 맞아들여 왕비로 삼았다. 다행하게도 만월 부인은 태기가 있었다.

"폐하, 감축드립니다. 왕비 전하께서 용종을 가지셨다니 온 나라의 경사입니다."

"그래? 표훈(表訓)대사님을 모셔 오너라."

표훈은 기다렸다는 듯이 한편 걱정스러운 낯빛으로 편전으로 들어선다.

"폐하, 부르셨습니까?"

"어서 오시오. 오늘은 내가 어려운 부탁을 하나 할까 하오. 들어주시겠소?"

"말씀하시지요."

"대사는 하늘의 상제님과 오고가니까 우리 왕비가 가진 아이가 사내아인지 아니면 계집아인지 알아보고 계집아이 같으면 아들로 바꾸어 달라고 간청을 해보시오. 부탁이오. 내 몸도 날로 쇠약해져 가니까."

"알겠습니다만… 그건 하늘의 도리를 어기는 것입니다."

낙엽 지는 가을이 다 지나가도록 대사는 연락이 없었다. 임금은 조바심이 났다. 한편으로는 괘씸하기도 하고. 아무리 대사라도 신하는 신하 아닌가? 그러던 어느 가을 저녁 답에 대사가 찾아왔다.

"그동안 무탈하시옵니까? 여기 저기 알아보느라 이렇게 늦게 찾아뵙게 되었습니다."

"그래 과인이 말한 대로 알아보셨습니까? 가능하던가요?"

"가능하긴 한데……."

임금이 다그쳐 묻는다.

"무슨 문제가 있나요?"

"……"

한동안 무슨 생각을 하느라고 지그시 눈을 감고 말이 없었다. 이윽고 대답을 한다.

"공주님을 왕자님으로 바꿀 수는 있으나 나라에 큰 변괴가 일어날 수도 있다는 겁니다. 그래도 괜찮으시겠습니까?"

"걱정 마시오. 그런 문제라면 내 어떡하든 풀어보리다."

표훈대사는 그 일로 하늘의 천기를 누설했다고 하여 다시는 하느님과 교통을 하지 못하게 되었다. 우여곡절 끝에 태자가 태어났으니 이 아이가 자라서 혜공왕이 된다.

어렸을 적부터 여자아이들 놀이를 좋아하여 사내아이로서의 기상이 없었고 유약하였다. 경덕왕은 태자가 8살 때 별세를 하고 어린 태자가 왕위에 오르니 왕대비가 정사를 이끌어갔다. 귀족들의 세력에 밀려 마침내 삼촌이었던 김양상의 손에 왕대비와 함께 죽고 이로부터 왕족 간의 혈투가 끊이질 않았다. 이로써 김춘추 무열왕의 대통을 마감하게 된다(표훈대사와 보살들이 함께 찬기파랑가를 읊조린다).

열치며 나타난 달이 흰 구름 좇아
떠가는 것 아닌가 새파란 시냇가에
기파랑의 얼굴이 있구나.
이로부터 시냇가 조약돌에
낭이 지니시던 마음의 끝을 좇고 싶어라
아! 잣 가지 높아 서리 모를 화판(花判)이여

• 되새김

불교 경전에 나오는 기파(耆婆)는 당시 시중이었던 김기(金耆)라는 주장도 제기되었으나 흔히 당대의 화랑 지도자로 보고 있다. 더러는 인도의 지바카라는 유명한 의원을 이른다. 비유하여 경덕왕의 성 기능을 고쳐서 아들을 얻어 보려는 기원을 담았다는 풀이도 있다.

삼국통일을 완수한 때부터 일 백여 년이 지난 때이며 왕권이 매우 약화된 정황이었다. 보다 강화된 왕권을 세우기 위하여 기파랑 같은 의원이 나타나 자신의 성기능을 강화시킴과 동시에 나라의 정치를 바르게 하려는 상징성을 갖고 있다.

귀족들의 녹읍제 부활로 귀족들의 권세가 날로 세차지고 백성들은 이로 하여 생활이 수렁으로 빠지는 사회병리를 고치려면 기파랑 같은 강력한 지도자 상이 요구된다. 이 노래에서 기파랑을 노래함으로써 화랑의 기상과 모습을 다시 한 번 되살려 왕권을 강화시키려는 염원이 담겨 있는 것으로 보인다.

화판은 화랑, 화랑은 나라와 왕권이 위협을 받을 때 절대적인 충성심으로 왕궁을 지키고 나라를 안정시키려는 특수한 근위대 성격을 지닌다. 찬기파랑가는 사뇌가 최고의 경지를 보여주는 걸작으로 평가된다.

좀 더 적극적으로 풀이하면 기파랑을 경덕왕에 비유할 수 있다. 그 어떤 된서리를 맞더라도 변함없는 잣나무 같은 그런 기상으로 견뎌내기를 달님에게 비는 절절함이 배어 있다.

노래에서 기파랑(耆婆郎)을 달과 잣나무에 비유했다. 시상의 전개가 호연하다. 낭이 지니던 마음의 한 자락이라도 좇고 싶다는 시인의 굳은 의지를 드러내면서 기파랑을 잣나무처럼 곧은 화판(花判) 곧 화랑이라 찬양했다. 달 · 시냇물 · 조약돌 · 서리 · 잣나무 등과 같은 자연물을 통해 상징화된 기파랑은 숭고하고 사유적인 사람의 모습을 띠고 있다. 달빛의 흰 색과 시냇물의 파란 색이 조화로움은 서리와 잣나무의 기상으로 이어진다. 말하자면 숭고한 아름다움의 드러냄이다.

〈삼국사기〉의 경덕왕 15년(756) 부분을 보면, 당나라의 현종이 안녹산의 난을 당하여 촉(蜀)으로 가 있었음을 알게 된다. 여러 가지 어려움을 무릅쓰고 사신을 보내어 성도(成都)까지 찾아가 조공을 하였다. 이에 감동을 받은 현종은 5언10운 시를 지어 경덕왕에게 보내주었다.

"청청한 뜻을 더욱 중히 여겨, 풍상에도 변하지 않는 굳은 그 절개여(益重青青志 風霜恒不渝者)"

말하자면, 당나라의 황제인 현종이 경덕왕의 꿋꿋한 절개와 지조를 시를 통하여 인정한 것이다. 귀족들의 그 어떤 흔들림에도 잘 할 수 있다는 자신감을 보임으로써 백성들에게 믿음을 주고 귀족들에게는 함부로 흔들지 말라는 정치적인 의미가 담겨 있는 노래로 보인다. 찬서리에도 시들지 않는 잣나무에 비유하였으니 약화된 임금의 성기능과 더불어 중의적인 상징성을 드러낸다고 하겠다.

달품은 강물 위로 연꽃 떠올라
달 밝은 백사장
잣나무 눈서리에 더욱 푸르러
기개는 솔이라

두 다리는 내 해–처용가

겉으로는 평온한 듯이 즐비한 집과 담장이 잇달아 있었다. 또한 바람도 순하여 풍년을 예고하고 있었다. 그건 귀족들만의 번지르르한 모꼬지요, 그들만의 교향곡이었다. 민초들이 사는 곳에는 가는 곳마다 마마 환자로 넘쳐흘렀다. 이러다 전염병에 휩싸여 모두 어떻게 되는 게 아닌가 하였다.

귀족들의 세금에 쪼들려 정든 고향을 버리고 거리로 떠도는 이들이 하루가 다르게 늘어나는 상황. 왕권이 귀족들의 세력에 밀리니까 임금이라도 어쩔 도리가 없었다. 헌강왕(憲康王)은 이런 저런 궁리 끝에 울산 앞바다로 가서 뭔가 새로운 출구를 찾아보기로 하였다. 나라 안의 정사는 귀족들의 반목과 세력 다툼에 엄청난 혼란과 백성들의 원성이 날로 깊어 가고 있었다. 헌강왕은 정말 골치가 아팠다. 왕권이 약화될 대로 된 데다 마마 병까지, 엎친데 덮쳤으니 이 사정을 누구에게 하소연이라도 해볼까. 내관을 불렀다.

"다음 달 초순에 울산 앞바다로 갈 테니 준비를 하라. 바다 제사도 지낼 차비를 하고."

"예, 분부 받들겠나이다."

임금의 행차 준비로 월성은 분주하다. 열흘 만에 갈 수가 없으니 식량이며 온갖 행차에 필요한 문건들을 챙겨야 하니까. 울산은 당시 개운포(開雲浦)였다. 벼슬하는 신하들을 거느리고 바닷가에서 잠시 동안 쉬고 있었다. 그런데 이게 웬일. 갑작스런 안개구름이 일더니만 앞이 보이질 않는다. 날씨를 가늠하는 일관(日官)을 불렀다.

"이거 어떻게 된 일인가? 무슨 다른 방도가 있는가?"

일관은 점괘를 치더니 바로 달려 와서 아뢴다.

"동해 용왕의 짓입니다. 아마도 용왕을 위하여 절이라도 지어주면 좋을 듯합니다."

"그래? 그럼 용왕을 위한 절을 짓고 이름을 망해사(望海寺)라 하라."

그러자 구름도 걷히고 날씨는 맑게 개였다. 어디선가 이상한 노래소리가 들려오면서 동해의 용왕이 일곱 아들을 거느리고 바다 위로 당당하게 임금을 향하여 오는 게 아닌가? 수레에서 내린 용왕은 아들들과 함께 헌강왕에게 정중하게 절을 하고 나서는 다시 춤을 추었다.[4)]

---

4) 헌강왕 5년(879) 3월 임금이 나라의 동쪽 지역을 행차하였다. 이상한 사내들 네 명이 나타나 임금 앞에서 춤을 추고 노래를 불렀다. 그 모습이 이상하고 의복도 남달랐는데 이들은 산해정령(山海精靈)이라 하였다. 6월에 일길찬 신홍(信弘)이 반란을 일으켰으나 평정하고 죽였다(〈삼국사기〉). 이런 변괴가 일어날 것을 상징적으로 보여준 것이 바로 처용가의 배경이 될 수도 있었다. 마마병과 더불어 나라 안의 정치 불안이 그런 상징이다.

"어찌 저의 소원을 풀어주시기로 작정을 하셨습니까? 폐하를 도우러 왔습니다."

"얼마나 기다렸던 말인가?"

임금은 반기는 표정으로,

"짐이 여러모로 어려운 가운데 있소. 참으로 나라 안에는 검은 구름이 가득하다오. 왕께서 도와주신다면…."

말을 다 잇지 못한다. 이어 용왕은 일곱 아들 가운데 처용(處容)을 불러 폐하를 도와 드리라고 한다. 그러고는 그 자취를 감추어 버렸다.

"인사도 제대로 나누지 못하고…."

말하자면 해결사 처용을 얻어서 돌아왔다. 처용이 하는 일마다 힘겨운 일들을 잘 풀어헤친다. 서라벌에서는 헌강왕이 처용이라는 귀신을 데리고 왔다 아니면 이상한 신인을 데리고 왔다며 헌강왕은 귀신을 부리는 슬기와 힘을 가진 임금이 아닌가라고 수근거리기 시작하였다. 상대등이 버선발로 뛰어나와,

"폐하, 먼 여로에 노독이나 안 나셨습니까?"

"괜찮소. 조정에는 별일 없겠지요."

"폐하가 궁을 비운 동안 아주 조용했습니다. 다행히 가뭄에 비도 오고요."

"노고가 크시었소. 내 돌아오는 길에 처용이라는 젊은이를 데리고 왔으니 나라를 위하여 긴히 등용할까 하는데 상대등의 생각은 어떠하시오?"

이미 작심하고 상대등에게 통보하는 자신만만한 임금의 말투였다.

"신이 듣자옵건대, 처용이란 젊은이는 사람의 모습을 한 바다의 신이라고 들었습니다. 어떻게 그런 신하를 두게 되셨습니까? 감축드립니다(겉으로만. 어디 두고 봅시다. 엉뚱한 짓을 하다간 그냥 두지 않을 거요…)."

헌강왕은 이거다 싶어 처용을 오래도록 옆에 두고 싶어 처용에게 벼슬을 주고 서라벌의 어느 아름다운 처녀와 결혼을 하도록 하였다. 마마 귀신이 그의 아내를 탐낼 정도로 아름다웠던 모양이다.

처용은 밤이 깊도록 서라벌에 다니면서 사람들과 만나 서로 용서하고 참고 기다려 줘야 세상이 편안해진다며 민초들의 마음속으로, 때로는 귀족과 대화하면서 그네들의 마음속으로 파고들었다. 임금의 민성을 살피는 특사가 되어 있던 것이다. 술도 잘 사고 노래도 잘 하고 때로는 왈패들과 어울려 싸움질도 하고. 월정교 다리 밑에 힘들게 살아가는 거지들도 말하기를,

"원효 스님이 되살아났나? 우리 같은 거지패들과 함께 놀잖아. 밥도 잘 사주고 말이야. 참으로 좋은 사람이야, 처용 멋쟁이(모두가 처용을 둘러싸고 헹가래를 치며 좋아한다)."

처용 주위에는 언제나 사람들이 따라 다닌다. 마치 벼슬이 높은 고관대작이라도 된 듯. 귀족들에게는 눈엣가시였다. 처용을 어떻게 하면 쫓아버릴까 하는 궁리를 하기 시작하였다. 그런데 마마 귀신이 처용의 아내가 자고 있는 집을 덮친 것이다. 달은 밝은데 마침 늦게야 처용이 집으로 들어 왔다.

"좀 늦었어. 달도 밝고. 사람들 하고 놀다가 왔소. 여보, 자는 거야?"

방문을 열고 보니 웬 마마 귀신이 아내 옆에 누워 있고 아내는 죽었는지 답이 없다(더러운 세상, 다시 용궁으로 돌아가야 되는 거 아니야). 마마병에 걸려 살았는지 죽었는지에 대하여는 관심도 없고 솟구치는 분노만이 가득하다.

너무 슬프면 눈물이 안 나온다. 너무 기뻐도 눈물이 난다. 미칠 듯이 춤을 추기 시작하였다. 마치 원효의 무애춤 같은…. 한술 더 떠서 노래를 불렀다.

서라벌 밝은 달에, 밤 들이 노닐다가
들어와 자리 보니, 다리가 넷이어라
둘은 내 해다만, 둘은 뉘 것인고
본디 내 해지만, 빼앗긴 걸 어찌하리.

마마 귀신은 너무 놀라 처용을 따라 가며 용서를 빈다. 공격하면 떼로 몰려 죽여 버리려고 했는데 오히려 노래를 부르며 춤을 추고 이 건 도저히 생각 밖이었다(하늘도 움직이는 엄청난 힘을 지닌 처용인데).

"내가 졌소. 그대의 얼굴이 있는 곳이면, 그림자라도 있는 곳이면 절대로 범하지 않으리다. 용서하시오."

사람들은 집의 대문 곳곳에 처용의 얼굴을 그려 놓기 시작하였다. 그 뒤로는 마마가 사람들에게 다가오는 일이 거의 없었다. 섬김으로써 다스릴 줄 알던 처용의 슬기로움이 무서운 병마를 뛰어 넘은 것이다. 못된 귀신까지도 받아들여 자신과 함께 하는 귀신과 사람의 소통을 터놓은 셈이다. 사실 처용도 용왕신의 아들이니까 귀신이 귀신을 아우르는 귀타귀(鬼打鬼)의 경지를 간 것이다.

• 되새김

처용가(處容歌)는 신라 헌강왕 때 처용이 지은 노래. 〈삼국유사〉 권2 처용랑 망해사(處容郎望海寺)조에 실려 전한다. 왕은 처용의 마음을 잡아두기 위해 미녀를 아내로 맺어주고 급간(級干) 벼슬을 내렸다. 처용의 아내는 너무 아름다워 천연두를 일으키는 역신(疫神)이 연모했다. 역신은 사람으로 변해 처용이 없는 밤에 그의 아내를 찾아와 함께 잤다. 처용이 외출했다가 집으로 돌아와 보니 자기 아내의 잠자리에 두 사람이 누워 있었다. 이에 처용가를 지어 부르며 춤을 추면서 눈물을 머금고 그 자리를 물러나온다. 처용이 물러나자 역신은 모습을 드러내 무릎을 꿇고 빌었다.

이 때문에 사람들은 문간에 처용의 얼굴을 그려 붙여 병마를 물리치고 경사로운 복을 맞아들였다. 여기 병마라 함은 천연두를 일으키는 귀신을 이른다. 당시에는 천연두로 엄청나게 많은 이들이 죽었다. 이러한 무서운 병은 그 원인을 잘 모르니까 귀신이 일으키는 것이라고 믿었다. 처용을 '도처에 그려 붙인 얼굴'이라 풀이한 주장(구중회, 2011)도 있는데 설득력이 있다. 일설에는 이 즈음하여 울산지역의 지방호족들이 반란을 일으킬 조짐이 보임으로써 이를 평정하고 백성을 안심시키려고 개운포를 순행하였다고 한다. 말하자면 그 지역의 처용이란 인물을 등용함으로써 임금에 대한 반감을 무마하려는 정치 행위일 수도 있다.

언어 행위란 관점에서 보면, 헌강왕의 행보와 처용의 행보가 궤를 같이 하는 언술이었음을 이어령(2011)은 풀이하고 있다. 말하자면 헌강왕이 방해자로서의 용왕을 도우미로 만드는 과정이 처용이 역신을 도우미로 만드는 과정과 같다고 본 것이다.

개연성이 있는 풀이. 처용이 부른 노래와 춤은 특히 노랫말에서 하나의 주술성을 지닌 말이다. 하나의 화해를 전제한 말이다. 곧 말 속에 영혼이 담기는 언령설(言靈說)의 관점에서 보면, 마마신과의 힘겨룸에서 화해를 전제로 한 아우름의 또 다른 표현이라고 볼 수 있다.

선화는 남몰래-서동요

서동은 그의 홀로된 어머니와 연못의 용이 정을 나누고 낳은 아이다.[5] 홀어머니 아래서 자란 서동은 기죽지 않고 마를 캐다가 팔아 어

5) 〈삼국유사〉에서는 '서라벌 남쪽 못가에 집을 짓고 살았으며 연못 속의 용과 정을 통

머니와 오순도순 살았다. 서동이란 이름도 마를 캐서 살았다 하여 맛둥이 혹은 마동이라 부른 걸 한자로 고쳐 부른 것이다. 서동은 어려서부터 슬기로웠다. 비록 가난하게 지냈지만 가슴속에 큰 꿈을 잃지 않고 자랐다.

"내 반드시 자라서 많은 사람들을 행복하게 살 수 있는 나라를 만들 것이다."

서라벌에는 진평왕의 선화 공주가 매우 아름답다는 소문이 널리 퍼져 있었다. 서동이 그걸 모를 리가 없었다. 뭔가 한 번 가까이 갈 수 없을까 궁리하였다.

"그래, 그거야. 애들 좋아하는 마를 주며 노래를 시켜 거리로 퍼지게 한다면…."

아이들이 마를 얻어먹기 위하여 줄다리기를 한다. 맨 앞에 선 아이가,

"형, 뭐 때문에 주는데요?"

"내가 부르는 노래를 따라 부르기만 하면 된단다. 한 번 따라 해보아라."

"준다는 마를 빨리 주고요, 노래를 불러 주시이소."

서동은 알았다면서 따라 부르도록 한다.

선화공주님은 밤에 남몰래
서동을 안고 논다네

철모르는 아이들은 노래를 재미있게 익살스럽게 불러댔다. 노래는 곧 서라벌 안에 바람에 날리는 민들레처럼 퍼졌다. 어디선가 상대등 숙종흘이 듣고 와서는 진평왕에게 따지듯이 묻는다.

하여 서동을 낳았다고 하였다'라고 적고 있다(築室於京師南池邊池龍交通而生).

"폐하, 선화공주님과 관련한 이상한 노래 소문을 못 들으셨습니까?"

"무슨 소문인데요?"

기다렸다는 듯이 상대등은 말문을 연다.

"폐하, 참으로 큰일입니다. 공주께서 서동이라는 아이를 밤마다 만나 정을 나누고 한다는데요. 이게 사실이라면 왕실뿐이 아닙니다. 귀족들이 가만히 있지 않을 겁니다. 당장 알아보시고 무슨 조치를 취하셔야 합니다. 안 그러시면 저도 어쩔 수가 없지요."

마침내 공주는 귀양길에 오르게 된다. 왕비는 가여운 공주에게 금덩이를 임금 모르게 보자기에 싸주었다. 얼마만큼 갔을까? 추풍령 고개를 오르다 쉬어가는 데 어떤 허름한 옷차림의 더벅머리 총각이 불쑥 나선다.

"서동이라고 합니다. 길도 험한데 제가 공주님을 모시고 가겠습니다."

눈이 매우 날카롭고 빛나고 있었다. 예사롭지 않은 청년이었다.

"그럼 어디 함께 가기로 합시다."

이윽고 함께 가겠다던 서동이 노래를 부르는데 그 노래가 바로 아이들이 부르던 '서동의 노래'가 아닌가? 공주는 깜짝 놀랐다. 선화공주를 만나 사랑하고자 백제 땅에서 서라벌까지 왔다는 이야기를 듣고는 너무도 서동이 미덥고 좋은 생각이 들었다. 지금의 공주로 가는 공암 근처, 초라한 오막살이에서 당분간 지내기로 하였다. 얼마쯤 지났을까? 왕비가 준 금덩어리를 내놓으며 살림에 보태자는 사연을 털어놓는다. 서동이 금덩어리를 만져보면서 하는 말이,

"이게 뭔데 그렇게 소중하게 보에 싸서 왔습니까?"

"금이지요, 황금 모르시나봐?"

"내가 어릴 때부터 마를 캐던 곳에 가면 발에 차이는 게 이런 거였소."

공주는 어안이 벙벙하였다. 정말 그럴까를 의심하면서,

"그럼 황금을 찾아서 신라 황실에 계신 아버지한테 보내드리면 좋

아 하실 텐데요, 어때요?"

"그렇게 합시다. 뭐가 어렵소?"

공주와 서동은 마를 캐던 곳에 가서 자루에 금을 모아놓았다. 그런 뒤 용화산 미륵사에 주석하는 지명(知命) 법사를 찾아 갔다. 신통력으로 이 금 자루를 고향 부모님께 보내달라고 당부를 한다. 황금보다는 사랑이 더욱 소중하므로 황금을 돌같이 바라볼 수 있었던 서동, 그는 아마도 가장 인간미 넘치는 젊은이의 초상이었을 것이다.

"법사님. 저희들의 정성을 신라로 보내고자 하오니 도와주시겠습니까?"

"그렇게 하지요."

편지와 함께 경공술을 써서 눈 깜박할 사이에 신라 황실로 황금자루를 보냈다.

"서동이가 이 황금을 보냈다고? 우리 사위가…."

그 뒤 서동은 신라의 도움을 받고 많은 백제 사람들에게 인심을 얻어서 30대 백제의 임금이 되었다.

• 되새김

서동요(薯童謠)는 신라 진평왕(眞平王) 때 마를 캐던 서동(薯童)이 지어 부른 노래다. 본디는 민요였으나 향가에 들어왔을 것이라는 주장도 있다. 백제에서 신라로 간 서동이 이 노래를 퍼뜨려 진평왕의 딸 선화공주(善花公主)를 맞이하게 되었다는 사연이 담겨 있다. 최근 익산 미륵사지에서 발굴된 금제 사리봉안기에 따라서 무왕의 왕비는 사택(沙宅) 좌평의 딸인 적덕(積德)이고, 선화공주는 왕비가 아니라는 주장이 설득력을 얻고 있다. 그럼 무왕이 정식으로 혼인하기 전에 선화공주를 맞을 수도 있었을 것이다. 혹은 진평왕의 노여움을 받아 귀양을 가 처형을 당한 선화의 안타까운 죽음을 씻어주기 위하여 이런 노래를 지었을 가능성도 있다.

흔히 미륵은 미래불인데 선화공주가 미륵불에 빌어 용화사를 지었다 함은 죽은 뒤의 세상을 암시적으로 드러낼 수도 있는 게 아닌가. 어떤 예언을 적은 노래를 흔히 참요(讖謠)라 한다. 서동요도 하나의 의도를 가지고 예언을 한 셈이니까.

낮고 천한 신분의 서동이 높고 귀한 왕실의 공주와 짝이 되어 사랑을 얻는 과정이 너욱 사람들의 입맛을 돋운다. 마치 춘향이처럼. 무슨 격식도 없이 마음이 가는 배우자에게 자신의 모든 것을 다 건 용기와 순수한 영혼을 높이 사야 하지 않을까.

얘들아 마를 주마 꽃님 마중을
금도 싫소 은도
용연지 연꽃 피면 온갖 새들도
새 봄의 연가를

눈 한 개만—도천수관음가

"이게 웬일이여? 이렇게 좋을 수가. 십 년 가뭄에 반가운 빗소리라."

우물가에 모여든 동네 아줌마들이 쑥덕댄다.

"있잖아, 점순네가 십 년만에 못 낳던 아들을 보았다는군."

"다 부처님 덕분이라. 미역 한 오리라도 들고 가봐야 하겠지."

아이를 낳은 지 한이레도 지났건만 소식이 없기에 더욱 그러했다. 마을 아줌마들이 모여 옹기종기 희명네로 달려갔다. 그런데 이게 어인 일인가. 아이를 낳은 점순네 집 사립문엔 금줄은커녕 울음소리만 나고 쥐죽은 듯 조용하다. 벌써 수상한 느낌…. 나이가 중씰한 한 할

매가 들어가면서,

"점순네 경사 났다더니 왜 이래 조용한가?"

"……"

울음소리만 집안 가득. 황망하게 집을 빠져 나온 할매가,

"아이고 이를 어쩐담. 아이가 눈을…."

아이가 눈을 보지 못한단다. 참으로 큰일이다. 눈이란 우리 몸의 등불인데.

"아이구 부처님, 맙소사. 우째 그런 일이 있을 수가. 저 착하디착한 희명네가."

할매가 들어갔다 나오더니 손사래를 치며, 젊은 아낙네들을 보고

"다들 돌아가 다음에 오더라고."

"무신 일이 생겼구먼요."

아이가 보지 못한다는 이야기. 아들을 낳아서 좋기는 한 데 앞을 보지 못하니 어찌 살아갈 것인가. 눈앞이 캄캄한 희명(希明) 부인은 온갖 정성을 다해 분황사 부처님께 기도를 한다. 아이는 이제 다섯 살, 아직도 앞을 못 보니 세상 구경을 하지 못한 것이다. 하루가 멀다 하고 절을 찾아가 발원하는 희명 부인. 끓어오르는 흐느낌으로,

"부처님, 저의 불쌍한 아이를 돌보시어 부처님 지니신 천 개의 눈 가운데 하나만 주시면 원이 없겠습니다. 저는 죽어도 좋으니까요."

두 무릎을 낮추며 두 손바닥 모아
천수관음 앞에 비는 말씀 드리오
즈믄 손에 즈믄 눈을 하나를 놓아 하나를 덜어
두 눈 감은 저이니 하나를 숨겨주소서 비나니
아아 저임을 아실진댄
어디에 쓸 자비라고 큰고

연꽃 자리에 앉아계신 부처님은 말이 없고 그냥 웃고만 계신다. 손을 든 채. 희명 부인은 주지 스님에게 다가서 간절한 청을 넣는다.

"큰 스님, 어떡하면 이 아이의 눈을 볼 수 있게 할까요? 저의 집에 가진 건 별로이나 모든 걸 절에 시주하겠습니다. 이 아이의 눈만을…."

참으로 딱한 사정이었다. 입맛을 다시면서 큰 스님은,

"그럼 한번 간단하게 노래를 지어 아이가 불러 노래 공양을 바치도록 해보면 좋겠습니다. 보살님."

"노래요? 제가 무슨 향가를 지을 줄 알아야지요?"

"괜찮습니다. 그냥 흥얼거림으로 노래하듯 천손 관음부처님께 간절한 사연을 읊으시고 아이에게 부르도록 하면 안 되겠습니까? 향가로 적는 건 제가 하겠습니다. 하 그러시니까."

"잘 도와주시지요."

밤이 깊은 줄도 모르고 한기리 희명부인은 기도에 다른 여념이 없다. 아이는 옆에서 염불인지 향가인지를 이어 흥얼거리며 노래한다. 부인이 소스라쳐 깨어난다.

"어 이거 꿈인가?"

관세음 부처님이 아이에게 눈 하나를 주시는 꿈을 꾼 것이다. 여전하게 부처님 앞에서 기도하는 아이는 무릎을 꿇어 '아아'라고 하면서 계속 엎드렸다가 일어났다가 절을 한다. 결국 쓰러져 잠이 들고 말았다.

"아아…. 아아…. 아…."

잠꼬대 같은 신음을 하고 있다.

"야, 아가, 아가, 일어나라 어서. 부처님… 흑흑흑"

"어매요. 어매 얼굴이 보입니더."

새벽 예불을 알리는 종소리며 간간히 불어오는 바람에 흔들리는 풍경소리가 고즈넉한 절간에 울려 퍼지고 있었다. 천수대비는 웃는 듯

말이 없고.

• 되새김

천수관음가(千手觀音歌)는 신라 35대 경덕왕 때 한기리의 여인 희명(希明)의 아들이 지어 부른 노래다. 일명 천수관음가 · 천수대비가(千手大悲歌) · 도천수대비가(禱千手大悲歌) · 맹아득안가(盲兒得眼歌)라고도 이른다.

사뇌가의 속내가 두드러지게 나타나는 작품으로, 눈먼 아이가 이 노래를 부르고 눈이 밝아졌다고 한다. 경주 한기리(漢岐里)에 사는 희명이라는 여인의 아들이 태어나면서 눈이 멀었다. 이에 희명이 분황사에 있는 천수대비의 벽화 앞에서 노래를 지어 부르며 기도를 하였는데 아이가 눈을 뜨게 되었다. 어린아이나 그 어머니가 이 노래를 지었다고 보는 데는 무리가 있다. 오히려 향가를 잘 하는 분황사의 한 승려가 지은 사뇌가 형식의 기도문을 아이가 외운 것으로 봄이 옳을 법하다. 이 노래가 뒤에 〈심청전〉에 접목되는 화소로 쓰였을 가능성이 있다. 〈삼국사기〉에는 효녀 지은(知恩)의 이야기가 나온다.6)

아이 엄마의 이름도 상당한 암시를 주고 있다. 희명이니 눈 밝게 되기를 희구하는 간절한 염원을 담고 있다. 이 어두운 세상을 밝게 하려는 천수대비 부처님의 자비가 달빛 같은 미소를 흘리고 있다. 무명(無明)에서 명으로 가는 깨달음을 갈구하는 심경을 잘 드러내고 있다.

두 손이 발 되도록 구하옵나니
눈을 한 개 주오
심 봉사 두 눈 뜨면 빛줄기 따라

---

6) 〈삼국유사〉에는 빈녀양모(貧女養母)가 효선편에 나온다. 눈 멀고 가난한 어머니를 위하여 그 딸이 부자 집의 삯품팔이를 하여 봉양하는 눈물겨운 설화가 실려 전해 온다.

어디 보자 청아

두 개의 해가–도솔가

이야기를 다 적고 난 일연의 얼굴은 시원하다는 듯 가벼운 모습이었다. 시자가 먹을 곱게 갈면서,

"큰스님! 단속사의 단속(斷俗)이 무엇인가요?"

"알고 싶으냐? 그럼 무극이 가르쳐 주심이 어떠하오?"

옆으로 비껴 앉으며 무극에게 가르치도록 한다.

"단속이란 속된 세상을 아주 잘라버린다는 거지."

"그런데 스님들도 세상 사람들이 농사지은 걸 먹고 살아요?"

"그러니 스님이 된다는 건 아주 검소하게 살아야 되는 거지."

"알겠습니다. 옷 벗고 나가서 스님들 드실 배추밭을 매야 하겠네요."

무극이 글을 청하매, 일연은 답하였다.[7)]

공명은 끝나지 않았으나 귀밑털은 서리 빛이요,
임금의 사랑은 깊으나 백년 세월 바쁜 듯 지나가네.
저 언덕 너머에 있는 산 자주 꿈에 보이니.
가겠노라 향화를 갖고, 빌 것일세. 임을 위해서라면.

세상이 어떤 건지 아무것도 모르는 시자의 눈에도 세상 돌아가는 꼴이 이해할 수 없는 경우가 많은 듯. 비슬산 자락에 먹구름이 몰려오더니만 소나기가 쏟아지기 시작한다. 도롱이를 가지고 시자를 찾아 무극이 나서고 있었다. 시자를 데리고 들어온 무극은 따듯한 차를 권

7) 〈삼국유사〉 권5 감통 월명사 도솔가 참조.

하며 일연과 함께 마셨다.

"이제 몸이 좀 편안해졌나?"

"스님! 고맙습니다. 조금 전에 큰스님 글에 언덕 너머에 있는 산은 어떤 것인가요?"

"자유와 평화가 깃들어 있는 곳이겠지. 지금처럼 전쟁도 없고 괴로움도 없는 뭐 그런 세상 말이야."

"……"

일연은 고개만 끄덕일 뿐이었다. 이윽고,

"하루 빨리 전쟁이 끝나고 이 세상에 부처님의 진리가 강물처럼 흐르는 누리가 되어야 하는데."

무극이 시자에게 산화공덕에 대한 이야기를 시작했다. 신라 경덕왕 19년(760) 4월 초하루 두 개의 해가 나타나 열흘 동안 사라지지 않았다.[8] 하늘의 천기를 보는 일관(日官)이 아뢰기를,

"인연이 닿는 스님을 청하여 산화공덕(散花功德)을 쌓으면 이 재앙을 물리칠 수 있을 것입니다."

하였다. 이에 조원전의 단을 깨끗이 만들고, 임금이 청양루에 나와 인연이 닿는 중을 기다렸다. 그때 월명사가 남쪽의 논두렁길을 걷고 있는 것을 보고, 임금이 사람을 보내어 그를 불러서 단을 열고 기도문을 지으라고 부탁하였다. 이에 월명사는 국선(國仙)에 속한 몸으로 향가는 익숙하지만, 범패는 낯설다고 하였다.

그러자 왕이,

"이미 인연이 있는 사람으로 뽑혔으니 향가라도 좋다."

"알겠습니다. 그럼…."

8) 〈삼국사기〉에는 경덕왕 20년(761)에 정월 초하룻날 무지개가 해를 꿰었으며 해 귀고리가 있었다. 4월에 혜성이 나타났다.

오늘 여기 산화가를 불러
뿌리는 꽃이여, 너는
곧은 마음의 명을 받들어
미륵님을 모셔지라.

이윽고 두 개의 해 중 하나가 사라졌다. 왕이 이것을 고맙게 여겨 차 한 봉과 수정 염주 108개를 건네주었다. 그때 문득 한 동자가 나타났는데, 겉모습이 곱고 깨끗하였다. 그는 공손히 차와 염주를 받아 궁전 서쪽 작은 문으로 나갔다. 월명은 이를 내궁(內宮)의 시자라 하였고, 임금은 스님의 시자라고 하였으나 알아보니 모두 아니었다.

왕이 이것을 매우 이상하게 여겨 사람을 시켜서 그 뒤를 쫓아가 살펴보게 하니, 동자는 내원(內院)의 탑 속으로 숨어 버렸고, 차와 염주는 남쪽 벽화의 미륵상 앞에 놓여 있었다. 바로 월명의 지극한 덕과 정성이 미륵보살을 감동시켰던 것이다. 이어 그를 더욱 공경하게 되었고 명주 백 필을 주어 크나큰 보은의 마음을 나타내었다. 무극 상좌가 가만히 있을 리 없었다.

"큰 스님! 두 개의 해는 두 임금을 뜻하는 것입니까?"

"그렇게 보아야 하겠지. 귀족들의 반란으로 왕권을 위협하는 일이 일어났음을 미루어 알 수가 있지."

"그럼. 도솔이란 어려움을 조화롭게 잘 다스린다고 보아야 할까요? '도스르다'와 소리가 비슷해서요."

"허허. 풀이가 훌륭하이. 문제가 있으면 이를 풀어야 하지."

"별 말씀을 다 하시네요."

단오가 얼마 남지 않았다. 바람 부는 비슬산 비탈길에는 찔레꽃이 피었다 나뭇잎처럼 날리고 있었다(〈삼국유사〉 권5 감통 참조).

꽃 뿌려 향기 밟고 벌 나비 어서
하늘 길을 열어
빛 잃은 두 개의 해 하나로 되어
무지개 높이 떠

너를 기다려-제망매가

소리도 없이 떨어지는 나뭇잎을 밟으며 달그림자는 스님을 따라간다. 그래 삶이란 다 그림자 같은 것인데. 오늘 저녁에도 지는 잎사귀를 보며 지나온 삶과 앞으로 다가올 삶에 대한 깊은 영상에 잠긴다. 나무와 잎사귀가 서로 다른 것인가. 본디 하나일진대 살다 죽어가는 모습이 다를 뿐.

그는 가끔 달 밝은 밤이면 피리를 불곤 한다. 무슨 달이 감동을 했을까. 멈춰 서듯 움직이지를 않는다. 그래서 그가 다니던 마을을 월명 마을이라 했다는 것. 그럼 달이 그 피리 소리를 듣고 무언가 서로의 말은 없으나 영적인 교감이 있다는 얘기 아닌가. 그 길을 걸으면서 문득 고향에 두고 온 어린 누이 생각을 한다. 그런데 이게 웬일. 행자가 뛰어오며 스님을 찾는다.

"큰 스님, 스님 사가에서 사람이 찾아 왔습니다."

"모라꼬? 이 밤중에 무신 일인강?"

황급히 요사채로 나가 신도들이 머무는 방으로 들어갔다. 웬 한 마흔 중씰한 사람이 일어서며 인사를 올린다.

"밤중에 긴히 드릴 말씀이 있어 이렇게 찾아 뵈었습니다."

"그래 무신 일인강?"

"저…. 저… 저."

갑자기 불길한 생각이 스쳐간다. 이거 무슨 큰일 났구나 싶어 다그쳐 묻는다.

"이 친구야 말을 쫌 하이소. 와 이카노?"

"와 아재 아래 누부 있잔니껴. 그 누부가 갑작스레 그만…."

온 사람은 사가로 스님의 집안 조카벌 되는 이웃 사람이다. 부모도 일찍 여의고 오라비인 자신도 출가하고 혼자서 이웃의 도움을 받아가며 살던 누이가 세상을 버린 것이다. 틀림없다.

"하모, 죽었다 그 말이가?"

"예… 디릴 말씀이 없심더."

"나무아미타불 관세음보살…"

흐르는 눈물을 주체할 길이 없었다. 아무리 인생무상이라 하나 한창 살 꽃 같은 나이에 가버리다니.

"알았구마. 정성껏 재를 올려야겠네."

그냥 불전에 엎드리어 하소연 할 길 없는 누이의 죽음에 대한 몸부림을 친다.

"부처님, 젊은 나이에 꽃도 피워 보지 못한 채 불러 가십니까? 저승과 이승에 만날 날이 있겠지요? 나무아미타불…"

어쩔 줄을 모른다. 아, 스님도 다 같은 사람인 것을. 처음 안 것은 아니지만 달 밝은 월명리 절 모퉁이로 사라지는 누이의 그림자만…. 바람에 지는 나뭇잎소리가 더욱 스산하다. 저러다 다시 뿌리로 돌아가는 것을.

날이 비움하고 동이 틀 무렵 서둘러 스님은 사가로 갔다. 사람들의 도움을 얻어 절에서 온 사람들과 함께 남산의 부처골 어름에 장사를 지냈다. 이내 돌아온 월명은 사천왕사 지장전에 들어가 죽은 누이의 재를 올렸다. 좋은 곳에 가서 아프지 말고 괴로움 없이 행복하게 살라고 비는 오라비로서의 마지막 염원을 하는 것이다.

죽살이 길은 여기 있으매
나는 간다 말도 못다 이르고 갔느냐.
어느 이른 가을바람에
여기 저기 떨어지는 잎처럼
한 가지에 나고 가는 곳 모르겠구나
아으, 미타찰에서 만나볼
나 도를 닦아 기다리겠노라.

간간이 들어오는 가을바람에 켜놓은 촛불이 흐느끼는 듯 펄럭이고. 정성스레 독경을 하고 목탁을 두드리며 불쌍한 누이의 영혼을 부르며 읊조린다. 한편에서는 동자승들이 승무를 춘다. 떨어진 붉은 나무 잎 사이로 철 이른 귀뚜리 한 마리가 울어댄다. 불단에 놓았던 종이돈이 훨훨 날아오르더니 하늘로 사라져 간다.

펄럭이던 춤사위에 승무도 그치고 노래는 흐느낌 속에 끝이 났다. 갑자기 바람이 불더니만 재를 올리며 소지를 하던 종이가 하늘로 날아 올라가지 않는가? 아, 산다는 게 이렇게 속절없는 것일 줄이야. 사부대중에게 인생무상을 법문으로 하긴 했으나. 이렇게 자신의 누이가 죽으매 가슴을 저미는 아픔이 견디기 어려웠다. 아프구나, 아파.

• 되새김

월명스님에게 듣는 양 일연스님은 다시 그 느낌을 읊는다.

바람은 종이돈을 날려 저 세상 가는 누이의 노자 되게 했고
피리 소리는 밝은 달 움직여 항아를 머물게 했네.
도솔천이 멀다고 그 누가 말하더냐?
만덕의 꽃송이들 한 가락의 노래 소리로 맞았나니

월명은 돈이 없어 종이로 돈을 삼아 저승길 가는 누이에게 주었던 것. 어떻게 돈으로 형제 사이의 애끓는 정을 표현할 수 있을까? 노래를 불러 누이의 영혼을 위하여 부처님께 발원을 올린 것이다. 성심으로 길을 닦아 미타 세상에서 누이를 만나게 해달라고. 영의 길과 사람의 길이 같은 것인가.

그때 부른 게 제망매가(祭亡妹歌). 〈삼국유사〉 권5 감통 제7에 실려 전한다. 죽은 누이의 왕생극락을 빌기 위해 재(齋)를 올릴 때 문득 돌풍이 일어 종이돈이 서쪽을 향해 날아가 버렸다. 월명의 노래 말에 미타찰(彌陀刹)에서 만나자고 기원하는 점 등으로 미루어 보면, 이승에서 못다 한 정을 저승에서 이루려는 절절한 마음이 묻어나 있다. 수도자로서 한 인간의 번뇌를 숨김없이 솔직하게 드러냈다.

월명사는 비록 승려이긴 하나 죽음에 대한 두려움도 있다. 삶과 죽음의 갈림길이 여기 앞에 있다고 하면서 두렵다는 말로 자신의 심정을 솔직히 털어놓았다. '도를 닦아'에서 도란 '길'이다. 길이란 가야할 숙명적인 죽음의 길일 수가 있다. 스님의 길일 수도. 죽음이란 우리 모두에게 널리 잠재하는 원형적 심상이다. 마지막 작별인사 한마디 없이 저승으로 떠나버린 누이를 탓해보기도 한다. 삶의 본질이 덧없음인가. 본디 없었으니 잃을 것도 없는 것을. 그러는 가운데 누이의 극락왕생하기를 빌고 사후의 만남에 대한 기다림의 미학이 서려 있다.

죽음과 삶이 서로 다르지 않고 바로 여기, 우리가 살아가는 이승에 있음을 떨어지는 나무와 잎의 사이로 설정하고 있다. 죽음의 그림자가 늘 따라 다닌다. 거기서 우리는 자신의 나그네 된 길을 어떻게 걸어야 할까를 고뇌하게 된다. 자신도 떨어지는 나뭇가지의 한 잎임을 깨달으면서. 말 없는 달과 바람에 그리움을 실어 구름이 되고 은하수가 되는 그리움을 전하고픈.

나뭇잎 저 바람에 날려갔을까
한 뿌리에서 난
아무렴 내 걱정을랑 극락길 가소
학의 목이 돼도

길쓸별 바라고-혜성가

화랑들은 명산대천을 찾아다니며 몸과 마음을 갈고 닦아 나라에 중요한 일이 있을 때마다 임금을 돕거나 어려운 상황을 풀어나가는 데 허리의 구실을 했다. 그 날도 실처랑과 보동랑과 거열랑은 아름다운 가을의 금강산(楓岳)을 두루 다니고 나라의 평안과 번영을 빌기 위하여 풍악으로 가고 있었다. 그런데 이게 웬일. 갑자기 왜군이 공격해온다고 봉화가 올랐다는 소식을 알게 된다. 큰일 아닌가. 거열랑이 다른 이들에게 말을 건넨다.

"이보게들, 봉화 소식 들어보았나?"

"그게 무슨 말이요?"

"지금 나라 안이 발칵 뒤집혔어요…. 이거 어디 풍악산으로 갈 수 있겠나. 어떻소?"

더 이상 가서는 안 된다는 생각으로 서라벌로 되돌아가기로 마음을 굳혔다. 참으로 난감하기 이를 데 없다. 단단히 벼르고 별러 풍악산으로 가던 길인데. 융천사가 혜성가를 불러, 오던 왜군이 돌아갔다는 소식이 퍼지기 시작하였다. 이번엔 현실에 눈이 밝은 실처랑이 말을 건넨다.

"이러면 굳이 서라벌로 돌아갈 것 없지 않아요? 그러지 말고 객관에서 소식도 확인할 겸 주위 상황을 기다려 봄이 어때요?"

일본의 왜군은 바다의 바람도 심할뿐더러 총 대장의 아내가 죽어 싸우지도 않고 되돌아갔다는 사연. 보동랑이 묻는다.

"거열 낭주님. 건달바가 뭔데 왜군이 온다고 했나요?"

"내가 알기로는 건달바는 밥도 안 먹고 그 냄새만 맡고도 산다는데. 본디 심향성 신기루(心香城蜃氣樓)를 말하지 뭐."

융천사가 노래한 속내는 이러했다.

옛날 동해가의 건달파가
놀던 성을 바라보고
왜군이 왔다며 봉화를 든 변방이 있어라.
세 화랑이 산 구경 오신다는 소식 듣고
달도 부지런히 등을 밝히는데
길쓸별 바라보고
혜성이여 하며 알린 이가 있어라
아, 달은 저 아래로 떠갔구려.
이 보아 무슨 혜성이 있단 말인가.

신기루는 부처님의 땅이고 현실적으로는 신라가 부처님의 땅임을 상기시킨 것이었다.

"그럼 헛것을 보고 봉화를 들었다는 말이네요?"

"그래도 그렇지 어떻게 헛것을 보고 봉화를 든담…."

신기루는 한마디로 환시현상이다. 동해의 한류와 난류가 서로 만날 때 일어나는 대기현상이었다. 일단 왜군은 싸우지도 않고 돌아갔으나 이런 괴소문으로 들뜬 사람들의 민심은 어떻게 한단 말인가. 이런 괴상한 소문을 잠재우던 사람이 있었다. 그가 바로 융천사(融天師)였으니. 왜군이 쳐들어오는 판에 무슨 노래 하나로 적군을 되돌려 보낸단 말인가. 참으로 귀신이 곡할 노릇(그런 게 다 있어. 마술도 있잖아).

진평왕은 한숨 돌렸다. 임금은 융천사를 불렀다.

"융천 낭주는 어떻게 노래를 불러 이런 난세를 넘길 생각을 하였소?"

"제가 한 게 없습니다. 그저 하늘에서 하는 일을 제가 노래했을 뿐입니다. 폐하."

"뭐라고 노래하였소이까? 귀신을 부리는 주술이 아니요?"

"아아, 달 아래 떠가버리더라. 이에 어울릴 무슨 혜성이 있을까?" 라고 노래했을 뿐입니다.

"그럼 여기 달이라 함은 어둠이 물러간다는 말이요? 대사."

"그렇습니다. 달은 서방정토(西方淨土)의 전령이니까. 그렇습니다. 잘 보셨네요. 상당 부분 상징성이 강한 것이니까요. 달이 둥그런 것처럼 온 누리를 밝고 따스하게 품어주는 문수보살 같은 것입니다."

말하자면 동해 바다의 봉화지기가 신기루를 왜적의 선단으로 보고 즉시 봉화를 든 것이다. 하나의 우발사건이 일어난 셈이다. 무서운 혜성을 길쓸별이라 하여 어려움을 모조리 쓸어버리는 별이라고 노래한 것이다. 사람들은 안심하게 되었고 나라의 임금을 더욱 믿게 되었다.

• 되새김

융천(融天)이라, 하늘과 땅의 문제를 잘 푼다는 뜻으로 보면 융천사는 하늘의 변괴를 알아 이를 잘 엮을 줄 아는 영적 힘을 가진 사람이다. 세상 마음먹기에 달렸다고. 일체유심조(一切唯心造)라. 과연 그럴까. 마음의 치유현상이라 보아야 할 것이다. 하늘은 곧 임금을 가리키기도 한다. 그러면 임금의 걱정거리를 잘 풀어간다는 뜻도 있으며 이런 상황을 노래 하나로 풀 수 있다면 이는 신문왕 시대의 만파식적(萬波息笛)이 아니겠는가. 통일을 이룩한 문무왕에 이어서 신문왕이 자신의 정치적인 힘의 모자람과 외부 세력의 침입이라는 문제를 해결하고 지배층의 정통성과 동질성을 재확인하기 위하여 강력한 왕권을 상징할 수 있는 신물(神物)이 필요했는데 그게 바로 만파식적이었다. 만파식적을 그 신물로서 고안한 것으로 볼 수 있다. 신문왕 초기에 그의 장인이었던 상대등 김흠돌의 반란과 같은 일체의 정치적 불안을 가라앉히려는 왕실의 바람을 만파식적의 이야기로 풀어낸 것으로 볼 수 있다.

혜성가는 '길쓸별의 노래', 신라 26대 진평왕 16년(594)에 융천사가 지은 10구체 향가. 세 화랑들은 혜성이 나타남을 염려하여 금강산 나들이를 그만두려 했다. 그때 융천사가 이 노래를 지어 부르니 빗자루별 곧 혜성이 사라지고 때마침 침략한 왜군도 본국으로 돌아갔다. 오히려 전화위복이 된 셈. 왕은 너무 기뻐 낭도들을 다시 금강산으로 보냈다.

당시 사람들은 빗자루별(혜성)을 나쁜 징조로 알았다. 혜성이 나타나면 반란이 일어나거나 외적의 침략을 받는다고 생각했다. 심대성 별은 전갈좌에 있는 별로서 임금을 가리킨다. 혜성이 동쪽에 나타나 심대성을 침범한 것은 신라에 어떤 재앙을 드리운다. 사람들은 왜군이 쳐들어온다고 봉화를 올렸다.

그러나 융천사는 사람들이 본 것은 '건달바가 노는 성'이라고 말한다. 건달바는 불교에서 말하는 제석(帝釋)의 천악신(天樂神)을 말하며, '건달바가 노는 성'은 신기루를 의미한다.[9] 신기루는 실재하는 현상이 아니고 가상의 환시 현상일 뿐. 화랑을 건달바로 나타낸 데서 신라인의 호국 불교사상을 엿볼 수 있다. 융천사의 노래를 지어 비는

9) 건달바(乾達婆)는 심향성신기루(心香城蜃氣樓)를 이른다. 한마디로 헛것이 보이는 현상을 이른다. 건달바는 음식의 향기만 먹고 다니는 실속이 없는 듯 보이는 음악의 신이다. 그래서인지 아무 실속 없이 떠도는 사람을 '건달'이란 이름도 여기서 비롯한 것이다.

것을 하늘이 감응했다는 뜻이 된다. 말 속에 영이 깃들어 있다고 믿은 것이다. 이를 언령설(言靈說)이라 한다. 융천사의 사(師)는 제사를 지내는 의식을 맡은 사람을 가리킨다. 우리말로는 '스승'이라 한다.

스승이 무엇인가. 단군조선 시대, 아니 신라 초기 남해자충 혹은 차차웅이 스승이다. 스승은 사이를 뜻하는 '슷(間, 〈훈몽자회〉)'에 접미사 '-응'이 녹아 붙은 말이다. 신과 인간, 인간과 인간 사이에서 중재자의 구실을 하던 제정일치 시기의 임금이자 제사장을 뜻하니 말이다. 〈삼국유사〉에 승려와 구분하여 승려 앞에는 석양지(釋良志)처럼 석(釋)을 붙인다. 이는 석가모니의 성에서 비롯한 표현이다. 샤캬를 한자로 적는 과정에서 석(釋)으로 표기한 것이다. 한자의 뜻은 '풀다'이니 알 수 없는 많은 궁금함을 풀어주는 인도식 혹은 중국식 무당인 셈이다.

> 횃불로 어둔 밤을 적군이 왔네
> 노래로 물리친
> 해지면 동산의 달 고운 꿈꾸고,
> 길을 맑게 쓸어

잣나무는 겨울에도-원가

"한 수 뒤로 물리자고."

"그리 되면 흑이 지게 됩니다. 어렵겠는걸요."

효성왕이 동궁으로 있을 때 궁정 잣나무 아래서 바둑을 두고 있었다. 동궁의 바둑이 어렵게 얽히고 있었다. 물려주지 않겠다는 신충이,

"그럼 물려드리지요. 하지만 다음부터는 일수불퇴입니다."

"그래 그래. 이제부터 약속은 반드시 지키도록 할 걸세."

동궁의 바둑이 양쪽으로 불리하게 된 양곤마의 형국이다. 또 혀 짧은 소리를 할 수밖에. 체면 불고하고 손사래를 치는 신충. 안된다고….

"조금 전 약속을 하지 않았습니까?"

옳거니 그르거니, 누가 동궁인지 누가 신충인지. 참으로 화기애애한…. 한참 바둑을 두다가 동궁이 먼저 말을 건넨다.

"내가 자리에 오르면 너를 잊지 않겠다. 만일에 너를 잊는다면 저 잣나무가 알 것이다."

신충은 벌떡 일어나 절을 하면서,

"저하, 황공하옵니다."

얼마 안 있다가 성덕왕이 별세하였다. 이윽고 동궁은 임금이 되었으니 이 분이 효성왕이었다. 신충과의 약속은 지켜지지 않았다. 임금이 자신을 잊어버림에 대하여 원망하는 노래를 적어 잣나무 가지에 걸어 놓았다. 왜 그런지 잣나무가 하얗게 말라 죽어버렸다. 임금이 이 소문을 듣고 사람을 시켜 이상한 일의 처음과 끝을 보고하도록 하였다. 임금이 신충을 불렀다.

"이러저런 일을 하다가 그대를 잊고 있었다. 잘 왔네. 어서 오소."

"다 잊었습니다. 미움은 강물에 씻으렵니다. 고운 점만 기억하렵니다."

약속을 지키고 나니 죽었던 잣나무가 되살아났다. 잣나무에 걸었던 노래는 이러하다.

뜰에는 잣나무가 가을에도 시들지 않아.
그대를 잊지 않겠네. 우러르던 모습이 생생한데
달그림자 옛 못의 가는 물결, 원망하듯 얼굴이 비치고
세상이 다 싫은 지고

잣나무가 사람의 마음을 헤아릴 수가 없다. 하지만 진실 앞에서라면 모두가 하나. 신충에 대한 효성왕의 믿음이 남달랐다. 이어 효성왕의 아우였던 경덕왕이 왕의 자리에 올랐다. 신충은 경륜이 많고 독창성이 뛰어난 사람인지라, 마침내 상대등까지 올라 정사를 잘 이끌어 나아갔다.

"이제 때가 왔다. 난 입산수도를 하고 싶다."

"상대등, 어인 일이시오? 그만 두신다는 말씀을 거두어 주시오."

"이제 때가 되었습니다."

지리산 산청 땅에 단속사 절을 짓고 머릴 깎으며 수도생활을 하고 있었다. 속세를 떠났지만, 대왕과 나라의 무사 안녕을 빌기 위함이었다.

• 되새김

원가(怨歌)는 신라 효성왕 때 신충(信忠)이 지어 부른 노래다. 〈삼국유사〉 5권 피은 신충괘관(信忠掛冠) 부분에 실려 전한다. 효성왕이 임금이 되기 앞서 잣나무 아래에서 신충과 바둑을 두다가 자신이 임금이 되면 신충을 잊지 않겠다면서 잣나무를 두고 다짐했다. 한마디로 갓을 나뭇가지에 걸었으니 벼슬엔 연연해하지 않겠다는 이야기다.

그러나 임금이 된 뒤로 그 약속을 잊어버렸다. 신충이 이를 원망하는 노래를 지어 잣나무에 걸어 놓으니, 잣나무가 즉시 말라버렸다. 말이 씨앗이라고 특히 임금이 믿음을 잃으면, 행동이 뒤따르지 않으면 임금의 참다운 존엄은 사라지게 된다. 성실함이 존엄함의 언덕이니까.

한 혀로 두 말하면 뱀의 혀인가
잊어버려 나를
서운한 노래 말에 잣나무 말라
누구 탓을 하리

숲속의 군자-우적가

숲 속으로 난 고개 길을 걸어서 지리산 대현령 쪽으로 일연의 일행은 발을 옮기고 있었다. 무극은 물론이고 여러 사람들이 뒤를 따르고 있었다. 일연은 감흥이 가슴으로 가득 끓어올랐다.[10)]

지팡이 짚고 산으로 가니 뜻 더욱 깊어
비단과 주옥으로 어찌 마음을 달래리오.
숲속의 군자들이여, 선물을 주지 마오.
지옥의 뿌리가 따로 없소.
다만 한 치 황금 때문인 것을

"큰스님! 군자는 누구를 이르시는 겁니까? 이 산중에."

"생각해 보게. 노래 속에 나오는 도둑패들이지 뭐야."

시자가 나서 참견을 한다.

"지팡이를 짚고 가는 스님은 누구이신가요?"

일연은 무극보고 이야기를 해 주라고 이른다.

"영재 스님이시지. 도둑들은 스님의 말씀을 듣고 칼을 버리고 선량한 백성들이 되었다는 거야. 말씀이 칼보다 더 무서워."

신라 원성왕 시절. 영재(永才) 스님은 천성이 활달하여 물질에 얽매이지 않았다. 향가를 잘하였다. 늙어서는 남산에 숨어 지내려 했다. 하루는 지리산의 대현령을 지나다 60여 명의 도적을 만났다. 죽이려 했지만 영재는 칼날 앞에서도 조금도 두려워함이 없이 의연히 맞섰다. 도적들이 이상하게 여겨 이름을 물으니 영재라 하였다. 도적들이

10) 〈삼국유사〉 권5 피은 참조.

본래 그가 향가를 잘한다는 소문을 들었으므로 이에 향가를 지어 부르면 살려 줄지 모른다면서 으름장을 놓았다. 영재는 아주 자연스럽게 우적가를 읊는다.

제 마음의
모습을 모르고 지내려던 날을
삶의 애환을 겪으면서 알게 되고
이제야 숲속 절로 가고자 하네.
단지 그릇된 파계인의
두려움에서 다시 돌아올 지혜의 밝음이여
이 무서운 칼날의 위험을 지나면
좋은 날이 오리라 여겼더니
아아, 오직 이 내 몸의 한과 설움은
아직 새 그릇이 아니 된 것이오.

도적이 그 뜻에 감동하여 비단 두 필을 주었으나 영재가 웃으며 사양하기를,

"재물이 지옥 가는 지름길이오. 세속을 떠나 깊은 산에 숨어 일생을 보내려 하는 데 어찌 이걸 받겠느냐?"

옷감을 모두 땅에 던졌다. 도적은 할 말을 잊었다. 모누 장과 칼을 던지고 머리를 깎고 스님의 제자가 되었다. 그리고는 함께 지리산에 숨어 다시 세상을 엿보지 않았다. 영재의 나이는 90이었다. 시자가 나섰다.

"스님! 좋다는 비단도 마다하는 바람에 도적들이 칼을 놓고 양민이 되었네요?"

"중이란 이렇게 물질의 유혹을 뛰어 넘을 수가 있어야 해. 만일 그

때 비단을 받았더라면 영재 스님은 목숨을 잃었을 거야."

"영재 스님의 이름이 특이한데 무슨 깊은 뜻이라도 있나요?"

"그 친구. 제법이네. 그렇지. 향가를 잘한다 했으니 향가를 잘하는 재능을 가졌다고 보아야겠지."

밤하늘의 은하수를 보며 일연 일행은 다시 행재소 쪽으로 별빛을 밟으며 돌아왔다. 시자는 곧 곯아떨어졌다. 코를 고는 소리가 온 방 안에 퍼졌다(〈삼국유사〉 권5 피은).

• 되새김

우적가(遇賊歌)는 신라 원성왕 때 영재(永才) 선사가 지어 부른 노래다. 〈삼국유사〉 피은 영재우적(永才遇賊) 조에 실려 전한다. 영재가 지리산(南嶽)에 숨어 살려고 가던 중에 산 도적을 만났다. 도적은 칼을 영재의 목에 대고 가진 것 다 내놓으라고 위협했다. 그러나 두려워하는 빛이 없자 그 이름을 물었다. 평소 영재의 이름을 들은 바 있는 도적은 영재에게 노래를 지으라고 했다.

노래를 들은 도둑은 크게 감동되어 영재에게 비단 2필을 주었으나 영재는 재물이란 지옥으로 가는 열쇠라며 받지 않았다. 도둑은 더욱 감읍하여 칼을 버리고 머리를 깎고 영재를 따라 지리산에 들어간 뒤 다시 나오지 않았다. 노래에 빠진 글자가 있어 정확한 풀이는 어렵다. 욕심을 버리고 수련을 쌓으며 참되게 살라는 속내다.

"지금 나는 내 마음속 세속의 번뇌를 벗어 버리고 깊은 산속으로 정진하러 가는 중이다. 너희들 칼에 내가 찔리면 좋은 날이 바로 올 것이라 슬플 것이 없다. 아직도 정진해야 할 길은 멀리 남아 있다네. 그렇게 무단히 명을 끊을 수 있겠느냐."

우리네 보통 사람의 삶과 죽음을 넘어서는 바위 같은 모습이다. 이상과 현실은 늘 거리가 있으나 그 거리를 좁히며 조율하는 리듬의 물결, 대현령 고개 마루를 밟아보고도 싶다.

굽 돌아 적을 만나 노래를 불러
드릴 게 이밖에
가진 거 다 가져가 무릎을 꿇어
아리랑 고개를

공덕 닦으러 왔다–풍요

일행은 영묘사를 찾아 양지 스님의 발자취를 더듬어 나섰다. 절터 밖에 없으나 영묘사의 장륙존상을 세우기 위하여 노래를 부르며 일을 하는 이들의 노래 소리가 들리는 듯하다. 일터에는 많은 신도들이 흙을 날라다 터를 다지는 일을 하고 있었다. 일연의 마음은 자못 황홀하였다. 노래를 흥얼거리며 한 수 읊어보는데,[11)]

재를 올린 법당 앞에 지팡이도 누워 있네.
옷매무시 바로잡고 향로에 전단 향 피어올라.
읽다 둔 경전을 마저 읽고 나니
남은 일 바이없어 얘오라지
원만한 부처님 모습 빚어 합장하며 뵈옵네.

시자는 큰스님의 지팡이를 보며,
"큰스님, 지팡이가 요술지팡이네요."
"그건 양지 스님의 지팡이었지."

11) 〈삼국유사〉 권4 의해 참조.

"양지 스님의 지팡이 이야기를 듣고 싶습니다. 큰스님."
"먹고 싶은 게 많겠네. 그지?"
무극에게 이야기를 해 보라고 한다. 이런 이야기를 하는 것이 설법을 하는 가장 중요한 훈련이 되는 거라면서 항상 이야기를 재미있게 해 보라고 했다. 군말 없이 이야기를 꺼내 놓는다.
"그럼 먼저 내가 먼저 선창을 할 테니까 너는 따라서 노래를 불러봐."
"예, 알겠습니다."
온다. 온다. 온다. 서럽다네
서러움 많은 무리여 공덕 닦으러 오네

일연은 상좌와 함께 양지가 부른 풍요(風謠)를 따라 읊었다.
"상좌! 일하면 무엇부터 하겠나?"
"글쎄요."
"모든 일에는 터를 잘 다지는 일이 중요해. 선덕 임금께서 당시 삼국 통일의 터전을 다지던 것이나 다름이 없었을 거야. 우리도 지금은 어렵지만 처음부터 터를 잘 닦고 힘을 모으면 못할 것도 없어."
"힘든 일도 즐겁게 하면 즐거운 거 아닌가?"
"싸움질이나 하고 흩어지면 되는 게 없지 뭐."
신라 27대 선덕여왕 시절, 양지(良志) 스님이 지팡이 위에 포대 하나를 걸어두면, 지팡이는 저절로 날아서 공양주의 집에 가서 방울 소리를 내면서 알렸다. 그러면 그 집에서 종소리를 듣고 시주를 하는데, 포대가 차면 다시 날아서 돌아왔다. 그래서 그가 있는 절을 석장사(錫杖寺)라고 하였다. 그의 헤아릴 수 없는 신기하고 이상한 일들은 모두 이와 같았다. 석장이란 지팡이, 마술 지팡이였다. 웬 보살이 물었다.
"스님! 지팡이에 무슨 신통력이 있나요?"

"신통력은 아니고."

"나를 도와주는 보이지 않는 손이 있지."

"저희들은 볼 수가 없네요."

"그런 셈이지. 이게 염력이라는 거여."

양지는 글씨와 그림을 잘 했다. 영묘사의 장륙삼존상(丈六三尊像), 천왕사 전탑의 기와, 천왕사 탑 밑의 팔부신장은 모두 그의 작품이다. 그는 영묘사와 법림사의 현판을 썼다. 일찍이 벽돌로 하나의 작은 탑을 만들고, 거기에 3천 부처를 새겨서 그 탑을 절 가운데 모셨다. 절터에 서서 염력으로 눈을 감으며 일연이 양지 스님에게 물었다. 양지 스님과의 영적인 대화였다.

"큰스님, 일연입니다. 글씨와 그림을 잘 하는 기본이 무엇인지요?"

"그림을 그리듯이 노래를 부르듯이, 술에 취한 듯이 글씨를 쓰면 그만이야."

"화중서(畵中書)요, 서중악(書中樂)이네요."

"일연! 문자 속은 기특하군. 한 번 써봐. 자꾸 연습을 해서 내공을 쌓아야 해."

"무엇보다도 글씨나 그림을 함에 열정과 그에 대한 길닦이가 으뜸이지."

어떡하면 그림과 노래처럼 글을 쓸 수는 없겠나. 이것이 일연의 고민이었다. 〈삼국유사〉를 쓸 때 그림처럼 노래처럼 잘 이어갈까. 무극이 무슨 생각을 하였는지 옆으로 다가온다.

"적어 놓으신 향가처럼 찬시를 쓰시는 모습이 가장 어울릴 듯합니다."

"내 마음을 읽어버렸군 그래."

"죄송합니다."

일연은 이야기를 적다 말고 자신이 양지 스님이 되어 있다는 생각에 문득 어떻게 하면 그림 같고 노래 같은 글을 쓸 것인가를 놓고 밤이 깊도록 잠을 못 이루었다.

• 되새김

풍요(風謠)는 신라 선덕여왕 시절 불렸던 민요풍의 노래. 〈삼국유사〉 권4 양지사석(良志使錫)에 실려 전한다. 선덕여왕 때 양지(良志)라는 영험한 승려가 영묘사에 장육존상을 만들 때였다. 여러 지역에서 온 성 안의 남녀가 흙을 옮기면서 이 노래를 불렀다. 나중에는 방아를 찧으면서 불렀다고. 말하자면 노동요다. 풍요(風謠)라는 말은 특정 노래의 명칭이 아니라 민요를 뜻한다. 본디 무슨 요(謠)라 함은 반주 없는 민요풍의 노래를 이른다.

양주동님의 풀이를 보면 다음과 같다. 양지는 일설에 고구려 사람으로 신라인이 된 스님이었다. 그림과 글씨며, 벽돌과 기와에 이르기까지 다재다능한 스님이었다. 일설에 따르면, 양지는 고구려 승려로서 신라에 와서 그림과 글씨, 그리고 전탑을 만드는 데 남다른 솜씨로 활동했다고 한다. 아직까지도 안동에 남아 전하는 귀면(鬼面)을 그린 기와 전탑이 양지의 작품으로 상정되기도 한다.

도깨비 방망인가 지팡이 날아
더불어 행복한
영묘사 다 짓걸랑 크게 웃으면,
초롱꽃 환하이

지난 봄 그리매—모죽지랑가

눈보라 몰아치는 동짓달을 막 지난 겨울날이었다. 화랑의 총책임자였던 풍월주는 군사 5백 명을 거느리고 부산성의 아간 익선(益善)을 잡으려고 집을 포위하였다. 그러나 익선은 어느 사이엔가 본인이 잡힐 것을 예상이라도 한 듯 도망치고 없었다.

"익선을 잡으러 왔다. 어디로 갔는가?"

큰 아들과 가족들만이 벌벌 떨고 대답을 못한다. 갓 스물이 된 큰 아들이 나서며,

"지금 아버지는 출타하시고 안 계십니다. 왜 그러시는데요? 저한테 말하시지요."

별것도 아닌 것들이 와서 우리 아버지가 어떤 사람인 줄 아느냐는 식의 대답을 한다. 풍월주의 명을 따라서 큰 아들을 포승줄에 묶었다.

"당신들이 누군데 나를 이렇게 못 살게 구는가. 너희들 그냥 두지 않을 것이다. 우리 아버지한테 고해서라도…."

"국법을 어긴 죄로 아비가 없으면 그 아들이 대신 죄 갚음을 하는 법이다. 이 사람의 옷을 벗겨 얼음을 깨고 냇물에 잡아넣었다가 끌어내도록 하여라."

아들이 발버둥을 쳤지만 소용이 없었다. 강제로 옷을 벗기고 추운 얼음 물속에 잡아 쳐 넣었다.

"익선은 개인의 일로 자신의 배를 불리기 위하여 화랑을 붙잡아 일을 시키고 그것도 모자라 죽지랑이 정중하게 예방을 하였음에도 득오랑(得烏郎)을 안 내주었다. 게다가 공세 관원이었던 간진(侃珍)의 호의에도 불고하고 마침내 호피 말안장을 받고 그제서야 득오랑을 내어준 썩어빠진 관리의 얼굴이다. 나라의 법에 따라서 너희 아비 대신 너를 처형하는 것이니 나를 원망하지 말고 너의 아비를 탓함이 옳을 것이다."

"……"

마침내 익선의 큰 아들을 물에 처넣었다 꺼냈으니 추운 얼음판 위

에서 동태처럼 얼어 죽어갔다. 효소왕이 이런 사연을 알게 되자 모량리 출신으로 벼슬길에 나간 이들을 모조리 그 자리에서 내쫓아 버렸다. 나아가 승려나 사문에 들어오려고 하는 이가 모량리 출신이면 아예 왕래조차 못하게 하였다. 모량리 출신이었던 원측법사(圓測法師)도 승려로서 국사의 자리를 빼앗겼다. 세월은 흘러 죽지랑은 김유신의 부장이 되어 삼국통일을 이루고 진덕, 태종, 문무, 신문왕 4대에 걸쳐 상대등에 이르는 등 나라와 백성들의 평화와 행복을 위한 일에 선도적인 구실을 하였다. 득오는 뒤에 죽지랑을 그리워하는 노래를 불렀으니 이 노래가 곧 모죽지랑가(慕竹旨郞歌)다.

간 봄 그리매 모든 것이야 설게 시름하는데
아름다움 나타내신 얼굴에 주름살이 졌습니다.
눈 돌이킬 잠깐이라도 만나 뵙고 싶군요.
임이여, 그리운 마음의 갈 길에
다북쑥 우거진 구렁에 잘 밤이 있을지라도.

참으로 절절한 그리움이 드러난 노래다. 옆에 있던 득오의 수행원이 문득 묻는다.

"죽지랑은 어떤 분이십니까?"

"죽지랑은 지금의 춘천인 삭주(朔州) 도독사의 아드님이지. 술종공(述宗公)이 삭주로 부임하는 길목에서 지금의 죽령 고개인 죽지(竹旨) 고개 마루에 올라 쉬려고 하는데 길을 닦고 있는 한 도사를 만났다네. 왜 여기서 혼자 길을 닦고 있느냐고 물었을 때 삼국통일을 하는 데 길을 닦아야 하지 않느냐는 대답으로 서로가 의기투합하였다. 얼마 안 있어 그 도사는 죽었고 죽던 날 술종공과 부인의 꿈에 도사를 만난 것이 인연이 되어 술종공의 부인이 아이를 갖게 되었다. 이로 하여 고개 이름을 따서 아이 이름을 죽지라 하게 되었다는 전설이 내려온다네."

"정말 하늘에서 점지하신 분이네요."

득오는 벌써 눈물이 그렁그렁, 파란 하늘 저편으로 하얀 흰 구름이 몰려가는 이른 가을의 햇볕은 서악의 턱에 걸리고 노을로 서라벌이 물들고 있었다. 꽃피고 새우는 아름다운 봄날이 다시 올 것을 기다리며 그렇게 봄밤의 꿈을 이룰 것이다, 그는.

• 되새김

모죽지랑가는 신라 효소왕 때 득오(得烏 혹은 得烏谷)가 지어 부른 노래. 이 노래는 득오가 그의 주군이었던 죽지랑을 추모하는 그리움으로 가득하다. 〈삼국유사〉 권2 효소왕 죽지랑 조에 관련 설화와 함께 노래가 전한다. 이 노래의 이름은 양주동(梁柱東)이 모죽지랑가라고 한 것밖에도 오구라(小倉進平)는 득오곡모랑가(得烏谷慕郎歌)라 하였고, 김선기(金善琪)는 다기마, 김사엽(金思燁)은 대마로가 혹은 죽지랑가 등으로 불렀다.

여기 오늘날의 죽령은 죽지, 본디 죽죽(竹竹) 고개였다. 뒤에 죽지라 하였다. 당시의 소리로는 아직 파찰음소가 자리 잡지 못하였다고 보면 '죽죽-숙숙>숙'이 된다. 그럼 '숙'은 무엇인가. 기본형은 '숙'인데 이는 사이를 뜻하는 '숫(슷)'으로 보인다. 옛말에서는 시옷으로 끝나는 모든 명사는 기역(ㄱ)으로 끝소리를 지니고 있기에 그러하다.

하면 '숫(ㄱ)>숙>쑥'으로 그 소리의 상관성을 엿볼 수가 있다. 사이를 바탕으로 보면 '숙숙-죽죽' 고개는 신라와 고구려를 가로 지르는 사이 곧 고개가 된다는 뜻이다. 이를 상징적으로 보면, 고구려와 신라의 사이 곧 고개를 넘어 삼국통일의 대업을 이루려는 깊은 뜻이 있다고 볼 수 있다. 득오의 이야기 가운데 익선의 아들을 붙잡아 겨울

추운 냇물 속에 집어넣었다가 끌어내어 얼려 죽은 사건이 나온다. 어느 종단에서 물속에 들어갔다 나오는 침례(浸禮) 의식이 있듯이 죄를 씻음으로써 형을 가하는 좀 이상한 문화가 있었던 것으로 보인다. 영혼과 육신을 하나로 보고 현실의 죄를 영혼과 하나로 보는 문화, 죄를 짓고 벌을 받고 몸과 마음을 씻고 나서 저승으로 가라는 듯 인간적인 배려에서일까. 아니면 가혹한 수치심을 주어 스스로 자진하게 만드는 걸까. 아무래도 앞의 경우일 것으로 보인다.

재 넘어 창고지기 말이 안 통해
멋대로 득오를
아들만 얼려 죽여 날뛰더니만
부질없음이여, 부질없음이여

원왕생 원왕생–원왕생가

"친구, 잘 있게나. 먼저 가네."

목소리가 공중에서 들려오는데 분명 광덕이었다.

"야, 이 사람 광덕, 어딜 먼저 가. 나를 두고."

엄장과 광덕 두 사람은 영혼의 친구였다. 두 사람 가운데 누구인가 먼저 극락세계로 가게 되면 반드시 알려주기로 약속을 했던 터. 광덕은 분황사 부근에서 아내와 함께 짚신을 삼아 팔아 살고 있었으며 엄장은 남악산 근처 암자에서 농사를 지으며 홀로 살았다. 그러다가 어느 날 문득 광덕이 먼저 극락으로 간 것이다. 소리와 함께 구름 사이로 아름다운 빛이 사라지는 게 아닌가. 엄장이 광덕의 아내 도움을 받아 장례를 잘 치렀다.

“이제 친구가 죽었으니 앞으로 나와 함께 사는 게 어떻겠소?”
“그리 하지요.”
엄장은 친구의 아내에게 잠자리를 함께 하자고 했다. 그런데 정색을 하며 친구의 아내가 쏘아 붙인다.
“어른께서 성불하심을 꿈꾸니 애시 당초 글러 먹었소.”
“거 무신 소리요?”
“광덕은 나와 함께 십여 년을 살았지만 한 번도 잠자리를 해 본 일이 없습니다. 시간이 있을 때마다 염불을 하며 정좌를 하고 아미타불을 염송하였습니다. 어른의 경우는 마치 나무 위에 올라가 고기를 찾는 것과 무엇이 다르겠습니까?”
엄장은 참담한 굴욕이었다. 문득 노랫소리가 들렸으니 바로 원왕생가였다.

달아 이제 서쪽으로 가십니까.
그럼 부처님께 말씀 전해주오.
다짐을 두어 부처님 우러러
두 손 모아 아뢥니다.
극락에 태어나기를 원한다고요.
너무도 극락세상을 그리워한다고.
아! 나만 이승에 남겨두고
홀로 48대 원을 이루시려오.

• 되새김

통일 신라를 이루면서 신라에는 왕족부터 미륵신앙을 접어 두고 더 많은 사람이 평화롭고 행복한 미래를 향한 화엄(華嚴) 신앙이 주도하였다. 미륵신앙의 경우, 눈앞의 행복만 추구하는 극히 개인적인 행복을 좇는 성향의 믿음이었다. 이 노래에서 아주 평범한 민초들이 소박한 신앙으로 성불을 한다는 흐름이 밑그림을 그린다.

원왕생가(願往生歌)는 신라 문무왕 시절 광덕(廣德)이 지어 부른 노래. 광덕은 짚으로 신을 삼아서 살았는데 아내는 분황사 도우미였다.[12] 광덕의 벗인 엄장(嚴莊)은 농사를 짓고 살았다. 두 사람은 도를 닦고 살면서 먼저 극락에 가는 사람이 이를 벗에게 알려 주기로 다짐하였다. 이윽고 광덕이 먼저 죽어 서방정토 극락으로 갔다. 홀로 살던 엄장은 광덕의 아내와 함께 잠자리하기를 원하였다.

그러자 광덕의 아내는 광덕이 평소 정좌하고 불도를 닦으며 한 번도 동침하지 않았다 하며 엄장을 꾸짖었다. 엄장은 크게 뉘우치고 원효(元曉)에게 가서 쟁관법(錚觀法)을 배우고 정진하다가 서방정토로 갔다. 쟁관법의 '쟁'은 꽹과리인데 이는 꽹과리 소리 같은 많은 욕정의 번뇌를 이른다. 정욕의 본질을 보라는 뜻으로 봄이 좋을 듯. 노래는 귀족불교를 넘어서 평민에 이르는 화엄사상이 흐르고 있다. 여기에서 달은 서방정토의 전령을 가리키며 지은이는 불성으로 가득한 믿음을 노래하고 있다. 〈삼국유사〉 권5 광덕 엄장조에 실려 전한다.

먼저 가 극락길에 그대 따라서
마음만 앞을 서
정욕을 불에 살라 원효님 찾아
마음이 길임을

12) 원왕생(願往生)이라 함은 '극락에 가서 영원히 살고 싶다'는 소원을 이르는 말인데 줄여서 '왕생(극락)'이라 한다.

3

유사와 사기의 통섭

-잃어버린 고리를 찾아서

3. 유사와 사기의 통섭

- 잃어버린 고리를 찾아서

가. 〈삼국유사〉의 재구성

1. 기이(紀異)의 속살

한 몸 되기의 꿈, 그게 일연(一然)이요, 홍익(弘益)에의 그리움인 것이다. 홍익은 대안사서인 〈삼국유사〉 고조선 부분에 나오는 〈삼국유사〉의 얼굴이다. 홍익인간은 한민족과 온 인류가 꿈꾸는 사람의 모습이며 유엔의 꿈이다. 〈삼국사기〉에서는 눈을 씻고 보려 해도 볼 수 없는 숭고한 화두임에 틀림없다. 가락국기도 마찬가지. 이것이 〈삼국사기〉의 지평이요, 한계인 것을. 둘이면서 둘이 아닌 하나의 흐름으로, 하나의 몸으로 보고 다가서야 할 것이다.

〈고기(古記)〉에 따른 〈삼국유사〉의 기록으로 보더라도 우리는 분명 반 만 년의 길고 오랜 역사와 전통을 이어 온 게 사실. 그렇다면 〈삼국유사〉와 〈삼국사기〉를 아우르는 우리 역사의 맥을 이어야 옳지 아니한가. 이야기의 열쇠는 〈삼국유사〉의 기이(紀異)로부터 말미암는다. 흔히 기이란 단순 소박하게 신이(神異)한 것으로 풀이한다. 물론 그 속에는 신이한 속내들이 오롯이 담겨 있다. 하지만 신이란 열쇠 말이 아니다. 〈삼국유사〉는 말 그대로 신라와 고구려, 그리고 백제의 본기(本紀)와 다른 점을 실어 놓은 것이다. '기이'의 '기(紀)'란 〈삼국사기〉 본기의 '기(紀)'를 말한다. 〈삼국사기〉의 본기와 다른 사연이 있기에 별도로 〈삼국유사〉를 쓴 것이다.

그러면 여기서부터 기이(紀異)편을 중심으로 〈삼국유사〉와 〈삼국사기〉를 통섭할 수 있는 〈삼국유사〉의 숲속을 오갈 수 있는 길을 마련할 수 있다. 그동안 우리는 〈삼국유사〉하면 그저 간단하게 신이(神異)한 역사서 정도로 알고 있지 않았던가. 이제부터 뿌리 깊은 샘물이 흐르게 물꼬를 터야 한다.

더러는 헛짓한다고 할 수도 있다. 하여간 서로 머리를 맞대고 가슴을 열고 이야기하면 단재 선생의 〈조선상고사(朝鮮上古史)〉같은, 그러면서도 보다 통일된 역사책으로 〈삼국유사〉를 꾸려 나아갈 수 있지 않을까 한다. 이름하여 한국고대사 혹은 삼국통사로 부를 수도 있지 않을까 한다. 이게 지은이가 걷고 싶은 〈삼국유사〉의 길이라면….

첫 술에 배부를 수는 없다. 고지가 바로 저긴데. 한 몸 된 역사의 맥을 이어 우리 역사의 올곧은 솟대를 세워야 한다. 여기 〈삼국유사〉의 숲속에 깃들이는 목숨들이 둥지를 트는 것을. 지속과 변화라는 관점에서 우리들의 작업은 줄기차게 이어져 나아가야 한다. 이 글은 〈삼국유사〉 기이 부분 59항목의 밑그림을 재구성한다는 데 그 보람이 있다.

〈삼국유사〉 기이편에 각 항목들을 해당되는 〈삼국사기〉의 편목과 해당 시기와 대응하는 부분에 연대순으로 재구성하기로 한다. 〈삼국사기〉에 없는 부분은 시기의 전후를 살펴서 편년의 성격으로 엮어보기로 하였다. 더러는 다소의 차이가 있을 뿐 비슷한 부분도 있음을 밝혀 둔다(이후 〈삼국유사〉는 '유사'로, 〈삼국사기〉는 '사기'로 줄여 쓰기로 한다).

한편, 우리는 〈삼국유사〉의 고조선 단군황제가 1,500년 동안 다스렸다는 사연과 부여와 고구려를 잇는, 이른바 '잃어버린 고리'를 이어 보기로 한다. 서사문학의 자료로서 고려 말엽 이암(李嵒)이 엮었다고 하는 〈단군세기(檀君世紀)〉와 범장(范樟)이 엮은 〈북부여기(北夫餘紀)〉를 고려하여 그 세계를 이어보았다. 아울러 〈삼국유사〉의 가락국기도 별개의 항으로 하여 4국 본기의 틀로서 가락본기(駕洛本紀)를 설정하였음을 밝혀 둔다.

2. 〈유사〉와 〈사기〉의 통섭

① 〈유사〉의 머릿글

기이편의 머릿글에서 이른바 신이한 역사 기록이 〈유사〉에만 나온 것이 아니고 중국의 역사에서도 흔히 찾아 볼 수 있는 속내들임을 밝히고 있다. 특히 한 나라를 세우는 과정에서 하늘의 뜻을 따라서 이루어짐은 너무도 당연하다고 힘주어 쓰고 있다. 이르자면 중국의 경우, 하도낙서(河圖洛書)를 그 얼굴에 값하는 보기로 들고 있다. 〈유사〉 머리에 나오는 '기이(紀異)'를 적는 이유를 밝히고 있다.

"기이(紀異) 제1. 첫 머리에 말한다. 대체로 옛날 성인(聖人)은 예절과 음악을 가지고 나라를 세웠고, 인(仁)과 의(義)를 가지고 백성들을 가르쳤다. 그 때문에 괴이한 일이나 힘이나 어지러운 일, 귀신에 대해서는 말하지 않았다. 하지만 제왕이 일어날 때에는 반드시 부명(符命)을 얻고 도록(圖籙)을 받게 된다. 그러므로 보통 사람과는 다른 점이 있게 마련이다. 그런 뒤에라야 큰 변의 틈을 타서 계기를 마련, 대업을 이룩할 수가 있었던 것이다.

그런 까닭에 하수(河水, 은하수)에서 그림이 나왔고, 낙수(洛水)에서 글이 나와서 이로써 성인이 일어났던 것이다. 무지개가 신령한 여인의 몸을 두르더니 복희(伏羲)를 낳고, 용이 여등(女登)에게 합궁하더니 염제(炎帝)를 낳았다. 황아(皇娥)가 궁상(窮桑)이라는 들판에서 노는데 자칭 백제(白帝)의 아들이라고 하는 신령한 젊은이가 와서 황아와 합궁하여 소호(少昊)를 낳았다. 간적(簡狄)은 알 하나를 삼키더니 설(契)을 낳고 강원(姜嫄)은 한 거인의 발자취를 밟고서 기(弃)를 낳았다. 요(堯)의 어머니는 잉태한 지 14개월이 된 뒤에 요를 낳았고, 패공(沛公)의 어머니는 용과 큰 연못에서 합궁하여 패공을 낳았다. 이 뒤로도 이런 일이 많지만 여기에선 다 기록할 수가 없다. 이렇게 볼 때 삼국의 시조가 모두 신비스러운 데서 나왔다고 하는 것이 어찌 이상할 것이 있으랴. 이 기이편을 이 책의 첫머리에 싣는 것은 그 뜻이 실로 여기에 있다."(신라본기 이후 고딕체는 〈삼국사기〉 부분이고 명조체는 〈삼국유사〉 부분임)

나. 고조선본기

1. 고조선(古朝鮮, 王儉朝鮮)

위서(魏書)에 이렇게 말했다.

"지금으로부터 2천 년 전에 단군왕검이 있었다. 그는 아사달(阿斯達, 經에는 無葉山, 또는 白岳, 白州. 혹은 개성 동쪽). 이는 바로 지금의 백악궁(白岳宮)에 도읍을 정하고 새로 나라를 세워 국호를 조선이라고 불렀으니 이것은 고(高, 堯)와 같은 시기였다."

또 〈고기(古記)〉에는 이렇게 말했다.

“옛날에 환인(桓因) 제석의 서자 환웅(桓雄)이 있었다. 자주 천하를 차지할 뜻을 두어 사람이 사는 세상을 탐내었다. 그 아버지가 아들의 뜻을 알고 삼위태백산(三危太伯山)을 내려다보니 인간들을 널리 이롭게 해 줄 만했다. 이에 환인은 천부인(天符印) 세 개를 환웅에게 주어 인간의 세계를 다스리게 했다. 환웅은 무리 3천 명을 거느리고 태백산(현 묘향산) 마루턱에 있는 신단수(神檀樹) 밑에 내려왔다. 이곳을 신시(神市)라 하고, 이 분을 환웅천왕(桓雄天王)이라고 이른다. 그는 풍백(風伯)·우사(雨師)·운사(雲師)를 거느리고 곡식·수명·질병·형벌·선악 등을 주관하고, 모든 인간의 360여 가지 일을 주관하여 세상을 다스리고 교화했다. 이때 범 한 마리와 곰 한 마리가 같은 굴속에서 살고 있었는데 그들은 항상 신웅(神雄), 즉 환웅에게 빌어 사람이 되기를 원했다. 이때 신웅이 신령스러운 쑥 한 줌과 마늘 20개를 주면서, 너희들이 이것을 먹고 백 일 동안 햇빛을 보지 않으면 곧 사람이 될 것이라고 했다.

이에 곰과 범이 이것을 받아서 먹고 삼칠일 동안 기도했더니 곰은 여자의 몸으로 변했으나 범은 견디지 못해서 사람의 몸으로 변하지 못했다. 웅녀(熊女)는 혼인해서 같이 살 사람이 없으므로 날마다 신단수 밑에서 아기 배기를 축원했다. 환웅이 잠시 거짓 변하여 그와 혼인했더니 이내 잉태해서 아들을 낳았다. 그 아기의 이름을 단군왕검(檀君王儉)이라 하였다. 단군왕검은 당고(唐高, 요 임금)가 즉위한 지 50년인 경인년(庚寅年, 요(堯)가 즉위한 원년은 무진(戊辰)년. 그러나 50년은 정사(丁巳)요, 경인(庚寅)은 아니다. 의문시)에 평양성(平壤城, 지금 西京)에 도읍하여 비로소 조선이라고 불렀다. 또 도읍을 백악산 아사달로 옮기더니 궁홀산(弓忽山, 일명 方忽山)이라고도 하고 금미달(今彌達)이라고도 한다. 그는

1,500년 동안 여기에서 나라를 다스렸다. 주(周)나라 호왕(虎王)이 즉위한 기묘년에 기자(箕子)를 조선에 봉했다. 이에 단군은 장당경(藏唐京)으로 옮겼다가 뒤에 돌아와서 아사달에 숨어서 산신이 되니, 나이는 1,908세였다."

라고 한다. 당나라 배구전(裴矩傳)에는 이렇게 전한다.

"고려(高麗)는 원래 고죽국(孤竹國, 해주)이었다. 주나라에서 기자를 봉해 줌으로써 조선이라 했다. 한(漢)나라에서는 세 군으로 나누어 설치하였으니 이것은 곧 현토(玄菟)·낙랑(樂浪)·대방(帶方, 북대방)이다."

통전(通典)에도 역시 이 말과 같다(한서(漢書)에는 진번(眞番)·임둔(臨屯)·낙랑(樂浪)·현토(玄菟)의 네 군으로 되어 있다. 그런데 여기에는 세 군으로 되어 있고, 그 이름도 같지 않으니 무슨 까닭인가).

고려말엽 이암(李嵒)이 엮은 〈단군세기(檀君世紀)〉에 전하는 단군시대를 이끌어 갔던 47세에 걸치는 단군 조선의 세계(世系)를 들어 보이면 다음과 같다.

초대 단군왕검(檀君王儉) 재위 93년 〈고기〉에 일렀다.

"왕검의 아버지는 단웅(檀雄)이고 어머니는 웅(熊)씨의 왕녀이며 신묘년(전 2370) 5월 2일 인시에 박달나무 아래서 태어났다. 왕검은 신인(神人)의 덕이 있어 주변의 모든 사람들이 두려워하며 존경하였다. 14세 되던 갑진년(전 2357) 웅(熊)씨의 왕은 그의 거룩함을 듣고 그를 비왕(裨王)으로 삼고 큰 읍성의 다스림을 대신하도록 하였다. 무진년(전 2333) 제요도당(帝堯陶唐) 때 단국(檀國)으로부터 아사달의 단목(檀木)의 터에 이르니 온 나라 사람들이 받들어 하느님의 아들로 모시게 되었다. 이에 구환(九桓)이 모두 뭉쳐서 하나로 되었고 신과 같은 덕화가 멀리 미치게 되었다. 이를 단군왕검이라 하니 비왕의 자리에 있기를 24년, 황제의 자리에 있기를 93년이었으며 130세까지 사셨다."

무진 원년(전 2333) 바야흐로 신시의 다스림이 시작 되자 사방에서 모여든 백성들이 산과 골짜기에 두루 퍼져 살며 풀잎으로 옷을 해입고 맨발로 다녔다.

개천 1565년 상월(上月) 3일에 이르러 신인 왕검이 오가(五加)의 머리로서 8백 인의 무리를 이끌고 와서 단목의 터에 자리 잡았다. 무리들과 더불어 삼신님께 제사를 올렸는데 지극한 신의 덕과 성인의 어진 마음을 함께 갖추었더라. 마침내 능히 하늘의 뜻을 받들어 그 다스림이 높고 크고 또 강성하였으니 구한의 백성들이 모두 마음으로 따르며 천제의 화신이라 하고 그를 임금으로 삼아 따랐다. 신시의 옛 규칙을 도로 찾고 도읍을 아사달(阿斯達)에 정하여 나라를 세워 조선(朝鮮)이라 이름 했다.

단군왕검은 말씀하셨다.

"하늘의 법칙은 하나일 뿐이고 그 문은 둘이 아니다. 너희들은 오로지 순수하게 참된 마음을 다 할 것이니 이로써 너희 마음이 곧 한님을 보게 되리라. 하늘의 뜻은 언제 어디서나 하나이고 사람의 마음도 마찬가지로 한가지라. 이런 까닭에 스스로를 살펴보아 자기의 마음을 알면 이로써 다른 사람의 마음도 살필 수 있으리라. 다른 이의 마음을 감화하여 하늘 뜻에 잘 맞출 수 있다면 이로써 세상 어느 곳에도 잘 쓰일 수 있는 것이리라. 너희가 태어남은 오로지 어버이로부터 말미암았고 어버이는 하늘로부터 내려오셨으니 다만 너희 어버이를 옳게 받들어 모시는 것이 바로 하늘을 받들어 모시는 것이다. 또 나라에까지도 그 힘이 미치는 것이다. 이것이 바로 충성되고 효도함이니라. 너희가 이 도를 잘 따라 몸에 지닌다면 하늘이 무너져도 반드시 먼저 화를 벗어날 수 있으리라. 짐승에게도 짝이 있고 다 해진 신발도 짝이 있나니, 너희 사내와 아내들은 서로 화목하여 원망함이 없고 질투함도 없고 음란함도 삼갈 것이다.

너희들 열 손가락을 깨물어 보면 크건 작건 가림이 없이 모두 아프지 않던가. 서로 사랑할지언정, 서로 헐뜯지 말고 서로 도울지언정 서로 다투는 일이 없다면 집안도 나라도 다 크게 일어나리라. 너희가 소나 말을 살펴보아도 서로 먹이를 나누어 먹지 않더냐. 너희가 서로 양보하여 서로 어쩌지 않고 함께 일하여 서로 빼앗지 않는다면 나라가 더욱 번창하리라. 너희들은 호랑이 무리를 보아라. 힘만 세고 난폭하여 신령스럽지 못하더니 비천하게 되어 버렸도다. 너희가 사람다운 성품을 잃고 난폭하게 날뛰지 않는다면 사람을 다치게 하는 일 따위는 없을 것이다. 정성으로 늘 하늘의 뜻을 받들어 모든 것을 사랑하라. 너희는 위태로운 것을 만나면 도울지언정 모욕을 주지 말라. 너희 만일 이런 뜻을 어긴다면 영원히 하늘의 보살핌을 받을 수 없어 네 한 몸은 물론 집안까지도 다 사라지리라.

너희가 만일 논의 벼들을 다 태워 버리게 한다면 하늘이 이를 벌할 것이다. 너희가 아무리 잘 싸서 감춘다 해도 그 냄새는 반드시 새어 나온다. 너희는 항상 바른 성품을 공경스럽게 지녀서 사악한 마음을 품지 말라. 나쁜 것을 감추지 말 것이며, 재앙을 감추지 말라. 마음을 다스려 하늘을 우러르고 모든 백성을 가까이 하라. 너희는 이로써 끝없는 행복을 누릴 것이니, 너희 오가의 무리들이여, 이 뜻을 잘 따를 것이다."

이때 팽우(彭虞)에게 명하여 땅을 넓히도록 하였고, 성조(成造)에게는 궁실을 짓게 하였으며, 고시(高矢)에게는 농사를 잘 하도록 맡기셨다. 신지(臣智)에게 명하여 글자를 만들게 하였으며, 기성(奇省)에게는 의약을 베풀게 하고, 나을(那乙)에게는 호적을 관리 하도록 하였으며, 희(羲)에게는 점치는 일을 다스리게 하고, 우(尤)에게는 군대를 다스리게 하였다. 비서갑(斐西岬)의 하백녀(河伯女)를 거두어 아내로 삼고 누에치기를 다스리게 하니 순방(淳厖)의 다스림이 온 세상에 두루 미쳐 태평성대를 이루었다. 정사 50년(전 2284) 홍수가 크게 나서 백성들이 살 수가 없게 되었다. 황제께서 풍백(風伯)인 팽우에게 명하여 물을 다스리게 하고 높은 산과 큰 강을 다스려 백성들을 편하게 하였으니 우수주(牛首州)에 그 빗돌이 있다.

무오 51년(전 2283) 임금께서 운사(雲師)인 배달신(倍達臣)에게 명하여 혈구(穴口, 현 강화)에 삼랑성(三郎城)을 짓고 제천(祭天)의 단(檀)을 마리산(摩璃山)에 쌓게 하였으니 지금의 참성단(塹城壇)이 바로 그것이다. 67년(전 2267) 갑술 단군께서 태자 부루(扶婁)를 보내어 도산(塗山)에서 우사공(虞司空)과 만나게 하였다. 태자는 오행치수(五行治水)의 방법을 전하여 주었고 나라의 경계도 정했으니, 유주(幽州)와 영주(營州)의 두 곳 땅이 우리에게 속하였다. 또 회대(淮垈) 지방의 제후들을 평정하여 지방 정부를 두고 이를 다스렸는데 우순(虞舜)에게 그 일을 다스리게 하였다.

2세 단군 부루 재위 58년 신축년이 원년(전 2240).

단제께서는 어질면서 다복하셔서 재물을 저장하니 크게 넉넉하였다. 백성과 더불어 산업을 다스리시니 한 사람도 배고픔과 추위에 시달리는 자 없었다. 봄가을로 나라 안을 두루 살펴보시고는 하늘에 제를 올려 예를 다하였다. 여러 왕들의 잘잘못을 살피시고 상벌을 공평하게 하였으며 도랑을 파기도 하고 고치기도 하며 농사짓고 뽕나무 심는 것을 권면하였다. 또 처소를 마련하여 학문을 일으키니 문화는 크게 진보하여 그 이름이 날로 떨쳐졌다.

신시(神市) 이래로 하늘에 제사 지낼 때마다 나라 안의 사람들이다 함께 모여 노래 부르고 큰 덕을 기리며 서로 친목을 다졌다. 어아가(於阿歌)를 부르며 조상에 대해 고마워하였으며 신인(神人)이 사방을 다 통합하는 예를 올리니 이게 곧 참전(參佺)의 계(戒)가 되었다. 그 가사는 다음과 같다.

"어아어아. 우리들 조상님네 크신 은혜 높은 공덕, 배달나라 우리들 누구라도 잊지 마세. 어아어아, 착한 마음 큰 활이고 나쁜 마음 과녁이라, 우리들 누구라도 사람마다 큰 활이니 활줄처럼 똑같으며, 착한 마음 곧은 화살 한 맘으로 똑같아라. 어아어아, 우리들 누구라도 사람마다 큰 활 되어 과녁마다 뚫고 지고, 끓는 마음 착한 마음 눈과 같은 악한 마음. 어아어아, 우리들 누구라도 사람마다 큰 활이라, 굳게 뭉친 같은 마음 배달나라 영광일세, 천년만년 크신 은덕, 한배검이여, 한배검이시여."

임인 2년(전 2239), 단제께서 소련(少連) 대련(大連)을 불러 다스림의 길을 물으셨다. 이보다 앞서 소련과 대련은 상(喪)을 잘 치렀으니, 사흘 동안을 게을리 하지 않고, 석 달 동안을 느슨하지 않았고, 한 해가 지났을 때까지 슬퍼 애통해 하였으며 삼 년 동안 슬픔에 젖어 있었다. 이때부터 온통 풍속이 변하여 상을 치름에 다만 다섯 달로 멈추던 것을, 오래 될수록 효성으로 여기게 되었다. 이 어찌 천하의 큰 성인이라 하지 않을 것이며, 덕으로 감화하면 백성이 이를 따름이 말의 빠름과 같다고 하지 않을 것인가. 대련과 소련은 이렇듯 효로서 알려 무릇 공자도 이를 칭찬하고 있음을 볼 수 있다. 무릇 어버이에게 효도함은 사람을 사랑하고 세상을 이롭게 하는 바탕이니, 온 세상에 두루 알려 본으로 삼게 되었다.

계묘년(전 2238) 9월, 백성들로 하여금 머리카락을 땋아서 목을 덮도록 하고 푸른 옷을 입게 하였다, 쌀되와 저울을 모두 통일하도록 하였고, 베와 모시의 시장 가격이 서로 다른 곳이 없으며, 백성들 서로 속이지 않으니 어디서나 두루 통했다. 경술 10년(전 2231) 4월 밭을 나누어 주고 백성들로 하여금 사사로운 이익을 구하지 않도록 하였다. 임자 12년(전 2229) 신지(神誌)인 귀기(貴己)가 칠회력(七回曆)과 구정도(邱井圖)를 만들어 바쳤다.

무술 5년(전 2183) 단제께서 돌아가셨는데 이 날 일식(日蝕)이 있었다. 산 짐승도 무리를 지어 미친 듯 산위에서 소리를 질렀고 백성들은 심하게 슬피 울었다. 뒤에 백성들은 제단을 설치하였으니 집안에 땅을 골라 단을 설치하고 흙 그릇에 쌀과 곡식을 가득 담아 단위에 올려놓았다. 이를 부루의 단지라고 부르고 업신(業身)으로 삼았으며, 또 완전한 사람이 받는 계명이라고 하여 전계(佺戒)라고도 불렀고, 업주가리(業主嘉利)라 하였으니 바로 사람과 업이 함께 온전하다는 뜻이다. 태자 가륵(嘉勒)이 새로 즉위했다.

3세 단군 가륵 재위 45년 기해년이 원년(전 2182).

5월에 단제께서 삼랑 을보륵(乙普勒)을 불러 왕의 도리를 물으셨다. 을보륵은 엄지손가락을 교차시켜 바른손을 올려놓아 삼육대례를 행한 다음에 나아가서 말씀드렸다.

"검(神)은 능히 만물을 생겨나게 하여 각자 제 성품을 다하게 하심에 검의 깊은 뜻이 있어 백성들은 모두 의지하고 빕니다. 왕은 그 덕과 의로써 세상을 다스려 각각 그 삶을 편안하게 함에 왕의 바른 다스림이 있으니 백성들 모두가 따르게 되는 것입니다. 바른 다스림은 나라가 선택하는 것이며 완전함은 백성이 바라는 것입니다. 모두가 7일을 기한으로 삼신님께 나아가 세 번을 빌어 온전하게 되기를 다짐하면 구한이 바로 다스려지게 됩니다.

무릇 그 길이란 아비는 곧 아비답게 하고, 임금은 임금답게 하며, 스승은 스승답게 하고, 아들과 신하며 제자가 되고자 하는 이도 아들답고 신하답고 제자답게 해야 합니다. 그러므로 신시개천의 도는 역시 검으로 가르침을 베푼 것이니 나를 알고 홀로 있기를 구하며 나를 비운 다음 물건이 있게 함으로써 능히 복덕을 세상에 널리 미치게 할 뿐입니다. 하늘 검을 대신하여 세상에서 왕이 되어 도를 넓혀 무리를 이롭게 하고 한 사람이라도 본성을 잃는 일 없게 하고 만왕을 대신하여 인간을 주관하며 병을 없애고 원한을 풀어주며 물건 하나라도 그 생겨난 바를 해치는 일 없게 하고, 나라 안 사람들로 하여금 참다운 이치를 알게 하는 것입니다."

이리하여 3, 7일을 정하여 모든 사람이 모여 계를 지켰다. 이로부터 조정엔 큰 가르침이 있고 백성들에게는 전계가 있었다. 우주의 정기는 순수하게 온 누리에 내리고, 삼광오정은 사람의 머리에 모여 뭉쳐서 깊고 묘한 것을 얻게 되니 저절로 서로 돕는 것이라. 이를 거발한이라 하며 구한에 두루 베풀어지니 구한의 백성들이 모두 순종하며 교화되어 하나 같이 되었다.

경자 2년 아직 풍속이 하나같지 않았다. 지방마다 말이 서로 다르고 형상으로 뜻을 나타내는 참된 글이 있다 해도 열 집 사는 마을에도 말이 통하지 않는 경우가 많고 백 리 되는 땅의 나라에서도 글을 서로 알기가 어려웠다. 이에 삼랑 을보륵에게 명하여 정음 38자를 만들어 이를 가림토라 하였다.

신축 3년 신지인 고글에게 명하여 〈배달유기(倍達留記)〉를 엮게 하였다. 갑진 6년 열양의 욕살 색정에게 명하여 약수로 옮기게 하고 평생을 갇혀 있도록 하였다. 뒤에 이를 용서하시고 곧 그 땅에 봉하니 그가 흉노의 조상이 되었다. 병오 8년 강거가 반란을 일으켰다. 단제는 이를 지백특에서 통합하였다. 초여름 4월이 되자 단제께서는 불함산(不咸山)에 올라 백성들의 집에서 나오는 연기를 보셨다. 연기가 피어오르는 것이 적은 집은 조세를 줄이도록 하시어 조세의 차이가 있게 하였다. 무신 10년 두 지주의 예읍이 반란을 일으키니 여수기에게 명하여 그 추장 소시모리를 베게 하였다. 이때부터 그 땅을 일러서 소시모리라고 하다가 지금은 음이 바뀌어 우수국(牛首國)이 되다. 그 후손에 협야후라는 이가 있었다. 바다로 도망쳐 삼도에 터하여 스스로 천왕(天王)이라 했다. 계미 45년 9월 단제 돌아가시니 태자 오사구(烏斯丘)가 즉위했다.

4세 단군 오사구 재위 38년 갑신년이 원년(전 2137).

황제의 동생 오사달(烏斯達)을 몽고리한으로 삼았다. 어떤 사람은 지금의 몽고족이 바로 그의 후손이라고 한다. 겨울 10월에는 북쪽을 살피다가 태백산에 이르러 삼신님께 제사하고 신비한 약초를 얻으니 인삼이라고도 하고 선약이라고도 한다. 이때 이후 신선 불사의 설은 삼을 캐서 정기를 보호하는 일과 밀접한 관계를 갖는다. 간혹 이를 얻은 이들이 하는 말이 있으니

"이상스럽고 영험하여 매우 기적 같은 경험이 많다."

라고 했다. 무자 5년 둥근 구멍이 뚫린 조개모양의 돈을 만들었다. 가을 8월에는 하나라 사람이 찾아와서 특산물을 바치고 신서를 구해 갔으며 10월엔 조정과 백성의 구별을 돌에 새겨 백성들에게 널리 알렸다. 경인 7년 배 만드는 곳을 살수(薩水)의 상류에 설치했다. 임인 19년 하나라 왕 상이 백성들에게 덕을 잃으니 단제께서는 식달에게 명하여 람(藍)·진(眞)·변(弁) 3부의 군대를 이끌고 가서 이를 평정하도록 하였다. 천하가 이를 듣고는 모두 따르게 되었다. 신유 38년 6월 단제께서 돌아가시니 양가 구을(丘乙)이 즉위하였다.

5세 단군 구을 재위 16년 임술년이 원년(전 2099).

왕명으로 태백산에 단을 쌓고 사자를 보내 제를 올리게 하였다. 계

해 2년 5월 황충(蝗蟲, 메뚜기) 떼가 크게 일어나 온통 밭과 들에 가득 찼다. 단제께서 친히 황충이 휩쓸고 간 밭과 들을 둘러보시고 삼신에게 고하여 이를 없애주기를 비니, 며칠 사이에 모두 사라졌다. 을축 4년 처음으로 60갑자를 사용하여 책력을 만들었다. 기사 8년 인도 사람이 표류하여 동쪽 바닷가에 이르렀다. 정축 16년 친히 장당경으로 행차하셔서 삼신의 단을 봉축하고 많은 환화를 심다. 7월 단제께서 남쪽을 돌아 살피시고 풍류강을 건너 송양에 이르러 병을 얻으시니 곧 돌아가시어 대박산에 묻혔다. 우가인 달문(達門)이 뭇사람으로부터 뽑혀 대통을 이었다.

6세 단군 달문 재위 36년 무인년이 원년(전 2083).

임자 35년 모든 한(汗)을 상춘(常春, 현 장춘)에 모이게 하여 삼신을 구월산에 제사하고 신지인 발리로 하여금 서효사를 짓게 하였다. 그 사에 말하였다.

"아침 해를 먼저 받는 동녘에 삼신께서 밝히 오셨네. 환인께서 먼저 모습을 드러내시고 덕을 심으시니 넓고 깊게 하시니라. 뭇 신들이 환웅을 보내고자 의논하니 명을 받아 처음으로 나라를 열었네. 치우는 청구에 우뚝 서 만고에 무력으로 명성을 떨치니 회대지방이 치우천왕에게 돌아오더라. 이에 천하는 능히 넘볼 수 없었더라. 왕검은 대명을 받아 그의 환성은 구한을 움직였더라. 어수의 백성은 이에 되살아나고 바람결에 풀잎이 한 결 같이 나부끼듯 덕화는 새롭기만 하더라. 원한 있는 자 먼저 원한을 풀고 병 있는 자 먼저 낫게 하며, 한 마음으로 오직 어질고 효도함에 마음을 두시니, 온 누리에 넘치는 빛이 있어라. 진한은 나라 안을 평정하고 모한은 왼쪽을 돕고 번한은 그 남쪽에 대비하여 험한 바윗돌이 사방의 벽을 에워쌈과 같으니라. 성스러운 단군님께서 신경에 나아가심은 마치 저울추의 저울 그릇과 같으니라. 저울그릇은 백아강이요 저울대는 소밀랑이라. 저울추는 안덕향이니 앞뒤가 균형이 잡혀 평형을 이뤄 나란히 있고, 덕을 신뢰하고 신정을 지키며 나라를 일으켜 평화를 유지하니라. 정사를 보매 70국을 통합하고 길이 삼한의 뜻을 지녔다. 왕업이란 일어났다가 망하는 법. 흥폐를 함부로 말하지 말지니라. 오직 하느님을 정성으로 섬기는 일에 있느니라."

라고 하였다. 마침내 뭇 한들과 약속을 세우시어 말씀하시기를,

"무릇 나와 함께 이를 약속하는 사람은 한국의 오훈 신시의 오사를 가지고 끝없이 지켜나갈 일을 힘쓴다. 하늘에 제사하는 의식은 사람을 바탕으로 삼고, 나라를 이루는 길은 먹는 것을 우선으로 하나니, 농사는 모든 일의 뿌리요 제사는 다섯 가르침의 근원이라. 마땅히 백성과 더불어 산업을 일으킬지니라."

라고 하셨다. 먼저 겨레가 소중함을 가르치시고 다음으로 죄인들을 용서하시고, 아울러 사형과 남 대신에 몸소 책임지고 백성들이 화 입음을 없앴다. 국경을 지키고 화백회의 결과를 공개하며, 서로 위하고 다 화합하는 마음으로써 겸손하게 자기를 낮추는 것으로 스스로의 힘을 길렀으니, 바로 어진 정치의 비롯함이 여기에서 비롯하였다. 때에 동맹을 맺어 특산물을 바쳤던 곳은 대국이 둘이요 소국이 스물이요 부락이 3,624곳이었다. 계축 36년 단제께서 돌아가시니 양가인 한율(翰栗)이 즉위하였다.

7세 단군 한율 재위 54년 갑인년이 원년(전 2047).

정미 54년 단제 돌아가시고 우서한(于西翰)이 즉위하다.

8세 단군 우서한 재위 35년 무신년이 원년(전 1905).

임금께서 20분의 1세법을 전하시고 생활용품이 있는 곳과 없는 곳

을 서로 공평하게 채워 주셨다. 재위 2년 기유년(전 1992)에 풍년이 들어 줄기 하나에 이삭이 여덟 개씩 패었다. 재위 4년 신해년(전 1990)에 임금께서 평민복을 입고 국경을 벗어나 하(夏) 나라의 실정을 살피시고 돌아와 관제를 크게 고치셨다. 재위 7년 갑인년(전 1987)에 삼족오가 동산아 날아들어 왔는데 그날개가 석 자나 되었다. 재위 8년 을묘년(전 1986)에 단군께서 돌아가셨다. 태자인 아술(阿述)께서 즉위하셨다.

9세 단군 아술 재위 35년 병진년이 원년(전 1985).

단제께서는 어진 덕이 있으셔 백성이 금법을 위반하는 자가 있어도 반드시 말씀하시길,

"똥 눈 땅이 비록 더럽다고 해도 비나 이슬이 내릴 때도 있는 법이다."

하시며 그 죄를 지은 이를 그냥 놔두시고는 벌하지 않으셨으니, 죄를 졌던 사람도 마침내 그 덕에 감화되어 버렸다. 이에 잘 조화된 교화가 크게 떨쳐졌다. 이날 두 개의 해가 나란히 나와 이를 보는 자 마치 넓은 울타리 같았다. 정사 2년 청해의 욕살 우착이 군대를 일으켜서 궁성을 침공하니 단제께선 상춘(常春, 현 장춘)으로 몸을 피하신 뒤, 새 궁궐을 구월산의 남쪽 기슭에 세우게 하셨다. 우지와 우율 등에게 명하여 이들을 쳐서 죽여 버리도록 하시고는 3년 뒤에야 서울로 되돌아 오셨다. 경인 35년 단제 돌아가시고 우가인 노을(魯乙)이 즉위하였다.

10세 단군 노을 재위 59년 신묘년이 원년(전 1950).

처음으로 큰 짐승 우리를 만들어 들짐승들을 길렀다. 임진 2년 몸소 마을로 행차하셔서 안부를 물으셨다. 어가가 야외에 머무르니 현명한 이들이 많이 몰려들었다. 을미 5년 궁문 밖에 신원목을 설치하

고 백성들의 억울한 사연을 들으시니 멀리 사는 이들까지 크게 기뻐했다. 병오 16년 동문 밖 십리의 육지에서 연꽃이 피어나더니 질 줄 모르고, 누워 있던 돌들이 저절로 일어섰다. 천하에서 거북이가 그림을 지고 나타났는데 윷판과 같았다. 발해 연안에서 금덩이가 나왔는데 수량이 13섬이었다. 을축 35년 처음으로 감성을 두었다. 기축 59년 단제 돌아가시고 태자 도해(道奚)가 즉위하였다.

11세 단군 도해 재위 57년 경인년이 원년(전 1891).

단제께서는 오가(五加)들에게 명을 내려 열두 명산의 가장 뛰어난 곳을 골라 국선의 소도(蘇塗)를 마련하셨다. 많은 박달나무를 둘러 심은 후 가장 큰 나무를 골라 환웅의 상으로 모시고 여기에 제사 지내며 웅상(雄常)이라 불렀다. 이때 국자랑의 스승으로 있던 유위자가 책략을 올려 말하길,

"생각하옵건대, 우리의 신시는 실로 환웅천왕께옵서 여시고 무리를 거두심에 온전하게 하는 것으로 백성들을 가르치셨습니다. 이에 천경신고(天經神誥)는 위에 지으신 바요, 의관 대일은 기꺼이 밑으로 본을 보인 것이다. 백성들은 범하는 일이 없고 함께 다스려 들에는 도적떼도 없이 스스로 평화로웠습니다. 온 세상 사람들이 병도 없이 장수하며 주리는 이 없이 넉넉하니, 산에 올라 노래 부르며 달을 맞이하며 춤추었습니다. 먼 곳이라도 이르지 못하는 곳 없고 흥하지 않는 곳 없게 되었으니 덕이 넘치는 가르침은 많은 이들에게 주어지고, 기리는 소리가 온 누리에 넘치게 되었습니다. 이에 뜨거운 인정이 있게 되었습니다."

라고 하였다. 겨울 10월에 대시전(大始殿)을 세우도록 하셨으니 아주 빛났다. 돌아가신 천제 환웅의 모습을 받들어 모셨는데 그 머리 위에는 광채가 빛남이 마치 해와 같았다. 둥근 빛은 온 우주를 비추며 박

달나무 밑 환화의 위에 앉아 계시니 하나의 살아있는 신이 둥근 원의 한 가운데 앉아 있는 것 같았다. 천부의 인을 가지고 대원일의 그림을 누전에 걸어 놓으셨으니 이를 일러 거발한(居發汗)이라 하였다. 사흘 동안 재계하시고 이레 동안 그 뜻을 말씀하시니 위풍이 온 누리를 흔드는 듯 했다. 이를 간절한 마음으로 쓴 글이 있으니 다음과 같다.

하늘은 깊고 고요함에 큰 뜻이 있어
그 도는 온 누리에 막힘이 없이 가득하리라.
모든 것은 다만 참된 것으로부터 비롯됨이라.
땅은 가득 품고 있음에 뜻이 있어
그 도는 어디에나 막힘이 없이 드러나리니
모든 일은 다만 부지런히 힘쓰는 것으로부터 온다.
사람은 살펴 아는 것에 큰 뜻이 있어
그 도는 어디에서나 막힘이 없이 고르고 구별함이니
모든 일은 다만 조화를 이룸으로부터 온다.
그렇기 때문에 신은 정성스러운 마음에 내려와
성품은 광명을 이루어 세상에 바른 가르침을 펴서
온 누리를 이롭게 하나니
이에 돌에 이 글을 새겼다.

정사 28년 장소를 마련하여 사방의 물건들을 모아 진귀한 것들을 보이매 천하의 백성들이 다투어 지방의 특산물을 바쳐, 진열한 것이 산처럼 쌓였다. 정묘 38년 백성들 가운데서 장정을 뽑아서 모두 병사로 삼았다. 선사 20명을 하나라 서울로 보내 처음으로 나라의 가르침을 전함으로써 위세를 보였다. 을해 46년 송화강 기슭에 관청을 세우니 배와 그에 관계되는 여러 가지 물건이 크게 세상에 퍼졌다. 3

월에 삼신의 단을 산의 남쪽에서 제사지냈으니 술과 음식을 갖추어 올리고 치성을 드리며 제사를 올렸다.

그날 밤 특별히 널리 술을 내리시어 여러 사람들과 더불어 술잔을 돌려가며 술을 마시면서, 여러 가지 솜씨를 구경하였다. 이 자리가 끝나자 마침내 누각에 오르셔서 천부경(天符經)에 대하여 이야기하시고 삼일신고(三一神誥)를 말씀하시더니 오가(五加)를 돌아보시고 말씀하셨다.

"이제부터는 살생을 금하고 방생하며 옥문을 열고, 떠도는 사람에게 밥을 주어 살 수 있도록 하며 사형 제도를 없애노라."

모든 사람들이 이를 듣고 크게 기뻐하였다. 병술 57년 단제 돌아가시니 모든 백성이 이를 슬프게 여김이 마치 어버이의 상을 당함과 같아서, 3년 동안 삼가하며 온 누리에 노래 소리가 멈춰 섰다. 뒤를 이어 우가 아한(阿漢)이 즉위하다.

12세 단군 아한 재위 52년 정해년이 원년(전 1834).

무자 2년 외뿔 가진 짐승이 송화강 북쪽에 나타났다. 가을 8월 단제께서 나라 안을 두루 돌아보셨다. 요하의 남쪽에 이르자 순수비를 세워 역대 제왕의 이름을 새겨 이를 전하게 하셨다. 이것이야말로 금석문의 가장 오래된 것이라, 뒤에 저 창해역사 여홍성은 이 빗돌을 지나며 시 한 수를 읊었으니, 다음과 같다.

마을 밖 변한이라 이르는 곳에 홀로 뛰어난 돌 하나 있었네.
받침은 깨지고 철쭉만 붉었는데 글자는 보이지 않고 이끼만 푸르구나.

다듬어져 처음 생겼을 때 그대로 흥망의 황혼에 우뚝 서있으니 글에 보이는 증거는 하나도 없지만 이 어찌 단군의 자취가 아니겠는가.

을묘 29년 청아의 욕살 비신과 서옥저의 욕살인 고사침과 맥성의 욕살인 돌개(突盖)를 봉하여 부족장(列汗)으로 삼으셨다. 무인 52년 단제 돌아가시고 우가 흘달(屹達)이 즉위하였다.

13세 단군 흘달(혹은 代音達) 재위 61년 기묘년이 원년(전 1782).

갑오 16년 주와 현을 나누어 정하고 벼슬마다 구실의 한계를 정하였다. 관리는 권력을 겸하는 일 없고 정치는 법칙을 넘는 일이 없도록 하였으니 백성은 고향을 떠나는 일 없이 스스로 일하는 곳에서 편안하며, 거문고 노랫소리가 온 누리에 넘쳤다. 이 해 겨울에 은나라 사람이 하나라를 정벌하니 하나라 걸왕이 구원을 청하였다. 이에 흘달 단제께서 읍차인 말량으로 하여금 구한의 군대를 이끌고 가서 싸움을 돕게 하였다. 은나라의 탕왕이 사신을 보내 사죄하였다. 이에 말량에게 명을 내려 군사를 되돌리게 하였는데, 하나라 걸왕은 조약을 어기고 병사를 보내 길을 막고 약속을 깨려고 하였다. 이에 은나라 사람들과 함께 하나라 걸왕을 정벌하기로 하여 몰래 신지 우량을 파견하여 견의 군대를 이끌고 가서 낙랑과 합쳐서 진격하여 관중의 빈기의 땅에 머물며 관청을 만들었다.

무술 20년 소도를 많이 설치하고 천지화(天指花)를 심었다. 혼전의 젊은이로 하여금 글 읽고 활 쏘는 것을 익히게 하며 이들을 국자랑이라 부르게 하였다. 국자랑들은 돌아다닐 때 머리에 천지화를 꽂았으므로 사람들은 이들을 천지화랑(天指花郎)이라고도 불렀다. 무진 50년 오성이 모여들고 누런 학이 날아와 뜰의 소나무에 깃들었다. 기묘 61년 단제께서 돌아가시니 백성들은 모두 밥도 먹지 않았으며 곡성이 끊이지 않았다. 마침내 사면령을 내려 죄인들을 놓아주고 산

것을 죽이지 않으며 널리 놓아주도록 하였다. 해를 넘겨 장사지낸 뒤 우가인 고불(古弗)이 즉위하였다.

14세 단군 고불 재위 60년 경진년이 원년(전 1721).

을유 6년에 큰 가뭄이 있었다. 단제께서 몸소 하늘에 기도하여 비 오기를 빌며 말씀하시길,

"하늘이 크다 하나 백성이 없으면 무엇에게 베풀 것이며 비는 기름지다 하나 곡식이 없으면 어찌 귀하리오. 백성이 하늘처럼 여기는 것은 곡식이며 하늘이 마음처럼 여기는 것은 사람이니 하늘과 사람은 한 몸일진대 하늘은 어찌하여 백성을 버리시는가. 이제 비는 곡식을 기름지게 할지니 때 맞춰 구하게 하소서."

라는 말을 마치자 큰 비가 나라 안에 장대처럼 내렸다. 신유 42년 9월 말라 죽었던 나무에 새싹이 나고 오색의 큰 닭이 성의 동쪽, 자촌의 집에서 태어나니 이를 본 사람들이 잘못 보고는 봉황이라 하였다. 을해 56년 관리를 사방에 보내 호구를 조사, 계산하게 하니 총계 1억 8천만 인이었다. 기묘 60년 단제 돌아가시고 대음(代音)이 즉위하였다.

15세 단군 대음(혹은 후흘달(後屹達)) 재위 51년 경진년이 원년(전 1661).

은나라 왕 소갑이 사신을 보내와 화친을 청했다. 이 해 80분의 1의 세법을 정하였다. 신사 2년 홍수가 크게 일어 많은 사람들이 엄청난 해를 입었다. 이에 단제께서는 매우 가엾게 여기셔서 곡식을 창해 사수의 땅으로 옮겨 백성들에게 고루 나누어 주셨다. 겨울 10월 양운국과 수밀이국의 사신이 와서 특산물을 바쳤다. 기축 10년 단제께서는 서쪽 약수로 가시더니 신지 우속에게 명하여 금철 및 고유를 캐

도록 했다. 가을 7월 우루국 사람 20인이 귀순하니 염수(鹽水)의 이웃한 땅에 정착하도록 하였다.

정미 28년 단제께서는 태백산에 오르시어 빗돌을 세워 역대 단군들의 이름과 역대왕들의 공적을 새겼다. 기미 40년 단제의 동생 대심을 봉하사 남선비의 대인으로 삼았다. 경오 51년 단제께서 돌아가시니 우가 위나(尉那)가 즉위하였다.

16세 단군 위나 재위 58년 신미년이 원년(전 1610).

무술 28년 구한의 여러 한들을 영고탑(寧古塔)에 모여 삼신과 상제에게 제사지냈으니 환인·환웅·치우 및 단군왕검을 모시었다. 닷새 동안 크게 백성과 더불어 연회를 베풀고 불을 밝혀 밤을 지새우며 경을 외우고 마당 밟기를 하였다. 한쪽은 횃불을 나란히 하고 또 한쪽은 둥글게 모여 서서 춤을 추며 애환의 노래를 불렀다. 애환이란 곧 옛날 검에게 올리는 노래의 종류를 말함이다. 선인들은 환화에 이름을 붙이지 않고 다만 꽃이라고만 하였다. 애환(愛桓)의 노래는 다음과 같다. 이는 옛말 검노래(神歌)의 한 갈래다.

산에는 꽃이 있네 산에는 꽃이 피네.
지난 해 만 그루 심고 올해 또 만 그루 심었지.
불함산에 봄이 오면 온 산엔 붉은 빛.
천신을 섬기고 태평을 즐긴다네.

무신 58년 단제 돌아가시고 태자 여을(余乙)이 즉위하였다.

17세 단군 여을 재위 68년 기사년이 원년(전 1552).

갑신 52년 단제께서는 오가와 함께 나라를 돌아보셨다. 개사성의 가까운 곳에 이르니 푸른 도포를 입은 노인이 있어 하례를 드려 말했다.

"오래 선인의 나라에 살며 선인의 백성이 되어 살고 있지만 단제의 덕은 두루 미쳐 그릇됨이 없고 왕의 다스림은 치우치지 않고 백성들은 이웃에서 근심과 걱정을 하는 걸 구경하지 못하고, 믿음으로써 국경을 살피고, 은혜로써 성도 나라도 싸움을 겪지 않았거니."

이에 단제는 다음과 같이 대답했다.

"고마워라, 고마워라, 짐이 덕을 닦은 지 오래지 못해 백성들의 바람에 답하지 못할까 두렵게 여겼노라."

병자 68년 돌아가시고 태자 동엄(冬奄)이 즉위하였다.

18세 단군 동엄 재위 49년 정축년이 원년(전 1484).

병신 20년 지백특 사람이 와서 특산물을 바쳤다. 을축 49년 단제 돌아가시고 태자 구모소(緱牟蘇)가 즉위하였다.

19세 단군 구모소 재위 55년 병인년이 원년(전 1435).

기축 24년 남상인이 벼슬을 얻어 조정에 들어 왔다. 기미 54년 지리숙이 주천력과 팔괘상중론(八卦相重論)을 짓다. 경신 55년 단제 돌아가시고 우가인 고홀(固忽)이 즉위하였다.

20세 단군 고홀 재위 43년 신유년이 원년(전 1380).

신미 11년 가을 하얀 태양이 무지개를 뚫었다. 병신 36년 영고탑을 다시 세우고 별궁을 지었다. 경자 40년 공공인 공홀이 구한의 지도를 그려 바쳤다. 계묘 43년 세상이 아직 평화롭지 못한데 단제 돌아가시니 태자 소태(蘇台)가 즉위하였다.

21세 단군 소태 재위 52년 갑진년이 원년(전 1337).

은나라 왕 소을이 사신을 보내 공물을 바쳤다. 경인 47년 은나라 왕 무정이 귀방을 쳐 이기더니 또 대군을 이끌고 색도, 영지 등의 나라를 침공하였으나 우리에게 대패하여 화해를 청하며 조공을 바쳤다. 임진 49년 개사원의 욕살 고등이 몰래 군사를 이끌고 귀방을 습격하여 통합시키니 일군국과 양운국의 두 나라가 사신을 보내 조공을 바쳤다. 이때 고등이 많은 군대를 손에 넣고 서북의 땅을 공략하여 차지하게 되니, 그 세력이 매우 강성하였다. 이에 여러 차례 사람을 보내와 우현왕으로 임명해 줄 것을 청하였다. 그러나 단제는 이를 위태롭게 여겨 허락하지 않으려 했는데 거듭하여 이를 청하매 허락하여 두막루라 부르도록 하였다.

을미 52년 우현왕 고등이 죽으니 그의 손자 색불루(色弗婁)가 이어 우현왕(右賢王)이 되었다. 단제께서 나라 안을 돌아보시다가 남쪽에 있는 해성에 이르러 어르신들을 모두 불러 모아서 하늘에 제사 지내고 노래와 춤을 즐겼다. 그리고는 오가를 불러 이들과 더불어 제위를 물려줄 것을 의논하였다. 스스로는 늙어서 제위를 지키기 어렵다하시며 정치를 서우여에게 맡기고 싶어 하였다. 이에 살수의 땅 백리를 둘러보시고 이를 그에게 주시고 명을 내려 영주로 하여 기수(奇首)라 부르게 하였다. 우현왕은 이를 듣고 사람을 보내 단제에게 권하여 이를 그만두게 하였으나 단제는 종래 이를 듣지 않으셨다. 이에 우현왕은 주변의 여러 사람들과 사냥족 수천을 이끌고 마침내 부여의 신궁에서 즉위하였다. 단제도 어쩔 수 없이 옥책 국보를 전하고 아사달에 은퇴하여 마침내 돌아가셨다. 이 해 백이와 숙제도 역시 고죽군(孤竹君)의 자손들로서 나라를 버리고 동해의 바다 가에 와서 살며 밭 갈기를 힘쓰며 혼자 살았다.

22세 단군 색불루 재위 48년이 병신 원년(전 1285).

단제께서 명하여 녹산(鹿山)을 다시 만들고 관제를 고쳤다. 가을 9월엔 친히 장당경으로 행차하시어 묘를 세우고 고등왕(高登王)을 제사로 모셨다. 11월 몸소 9한의 군사를 이끌고 여러 차례 싸워 은나라 서울을 쳐부수고 곧 화친하였으나 또 다시 크게 싸워 이를 쳐부쉈다. 이듬해 2월 이들을 쫓아가 황하 어름에서 승전의 축하를 받고 변한의 백성들을 회대의 땅으로 옮겨 그들로 하여금 짐승을 기르고 농사를 짓게 하니, 나라의 위세가 떨쳐졌다. 신축 6년 신지인 육우는,

"천년 제업의 땅이라 해도 대운이 이미 다했으며 영고탑(寧古塔)은 왕기가 짙어 백악산을 오히려 능가하는 듯합니다. 청컨대 성을 쌓고 이곳으로 도읍을 옮기소서."

라고 아뢰었으나 단제께서는 이를 허락하지 않고 말씀하시기를

"신도에 이미 집이 있는데 다시 어째서 옮길 것인가?"

라고 하셨다. 을묘 20년 이때에 남국이 매우 강성하여 고죽군과 더불어 여러 적들을 쫓고 남으로 이동하여 엄독골에 이르러 그곳에 머물렀다. 은나라 땅에 매우 가까웠다. 이에 여파달로 하여금 병사를 나눠 진격하여 빈기(邠岐)에 머물도록 하면서 그곳의 유민과 서로 단결하여 나라를 세워 여라 칭하고 서융과 함께 은나라 제후들 사이를 차지하고 있도록 하였다. 남씨의 위세가 매우 성하여 황제의 교화는 멀리 항산(恒山)의 이남의 땅에까지 미치게 되었다. 신미 36년 변방의 장수 신독이 병력을 믿고 난을 일으켰다. 이에 단제가 한 동안 영고탑으로 피하니 많은 백성이 이에 따랐다. 계미 48년 단제 돌아가시니 태자 아홀(阿忽)이 즉위하였다.

23세 단군 아홀 재위 76년 갑신년이 원년(전 1237).

단제의 숙부인 고불가(固弗加)에게 명하여 낙랑골을 다스리도록

하고, 웅갈손(熊乫孫)을 보내 남국의 왕과 함께 남쪽을 정벌한 군대가 은나라 땅에 여섯 읍을 정하는 것을 살펴보게 하였다. 은나라 사람들이 서로 싸우면서 통합을 하지 못하니 마침내 공격하여 이를 쳐부수었다. 가을 7월 신독을 죽이고 서울로 돌아온 뒤 포로들을 놓아주었다. 을유 2년 남국의 임금 금달이 청구의 임금, 구려의 임금과 주개에서 회합하고 몽고리의 병력을 합하여 가는 곳마다 은나라의 성책을 부수고 깊숙이 오지로 들어가 회대의 땅을 차지하니 포고씨를 엄으로, 영고씨를 서땅에 방고씨를 회땅에 각각 임명하니, 은나라 사람들은 우리의 위세를 우러러보며 두려워하여 감히 접근하지 못하였다. 무자 5년 이한 및 오가를 불러 영고탑으로 도읍을 옮길 것을 의논하는 것을 중지하도록 하였다. 기해 76년 단제 돌아가시고 태자 연나(延那)가 즉위하였다.

24세 단군 연나 재위 11년 경자년이 원년(전 1161).

황숙 고불가를 섭정으로 삼다. 신축 2년 여러 한들은 명을 받들고 소도를 마련하여 하늘에 제사지냈으며, 나라에 큰일이나 이변이 있으면 소도에서 기도하여 백성의 뜻을 하나로 모았다. 경술 11년 단제께서 돌아가시고 태자 솔나(率那)가 즉위하였다.

25세 단군 솔나 재위 88년 신해년이 원년(전 1150).

정해 37년 기자(箕子)가 서화(西華)에 옮겨가 있으면서 인사를 받는 일도 마다하였다. 정유 47년 단제께서 상소도에 계시며 예로부터 전해오는 의례를 설명하다가 영신과 직신의 구분을 물으셨다. 이에 삼랑 홍운성이 나서서 대답했다.

"이치를 지켜 굽히지 않는 자는 직신이고 위세를 두려워하여 굽혀 순종하는 자는 영신이니 임금은 근원이요, 신하는 흘러가는 물입니다.

근원이 이미 흐렸으면 그 흐름이 맑기를 구하여도 이것이 될 수 없는 일이니, 때문에 임금이 성인이 된 후라야 신하가 바른 법입니다."

단제 가로되

"옳은 말이다."

라 하였다. 기유 59년 밭곡식에 풍년이 들어 한 줄기에 다섯 개 이삭의 조가 달렸다. 무인 88년 단제 돌아가시고 태자 추로(鄒魯)가 즉위하였다.

26세 단군 추로 재위 65년 기묘년이 원년(전 1062).

가을 7월 백악산의 계곡에 흰 사슴 2백 마리가 무리지어 와서 뛰놀았다. 계미 65년 단제께서 돌아가시니 태자 두밀(豆密)이 즉위하였다.

27세 단군 두밀 재위 26년 갑신년이 원년(전 997).

천해의 물이 넘쳐 아란산이 무너졌다. 이해 수밀이국 양운국 구다천국 등이 모두 사신을 보내 특산물을 바쳤다. 신묘 8년 오랜 가뭄 끝에 큰비가 내려 백성들의 가을이 되어도 수확이 없으매, 단제는 창고를 열어 널리 나누어 주도록 하였다. 기유 26년 단제 돌아가시니 해모(奚牟)가 즉위하였다.

28세 단군 해모 재위 28년 경술년이 원년(전 971).

단제 아프시니 백의동자로 하여금 하늘에 기도하도록 하니 곧 병이 나으셨다. 경신 11년 여름 4월 태풍이 크게 불어 폭우가 쏟아져 내리고 땅위에 물고기가 쏟아져 내렸다. 정묘 18년 빙해의 여러 한들이 사신을 보내 특산물을 바쳤다. 정축 28년 단제 돌아가시니 마휴(摩休)가 즉위하였다.

29세 단군 마휴 재위 34년 무인년이 원년(전 943).

주나라 사람이 특산물을 바쳤다. 을유 8년 여름 지진이 있었다. 병술 9년 남해의 조수가 3척이나 물러갔다. 신해 34년 단제 돌아가시고 태자 내휴(奈休)가 즉위하였다.

30세 단군 내휴 재위 35년 임자년이 원년(전 909).

남쪽으로 청구의 다스림을 둘러보시고 돌에 치우천왕의 공덕을 새겼다. 서쪽으로는 엄독골에 이르러 제후국의 여러 한(汗)들과 만난 뒤 병사들을 사열하고는 하늘에 제사지내고 주나라 사람들과도 수교를 맺었다. 병진 5년 흉노가 특산물을 바쳤다. 병술 35년 단제 돌아가시고 태자 등올(登屼)이 즉위하였다.

31세 단군 등올 재위 30년 정해년이 원년(전 874).

임인 16년 봉황이 백악에서 울고 기린이 와서 상원에서 노닐었다. 신해 25년 단제 돌아가시고 아들 추밀(鄒密)이 즉위하였다.

32세 단군 추밀 재위 30년 임자년이 원년(전 849).

갑인 3년 선비산의 추장 문고가 특산물을 바쳤다. 계해 12년 초나라 대부 이문기가 조정에 들어와 벼슬을 했다. 갑자 13년 3월에 일식이 있었다. 병인 15년 농사가 크게 흉작이었다. 신사 30년 단제 돌아가시고 태자 감물(甘勿)이 즉위하다.

33세 단군 감물 재위 24년 임오년이 원년(전 819).

계미 2년 주나라 사람이 와서 호랑이와 코끼리 가죽을 바쳤다. 무자 7년 영고탑 서문 밖 감물산 밑에 삼성사를 세우고 친히 제사를 올렸다. 맹세하여 올린 글이 있으니,

'삼성의 존귀하심은 검과 더불어 그 공이 나란하시며 삼신의 덕은 성인에 의해 더욱 크시어라. 빈 것과 큰 것은 한 몸이라 하겠고, 낱개는 또 모두와 한가지로 같음이라. 지혜는 둘을 함께 닦음에서 생겨나고 모습과 얼을 함께 넓힌다면 참 된 가르침은 이에 서고 믿음이 오래 갈 것은 보이는 이치라. 그 기세를 귀하게 여기고 스스로 살피고 되돌아보면 저 백악은 어딜 가나 끝없이 푸르리니 여러 성인들은 끝없이 이어나고 글은 흥하고 예와 악은 이로써 크리니 도술은 그 연원이 넓어서 하나를 잡으면 셋을 포함하고 셋을 합쳐서 하나로 돌아오네. 크게 하늘 가르침을 펴시고 영세토록 법으로 삼으리라.'

라고 하였다. 을사 24년 단제 돌아가시고 태자 오루문(奧婁門)이 즉위했다.

34세 단군 오루문 재위 23년 병오년이 원년(전 795).

이 해 오곡이 넉넉하게 익었다. 백성들 모두 기뻐하며 도리가를 지어 부르니 그 가사는 다음과 같다.

하늘엔 아침 해 맑은 빛내려 비치고
나라엔 어진이 큰 가르침 널리 내려와
큰 나라 배달나라 사람마다 마음 편하고
해맑은 노래 속에 끝없이 태평하리라.

을묘 10년 두 개의 해가 나란히 뜨더니 마침내 누런 안개가 사방에 가득했다. 무진 23년 단제 돌아가시고 태자 사벌(沙伐)이 즉위하다.

35세 단군 사벌 재위 68년 기사년이 원년(전 772).

갑술 6년 이 해 황충의 피해와 홍수가 있었다. 임오 14년 범이 궁전에 들어왔다. 임진 24년 큰비가 내리니 산이 무너져 골짜기를 메웠다. 무오 50년 단제께서 조울을 보내 똑바로 연나라 서울을 치고 제나라 군사와 임치의 남쪽 교외에서 싸워 승리하였음을 알려왔다. 병자 68년 단제 돌아가시니 태자 매륵(買勒)이 즉위했다.

36세 단군 매륵 재위 58년 정축년이 원년(전 704).

갑진 28년 지진과 해일이 있었다. 무신 32년 서촌의 한 집에서 소가 다리 여덟 개 달린 송아지를 낳았다. 신해 35년 용마가 천하에서 나왔는데 등에는 별무늬가 있더라. 갑인 38년 협야후 배반명을 보내어 바다의 도적을 정벌하였다. 12월에는 삼도가 모두 평정되었다. 무진 52년 단제께서 병력을 보내 수유의 군대와 함께 연나라를 치게 하였다. 이에 연나라 사람이 제나라에 위급함을 알리자 제나라 사람들이 크게 일어나 고죽에 쳐들어 왔는데 나라의 복병에 걸려서 싸워보았지만 이기지 못하고 화해를 구걸하고는 물러갔다. 갑술 58년 단제 돌아가시니 태자 마물(痲勿)이 즉위하다.

37세 단군 마물 재위 56년 을해년이 원년(전 646).

경오 56년 단제께서는 남쪽을 돌아보시다가 기수에 이르러 돌아가시니 태자 다물(多勿)이 즉위하다.

38세 단군 다물 재위 45년 신미년이 원년(전 590).

을묘 45년 단제 돌아가시고 태자 두홀(豆忽)이 즉위하다.

39세 단군 두홀 재위 36년 병진년이 원년(전 545).

신묘 36년 단제 돌아가시고 태자 달음(達音)이 즉위하다.

40세 단군 달음 재위 18년 임진년이 원년(전 509).
기유 18년 단제 돌아가시고 태자 음차(音次)가 즉위하다.

41세 단군 음차 재위 20년 경술년이 원년(전 491).
기사 20년 단제 돌아가시고 태자 을우지(乙于支) 즉위하다.

42세 단군 을우지 재위 10년 경오년이 원년(전 471).
기묘 10년 단제 돌아가시고 태자 물리(勿理) 즉위하다.

43세 단군 물리 재위 36년 경진년이 원년(전 461).
을묘 36년 융안의 사냥꾼 우화충이 장군을 칭하며, 무리 수만 명을 모아 서북 36군을 함락시켰다. 단제는 병력을 보냈으나 이기지 못했다. 겨울이 되자 도적들은 도성을 에워싸고 급하게 공격해 왔다. 단제께서는 좌우의 궁인과 함께 종묘사직의 신주를 받들어 모시고 배를 타고 피난하여 해두로 가시더니 얼마 지나지 않았다. 이 해에 백민성 욕살 구물(丘勿)이 어명을 가지고 군대를 일으켜 먼저 장당경을 점령하였다. 구지의 군사들이 이에 따라서 동서의 압록 18성이 모두 병력을 보내 원조하여 왔다.

44세 단군 구물 재위 29년 병진년이 원년(전 425).
3월 큰물이 서울을 휩쓸어 버리니 적병들은 큰 혼란에 빠졌다. 구물 단제께서는 만 명의 군대를 이끌고 가서 이들을 정벌하니 적군은 싸워보지도 못하고 저절로 망하니 마침내 우화충을 죽여 버렸다. 이에 구물은 여러 장수들의 추앙을 받게 되었다. 마침내 3월 16일 단을 쌓아 하늘에 제사지내고 장당경에서 즉위하였다. 이에 나라 이름을 대부여라고 고치고 삼한은 삼조선이라고 바꿔 불렀다. 이때부터 삼조선은 단군을 받들어 모시고 통치를 받기는 했지만 싸움의 권한은 애오라지 한 분에게만 맡겨 두지는 않게 되었다. 7월에는 해성을 다시 짓도록 하여 평양이라고 부르도록 하시고, 이궁을 지었다.

정사 2년 예관이 청하여 삼신영고의 제사를 지냈다. 곧 3월 16일이었는데 단제께서 친히 행차하시어 경배하시니 첫 번째 절에 세 번 머리를 조아리고 두 번째 절에 여섯번 머리를 조아리고 세 번째 절에 아홉 번 머리를 숙여 예를 올리는데, 무리를 거느리고는 특별히 열 번 머리를 조아렸다. 이를 삼육의 대례라고 한다.

임신 17년 감찰 관원을 각 주와 군에 보내서 백성들을 살펴 효도를 잘하는 이와 곧은 관원을 추천하도록 하였다. 무인 23년 연나라에서 사신을 보내와 새해 문안 인사를 올렸다. 갑신 29년 단제 돌아가시고 태자 여루(余婁)가 즉위하였다.

45세 단군 여루 재위 55년 을유년이 원년(전 396).

을유 원년 장령의 낭산에 성을 쌓다. 신축 17년 연나라 사람이 변두리의 군을 침범하매 수비 장수 묘장춘이 이를 쳐부수었다. 병진 32년 연나라 사람 배도가 쳐들어와서 요서를 함락시키고 운장까지 쳐들어 왔다. 이에 번조선이 대장군 우문언에게 명하여 이를 막고 진조선 막조선도 역시 군대를 보내어 이를 구원하여 오더니 복병을 숨겨두고 연나라 제나라의 군사를 오도하에서 쳐부수고는 요서의 여러 성을 남김없이 되찾았다.

정사 33년 연나라 사람이 싸움에 지고는 연운도에 주둔하며 배를 만들고 장차 쳐들어올 기세였으므로 우문언이 쫓아가 크게 쳐부수고 그 장수를 쏘아 죽였다. 신미 47년 북막의 추장 액니거길이 조정에 찾아와서 말 2백 필을 바치고 함께 연나라를 칠 것을 청했다. 마침내 번조선의 젊은 장수 신불사로 하여금 병력 만 명을 이끌고 합세하여 연나라의 상곡을 공격하고 이를 도와 성읍을 쌓게 하였다. 무인 54년 상곡의 싸움 이후 연나라가 해마다 침범해 왔다. 이때 사신을 보내 화해를 청하므로 이를 허락하고, 또 조양의 서쪽으로 국경을 삼았다. 기묘 55년 여름 크게 가물었다. 죄 없이 옥에 갇힌 사람이 있을까 염려하여 크게 놓아주고 몸소 나아가서 기우제를 올렸다. 9월에 단제께서 돌아가시고 태자 보을(普乙)이 즉위하였다.

46세 단군 보을 재위 46년 경진년이 원년(전 341).

12월 번조선왕 해인이 연나라가 보낸 자객에게 죽임을 당하니 오가가 다투어 일어났다. 무술 19년 정월 읍차 기후가 병력을 이끌고 입궁하여 스스로 번조선 왕이라 하고 사람을 보내 윤허를 구하매 이를 허락하시고 굳게 연나라에 대비토록 하였다. 정사 38년 도성에 큰 불이 일어나 모두 타버리고 단제께서는 해성의 이궁으로 피하였다. 계해 44년 북막의 추장 이사가 음악을 바치니 이를 받으시고 후하게 상을 내렸다. 을축 46년 한개가 수유의 군대를 이끌고 궁성을 치고 스스로 왕이 되려하니 대장군 고열가가 의병을 일으켜 이를 쳐부수었다. 단제께서는 서울로 돌아오셔서 대사령을 내리셨는데 이때부터 나라의 힘이 매우 약해져서 나라의 물자를 제대로 쓸 수 없었다. 단제께서 돌아가셨다. 그의 후사가 없으매, 고열가(古列加)가 단군 물리의 현손으로서 무리의 사랑으로 추대를 받아 또 공도 있었던 터라 마침내 즉위하였다.

47세 단군 고열가 재위 58년 병진년이 원년(전 295).

기묘 14년 단군왕검의 묘를 백악산에 세우고 유사에게 명을 내려 사철 묘에 제 지내게 하고 단제께서는 1년에 한번 친히 제사를 지냈다. 기유 44년 연나라가 사신을 보내어 새해 인사를 올려왔다. 이 해

북막의 추장 아리당부가 군사를 내어 연나라를 칠 것을 청했다. 단제께서 허락하지 않으시니 이때부터 등을 돌려 공물을 바치지 않았다. 임술 57년 해모수(解慕漱)가 웅신산(熊神山)을 내려와 군대를 일으켰는데 그의 선조는 고리국 사람이었다.

계해 58년 단제께서는 어질고 순하였으나 결단력이 없었다. 명령을 내려도 시행되지 않는 일이 많았고 여러 장수들은 용맹만 믿고 쉽사리 반란을 일으켰기 때문에 나라의 살림은 어려워졌고 백성들의 사기는 날로 떨어졌다. 3월 하늘에 제사 지내던 날 저녁에 마침내 오가들과 의논하여 가로되,

"옛 우리 선조 열성들께서는 나라를 여시고 대통을 이어가실 때에는 그 덕이 넓고 멀리까지 미쳤으며, 오랜 세월 동안 잘 다스렸다. 이제 왕도는 쇠퇴하고 여러 왕들이 힘을 다투고 있도다. 짐은 덕이 없고 겁이 많아 능히 다스리지 못하니 어진 이를 불러서 무마시킬 방책도 없고 백성들도 흩어졌다. 생각하건대, 그대는 어질고 좋은 사람을 찾아 추대하도록 하라."

라고 하시니 크게 옥문을 열어 사형수 이하의 모든 죄수들을 돌려보냈다. 이튿날 마침내 왕위를 내려놓으시고 산에 들어가 신선이 되시니, 이에 오가(五加)의 족장들이 나라 일을 함께 다스리기를 6년이나 이어갔다. 이보다 앞서 종실의 대해모수는 몰래 수유와 약속하고 옛 서울 백악산을 습격하여 점령하고는 천왕랑이라 일렀다. 수유후(須臾侯) 기비를 올려 번조선 왕으로 삼고, 나아가 상하의 운장을 지키게 하였다. 무릇 북부여의 일어남이 이에서 시작되니 고구려는 곧 해모수의 태어난 고향이기 때문에 역시 고구려라 일렀다.

2. 위만조선(魏(衛)滿朝鮮)

전한서(前漢書)의 조선전(朝鮮傳)에는 이렇게 말하였다. 맨 처음 연(燕)나라 때부터 진번·조선(朝鮮, 안사고(顏師古)는 말하기를, 전국(戰國) 시대에 연나라가 처음으로 이 땅을 침략해서 차지했다고 한다)을 침략해서 차지하고, 관리들을 두어 변방의 요새를 쌓았다. 그 뒤에 진(秦)이 연을 멸망시키자 이 땅을 요동군 변방에 소속시켰다. 한나라가 일어나자 이 땅이 너무 멀어 지킬 수 없다 하여 다시 요동의 옛날 요새를 수리해서 쌓고 패수(浿水)로 경계를 삼아(안사고는 말하기를, 패수는 낙랑군에 있다) 연나라에 소속시켰다.

연나라 왕 노관(盧綰)이 한 나라를 배반하고 흉노에게로 들어가니, 연나라 사람 위만은 망명해서 무리 1천여 명을 모아 요동의 요새지를 넘어 도망하여 패수를 건넜다. 여기에서 진(秦)나라의 옛 빈 터전인 상하의 변방에 자리를 잡고 살았다. 차츰 진번·조선의 오랑캐들과 또 옛날에 연과 제(齊)에서 망명해 온 이들을 자기에게 소속시켜 왕이 되어 왕검(이기(李奇)는 땅이름, 신찬(臣瓚)은 말하기를 왕검성은 낙랑군의 패수 동쪽에 있다고 함)에 도읍했다. 위만은 군사력으로 그 이웃의 조그만 읍들을 침략하여 복속시켰다. 이에 진번과 임둔이 모두 항복해 와서 그에게 예속되니 사방이 수천 리나 되었다. 위만은 아들에게 왕위를 전하고 손자 우거(右渠, 안사고는 말하기를, 위만의 손자 이름이 우거(右渠)라고 함)에게 이르렀다.

진번과 진국(辰國)이 한나라에 글을 올려 천자를 뵙고자 했으나 우거는 길을 가로막고 지나지 못하게 했다(안사고는 말하기를, 진국은 진한(辰韓)이라 함). 원봉(元封) 2년에 한나라에서는 섭하(涉何)를 보내어 우거를 타일렀지만, 우거는 끝내 명령을 듣지 않았다. 섭하는 그곳을 떠나 국경에 이르러 패수에 당도하자 말을 모는 종을 시켜서 자기를 호송하러 온 조선의 비왕(裨王) 장(長, 안사고는 말하기를, 장(長)은 섭하를 호송하는 자의 이름이라고 했다)을 찔러 죽였다. 그리고는 곧 패수를 건너 달려서 국경 요새를 넘어 자기 나라에 돌아가 이 사실을 보고했다.

한나라 천자는 섭하를 임용하여 요동의 동부 도위(都尉)를 삼았다. 조선은 섭하를 원망하여 불시에 그를 쳐 죽였다. 천자는 누선장군 양복(楊僕)을 보내서 제 나라에서 배를 타고 발해로 건너가 조선을 치게 하니 병력은 5만이었다. 좌장군 순체(荀彘)는 요동으로 나와서 우거를 쳤다. 우거는 지세가 험한 곳에 군사를 내어 그를 막았다. 누선장군은 제의 군사 7천 명을 거느리고 먼저 왕검성에 이르렀다. 이때 우거는 성을 지키고 있었는데 누선의 군사가 얼마 되지 않는 것을 정탐해서 알고 곧 나가서 누선을 공격하니 누선이 패해 달아났다. 누선장군 양복은 군사들을 잃고 산 속으로 도망해서 죽음을 면했다. 좌장군 순체도 조선의 패수 서쪽을 쳤지만 깨뜨리지 못했다.

천자는 누선장군과 좌장군의 형세가 이롭지 못하다고 생각하고 이에 위산(胃散)을 시켜 군병의 위력을 가지고 가서 우거를 타이르게 했다. 우거는 항복하기를 청하고 태자를 보내어 말을 바치겠다고 했다. 그리하여 1만여 명이나 되는 병력을 거느리고 바야흐로 패수를 건너려 하는데 사자인 위산과 좌장군은 혹시 변을 일으킬까 의심하여 태자에게 일렀다.

"이미 항복한 터이니 무기는 가지고 오지 마시오."

태자도 사자인 위산이 혹 자기를 속여 해치지 않을까 의심하여 마침내는 패수를 건너지 않고 군사를 데리고 돌아갔다. 이 사실을 천자에게 보고하자 천자는 위산의 목을 베었다. 좌장군은 패수 상류에 있는 조선 군사를 깨뜨리고 바로 전진하여 왕검성 밑에까지 이르러 성의 서북쪽을 포위했다. 누선장군도 역시 왕검성 밑으로 와서 군사를 합쳐 성 남쪽에 주둔했다. 우거가 굳게 성을 지켜 몇 달이 지나도 함락시킬 수가 없었다.

천자는 이 싸움이 오래 되어도 끝이 나지 않자 옛날 제남(濟南) 태수 공손수(公孫遂)를 시켜서 치게 하고, 모든 일을 편의에 의해서 처리하게 했다. 공손수는 우선 누선장군을 묶어 놓고 그 군사를 합쳐서 좌장군과 함께 급히 조선을 공격했다. 이때 조선의 재상 노인(路人)과 한도(韓陶)와 또 이계(尼谿)의 재상 삼(參)과 장군 왕겹(王唊, 안사고는 말하기를, 이계는 지명으로 이들은 모두 네 명이라고 했음)은 서로 의논하여 항복하려 했으나 왕은 이 말을 좇으려 하지 않았다. 이에 한도와 왕겹은 모두 도망해서 한나라에 항복했고 노인은 도중에서 죽었다. 한 무제 원봉(元封) 3년 여름에 이계의 재상을 삼은 사람들을 시켜서 왕 우거를 죽이고 한나라에 항복했다. 하지만, 왕검성은 아직도 함락되지 않았다. 그러므로 우거의 대신인 성기(成已)가 또 자기 나라를 배반했다. 좌장군은 우거의 아들 장(長)과 노인(路人)의 아들 최(最)로 하여금 자기들의 백성을 타이르고 성기를 죽이도록 했다. 이리하여 마침내 조선을 평정하고 진번·임둔·낙랑·현토의 네 군으로 삼았다.

3. 마한(馬韓)

위서(魏書)에 이렇게 말했다.

"위만이 조선을 공격하자 조선왕 준(準)은 궁인과 좌우 사람을 거느리고 바다를 건너 서쪽 한의 땅에 이르러 나라를 세우고 마한이라고 했다."

또 견훤이 고려 태조에게 올린 글에,

"옛적에 마한이 먼저 일어나고 뒤를 이어 혁거세가 일어났으며, 백제는 금마산(金馬山)에서 나라를 세웠다."

라고 했다. 최치원은 이렇게 말했다.

"마한은 고구려이고, 진한은 신라다."

(〈사기〉 본기(本紀)에 따르면, 신라는 먼저 갑자년에 일어났고, 고구려는 그 뒤 갑신년에 일어났다. 여기에 말한 것은 조선왕은 준이다. 이로 본다면 동명왕이 일어날 때에 마한까지 차지했던 것을 알 수가 있다. 그 때문에 고구려를 마한이라고 부른다. 지금 사람들은 혹 금마산이 있다고 해서 마한을 백제라고 하지만 이것은 대개 잘못된 말이다. 고구려 땅에는 본래 읍산(邑山)이 있었기 때문에 이름을 마한이라 한 것이다.)

사이(四夷)·구이(九夷)·구한(九韓)·예맥(穢貊)이 있는데, 주례(周禮)에 직방씨(職方氏)가 사이와 구맥을 다스렸다고 한 것은, 동이의 종족이니 곧 구이를 말한 것이다.

〈삼국사〉에는 이렇게 씌었다.

"명주(溟州, 강릉)는 옛날의 예국(穢國)이었다. 야인이 밭을 갈다가 예왕의 도장을 얻어서 바쳤다. 또 춘주는 옛날의 우수주(牛首州, 춘천)인데 곧 옛날의 맥국이다. 또 혹은 지금의 삭주(朔州)가 바로 맥국(貊國)이다. 혹은 평양성이 맥국이다."

회남자(淮南子) 주(注)에는,

"동방의 오랑캐는 아홉 종류나 된다."

라고 했다. 〈논어정의(論語正義)〉에는

"구이란, 1은 현토, 2는 낙랑, 3은 고려, 4는 만식(萬飾), 5는 부유(鳧臾), 6은 소가(嘯歌), 7은 동도(同屠), 8은 왜인(倭人), 9는 천비(天鄙)다."

라고 했다. 해동안홍기(海東安弘紀)에는,

"구한(九韓)이란, 1은 일본, 2는 중화, 3은 오월, 4는 탁라(乇羅), 5는 응유(鷹遊), 6은 말갈(靺鞨), 7은 단국(丹國), 8은 여진(女眞), 9는 예맥(穢貊)이다."

라고 했다.

4. 이부(二府)

〈전한서(前漢書)〉에 이렇게 말했다.

"소제(昭帝) 시원(始元) 5년 기해년 두 외부(外府)를 두었다. 이것은 조선의 옛 땅인 평나(平那)와 현토군 등을 평주도독부(平州都督府)로 삼고, 임둔, 낙랑 등 두 군의 땅에 동부도위부(東部都尉府)를 둔 것을 말함이다(내가 생각하기에 조선전에는 진번・현토・임둔・낙랑 등 네 군으로 되어 있다. 그런데 지금 이 글에는 평나가 있고 진번이 없으니 대개 한 지방을 두 이름으로 불렀던 것 같다)."

5. 칠십이국(七十二國)

〈통전(通典)〉에 이렇게 말했다.

"조선의 유민은 모두 70여 나라로 나뉘어 있는데 이들은 모두 땅이 사방 백 리다."

또 〈후한서(後漢書)〉에는,

"서한(西漢)이 조선의 옛 땅에 처음으로 네 군을 두었다가 뒤에 두 부를 두었다. 법령이 차츰 번거로워지자 이것을 78개의 나라로 나누니, 이들은 각각 만호였다."

라고 했다(마한은 서쪽에 있어 54개의 조그만 읍을 가지고 있었는데 모두 나라라고 불렀다. 진한은 동쪽에 있고 12개의 작은 읍을 차지했는데 모두 나라라고 했다. 변한(卞韓)은 남쪽에 있어 역시 12개의 작은 읍을 차지했는데 이들도 저마다 나라라고 일컬었다).

6. 낙랑국(樂浪國)

전한 때 처음으로 낙랑군을 두었다. 응소(應邵)는 말하기를 이것을
"고조선국"
이라 했다. 〈신당서(新唐書)〉 주에,
"평양성은 옛 한나라의 낙랑군이다."
했다. 〈국사(國史)〉에는 이런 말이 있다.
"혁거세 30년에 낙랑 사람들이 신라에 항복했다. 또 제3대 노례왕(弩禮王) 4년에 고구려의 제3대 무휼왕(無恤王)이 낙랑을 멸망시키니 그 나라 사람들은 대방(帶方, 북대방)과 함께 신라에 투항해 왔다. 또 무휼왕 27년에 광호제(光虎帝)가 사자를 보내어 낙랑을 치고 그 땅을 빼앗아 군현을 삼으니, 살수(薩水, 청천강) 이남의 땅은 한나라에 소속되었다(이상의 여러 글에 따르면, 낙랑이 곧 평양성이란 것이 마땅하다. 혹은 말하기를, 낙랑의 중두산(中頭山) 밑이 말갈과의 경계이고, 살수는 지금의 대동강이라고 한다. 어느 말이 옳은 지 알 수가 없다)."
또한 백제 온조왕의 말에는,
"동쪽에 낙랑이 있고, 북쪽에 말갈이 있다."
라고 했다. 이는 아마도 옛날 한나라 때 낙랑군에 딸렸던 현일 것이다. 신라 사람들이 역시 이곳을 낙랑이라고 했기 때문에 지금 고려에서도 또한 여기에 따라 낙랑군부인이라 불렀다. 또 태조가 그 딸을 김부(金傅)에게 시집보내면서 역시 낙랑공주라 불렀다.

7. 북대방(北帶方)

북대방은 본래 죽담성(竹覃城)이다. 신라 노례왕 4년에 대방 사람들이 낙랑 사람들과 함께 신라에 항복해 왔다(이것은 모두 전한 때에 설치한 두 군의 이름이다. 그 후에 건방지게 나라라고 불러 오다가 이때에 와서 항복했다).

8. 남대방(南帶方)

조위(曹魏) 때 비로소 남대방군(현 남원부)을 두었기 때문에 남대방이라 한 것이다. 대방의 남쪽은 바닷물이 천 리나 되는데 한해(瀚海)라고 했다(후한 건안(建安) 연간에 마한 남쪽의 황무지를 대방군으로 삼았다. 왜와 한이 드디어 여기에 속했다는 것이 바로 이것이다).

9. 말갈(靺鞨, 혹은 勿吉)과 발해(渤海)

〈통전(通典)〉에 이렇게 말했다.

"발해는 본디 속말말갈(粟末靺鞨)이다. 그 추장 조영(祚榮)에 이르러서 나라를 세우고 국호를 스스로 진단(震旦)이라고 했다. 선천(先天) 연간(현종의 임자년)에 비로소 말갈이라는 명칭을 버리고 오로지 발해라고 일컬었다. 개원(開元) 7년, 기미(己未)에 조영이 죽자, 그 시호를 고왕(高王)이라 했다. 세자가 대를 이어 왕위에 오르자 명황(明皇)은 그를 임명하여 왕위를 잇게 했다. 사사로이 연호를 고치고 드디어 해동의 큰 나라가 되었다. 그 땅에는 5경(京)·15부(府)·62주(州)가 있었다. 후당 천성(天成) 초년에 거란이 이것을 함락시켰다. 마침내 거란에게 지배를 받게 되었다."

(〈삼국사〉에는 이렇게 말했다. "의봉(儀鳳) 3년, 고종 무인년에

고구려의 남은 무리가 그 나머지를 모아 북으로 태백산 밑에 의지해서 국호를 발해라고 했다. 개원 20년 경 당의 명황이 장수를 보내서 발해를 토벌했다. 또 성덕왕 32년, 현종 갑술년에 발해·말갈이 바다를 건너 당나라 등주(登州)를 침입하자 현종은 이를 쳤다." 또 〈신라고기(新羅古記)〉에 이런 말이 있다. "고구려의 장수 조영의 성은 대씨(大氏)다. 그는 남은 군사를 모아 태백산 남쪽에 나라를 세우고 국호를 발해라고 했다." 위의 여러 글을 살피건대, 발해는 바로 말갈의 별종이다. 다만 그 갈라지고 합한 것이 서로 같지 않을 뿐이다. 또 지장도(指掌圖)를 살펴보면, 발해는 만리장성 동북 모퉁이 밖에 있었다.)

가탐(賈眈)의 〈군국지(郡國志)〉에는,

"발해국의 압록·남해·부여·추성(樞城) 등 4부는 모두 고구려의 옛 땅이었다. 신라 천정군(泉井郡), 지리지에는 삭주의 영현에 천정군이 있었으니 지금의 용주(湧州))에서 추성부에 이르기까지 도합 39역이 있다."

라고 하였다. 또 〈삼국사〉에는,

"백제의 말년에 발해·말갈·신라가 백제의 땅을 나누어 가졌다."

라고 했다(이 말에 따르면 발해는 또 나누어져 두 나라가 된 것이다). 신라 사람들은, "북쪽에는 말갈이 있고 남쪽에는 왜인이 있고, 서쪽에는 백제가 있으니 이것이 바로 나라의 해로움이 된다"라고 했고, 또 "말갈은 땅이 아슬라주(阿瑟羅州)에 잇닿아 있다"라고 했다.

〈동명기(東明記)〉에는,

"졸본성(卒本城)은 땅이 말갈(혹은 지금의 동진(東眞))에 잇닿아 있다. 신라의 제6대 지마왕(祗摩王) 14년, 을축에, 말갈의 군사가 북쪽 국경으로 크게 들어와 큰 고개의 성책을 습격하고 이하(泥河)로 지나갔다."

라고 했다. 〈후위서(後魏書)〉에는,

"말갈은 바로 물길(勿吉)이다."

라고 했고, 지장도(指掌圖)에는,

"읍루(挹婁)와 물길(勿吉)은 다 숙신(肅愼)이다."

했다. 흑수(黑水)와 옥저(沃沮)에 대해서는 동파(東坡)의 지장도를 보면,

"진한 북쪽에 남북의 흑수가 있다."

라고 했다. 살피건대, 동명제는 왕위에 선 지 10년 만에 북옥저를 멸망시켰고, 온조왕 42년에 남옥저의 20여 집이 신라에 투항했다. 또 혁거세 52년에 동옥저가 신라에 와서 좋은 말을 바쳤다고 했다. 그러니 동옥저란 땅도 있었던 것이다. 지장도에,

"흑수는 만리장성 북쪽에 있고, 옥저는 만리장성 남쪽에 있다."

라고 했다.

10. 이서국(伊西國)

노례왕(弩禮王) 14년에 이서국 사람이 와서 금성(金城, 서라벌)을 공격했다. 운문사에 옛부터 전해 내려오는 제사납전기(諸寺納田記)에 보면,

"정관 6년 임신에 이서군의 금오촌(今部村) 영미사(零味寺)에서 밭을 바쳤다."

라고 했다. 금오촌은 지금 청도 땅이니 청도군이 바로 옛날의 이서군이다.

11. 오가야(五伽耶)

〈가락국기(駕洛國記)〉의 찬(贊)을 보면, 자줏빛 끈 하나가 내려와 둥근 알 여섯 개를 내려 주었다. 이 중 다섯 개 알은 각 읍으로 돌아가고 한 개는 이 성에 있어서 수로왕(首露王)이 되었고, 각 읍으로 돌아간 다섯 개는 각각 다섯 가야(伽耶)의 주인이 되었다 한다. 그러므로 금관국(金官國)이 다섯 개의 수에 들지 않은 것은 마땅하다. 그런데 본조사략(本朝史略)에는 금관까지 그 수에 넣고 창녕까지 더 기록했으니 잘못이다.

아라가야(阿羅(耶)伽倻, 함안) · 고령가야(古寧伽倻, 함녕(咸寧)) · 대가야(大伽耶, 고령) · 성산가야(星山伽耶, 경산 혹은 벽진) · 소가야(小伽耶, 고성)이다. 또 본조사략에는,

"태조 천복 5년 경자(庚子)에 5가야의 이름을 고쳤다. 즉 1은 금관(김해부), 2는 고령(古寧, 가리현(加利縣)), 3은 비화(非火, 창녕이니, 고령의 잘못인 듯)요, 나머지 둘은 아라(阿羅)와 성산(星山)이다."

했다(위 주(注)와 같다. 성산은 혹 벽진가야(碧珍伽耶)).

12. 북부여(北扶餘)

〈고기(古記)〉에 이렇게 말했다.

"전한 선제(宣帝) 신작(神爵) 3년 임술(전 58) 4월 8일에 천제가 흘승골성(訖升骨城, 대요 의주(醫州))에 내려왔다. 다섯 마리 용이 끄는 오룡거를 타고 도읍을 정하여 왕이라 일컫고 국호를 북부여라고 하고, 스스로 이름을 해모수(解慕漱)라고 했다. 아들을 낳아 이름을 부루(扶婁)라 하고 해(解)를 성씨로 삼았다. 왕은 뒤에 상제의 명령으로 도읍을 동부여로 옮겼다. 동명제(東明帝)는

북부여를 계승하여 일어나서 졸본에 도읍을 정하고 졸본부여가 되었으니, 이 임금이 곧 고구려의 시조다."

고려 말엽 범장(范樟)이 엮은 〈북부여기〉 상·하에 드러난 북부여와 고구려의 공백 기간을 이어간 부여계의 6임금의 세계를 들어 보이면 아래와 같다. 실증사학의 검증을 기다려 본다. 이로써 우리 역사의 '잃어버린 고리'라 할 부여와 고구려를 잇는 역대 임금들의 세계를, 고조선의 47대에 이르는 역대 임들의 세계를 재구성하고자 하는 화제를 마련해 본다. 역사적 자료라기보다는 서사문학의 자료로서 다룬다.

시조 단군 해모수(解慕漱) 재위 45년 임술년이 원년(전 239).

단제께서는 모습이 별처럼 빛나시니, 눈빛은 사람을 꿰뚫어 보았다. 그를 바라보면 정녕 천왕랑(天王郎)이라 할 만하였다. 나이 23세에 하늘에서 내려오셨다. 이는 47세 단군 고열가(古列加) 57년으로 임술년 4월 8일이다. 웅신산(熊神山, 心은 오자)의 기슭에 궁실을 난빈(蘭濱)가에 지었다. 까마귀 깃털로 만든 모자를 쓰시고 용검을 차시고 오룡(五龍)이 끄는 수레를 타셨다. 따르는 사람 5백과 더불어 아침에는 정사를 살피고 저녁엔 하늘로 오르시니 마침내 이때 즉위하셨다.

계해 2년(전 238) 3월 16일 하늘에 제사하고 연호의 법(지금의 호구법)을 제정하더니 오가(五加)의 군사를 나누고 밭을 갈아 자급자족함으로써 뜻밖의 일에 예비하도록 하였다. 기사 8년(전 232) 단제께서는 무리를 이끌고 가서 옛 도읍의 오가들을 설득하시니 마침내 공화(共和)의 정치를 접게 되었다. 이에 나라의 백성들이 추대하여 단군이 되었다. 겨울 10월 공양태모(公養胎母)의 법을 세워 사람을 가르침에는 반드시 태교(胎敎)부터 실시하도록 하였다.

임신 11년(전 229) 북막의 추장인 산지객륭(山只喀隆)이 영주

(寧州, 요나라 부근)를 습격하여 순사 목원등을 죽이고 크게 노략질하고 돌아갔다.

경진 19년(전 221) 기비(箕丕)가 죽으니 아들 기준(箕準)을 아비의 뒤를 이어 번조선의 왕으로 봉하였다. 관원을 보내 군사를 감독하고 연나라의 침략을 예비하는 일에 더욱 힘썼다. 연나라는 장수 진개(秦介)를 보내 우리의 서쪽 변두리 땅을 침략하더니 만번한(滿番汗, 현 북경의 창평)에 이르러 국경으로 삼게 되었다.

신사 20년(전 220) 왕명으로 백악산 아사달에서 하늘에 제사 지내시고 7월 새로운 궁궐 336칸을 지어 이름하여 천안궁(天安宮)이라 하였다.

계미 22년(전 219), 창해역사 여홍성이 한나라 사람 장량과 함께 진나라 왕 정을 박랑사 가운데서 습격하였으나 빗나가 부차를 박살냈다.

임진 31년(전 209), 진승이 군대를 일으키니 진나라 사람들이 크게 어려웠다. 이에 연나라, 제나라, 조나라의 백성들이 도망해서 번(番) 조선에 귀순하는 자가 수만 명이나 되었다. 이들을 상하의 운장에 갈라 살게 하고 장군을 보내어 감독케 하였다.

기해 38년(전 202), 연나라의 노관이 다시금 요동의 옛 성터를 손질하고 동쪽은 패수로써 경계를 삼으니 패수는 오늘날의 난하(灤河)다.

병오 45년(전 195), 연나라의 노관이 한 나라를 뒤로 하고 흉노로 도망하니 그의 무리인 위만은 우리에게 망명을 요구했으나 이를 거부했다. 후에 번 조선의 왕 기준이 크게 실책하여 위만을 박사로 모시고 상하 운장을 떼어서 위만에게 넘겨주었다. 이해 겨울 단제께서는 돌아가시고 태자 모수리가 즉위하였다.

2세 단군 모수리(慕漱離) 재위 35년 정미년이 원년(전 194).

번(番) 조선의 왕은 수유(須臾)에 있으면서 항상 많은 복을 심어 매우 풍부하였다. 뒤에 떠돌이 도적떼들에게 지고 망한 뒤 바다로 들어가더니 돌아오지 않았다. 오가의 무리들은 대장군 탁을 받들어 모두 함께 산을 넘어 월지에 이르러 나라를 세웠다. 월지는 탁의 태어난 고향이니 이를 가리켜 중마한(中馬韓)이라 이른다. 이에 이르러 변진한의 두 한도 역시 각각 자기들이 받았던 땅 백리를 가지고 서울로 정하고 나름대로 나라 이름을 정했는데 모두 마한의 다스림을 따르고 오래 동안 배반하는 일이 없었다.

무신 2년(전 193), 단제께서 상장 연타발(延佗勃)을 보내서 평양(현 요녕성의 평양성)에 성책을 설치하고 도적떼와 위만의 무리에 방비하게 했다. 이에 위만도 역시 싫증을 느꼈던지 다시는 침범하지 않았다.

신미 25년(전 170), 단제 돌아가시고 태자 고해사가 즉위하다.

3세 단군 고해사(高奚斯) 재위 49년 임신년이 원년(전 169).

정월에 낙랑왕 최숭(崔崇)이 해성에 곡식 3백석을 바쳤다. 이에 앞서서 최숭은 낙랑산에서 진귀한 보물을 싣고 바다를 건너 와서 마한에 이르러 왕검성(王儉城)에 서울을 정하였다. 이때가 해모수 단군 재위 45년이 되는 병오년(전 195)이었다. 재위 42년(전 128) 계축에 단제께서 몸소 보병과 기병 일만 명을 이끌고 위만의 도둑떼를 남여성에서 쳐부수고 관원을 두었다. 경신 49년(전 121), 일군국(一群國)이 사신을 보내 특산물을 바쳤다. 이 해 9월 단제 돌아가시고 태자 고우루가 즉위하였다.

4세 단군 고우루(高于婁, 일명 解于婁) 재위 34년. 신유년이 원년(전 120).

임금께서 장수를 보내 우거를 정벌하였으나 이로움은 없었다. 고진(高辰)을 뽑아서 서압록을 지키도록 하니 군사를 늘리고 많은 성책을 쳐서 능히 우거를 방비하는 데 공이 있었다. 이를 승진시켜 고구려후(高句麗侯)를 삼았다.

계유 13년(전 108), 한의 유철이 평나를 노략질하여 우거(위만의 뒤를 이은 자)의 나라가 어지러워지자 번 조선인 최(最)가 우거를 죽였다. 뒤에 성기가 저항을 하였으나 그도 번 조선인에 의해 죽었다. 이리하여 우거가 망하자 한이 4군을 두고자 군대를 주둔시키니, 이에 고두막한이 의병을 일으켜 가는 곳마다 한의 군을 깨뜨렸다. 그러자 그 지역의 백성들 모두가 군사를 도와서 크게 떨쳐 합세하였다.

갑오 34년 10월 동명왕 고두막한은 사람을 시켜서 고하기를,

"나는 천제의 아들인데 장차 이곳에 도읍을 정하고자 하니, 왕은 이 땅에서 옮겨 가시오."

라 하니 단제는 매우 곤란해 졌다. 마침내 단제께서는 걱정하다 병을 얻어 돌아가셨다. 동생인 해부루(解扶婁)가 이에 즉위하였다. 동명왕은 여전히 군대를 앞세워 이를 압박하매 군신이 매우 힘겨워 했다. 이때 국상인 아란불이,

"통하의 물가 가섭(迦葉)의 벌판에 땅이 있는데 기름지고 오곡이 썩 잘됩니다. 서울을 둘만한 곳입니다."

라고 하며 왕에게 권하여 서울을 가섭원(迦葉原)으로 옮겼다. 이를 가섭원 부여라 하며 또 동부여(東夫餘)라고도 한다.

5세 단군 고두막(高豆莫, 혹은 豆莫婁) 재위 22년 계유년이 원년(전 108).

이 해는 북부여의 단군 고우루(高于婁) 13년이다. 제(帝)는 사람

됨이 호탕하고 씩씩하여 군사를 잘 다루었다. 일찍이 북부여가 약해지고 한나라 도둑들이 강성해짐을 보고 분명히 세상을 구할 뜻을 세워 졸본(卒本, 현 북만주 혹은 동몽고)에서 즉위하고 스스로 동명(東明)이라 하였는데 어떤 이들은 고열가(高列加)의 후손이라고 한다.

을해 3년(전 106) 제가 스스로 장수가 되어 선포문을 전하니 이르는 곳마다 승리하였다. 열흘이 못되어 5천 명이 모여 한나라 도둑들과 싸울 때마다 먼 곳에서 그 모습만 보고도 흩어져 버리므로 마침내 군대를 이끌고 구려하를 건너 요동의 서안평(西安平, 요의 상경 임황부)에 이르니 바로 옛 고리국(槀離國, 바이칼호에서 몽고내부)의 땅이었다.

갑오 22년(전 86) 단군 고우루 34년에 제가 장수를 보내어 배천의 한나라 도둑들을 쳐부수고 나머지 유민과 합세하여 향하는 곳마다 한나라 도둑떼를 쳐부수니 그 수비장수까지 사로잡았으며 방비를 잘 갖추어 적에 예비했다.

을미 22년(전 86) 북부여가 성읍을 들어 항복하였다. 여러 차례 보전하고자 애원하므로 단제가 이를 듣고 해부루를 낮추어 제후로 삼아 차릉으로 옮기게 하고는 북을 치며 나팔을 부는 이들을 앞세우고 수만 무리를 이끌고 서울에 들어와 북부여라 칭하였다. 가을 8월에서 압록하의 상류에서 한구와 여러 차례 싸워 크게 이겼다.

임인 30년(전 79) 5월 5일에 고주몽(高朱蒙)이 차릉에서 태어났다. 신유 49년(전 60) 제가 돌아가고 남긴 명에 따라 졸본천에 장사 지냈다. 태자 고무서가 즉위하였다.

6세 단군 고무서(高無胥) 재위 2년 임술년이 원년(전 59).

황제가 졸본천에서 즉위하고는 백악산에서 장로들과 함께 모여 사례에 따라 널리 하늘에 제사할 것을 약속하시니 모두가 크게 기뻐하였다. 제는 태어나면서부터 신과 같은 덕이 있어 능히 주술로서 바람과 비를 불러 잘 구제하므로 민심을 크게 얻어 소해모수라 불렸다. 이때에 한나라의 오랑캐들이 요하의 왼쪽에서 널리 소란을 피웠으니 여러 차례 싸워서 크게 이겼다.

계해 2년(전 58) 제가 영고탑을 순시하다가 흰 노루를 얻었다. 겨울 10월 황제가 돌아가고 고주몽이 유언에 따라 대통을 이었다. 이보다 앞서 단세는 아들이 없었는데, 고주몽을 보고 사람이 범상치 않음을 느끼고는 딸로서 아내를 삼게 하였다. 이에 이르러 즉위하니 이해의 나이가 23세였다. 이때 부여인이 그를 죽이려 하였는데 오이, 마리, 협보 등 세 사람과는 덕으로써 사귄 친구였던 터라 어머니의 말씀을 따라서 함께 길을 떠나 차릉수에 이르렀다. 그러나 건너려고 하여도 다리가 없었으므로 뒤쫓아 오는 군사들에게 잡힐까 두려워하여 물에 고하기를,

"나는 하느님의 아들이요, 하백의 외손자인데 지금 추격자들이 다 가오고 있는데 어찌하란 말인가?"

하니, 이때에 물고기와 자라가 떠올라 다리를 만들어주므로 주몽 일행이 건너가자 물고기와 자라는 다시 흩어졌다.

13. 동부여(東扶餘)

북부여의 왕인 해부루(解夫婁)의 대신 아란불(阿蘭弗)의 꿈에, 천제가 내려와서 말했다.

"장차 내 자손으로 하여금 이곳에 나라를 세우게 할 터이니 너는 다른 곳으로 피해 가도록 하라(이것은 동명왕이 장차 일어날 조짐을 말함이다). 동해가에 가섭원(迦葉原)이라는 곳이 있는데 땅이 기름지니 왕도를 세울 만할 것이다."

이에 아란불은 왕에게 권하여 그곳으로 도읍을 옮기고 국호를 동부여라 했다. 부루는 늙도록 자식이 없었다. 어느 날 산천에 제사를 지내어 후손을 구했는데, 이때 타고 가던 말이 곤연(鯤淵)에 이르러 큰 돌을 보고는 서로 눈물을 흘렸다. 왕이 이상히 여기고 사람을 시켜 그 돌을 들추어 보니 거기에 어린애가 하나 있는데 모양이 금빛 개구리와 같았다. 왕은 기뻐하여 말했다.

"이것은 필경 하늘이 나에게 아들을 주신 것이다."

그 아이를 거두어 기르면서 이름을 금와(金蛙)라고 했다. 차츰 자라자 태자로 삼았고 부루가 죽자 금와가 왕위를 이어 용상에 올랐다. 그리고 다음의 위를 태자 대소(帶素)에게 전했다. 지황 3년 임오(壬午)에 이르러서 고구려왕 무휼(無恤)이 이를 쳐서 대소를 죽이니 이것으로 나라가 없어졌다.

고려 말엽 범장(范樟)이 엮은 〈북부여기〉 상·하에 드러난 북부여와 고구려의 공백 기간을 이어간 동부여계의 3임금의 세계를 들어 보이면 아래와 같다. 실증사학의 검증을 기다려 본다.

시조 해부루(解夫婁) 재위 39년 을미년이 원년(전 86).

원년 왕은 북부여 때문에 어려움을 겪다가 가섭원(迦葉原) 혹은 차릉(산동성 부근)이라 하는 곳으로 서울을 옮겨서 살았다. 오곡이 다 잘 되었는데 특히 보리가 많았고 또 범, 표범, 곰, 이리 따위가 많아서 사냥하기 편했다.

정유(전 84) 3년 재상 아란불(阿蘭弗)에게 명하여 원근의 백성들을 널리 잘 먹여주고 따뜻하게 살 곳을 주며 또 밭을 주어 농사를 하게 하니 몇 해 안 되어 나라는 넉넉해지고 백성들은 살기 좋아졌다. 때에 농사철 따라 비가 내려 분능을 기름지게 하매, 백성들이 왕정춘의 노래를 지어 불렀다.

임인 8년(전 79) 앞서 하백녀 유화(柳花) 부인이 나들이를 나갔다. 부여의 황손 해모수가 가까이 하더니, 강제로 압록강가의 어떤 집에서 자기 멋대로 정을 통하고 해모수는 하늘로 가버린 뒤로 돌아오지 않았다. 유화의 부모는 유화가 어버이의 허락도 없이 해모수를 따라 갔음을 꾸짖고 마침내 딸을 쫓아 버렸다. 해모수는 본명이 불리지이며 혹은 고진의 손자라고도 한다.

왕께서는 유화를 이상히 여겨 수레를 같이 타고 궁으로 데리고 돌아와 깊숙한 곳에 가두어 버렸다. 그해 5월 5일 유화부인은 큰 알 하나를 낳으니 한 사내 아이가 알 껍질을 깨고 나왔다. 이름은 고주몽이라 불렀다. 생김새가 빼어났으며 나이 7세에 저 혼자 활과 화살을 만들어 쏘았는데 쏘는 대로 맞추었다. 부여에선 활 잘 쏘는 사람을 일러 주몽(朱蒙)이라 하므로 이로써 이름으로 불렀다.

갑진 10년(전 77) 왕은 늙도록 아들이 없어 어느 날 산천에 제사지내고 아들 얻기를 빌었다. 타고 있던 말이 곤연(鯤淵)에 이르자 큰 돌을 마주보고 눈물을 흘렸다. 왕은 이를 이상히 여겨 사람들을 시켜 큰 돌을 굴리고 보게 하였더니 어린애가 있었는데 금색의 개구리 모양이었다. 왕은 몹시 기뻐하며,

"이 아이야말로 하늘이 나에게 내리신 아기로다."

라고 하시며 곧 거두어 기르니, 이름을 금와(金蛙)라 하고 자라매 태자로 책봉하였다.

임술 28년(전 59) 나라 백성들이 고주몽을 가리켜 나라에 이로움이 없는 인물이라 하여 그를 죽이려 했다. 고주몽은 어머니 유화부인의 명을 받들어 동남쪽으로 도망하여 엄리대수를 건너 졸본천에 이르러, 이듬해 새 나라를 세우니 이가 고구려의 시조가 된다. 계유 39년(전 48) 왕이 죽고 태자 금와가 즉위하다.

2세 금와(金蛙) 재위 41년 갑술년이 원년(전 47).

왕이 사신을 보내 고구려에 특산물을 바쳤다. 정유 24년(전 24) 유화 부인이 돌아 가셨다. 고구려는 호위병 몇 만을 풀어 졸본으로 모셔와 장사지냈는데 황태후의 예로써 억지로 산 같은 능을 만들고 곁에 묘사를 짓게 하였다. 갑인 41년(전 7) 왕이 돌아가시니 태자 대소가 즉위하였다.

3세 대소(帶素) 재위 28년 을묘년이 원년(전 6).

봄에 왕은 사신을 고구려에 보내 국교를 청하고자 왕자를 인질로 삼고자 하였다. 고구려의 열제가 태자 도절로써 인질을 삼으려 하였으나 도절이 가지 않으매 왕이 그를 꾸짖었다. 겨울 10월 병력 5만을 이끌고 가서 졸본성을 침략하였으나 큰 눈이 와서 많은 동사자만 내고 물러났다. 계유 19년(13) 왕께서는 고구려를 침략하였는데 학반령 밑에 이르자 복병을 만나 크게 졌다.

임오 28년(22) 2월 고구려가 나라의 힘을 다시 모아서 침략해오니 왕은 몸소 군사를 이끌고 출전하였다. 진흙탕을 만나 왕의 말이 빠져나오지 못하고 있을 때 고구려 대장군 괴유가 바로 앞에서 있다가 죽였다. 그래도 부여 군사들은 굴하지 않고 여러 겹으로 포위하였는데 큰 안개가 7일 동안이나 계속되니 고구려 열제는 몰래 군사를 이끌고 밤에 벗어나 사이 길을 따라 도망쳐 달아나 버렸다. 여름 4월 왕의 동생은 따르는 무리 몇 백 사람을 데리고 길을 떠났다. 압록곡에 이르러, 해두왕이 사냥 나온 것을 보고는 그를 죽이고 그 백성들을 차지하였다. 그 길로 갈사수의 변두리를 차지하고는 나라를 세워 왕이라 칭하니 이를 갈사(길림성 부근)라 한다. 갈사는 태조 무열제의 융무 16년 8월에 이르렀을 때, 도두왕(都頭王)이 고구려가 날로 강해짐을 보고 마침내 나라를 들어 항복하니, 무릇 3세 47년 만에 나라가 망했다. 고구려는 도두를 우대라고 부르도록 하고 살 집을 주었다. 훈춘을 식읍으로 삼게 하여 동부여 후에 임명하였다.

가을 7월 왕의 친척 동생이 여러 사람들에게,

"선왕께서는 돌아가시고 나라는 망하여 스스로 나라를 이루기 어렵고, 나 또한 재능과 지혜가 모자라 나라를 새롭게 일으킬 수가 없다. 차라리 항복함으로써 살기를 꾀하리라."

하고 옛 서울의 사람 만여 명을 데리고 고구려에 백기를 들었다. 고구려는 그 나라의 왕으로 삼고 연나부(椽那部)에 살게 하였다. 그의 등에 떼와 같은 무늬가 있었던 까닭에 낙(絡)씨의 성을 주었다. 뒤에 차츰 홀로 서 개원 서북으로부터 옮겨 가 백랑산(白狼山)에 이르니 바로 연나라의 땅에 가까운 곳이었다. 문자열제(文咨烈帝)의 명치(明治) 갑술년(494)에 이르러 나라를 들어 고구려의 연나부에 들게 되니, 낙씨 때 와서는 문득 제사조차 끊기고 말았다.[1]

14. 고구려(高句麗)

고구려는 곧 졸본부여(卒本扶餘)다. 혹은 말하기를 지금의 화주(和州), 또는 성주(成州)라고 하지만 이것은 모두 잘못이다. 졸본주는 요동의 경계에 있었다. 〈국사〉 고려본기(高麗本紀)에 이렇게 말했다.

시조 동명성제(東明聖帝)의 성은 고씨(高氏)요, 이름은 주몽이다. 이보다 앞서 북부여의 왕 해부루가 이미 동부여로 피해 가고, 부루가 죽자 금와가 왕위를 이었다. 이때 금와는 태백산 남쪽 우발수(優渤水)에서 한 여자를 만나서 물으니 그 여자는 말하기를,

"나는 하백(河伯)의 딸로서 이름을 유화(柳花)라고 합니다. 여러

1) 흔히 동부여기를 〈가섭원기(迦葉原紀)〉라고도 이른다.

동생들과 함께 물 밖으로 나와서 노는데, 남자 하나가 오더니 자기는 천제의 아들 해모수라고 하면서 나를 웅신산(熊神山) 밑 압록강가의 집 속에 끌어들여 남몰래 정을 통하고 가더니 돌아오지 않았습니다. 부모는 내가 중매도 없이 혼인한 것을 꾸짖어서, 드디어 이곳으로 귀양 보냈습니다"

했다(단군기(檀君記)에는 "단군이 서하(西河) 하백의 딸과 친하여 아들을 낳아서 부루라고 했다"라고 했다. 이 기록을 보면, 해모수가 하백의 딸과 사사로이 통해서 주몽을 낳았다고 했다. 단군기에는, "아들을 낳아 이름을 부루라고 했다" 했으니 그렇다면, 부루와 주몽은 배다른 형제일 것이다).

금와가 이상히 여겨 그녀를 방 속에 가두어 두었더니 햇빛이 방 속으로 비쳐 오는데, 그녀가 몸을 피하면 햇빛은 다시 쫓아와서 비쳤다. 이로 해서 태기가 있어 알 하나를 낳으니, 크기가 닷 되들이만 했다. 왕은 그것을 버려서 개와 돼지에게 주게 했으나 모두 먹지 않는다. 다시 길에 내다 버렸더니 소와 말이 그 알을 피해서 가고 들에 내다 버리니 새와 짐승들이 알을 덮어 주었다. 왕이 이것을 쪼개 보려고 했으나 아무리 해도 쪼개지지 않아 그 어머니에게 돌려주었다. 어머니가 이 알을 천으로 싸서 따뜻한 곳에 놓아두었더니 한 아이가 껍질을 깨고 나왔는데, 골격과 외모가 영특하고 기이했다. 나이 겨우 일곱 살에 기골이 뛰어나서 범인과 달랐다. 스스로 활과 화살을 만들어 쏘는데 백 번 쏘면 백 번 다 맞히었다. 나라 풍속에 활 잘 쏘는 사람을 주몽이라고 하므로 그 아이를 주몽이라 했다.

금와에게는 아들 일곱이 있는데 항상 주몽과 함께 놀았으니 재주가 주몽을 따르지 못했다. 장자 대소(帶素)가 왕에게 말했다.

"주몽은 사람이 낳은 자식이 아닙니다. 만일 일찍 없애지 않는다면 후환이 있을까 두렵습니다."

왕은, 그 말을 듣지 않고 주몽을 시켜 말을 기르게 하니 주몽은 좋은 말을 알아보아 적게 먹여서 여위게 기르고, 둔한 말을 잘 먹여서 살찌게 했다. 이에 왕은, 살찐 말은 자기가 타고 여윈 말은 주몽에게 주었다. 왕의 여러 아들과 신하들이 주몽을 장차 죽일 계획을 하니 주몽의 어머니가 이 기미를 알고 말했다.

"지금 나라 안 사람들이 너를 해치려고 하는데, 네 재주와 지략을 가지고 어디를 가면 못 살겠느냐. 빨리 이곳을 떠나도록 해라."

이에 주몽은 오이(烏伊) 등 세 사람을 벗으로 삼아 엄수(淹水)에 이르러 물을 보고 말했다.

"나는 천제의 아들이요, 하백의 손자다. 오늘 도망해 가는데 뒤쫓는 자들이 거의 따라오게 되었으니 어찌하면 좋겠느냐."

말을 마치니 물고기와 자라가 다리를 만들어 주어 건너게 하고, 모두 건너자 이내 풀어 버려 뒤쫓아 오던 말 탄 기병은 건너지 못했다. 이에 주몽은 졸본주(현토군과의 경계)에 이르러 도읍을 정했다. 그러나 미처 궁실을 세울 겨를이 없어서 비류수(沸流水) 위에 집을 짓고 살면서 국호를 고구려라 하고, 고(高)로 성씨를 삼았다(본성은 해(解)였다. 그러나 지금 천제의 아들을 햇빛을 받아 낳았다 하여 스스로 고로 성을 삼은 것이다). 이때의 나이 12세로서, 한(漢)나라 효원제(孝元帝) 건소(建昭) 2년 갑신에 즉위하여 왕이라 일컬었다. 고구려가 제일 융성하던 때는 21만 508호나 되었다.

〈주림전(珠琳傳)〉 제21권에 이렇게 실려 있다.

옛날 영품리왕(寧稟離王)의 계집종이 임신했는데, 관상 보는 자가 점을 쳐 말하기를, "귀하게 되어 왕이 될 것입니다"라고 하자 왕은 "내 아들이 아니니 마땅히 죽여야 한다"라고 했다. 계집종이 말하기를 "무슨 이상한 기운이 하늘로부터 내려오더니 임신한 것입니다" 했다. 드디어 아이를 낳자 왕은 상서롭지 못한 일이라 하여 돼지우리에 내다 버리니 돼지가 입김을 불어 보호해 주고, 마구간에 내다 버리니 말이 젖을 먹여서 죽지 않게 해 주었다. 이 아이가 자라서 마침내 부여의 용상에 올랐다(이것은 동명제가 졸본부여의 왕이 된 것을 말한 것이다. 이 졸본부여는 역시 북부여의 딴 도읍이다. 그래서 부여왕이라 이른 것이다. 영품리는 부루왕의 다른 칭호다).

15. 변한(卞韓)과 백제(또는 남부여 곧 사비성)

신라의 시조 혁거세가 즉위한 19년 임오(전 39)에 변한 사람이 나라를 가지고 항복해 왔다. 〈신당서(新唐書)〉와 〈구당서(舊唐書)〉에는 모두

"변한의 후손들이 낙랑 땅에 있었다."

했고, 〈후한서(後漢書)〉에는,

"변한은 남쪽에 있고, 마한은 서쪽에 있고, 진한은 동쪽에 있다."

고 했다. 최치원은

"변한은 바로 백제"

라고 했다. 〈본기(本紀)〉를 살펴본다면, 온조왕이 일어나서 나라를 세운 것은 홍가 4년 갑진(甲辰, 전 17)의 일이라고 한다. 그렇다면 혁거세나 동명왕 시대보다 40여 년이나 뒷일이 된다. 그런데 당서에, 변한의 후손들이 낙랑 땅에 살았다고 한 것은 온조왕의 계통이 동명왕에게서 나왔기 때문에 그렇게 말한 것이다. 어떤 사람이 낙랑에서 나서 변한에 나라를 세우고, 마한 등과 대치한 일이 온조왕 이전에 있었던 모양이며, 그 도읍한 곳이 낙랑 북쪽에 있었다는 것은 아니다. 어떤 사람이 구룡산을 잘못 알고 역시 변나산(卞那山)이라고 불렀던 까닭에 고구려를 가지고 변한이라고 했다. 하지만 이것은 거의 잘못이다. 마땅히 옛날 현인의 말을 좇는 것이 옳다. 백제 땅에

도 변산(卞山)이 있었기 때문에 변한이라 한다. 백제가 번성했을 때는 호수가 15만 2,300이나 되었다.

16. 진한(辰韓, 혹은 秦韓)

〈후한서〉에 이렇게 말했다.

"진한의 늙은이가 말하기를 진(秦)나라에서 망명한 사람들이 한국(韓國)에 오자 마한이 동쪽 경계의 땅을 베어 주었다. 그리고 서로 부르기를 도(徒)라고 하여, 마치 진(秦)나라 말에 가까웠다. 그런 때문에 혹은 이곳을 진한(秦韓)이라고 했다. 여기에는 12개의 조그마한 나라들이 있어 각각 1만호나 되는데 저마다 나라라고 일컬었다."

또 최치원은 이렇게 말했다.

"진한은 본래 연나라 사람이 피난해 와 있던 곳이다. 그런 때문에 탁수(涿水)의 이름을 따서 그들이 사는 읍과 마을을 사탁(沙涿), 점탁(漸涿)이라고 불렀다." (신라 사람의 방언에 탁(涿)의 음을 도(道)라고 했다. 그 때문에 지금도 혹 사량(沙梁)이라 하는데, 양(梁)을 도(道)라고도 읽는다.) 신라 전성기에는 서울에 17만 8,936호, 1,369방(坊), 55리(里), 35개의 금입택(金入宅, 부잣집)이 있었다. 이것은 남택, 북택, 우비소택(亐比所宅), 본피택(本彼宅), 양택(梁宅), 지상택(池上宅, 본피부), 재매정택(財買井宅, 유신공의 집), 북유택(北維宅), 남유택(南維宅, 反香寺下坊), 대택(隊宅), 빈지택(賓支宅, 反香寺 북쪽), 장사택(長沙宅), 상앵택(上櫻宅), 하앵택(下櫻宅), 수망택(水望宅), 천택(泉宅), 양상택(楊上宅, 양부(梁部) 남쪽), 한기택(漢岐宅, 법류사(法流寺) 남쪽), 비혈택(鼻穴宅, 위와 같음), 판적택(板積宅, 芬皇寺上坊),

별교택(別敎宅, 내의 북쪽), 아남택(衙南宅), 금양종택(金梁宗宅, 양관사(梁官寺) 남쪽), 곡수택(曲水宅, 내의 북쪽), 유야택(柳也宅), 사하택(寺下宅), 사량택(沙梁宅), 정상택(井上宅), 이남택(里南宅, 亐所宅), 사내곡택(思內曲宅), 지택(池宅), 사상택(寺上宅, 大宿宅), 임상택(林上宅, 靑龍寺의 동쪽못), 교남택(橋南宅), 항질택(巷叱宅, 本彼部), 누상택(樓上宅), 이상택(里上宅), 명남택(楡南宅), 정하택(井下宅)이 있었다.

17. 우사절유택(又四節遊宅)

봄에는 동야택(東野宅), 여름에는 곡량택(谷良宅), 가을에는 구지택(仇知宅), 겨울에는 가이택(加伊宅)에서 놀았다. 제49대 헌강대왕 때에는 성 안에 초가집은 하나도 없고, 집의 처마와 담이 이웃집과 서로 이웃해 있었다. 또 노랫소리와 피리 부는 소리가 길거리에 가득 차서 밤낮으로 끊이지 않았다.

다. 신라본기

1. 신라본기 제1

시조의 성은 박씨(朴氏)며, 이름은 혁거세(赫居世)다. 전한 효선제 오봉 원년 갑자 4월 병진(丙辰, 혹은 정월 15일)에 용상에 올랐다. 왕호는 거서간(居西干)이다. 이때 나이는 열 세 살이었으며 나라 이름은 서나벌(徐那伐, 일명 徐羅伐, 徐耶伐, 徐伐)이었다.

이보다 앞서 진한(辰韓) 땅에는 조선의 유민들이 산골에 흩어져 살면서 여섯 마을을 이루고 있었다. 첫째는 알천의 양산촌이니 그 남쪽은 지금은 담엄사(曇嚴寺)다. 촌장은 알평(謁平)이니 처음에 하늘에서 표암봉(瓢巖峰)으로 내려왔다. 이 사람이 급량부(及梁部) 이씨(李氏)의 조상이다. 노례왕 9년에 부(部)를 두어 급량부라 했다. 고려 태조 천복(天福) 5년 경자에 중흥부(中興部)라 이름을 고쳐 불렀다. **둘째는 돌산의 고허촌이니** 촌장은 소벌도리(蘇伐都利)다. 처음 형산(兄山)에 내려왔다. 이 사람이 사량부(沙梁部, 양(梁)을 도(道)라 읽고 혹 탁이라고도 쓴다. 그러나 역시 도(道)라고 읽는다.) 정씨(鄭氏)의 조상이 되었다. 지금은 남산부라 하여 구량벌(仇梁伐), 마등오(馬等烏), 도북(道北), 회덕(廻德) 등 남촌이 여기에 속한다(지금이라 함은 고려 태조 때를 이른다. 아래도 같다). **셋째는 취산의 진지촌(珍支村), 혹은 간진촌(干珍村,** 달리 빈지(賓之), 또는 빈자(賓子), 빙지(氷之)라고도 한다)이라 한다. 촌장은 지백호(智伯虎)로 처음에 화산(花山)에 내려왔다. 이 사람이 본피부(本彼部) 최씨(崔氏)의 조상이 되었다. 지금은 통선부(通仙部)라 한다. 시파(柴杷) 등 동남촌이 이에 속한다. 최치원은 바로 본피부 사람이다. 지금 황룡사 남쪽 미탄사 남쪽에 옛 터가 있다고 한다. 이것이 바로 최후(崔侯)의 옛집임이 분명하다. **넷째는 무산(茂山)의 대수촌(大樹村)**이다. 촌장은 구(俱 혹은 仇라고도 씀)례마(禮馬)다. 처음 이산(伊山, 개비산(皆比山)이라고도 함)에 내려 왔으니 이가 점량부(漸梁部, 혹은 탁부), 또는 모량부(牟梁部) 손씨(孫氏)의 조상이 되었다. 지금은 장복부(長福部)라고 한다. 여기에는 박곡촌(朴谷村) 등 서촌이 소속된다. **다섯째는 금산의 가리촌(加利村, 지금의 금강산 백율사 북쪽산)**이다. 촌장은 지타(祗沱, 혹은 只他)다. 처음에 명활산(明活山)에 내려왔으니 이 사람이 한기부(漢岐部) 배씨(裵氏)의 조상이 되었다. 지금은 가덕부(加德部)라고 하는데, 상하(上下), 서지(西知), 내아(乃兒) 등 동촌이 이에 속한다. **여섯째는 명활산 고야촌(高耶村)**이다. 촌장은 호진(虎珍)

인데, 처음에 금강산(金剛山)에 내려왔으니 이 사람이 습비부(習比部) 설씨(薛氏)의 조상이다. 지금은 임천부(臨川部)라고도 한다. 물이촌(勿伊村), 잉구며촌(仍仇旀村), 궐곡(闕谷) 등 동북촌이 여기에 소속되었다. 위의 글을 살피건대, 이 6부의 조상들은 모두 하늘에서 내려온 것 같다. 노례왕(弩禮王, 倫理王) 9년에야 비로소 6부의 명칭을 바꾸었다. 또한 그들에게 성(姓)을 주었다. 지금 풍속에 중흥부(中興部)를 어미, 장복부(長福部)를 아비, 임천부(臨川部)를 아들, 가덕부(加德部)를 딸이라 하는데 그 사실은 자세하지가 않다. 이것이 진한 6부가 되었다.

전한(前漢)의 지절(地節) 원년 임자(壬子, 고본에는 건무(建武) 원년이라 하였고, 건원(建元) 3년이라고 하였는데, 모두 틀린 것임) 3월 초 하루에 6부의 조상들이 각각 그 아들들을 거느리고 알천(謁川) 언덕에 모여들어 의논을 하였다.

"우리들이 위로 백성을 다스릴 임금이 없는 까닭에 백성들이 모두 방종하여 멋대로 하니, 어찌 덕 있는 사람을 찾아 임금으로 삼고 나라를 세워서 도읍을 두지 않겠는가."

고허촌장 소벌공이 양산 기슭을 바라보니 나정(蘿井) 우물가에 번갯불처럼 이상한 기운이 땅에 닿도록 비치고 있었다. 옆의 숲 사이에 흰 말 한 마리가 땅에 꿇어 앉아 절을 하며 울고 있었다. 그가 즉시 가서 보니 말은 갑자기 보이지 않고 다만 자줏빛 큰 알 한 개(혹은 푸른 큰 알)가 있었다. 그러나 말은 사람을 보더니 길게 울고는 하늘로 올라가 버렸다. 이 알을 쪼개자 그 속에서 어린아이가 나왔다. 그 모양이 단정하고 아름다웠다. 모두 놀라 이상하게 여겨 그 아이를 동천(東泉, 동천사는 사뇌야(詞腦野) 북쪽)에 목욕을 시켰더니 몸에서 광채가 나고 새와 짐승들이 따라서 춤을 췄다. 이내 천지가 흔들리고 해와 달이 밝아졌다. 이에 그 아이를 혁거세왕이라 하였다(이 혁거세는 분명 향언(鄕言)이다). 혹은 불거내왕(弗炬內王)이라고도 하니 밝게 세상을 다스린다는 뜻이다. 풀이하는 이가 말하였다.

"이는 서술성모(西述聖母)가 낳을 때 일이다. 그런 때문에 중국 사람들이 선도성모(仙桃聖母)를 찬양한 말에 어진 이를 낳아서 나라를 세웠다는 말이 있으니 바로 이 까닭이다."

한다. 또 계룡(鷄龍)이 상서(祥瑞)를 나타내어 알영(閼英)을 낳았다는 이야기도 어찌 서술성모의 현신을 말한 것이 아니겠는가. 그는 이 아이를 거두어 길렀다. 아이의 나이 10여 세가 되자 지각이 들고 영리하며 행동이 의젓하였다. 6부 사람들이 그의 출생을 기이하게 여겨 높이 받들다가, 이때에 이르러 임금으로 삼은 것이다. 진한 사람들은 호(瓠)를 박이라고 하였는데, 처음에 큰 알이 박의 모양과 비슷하게 생겼으므로 그의 성을 박이라고 하였다. 임금의 부름말을 거슬감(居瑟邯)이라고 했다(혹은 거서간(居西干)이라고도 하니 그가 처음 입을 열 때에 스스로 말하기를, '알영거서간(閼英居西干)이 한 번 일어났다'고 한 그 말로 인하여 일컬은 것이다. 이 뒤부터 모든 임금의 존칭이 거서간(居西干)으로 되었다). 거서간을 진한에서는 왕이라고 하였다(혹은 귀인을 칭하는 말이라고도 한다). 이에 당시 사람들은 다투어 받들어 섬기되,

"이제 하느님 아들이 이미 내려왔으니 마땅히 덕 있는 왕비를 찾아 배필을 삼아야 합니다."

라고 했다.

5년 봄 정월, 어느 날 사량리(沙梁里)에 있는 알영정(閼英井, 아리영정(娥利英井)이라고도 함) 가에 계룡(鷄龍)이 나타나서 오른쪽 옆구리로 여자아이를 낳았다(혹은 용이 나타났다가 죽었는데 그 배를 가르고 여자애를 얻었다고 함). 얼굴과 모습이 매우 고왔으나 입술이 마치 닭의 입부리와 같았다. 이에 월성 북쪽에 있는 냇물에 목욕을

시켰더니 그 부리가 떨어졌다. 이 일로 그 내를 발천(撥川)이라고 한다. 남산 서쪽 기슭(지금의 창림사(昌林寺))에 궁실을 세우고 이들 두 성스러운 아이들을 모셔다가. 한 할멈이 길렀다. 우물 이름을 따서 알영이라고 이름을 지었다. 아이는 자랄수록 덕스러운 용모를 갖추었다. 두 성인은 13세가 되자 오봉(五鳳) 원년 갑자(甲子, 전 57)에 남자는 왕이 되어 이내 그 여자로 왕비를 삼았다. 왕비는 행실이 어질고 내조가 훌륭하여 당시 사람들이 두 사람의 성인이라고 불렀다. 나라 이름을 서라벌(徐羅伐), 또는 서벌(徐伐, 지금 풍속에 경(京)을 서벌이라 부르는 것은 이때문임)이라 하고 혹은 사라(斯羅), 사로(斯盧)라 했다. 처음에 왕이 계정(鷄井)에서 탄생했기에 나라 이름을 계림국(鷄林國)이라고도 불렀다. 이는 계룡이 상서를 나타냈기 때문이다. 일설에는 탈해왕 때 김알지(金閼智)를 얻었는데 닭이 숲속에서 울었다 하여 국호를 계림이라 하였다. 뒤에 와서 드디어 신라(新羅)로 국호를 정했던 것이다.

남해(南解) 차차웅(次次雄, 달리 자충(慈充)이라 한다. 김대문은 풀이했다. 자충은 방언으로 무당이다. 무당은 귀신을 섬기고 제사를 주관하였으므로 사람들이 무당을 두려워하고 존경하다가, 마침내 존경하는 어른을 자충이라고 부르게 되었다)이 용상에 올랐다. 그는 혁거세의 맏아들이다. 그는 몸이 장대하고 성품이 침착하였으며 지략이 많았다. 아버지는 혁거세요, 어머니는 알영부인이며, 왕비는 운제부인(雲帝夫人, 달리 아루부인(阿婁夫人). 지금 영일현 서쪽에 운제산(雲梯山) 성모가 있는데 가뭄 때에는 여기에 기도를 드리면 감응이 있다)이다. 그는 전한(前漢) 평제(平帝) 원시(元始) 4년 갑자에 아버지를 뒤이어 임금이 되었다. 이 해를 원년으로 하였다.

나라를 다스린 지 21년만인 지황(地皇) 4년 갑신(甲申, 24)에 죽었다. 이 왕이 삼황(三皇)의 첫째라고 한다. 〈삼국사(三國史)〉를 살펴보면, '신라에서는 왕을 거서간이라 불렀다. 이는 진한(辰韓)의 말로 왕이란 말이다. 어떤 이는 말하기를, 이는 귀인(貴人)을 부르는 칭호이며, 차차웅(次次雄) 혹은 자충(慈充)이라고도 한다'라고 했다. 또 어떤 이는 말하기를, '이사금(尼師今)이라고도 하는데 이것은 잇금(齒理)을 이르는 말이다'라고 했다. 처음 남해왕이 죽자 그 아들 노례(弩禮)가 탈해에게 왕위를 주려고 했다. 이에 탈해(脫解)가 말하기를, '내가 들으니 성스럽고 지혜로운 사람은 이가 많다고 한다' 하고 떡을 입에 물어 시험해보기로 하였다.

고전(古傳)에는 이와 같이 전하고 있다. 어떤 이는 임금을 마립간(麻立干)이라고도 했다. 김대문(金大問)이 풀이하기를, '마립간(麻立干)이란 차례를 뜻하는 방언이다. 차례는 벼슬자리를 따라서 정하기 때문에 임금의 차례는 으뜸이 되며 신하의 서열은 그 다음에 자리한다. 그래서 이렇게 이름을 부른 것이다.'

사론(史論)에는 이렇게 말하였다. '신라왕으로서 거서간과 차차웅이란 이름을 쓴 이가 각기 하나요, 이사금이라 한 이가 열여섯이며 마립간이라 한 이가 넷이다. 신라 말기의 명유(名儒) 최치원이 〈제왕연대력(帝王年代曆)〉을 지을 적에는 모두 모왕(某王)이라고만 하고 거서간 등이라고 하지 않았다. 이는 혹시 그 말이 비속하여 부를 만하지 못해서인가. 그러나 지금 신라의 일을 기록하는 데 방언을 모두 살리는 것도 또한 마땅한 일이다.' 신라 사람들은 죽은 뒤에 임금이 된 이들을 갈문왕(葛文王)이라 불렀다. 이 일은 자세히 알 수가 없다. 남해왕 때 낙랑국 사람들이 금성(金城, 서라벌)을 쳐들어 왔다가 이기지 못하고 그대로 돌아갔다.

유리(儒理) 이사금이 용상에 올랐다. 그는 남해의 태자다. 어머니는 운제부인이며, 왕비는 일지 갈문왕의 딸이다(혹은 왕비의 성은 박씨며, 허루왕의 딸이라고도 한다). 처음에 남해가 사망했을 때, 유리가 당연히 왕위에 올라야 하는데, 유리는 대보 탈해가 본래 덕망이 있다고 생각하였으므로 왕위를 그에게 양보하였다. 탈해는,

"임금이란 자리는 보통 사람이 감당할 수 있는 것이 아닙니다. 훌륭하고 지혜로운 사람은 이가 많다고 들었습니다. 그러니 잇금을 가지고 시험해 봅시다."

라고 말하였다. 그들은 시험 삼아 떡을 깨물어 보았다. 그 결과 유리의 잇자국이 많았으므로 즉시 사람들과 함께 그를 받들어 왕위에 오르게 하고, 이사금이라 하였다. 옛부터 전해오는 말이 이와 같았다. 김대문은,

"이사금은 방언이다."

라고 말했다. '이사금'은 곧 '이의 자국'이란 말이다. 이전에 남해가 죽음을 앞두고, 아들 유리와 사위 탈해에게

"내가 죽은 뒤에는 너희들 '박'과 '석' 두 성을 가진 사람 중에 나이 많은 자가 왕위를 이어라."

라고 말했었다. 그러나 후에 김씨 성이 또한 일어났으므로, 세 성씨들 중에 나이 많은 자를 가려 왕위를 잇도록 하였다. 이러한 까닭으로 왕을 이사금이라고 불렀다.

박노례이질금(朴弩禮尼叱今, 일명 儒禮王)이 처음에 왕의 매부인 탈해에게 양위하니 탈해가 말하였다.

"무릇 덕이 있는 사람은 이가 많다고 하니 마땅히 잇금으로 시험해 보자."

했다. 왕의 잇금이 많았기 때문에 먼저 즉위하고 그를 이질금(尼叱今)이라 불렀다. 이질금이란 호칭이 이 왕으로부터 시작되었다.

9년 봄, 유성공(劉聖公) 갱시(更始) 원년 계미(癸未, 23)에 즉위하여(연표에는 갑신(甲申)년에 즉위하였다고 함) 6부의 이름을 고치고 성(姓)을 주었다. 이때 비로소 도솔가(兜率歌)를 지었으니 차사(嗟

辭)와 사뇌격(詞腦格)이 있었다. 또 비로소 보습과 얼음을 저장하는 창고와 수레를 만들었다. 건무 18년에 이서국을 정벌하여 통합하였다. 이 해에 고구려 군사가 침략하여 왔다. 양산부는 양부(梁部)로 고쳤으며 성은 이씨이고, 고허부는 사량부(沙梁部)로 고쳤으며 성은 최씨, 대수부는 점량부(漸梁部, 모량이라고도 한다)로 고쳤으며 성은 손씨, 간진부는 본피부(本彼部)로 고쳤으며 성은 정씨, 가리부는 한기부(漢祇部)로 고쳤으며 성은 배씨, 명활부는 습비부(習比部)로 고쳤으며 성은 설씨로 정하였다. 또한 벼슬에 다음과 같은 17등급을 두었다.

1. 이벌찬, 2. 이척찬, 3. 잡찬, 4. 파진찬, 5. 대아찬, 6. 아찬, 7. 일길찬, 8. 사찬, 9. 급벌찬, 10. 대나마, 11. 나마, 12. 대사, 13. 소사, 14. 길사, 15. 대오, 16. 소오, 17. 조위

왕은 6부를 정하고 나서 이를 두 편으로 나누고, 두 왕녀로 하여금 각각 부내의 여자들을 거느려 편을 짜게 하였다. 이들 두 편은 가을 7월 16일부터, 매일 새벽에 큰 부의 뜰에 모여 길쌈을 시작하여, 밤 열 시경에 끝냈다. 그들은 8월 15일이 되면 길쌈을 얼마나 했는지를 살폈으며, 길쌈을 적게 한 편에서 술과 음식을 차려 길쌈을 많이 한 편에 축하하였다. 이때 노래와 춤과 여러 가지의 오락을 하였다. 이 행사를 가배(嘉俳, 한가위)라고 하였다. 이 행사를 할 때, 진 쪽에서 한 여자가 일어나 춤을 추면서 탄식하는 소리로,

"회소, 회소."

라고 하였다. 그 소리가 슬프고도 우아하여, 뒷날 사람들이 이 곡에 노랫말을 붙이고, 회소곡(會蘇曲)이라고 하였다.

탈해(脫解, 일명 吐解) 이사금이 용상에 올랐다. 이때 나이가 62세였다. 성은 석(昔)이며, 왕비는 아효부인이다. 탈해는 본래 다파나국에서 태어났다. 이 나라는 왜국의 동북쪽으로 천 리 밖에 있다. 본래 그 나라 왕은 여인국의 왕녀를 아내로 삼았는데, 임신한 지 7년만에 큰 알을 낳았

다. 왕은

"사람이 알을 낳았으니 이는 상서로운 일이 아니다. 그것을 버리는 것이 마땅하리라."

라고 말하였다. 그 여인이 알을 차마 버리지 못하고 비단으로 알과 보물을 함께 싸서 상자에 넣어 바다에 띄워 보냈다. 그 상자는 처음에 금관국 해변에 닿았다. 금관 사람은 이를 괴이하게 여겨 거두지 않았다. 그 상자는 다시 진한 아진포(阿珍浦, 영일) 어구에 닿았다. 이때가 곧 시조 혁거세 39년이었다. 이때 해변에 살던 할멈이 새끼로 그 궤짝을 잡아당겨 와서 열어 보았다. 한 아이가 들어 있었다.

그 할머니는 이 아이를 데려다 길렀다. 이 사람이 바로 혁거세왕의 고기잡이 할멈이었다. 이 아이가 어른이 되자 키가 9척이 되었으며, 기품과 정신이 훌륭하였고, 지식이 남보다 뛰어났다. 어떤 사람이,

"이 아이는 성씨를 알 수 없으나 처음 상자가 도착하였을 때, 까치 한 마리가 울면서 날아 따라 왔으니, 까치 작(鵲)자를 줄여 '석(昔)'으로 성을 삼는 것이 좋겠고, 또한 상자를 풀고 나왔으니, '벗을 탈(脫)'과 '풀 해(解)'로 이름을 석탈해라 함이 좋겠다."

라고 말하였다. 탈해는 처음에는 고기잡이를 하여 어머니를 모셨다. 그는 한 번도 게으름을 피운 적이 없었다. 그의 어머니는

"너는 보통 사람이 아니다. 골격과 얼굴이 특이하니 마땅히 학문에 힘써 공과 이름을 빛내라."

라고 말하였다. 이에 따라 그는 공부에 전념하였고 아울러 지리도 이해하게 되었다. 그런데 하루는 그가 양산 아래에 있는 호공의 집을 보고 그 곳이 좋은 집터라고 생각하였다. 마침내 꾀를 내어 빼앗아 살았으니 나중에 월성(月城)이 되었다.

탈해치질금(脫解齒叱今, 吐解尼師今)은 남해왕 때(고본에는 임인년에 왔다고 하나 이는 잘못임. 가까운 일이라면 노례왕이 즉위한 처

음보다 뒤일 것이니 서로 양보할 일이 없을 것이요, 앞의 일이라면 혁거세의 시기에 있을 것이므로 임인년이 아님을 알 수 있다) 가락국 바다 가운데 배가 와서 닻을 대니 이를 보고 그 나라 수로왕이 백성들과 함께 북을 치고 법석을 떨면서 그들을 맞아 머물게 하려고 하였다. 그러나 그 배는 나는 듯이 계림 동쪽 하서지촌(下西知村)의 아진포로 달아났다(지금도 상서지촌·하서지촌의 이름이 있다). 그때 포구에 사는 아진의선(阿珍義先)이라는 할머니가 있었다. 이 사람은 바로 혁거세왕의 고기잡이 할멈이었다. 그는 이 배를 바라보고 말했다.

"이 바다 가운데는 본디 바위가 없었다. 무슨 까닭으로 까치들이 모여 들어서 우는가."

상자를 줄로 끌어당겨 찾아보니 까치들이 그 배위에 모여들었다. 그 배안에는 궤 하나가 있었다. 길이는 20척이오. 너비는 13척이나 된다. 그 배를 끌어다가 나무 숲 밑에 매어 두었다. 그러나 이것이 흉한 것인지 길한 것인지 몰라서 하늘을 향해 고했다. 이윽고 그 궤를 열어보니, 단정히 생긴 한 어린아이가 있었다. 아울러 칠보와 노비가 가득 차 있었다. 그들을 7일 동안 잘 대접했더니 사내아이는 그제야 말을 했다.

"나는 본래 용성국(龍城國) 사람이오(정명국(正明國) 혹은 완하국(琓夏國)이라 한다. 완하는 또 화하국(花厦國)이라고도 한다. 용성은 왜국 동북쪽 1천 리 떨어진 곳에 있다). 우리나라에는 원래 28명의 용왕이 있어서 그들은 모두 사람의 태에서 났다. 나이 5, 6세부터 왕위에 올라 만민을 가르쳐 성명(性命)을 바르게 했소. 8품의 성골이 있는데 그들은 고르는 일이 없이 모두 왕위에 올랐소. 그때 부왕 함달파(含達婆)가 적녀국(積女國)의 공주를 맞아 왕비로 삼았소. 오래 되어도 아들이 없자 기도를 드려 아들 낳기를 구하여 7년 만에 커다란 알 한 개를 낳았소. 이에 대왕은 모든 신하

들을 모아 묻기를,

'사람으로서 알을 낳았으니 세상에 없는 일이다. 이것은 아마 좋은 일이 아닐 것이다' 하고, 궤를 만들어 나를 그 속에 넣고 칠보와 노비들을 함께 배 안에 실은 뒤 바다에 띄우면서 빌었소.

'아무쪼록 인연 있는 곳에 닿아 나라를 세우고 한 집을 이루도록 해 주시오.' 빌기를 마치자 갑자기 붉은 용이 나타나더니 배를 이끌어서 지금 여기에 온 것이오."

말을 끝내자 그 아이는 지팡이를 끌고 두 종을 데리고 토함산(吐含山) 위에 올라가더니 돌집을 지어 7일 동안을 머무르면서 성(城)안에 살 만한 곳이 있는가 바라보았다. 산봉우리 하나가 마치 초사흘 달 모양으로 보이는데 오래 살 만한 곳 같았다. 이내 그곳을 찾아가니 바로 호공(瓠公)의 집이었다. 아이는 이에 속임수를 썼다. 몰래 숫돌과 숯을 그 집 곁에 묻어 놓고, 이튿날 아침에 문 앞에 가서 말했다.

"이 집은 우리 조상들이 살던 집이오."

호공은 그렇지 않다 하여 서로 다투었다. 시비가 가려지지 않으므로 이들은 관청에 고발하였다. 관청에서 묻기를,

"무엇으로 네 집이라는 것을 증명할 수 있느냐."

하자, 어린이는 말했다.

"우리 조상은 본래 대장장이었소. 잠시 이웃 고을에 간 동안에 다른 사람이 빼앗아 살고 있는 터요. 그러니 그 집 땅을 파서 소사해 보면 알 수가 있을 것이오."

이 말에 따라 땅을 파니 과연 숫돌과 숯이 나왔다. 그리하여 꾀를 써서 그 집을 빼앗아 살게 되었다. 이 땅은 뒷날 월성 터가 되었다. 남해왕 5년에 이르러 그가 슬기롭다는 소문이 나자 왕은 자기의 맏딸로 그의 아내를 삼게 하니 이가 아니부인(阿尼夫人)이다. 어느 날 토해(吐解)는 동악(東岳)에 올라갔다가 내려오는 길에 사람을 시켜 물

을 떠 오게 했다. 도우미는 물을 떠 가지고 오다가 중도에서 먼저 마시고는 탈해에게 주려 했다. 그러나 물그릇 한쪽이 입에 붙어서 떨어지지 않았다. 탈해가 꾸짖자 도우미는 다짐하였다.

"이 뒤로는 가까운 곳이거나 먼 곳이거나 감히 먼저 마시지 않겠습니다."

그제야 물그릇이 입에서 떨어졌다. 이로부터 도우미는 두려워하고 복종하여 감히 속이지 못했다. 지금 동악(東岳) 속에 우물 하나가 있는데 세상에서 요내정(遙乃井)이라고 부르는 우물이 바로 이것이다.

남해왕 7년에 그를 등용하여 대보(大輔)로 임용하고 정사를 맡겼다. 유리가 죽음을 눈앞에 두고 말했다.

"선왕은 '내가 죽은 후에 아들과 사위를 막론하고 나이가 많고 현명한 자로 하여금 왕위를 잇게 하라'고 유언하였다. 이리하여 내가 먼저 용상에 올랐다. 이제는 마땅히 왕위를 탈해에게 전해야 할 것이다."

노례왕(弩禮王)이 죽자 광호제 중원(中元) 6년 정사(丁巳, 57) 6월에 탈해는 용상에 올랐다. 옛날에 남의 집을 내 집이라 하여 빼앗았다 해서 석씨(昔氏)라고 했다. 혹 또 까치로 해서 궤를 열게 되었기 때문에 까치(鵲)라는 글자에서 조자(鳥字)를 떼고 석씨(昔氏)로 성을 삼았다고 한다. 또 궤를 열고 알을 벗기고 나왔다 해서 이름을 탈해로 했다. 그는 재위 23년 만인 건초 4년 기묘년(己卯, 29)에 죽어서 소천구(疏川丘) 속에 장사지냈다. 그런데 뒤에 신이 명령하기를,

"조심해서 내 뼈를 묻으라."

라고 했다. 그 머리뼈의 둘레는 석 자 두 치, 뼈의 길이는 아홉 자 일곱 치나 된다. 이는 서로 엉기어 하나가 된 듯도 하고 뼈마디는 이어져 있었다. 이것은 이른바 천하에 짝이 없는 힘센 역사의 골격이었다. 이것을 부수고 소상을 만들어 대궐 안에 모셔 두었다. 그랬더니

신이 또 말하기를,

"내 뼈를 동악에 안치해 두어라."

했다. 그래서 거기에 봉안케 했다. 어떤 사람은 말하기를, 탈해가 죽은 뒤 27세 문호왕(文虎王) 때 조로(調露) 2년 경진(庚辰, 680) 3월 15일 신유일 밤 태종의 꿈에, 몹시 사나운 모습을 한 노인이 나타나 말하였다.

"내가 탈해다. 내 뼈를 소천구에서 파내다가 소상을 만들어 토함산에 안치하도록 하라."

왕은 그 말을 좇았다. 그런 까닭에 지금까지 제사를 끊이지 않고 지내니 이를 동악신이라고 한다.

3월에 왕이 토함산으로 올라가니 검은 구름이 멍석같이 왕의 머리 위에 오래도록 덮여 있다가 흩어졌다. 5월에 왜국과 우호관계를 맺고 서로 수교하였다. 6월에 패성(孛星, 혜성)이 천선(天船, 별 이름)에 나타났다.

영평(永平) 3년 경신(庚申 60, 중원(中元) 6년이라고도 하나 잘못이다. 중원은 모두 2년뿐임) 8월 4일에 호공이 밤에 월성 서리(西里)를 걸어가는데, 크고 밝은 빛이 시림(始林 혹은 구림(鳩林)) 속에서 비치는 것이 보였다. 자줏빛 구름이 하늘로부터 땅에 뻗쳤는데 그 구름 속에 황금의 궤가 나뭇가지에 걸려 있고, 그 빛은 궤 속에서 나오고 있었다. 또 흰 닭이 나무 밑에서 울고 있었다.

호공이 이 광경을 왕에게 아뢰었다. 왕이 그 숲에 가서 궤를 열어 보니 사내아이가 있는데 누웠다가 곧 일어났다. 이것은 마치 혁거세의 고사와도 비슷했다. 그래서 그 아이를 알지(閼知)라고 이름 지었다. 알지란 곧 우리말로 소아를 일컫는 것이다. 그 아이를 안고 대궐로 돌아오니 새와 짐승들이 서로 따르면서 기뻐하여 뛰놀고 춤을 춘다. 왕은 길일(吉日)을 가려 그를 태자로 임명했다. 그는 뒤에 태자의 자리를 파사왕(婆娑王)에게 물려주고 왕위에 오르지 않았다. 금궤에서 나왔다 하여 성을 김씨라 했다.

알지는 열한(熱漢)을 낳고 열한은 아도(阿都)를 낳고, 아도는 수류(首留)를 낳고, 수류는 욱부(郁部)를 낳고, 욱부는 구도(俱道, 혹은 仇刀)를 낳고, 구도는 미추(未(味)鄒)를 낳으니 미추(未鄒)가 용상에 올랐다. 이리하여 신라의 김씨는 알지에서 시작된 것이다.

2. 신라본기 제2

아달라(阿達羅) 이사금이 용상에 올랐다. 그는 일성(逸聖)의 맏아들이다. 그는 키가 일곱 자였으며 풍채가 훌륭하고 얼굴 모양이 기이하였다. 어머니는 박씨인데 그녀는 지소례왕의 딸이다. 왕비는 박씨 내례부인이다. 그녀는 지마왕의 딸이다.

4년 봄 2월, 감물현과 마산현 두 현을 처음으로 설치하였다. 3월, 왕이 장령진에 행차하여 주둔하는 병사들을 위로하고 각각의 군사들에게 군복을 베풀었다.

제8대 아달라왕(阿達羅王)이 즉위한 4년 정유(丁酉, 157)에 동해 바닷가에는 연오랑(延烏郎)과 세오녀(細烏女) 부부가 살고 있었다. 어느 날이었다. 연오랑이 바다에 나가 바다풀을 따고 있는데 갑자기 바위 하나(또는 물고기 한 마리)가 나타나더니 연오랑을 등에 업고 일본으로 가 버렸다. 이것을 본 나라 사람들은,

"이는 보통 사람이 아니다."

하고 세워서 왕을 삼았다(일본제기(日本帝紀)를 살펴보면, 전후에 신라 사람으로 왕이 된 사람은 없다. 그러니 이는 변읍의 조그만 왕이고 큰 왕은 아닐 것이다). 세오녀는 남편이 돌아오지 않는 것이 이상해서 바닷가에 나가서 찾아보니 남편이 벗어 놓은 신이 있었다. 바

위 위에 올라갔더니 그 바위는 또한 세오녀를 업고 마치 연오랑 때와 같이 일본으로 갔다. 그 나라 사람들은 놀라고 이상히 여겨 왕에게 이 사실을 아뢰었다. 이리하여 부부가 서로 만나게 되어 그녀로 귀비(貴妃)를 삼았다. 이때 신라에서는 해와 달에 빛이 사라졌다. 일관이 왕께 아뢰기를,

"해와 달의 정기가 우리나라에 내려 있었는데 이제 일본으로 가 버렸기 때문에 이러한 괴변이 생긴 것입니다."

했다. 왕이 사자를 보내서 두 사람을 찾으니 연오랑은 말한다.

"내가 이 나라에 온 것은 하늘의 뜻인데, 어찌 돌아갈 수가 있겠는가. 그러나 나의 비(妃)가 짠 고운 비단이 있으니 이것으로 하늘에 제사를 드리면 될 것이다."

이렇게 말하고 비단을 주니 사자가 돌아와서 사실을 보고하고 그의 말대로 하늘에 제사를 드렸다. 그런 뒤에 해와 달의 정기가 전과 같아졌다. 이에 그 비단을 임금의 창고에 간수하고 국보로 삼으니 그 창고를 귀비고(貴妃庫)라 한다. 또 하늘에 제사 지낸 곳을 영일현, 또는 도기야(都祈野)라 한다.

미추 이사금(味鄒尼師今, 일명 未祖)이 용상에 올랐다. 성은 김이고, 어머니는 박씨다. 그녀는 갈문왕 이칠의 딸이다. 왕비는 석씨 광명부인이다. 그녀는 조분왕의 딸이다. 미추의 조상 알지가 계림에서 태어나지 탈해왕이 데려다 궁중에서 길렀고, 뒤에 대보로 임명하였다. 알지가 세한을 낳고, 세한이 아도를 낳고, 아도가 수류를 낳고, 수류가 욱보를 낳고, 욱보가 구도를 낳았으니, 구도가 곧 미추의 아버지이다. 첨해가 아들이 없었으므로 백성들이 미추를 왕으로 세웠다. 이것이 김씨가 나라를 다스리는 실마리가 되었다.

제13대 미추니질금(未鄒尼叱今, 미조(未祖) 또는 미고(未古))은

김알지(金閼智)의 7대손이다. 대대로 이름을 드높이고, 또 성스러운 덕이 있었다. 첨해왕(沾解王)의 뒤를 이어서 비로소 용상에 올랐다(지금 세상에서 미추왕의 능을 시조당(始祖堂)이라고도 한다. 이는 대개 김씨로써 처음 왕위에 오른 때문이며, 후대의 모든 김씨 왕들이 미추를 시조라 하는 것은 당연하다). 왕위에 있은 지 23년 만에 죽었으며 능은 흥륜사 동쪽에 있다. 그의 능을 죽현릉(竹現陵)이라고 불렀다.

유례(儒禮) 이사금이 즉위하였다(고기에는 제3대, 제14대의 두 왕의 이름을 똑같이 유리 혹은 유례라 하였는데, 어느 것이 옳은지는 알 수 없다). 그는 조분왕의 맏아들이다. 어머니는 박씨이고, 갈문왕 나음(奈音)의 딸이었다. 그녀는 예전에 밤길을 가다가 별빛이 입으로 들어간 일이 있었는데 이로 인하여 임신이 되었다. 유례를 낳던 날 저녁에 이상한 향기가 방에 가득했다.

14년 봄 정월, 지량(智良)을 이찬에, 장흔을 일길찬에, 순선을 사찬에 임용하였다. 이서고국이 금성을 공격해 왔다. 우리나라가 군사를 크게 동원하여 이를 방어하였으나 물리칠 수 없었다. 그때 갑자기 이상한 병사들이 나타났는데 그 수를 모두 헤아릴 수 없었다. 그들은 모두 댓잎을 귀에 꽂았는데 우리 군사와 함께 적군을 쳐부수고 난 후에는 돌아간 곳을 알 수 없었다. 어떤 사람이 수만 개의 댓잎이 죽장릉(竹長陵, 미추왕릉)에 쌓여 있는 것을 보았다고 하였다. 이로 인하여 백성들이 "돌아가신 임금께서 하늘의 군사를 보내 전쟁을 도우셨다"라고 말하였다.

혜공왕 14년(778) 4월 갑자기 회오리바람이 유신공의 무덤에서 일어나며, 그 가운데 한 사람이 날쌘 준마(駿馬)를 탔는데 그 모양이 장군과 같았다. 또 갑옷을 입고 무기를 든 40명가량의 군사가 그 뒤를 따라 죽현릉으로 들어간다. 이윽고 능속에서 무엇인가 진동하고

우는 듯한 소리가 나고, 혹은 하소연하는 소리도 들려왔다. 그 호소하는 말에,

"신(臣)은 평생 동안 어려운 시국을 구하고 삼국을 통일한 공이 있었습니다. 이제 혼백이 되어서도 나라를 보호하여 재앙을 제거하고 환난을 구제하는 마음은 잠시도 변함이 없습니다. 하온데 지난 경술(庚戌)년에 신의 자손이 아무런 죄도 없이 죽음을 당하였으니, 이것은 임금이나 신하들이 나의 공을 생각지 않는 것입니다. 신은 차라리 먼 곳으로 옮겨가서 다시는 나라를 위해서 힘쓰지 않을까 합니다. 바라옵건대, 왕께서는 허락해 주십시오."

한다. 왕은 대답한다.

"공(公)이 나라를 지키지 않는다면, 저 백성들을 어떻게 할 것인가. 공은 전과 같이 힘쓰도록 하오."

세 번이나 청해도 세 번 다 듣지 않는다. 이에 회오리바람은 돌아가고 말았다. 혜공왕은 이 소식을 듣고 두려워하여 이내 대신 김경신(金敬信)을 보내서 김유신 공의 능에 가서 잘못을 사과하고 김 공을 위해서 공덕보전 30결을 취선사(鷲仙寺)에 내려서 공의 명복을 빌게 했다. 이 절은 김 공이 평양을 토벌한 뒤에 복을 빌기 위하여 세웠던 절이기 때문이다.

이때 미추왕의 넋이 아니었던들 김 공의 노여움을 막지는 못했을 것이다. 그러니 미추왕의 나라를 수호한 힘은 크다고 아니할 수 없다. 그런 때문에 나라 사람들이 그 덕을 생각하여 삼산과 함께 제사 지내어 조금도 소홀히 하지 않으며, 그 서열을 오릉의 위에 두어 대묘(大廟)라 일컫는다.

3. 신라본기 제3

내물(奈勿, 那密) 이사금이 용상에 올랐다. 그의 성은 김씨, 구도 갈문왕의 손자다. 아버지는 말구 각간이며, 어머니는 김씨 휴례부인이다. 왕비는 김씨니 미추왕의 딸이다. 흘해가 죽고 아들이 없었으므로 내물이 그 뒤를 이었다(말구는 미추 이사금의 동생이다).

34년 봄 정월, 서울에 전염병이 크게 돌았다. 2월, 흙비가 내렸다. 가을 7월, 메뚜기 떼가 생겼다. 곡식이 잘 익지 않았다.

제17대 나밀왕(那密王) 즉위 36년(390) 경인(庚寅)에 왜왕이 보낸 사신이 와서 말했다.

"우리 임금께서 대왕이 신성하다는 말을 듣고 신(臣) 등으로 하여금 백제가 지은 죄를 대왕에게 아뢰게 하는 것입니다. 원컨대 대왕께서는 왕자 한 분을 보내서 우리 임금에게 신의를 표하게 하십시오."

이에 왕은 셋째아들 미해(美海, 일명 未吐喜)를 왜국에 보냈다. 이때 미해는 열 살이었다. 말하는 것이나 행동이 아직 익숙하지 못했으므로 내신(內臣) 박사람(朴娑覽)을 부사로 삼아 딸려 보냈다. 왜왕은 이들을 30년 동안이나 억류하여 돌려보내지 않았다. 눌지왕(訥祗王)이 즉위한 3년 기미(己未, 419)에 고구려 장수왕(長壽王)의 사신이 와서 말했다.

"우리 임금은 대왕의 아우 보해(寶海)가 지혜와 재주가 뛰어나다는 말을 듣고 서로 친하게 지내기를 원하여 특히 소신을 보내어 간청하는 바입니다."

왕은 이 말을 듣고 매우 다행스럽게 여겼다. 이 일로 해서 화친하기로 마음을 정하고 아우 보해에게 명하여 고구려로 가게 했다. 그리고 내신 김무알(金武謁)을 보좌로 함께 보냈더니 장수왕도 그들을 억류해 두고 돌려보내지 않았다.

눌지왕 10년(425) 을축(乙丑)에 왕은 여러 신하들과 나라 안의 씩씩한 사람들을 모아 놓고 친히 잔치를 베풀었다. 술이 세 순배 돌고 모든 음악이 울려 퍼지자 왕은 눈물을 흘리면서 여러 신하들에게 말했다.

"옛날 우리 아버님께서는 성심껏 백성의 일을 생각하신 까닭에 사랑하는 아들을 동쪽 멀리 왜국까지 보내셨다가 마침내 다시 만나보지 못하고 돌아가셨다. 또 내가 왕위에 오른 뒤로 이웃 나라의 군사가 몹시 강하여 전쟁이 그칠 사이가 없었다. 그런데 유독 고구려만이 화친하자는 말이 있어서 나는 그 말을 믿고 아우를 고구려에 보냈던 바, 고구려에서도 또한 억류해 두고 돌려보내지 않는다. 그러니 내 아무리 부귀를 누린다 해도 일찍이 하루라도 이 일을 잊고 울지 않는 날이 없었다. 만일 이 두 아우를 만나보고 함께 아버님 사당에 뵙게 된다면 온 나라 사람에게 은혜를 갚겠다. 누가 능히 이 상황을 풀 수 있겠는가."

이 말을 듣자 백관이 입을 모아 아뢰었다.

"이 일은 쉬운 일이 아닙니다. 반드시 지혜와 용맹이 겸한 사람이라야만 될 것입니다. 신 등의 생각으로는 삽라군(歃羅郡, 양산) 태수 제상(堤上)이 적임자라 생각합니다."

이에 왕은 제상을 불러 물었다. 제상은 두 번 절하고 대답했다.

"신이 듣기로는, 임금에게 근심이 있으면 신하가 욕을 당하며 임금이 욕을 당하면 신하는 죽는다고 합니다. 만일 일의 어렵고 쉬운 것을 따져서 행한다면 이는 충성스럽지 못한 것이옵고 또 죽고 사는 것을 생각한 뒤에 움직인다면 이는 용맹이 없는 것입니다. 신이 비록 모자라오나 전하의 명을 받아 행하기를 원합니다."

왕은 매우 가상히 여겨 술잔을 나누어 마시고 손을 잡고 헤어져 보냈다. 제상은 왕의 앞에서 명령을 받고 바로 북해(北海)길로 향하여 변복하고 고구려에 들어가 보해가 있는 곳으로 가서 함께 도망할 날

짜를 약속해 놓았다. 제상은 먼저 5월 15일에 고성(高城) 수구에 와서 배를 대고 기다리고 있었다.

약속한 날짜가 가까워지자 보해는 병을 핑계대고 며칠 동안 조회에 나가지 않았다. 그러다가 밤중에 도망하여 고성 바닷가에 이르렀다. 고구려왕은 이를 알고 수십 명 군사를 시켜 쫓게 하니 고성에 이르러 따라가게 되었다. 그러나 보해는 고구려에 있을 때에 늘 좌우에 있는 사람들에게 은혜를 베풀어 왔기 때문에 쫓아온 군사들은 그를 불쌍히 여겨 모두 화살의 촉을 뽑고 쏘니 몸이 상하지 않고 돌아올 수가 있었다. 눌지왕은 보해를 만나 보자 미해를 생각하는 마음이 더욱 간절해졌다. 한편으로는 기뻐하고 한편으로는 슬퍼하여 눈물을 흘리면서 좌우 사람들에게 말한다.

"마치 한 몸에 팔뚝이 하나만 있고, 한 얼굴에 눈 하나만 있는 것 같구나. 비록 하나는 얻었으나 하나는 잃은 체로이니 어찌 마음이 아프지 않겠는가."

이때 제상은 이 말을 듣고 말을 탄 채 두 번 절하여 임금을 뵙고 집에도 들르지 않고 바로 율포(栗浦) 갯가에 이르렀다. 그 아내가 이 소식을 듣고 말을 달려 율포까지 쫓아갔으나 남편은 이미 배에 오른 뒤였다. 아내는 간곡하게 남편을 불렀다. 하지만 제상은 다만 손을 흔들어 보일 뿐 배를 멈추지 않았다. 그는 왜국에 도착해서 거짓말을 했다.

"계림왕(鷄林王)이 아무 죄도 없는 우리 부형을 죽였기로 도망해서 여기 온 것입니다."

왜왕은 이 말을 믿고 제상에게 집을 주어 편히 살게 했다. 이때 제상은 늘 미해를 모시고 바다에 나가 놀면서 물고기와 새를 잡아다 왜왕에게 바치니 왜왕은 매우 기뻐하고 조금도 의심하지 않았다. 그러던 어느 날 새벽 마침 안개가 자욱하게 끼었는데 제상이 미해에게 말했다.

"지금 빨리 떠나십시오."

미해는,

"그러면 같이 떠나십시다."

했으나 제상은 말한다.

"신이 만일 같이 떠난다면 왜인들이 알고 뒤를 좇을 것입니다. 원컨대 신은 여기에 남아 뒤좇는 것을 막겠습니다."

미해가 다시 말한다.

"지금 나는 그대를 부형처럼 여기고 있는데 어찌 그대를 버려두고 혼자서만 돌아간단 말이오."

제상은 말한다.

"신은 왕자님의 목숨을 구하는 것으로써 대왕의 마음을 위로해 드리면 그것으로 만족할 뿐입니다. 어찌 살기를 바라겠습니까."

그리고는 술을 부어 미해에게 주었다. 이때 계림 사람 강구려(康仇麗)가 왜국에 와 있었는데 그를 딸려 호송하게 했다. 미해를 떠나보내고, 제상은 미해의 방에 들어가서 이튿날 아침까지 있었다. 미해를 모시는 좌우 사람들이 방에 들어가 보려 하므로 제상이 나와서 말리면서 말했다.

"미해 공은 어제 사냥하는 데 따라다니느라 몹시 피곤해서 일어나지 않았습니다."

그러나 저녁때가 되자 좌우 사람들은 이상히 여겨 다시 물었다. 이때 제상은 대답했다.

"미해 공은 떠난 지 이미 오래 되었소."

좌우 사람들이 급히 달려가 왜왕에게 고하자 왕은 말 탄 기병을 시켜 뒤를 좇게 했으나 따르지 못했다. 이에 왕은 제상을 가두고 물었다.

"너는 어찌하여 너의 나라 왕자를 몰래 돌려보냈느냐."

제상이 대답한다.

"나는 계림 신하이지 왜국 신하가 아니오. 이제 우리 임금의 소원을 이루어 드렸을 뿐인데, 어찌 이 일을 당신에게 말하겠소."

왜왕은 노했다.

"이제 너는 이미 내 신하가 되었는데도 계림 신하라고 말하느냐. 그렇다면 반드시 오형(五刑)을 갖추어 너를 벌할 것이다. 만일 나의 신하라고 하면 후한 녹봉을 상으로 주리라."

제상은 대답한다.

"차라리 계림의 개돼지가 될지언정 왜국의 신하가 되지는 않겠다. 차라리 계림의 형벌을 받을지언정 왜국의 녹봉을 받지 않겠다."

왜왕은 노했다. 제상의 발 가죽을 벗기고 갈대를 벤 위를 걸어가게 했다. 그리고는 다시 물었다.

"너는 어느 나라 신하냐."

"계림의 신하다."

왜왕은 또 쇠를 달구어 그 위에 세워 놓고 다시 물었다.

"어느 나라 신하냐."

"계림의 신하다."

왜왕은 그를 굴복시키지 못할 것을 알고 목도(木島)라는 섬에서 불살라 죽였다. 미해는 바다를 건너 돌아왔다. 그는 먼저 강구려(康仇麗)를 시켜 나라 안에 사실을 알렸다. 눌지왕은 놀라고 기뻐하여 여러 대신들에게 명하여 미해를 굴헐역(屈歇驛)에 나가서 맞게 했다. 왕은 아우 보해와 함께 남교(南郊)에 나가서 친히 미해를 맞아 대궐로 들어갔다. 잔치를 베풀고 나라 안에 대사령(大赦令)을 내려 죄수를 풀어 주었다. 또 제상의 아내를 국대부인(國大夫人)에 봉하고, 그의 딸은 미해의 아내로 삼았다.

이때 의론하는 사람들은 말했다.

"옛날에 한나라 신하 주가(周苛)가 형양(滎陽) 땅에 있다가 초(楚)나라 군사에게 포로로 잡힌 일이 있었다. 이때 항우(項羽)는 주가를 보고 말하기를, '네가 만일 내 신하 노릇을 한다면 만호후(萬戶侯)를 주겠다' 했다. 그러나 주가는 항우를 꾸짖고 굴복하지 않으므로 그에게 죽임을 당했다. 그런데 이번 제상의 죽음은 주가만 못하지 않다."

처음에 제상이 신라를 떠날 때 부인이 듣고 남편의 뒤를 좇아갔으나 따르지 못했었다. 이에 망덕사(望德寺) 남쪽 사장(沙場) 위에 이르러 주저앉아 길게 부르짖었는데, 이런 일이 있었다 하여 그 사장을 장사(長沙)라고 불렀다. 친척 두 사람이 부인을 도와서 돌아오려 하자 부인은 다리를 뻗은 채 앉아서 일어나지 않았다. 그래서 그곳을 벌지지(伐知旨)라고 이름 지었다. 이런 일이 있은 지 오래된 뒤에 부인은 남편을 사모하는 마음을 이기지 못하여 세 딸을 데리고 치술령(鵄述嶺)에 올라가 왜국을 바라보고 심히 울다가 죽고 말았다. 그래서 그를 치술신모(鵄述神母)라고 하는데, 지금도 부인을 제사지내는 사당이 있다.

실성(實聖) 이사금이 용상에 올랐다. 그는 알지의 후손이며, 대서지 이찬의 아들이다. 어머니 이리부인('伊'를 '企'라고도 한다)은 석등보 아간의 딸이다. 왕비는 미추왕의 딸이다. 실성은 키가 7척 5촌이요, 총명하여 앞일을 뚫어보는 안목이 있었다. 내물이 별세하였으나 그의 아들이 어렸기 때문에 백성들이 실성으로 하여금 왕위를 잇게 하였다.

12년 가을 8월, 낭산에 구름이 피어올라 누각처럼 보였고, 향기가 퍼져 오래도록 사라지지 않았다. 왕이, 이는 틀림없이 신선이 내려와 노는 것이니 응당 복스러운 땅이라고 하여, 그 후로 이곳에서 나무를 베지 못하게 하였다. 평양주 큰 다리를 새로 완공하였다.

의희(義熙) 9년 계축(癸丑, 413)에 평양주의 큰 다리가 완성되었다. 왕은 선왕의 태자인 눌지(訥祇)가 매우 덕이 있으므로 이를 꺼려 그를 죽이고자 하였다. 그래서 고구려의 군사를 청하여 거짓으로 눌지를 맞이하게 하였다. 고구려의 군사들은 눌지의 어진 언행을 보고 창끝을 위로 하여 실성왕을 죽이고 눌지를 왕으로 세우고 떠났다.

소지(炤知, 毗處) 마립간이 용상에 올랐다. 그는 자비왕의 맏아들이다. 어머니는 김씨이며 서불한 미사흔의 딸이다. 왕비는 선혜부인이며 내숙 이벌찬의 딸이다. 소지는 어릴 때부터 효성스러웠고, 겸손함과 타인을 공경하는 자세를 잃지 않았기 때문에 사람들이 모두 좋아하였다.

10년 봄 정월, 왕이 월성으로 옮겨 살았다. 2월, 왕이 일선군에 행차하여 홀아비, 과부, 고아, 자식 없는 노인들을 위로하고, 어려운 정도에 따라 양식을 베풀었다. 3월, 왕이 일선에서 돌아오는 길에, 도중의 주와 군의 죄수들 가운데 두 종류의 사형수를 제외한 나머지 죄수들을 모두 풀어주었다. 여름 6월, 동양 지방에서 여섯 개의 눈을 가진 거북을 바쳤다. 그 거북의 배에 글자가 있었다. 가을 7월, 도나성을 쌓았다.

제21대 비처왕(毗處王, 일명 炤智王)이 즉위한 10년 무진(戊辰, 488)에 천천정(天泉亭)에 행차했다. 이때 까마귀와 쥐가 와서 울더니 쥐가 사람의 말로,

"이 까마귀가 가는 곳을 찾아보시오."

한다(혹은 말하기를, 신덕왕(神德王)이 흥륜사에 향 피우러 가는데 길에서 보니 여러 마리 쥐가 꼬리를 물고 있었다. 괴상히 여겨 돌아와 점을 쳐 보니 "내일 가장 먼저 우는 까마귀를 따라가 찾아보라"라고 했다. 하지만 이 설은 잘못이다).

왕은 말 탄 군사에게 명하여 까마귀를 따르게 했다. 남쪽 피촌(避村, 양피사촌(壤避寺村)이니 남산 동쪽 기슭)에 이르러 보니 돼지

두 마리가 싸우고 있다. 이것을 한참 쳐다보고 있다가 문득 까마귀가 날아간 곳을 잃어버리고 길에서 서성거리고 있었다.

이때 한 늙은이가 못 속에서 나와 글을 올렸는데, 그 글 겉봉에는,

"이 글을 떼어 보면 두 사람이 죽을 것이요, 떼어 보지 않으면 한 사람이 죽을 것입니다."

했다. 기사가 돌아와 비처왕에게 바치니 왕은 말한다.

"두 사람을 죽게 하느니보다는 차라리 떼어 보지 않아 한 사람만 죽게 하는 것이 낫겠다."

이때 날씨를 보는 일관(日官)이 아뢰었다.

"두 사람이라 한 것은 서민을 말한 것이요, 한 사람이란 바로 폐하를 말한 것입니다."

왕이 그 말을 옳게 여겨 글을 떼어 보니

"거문고 갑을 쏘라(射琴匣)."

라고 했을 뿐이다. 왕은 곧 궁중으로 들어가 거문고 갑을 쏘았다. 그 거문고 갑 속에는 내전에서 분향수도하고 있던 중이 왕녀와 은밀히 간통하고 있었다. 이에 두 사람을 사형에 처했다. 이런 일이 있은 뒤로 그 나라 풍속에 해마다 정월 상해(上亥)·상자(上子)·상오일(上午日)에는 모든 일을 조심하여 하고, 감히 움직이지 않았다. 그리고 16일을 오기일(烏忌日)이라 하여 찰밥을 지어 제사지냈으나 이런 일은 지금까지도 계속 행해지고 있다. 속담에 이것을 달도(怛忉)라 한다. 슬퍼하고 조심하며 모든 일을 금하고 꺼린다는 뜻이다. 또 노인이 나온 못을 서출지(書出池)라 했다.

4. 신라본기 제4

지증(智證) 마립간이 용상에 올랐다. 그의 성은 김씨이고, 이름은 지대

로(智大路, 智度路 또는 智哲老), 그는 내물왕의 증손이며, 습보 갈문왕의 아들이고, 소지왕의 재종 아우가 된다. 어머니는 김씨 조생부인이며 눌지왕의 딸이다. 왕비는 박씨 연제부인이며 등흔 이찬의 딸이다. 왕은 체격이 크고 담력이 뛰어났다. 전 임금이 죽고 아들이 없었으므로 그가 왕위를 이었다. 이때 그의 나이는 64세였다.

제22대 지철로왕(智哲老王)의 성은 김, 이름은 지대로(智大路) 또는 지도로(智度路)이며, 시호는 지증(智證)이다. 시호를 쓰는 법이 여기서 시작되었다. 또 우리말에 왕을 마립간(麻立干)이라 한 것도 이 왕 때부터다. 왕은 영원(永元) 2년 경진(庚辰, 500)에 용상에 올랐다(신사(辛巳)라고도 하는바, 그렇다면 영원 3년이다).

왕은 거북이의 길이가 한 자 다섯 치가 돼 배필을 얻기 어려웠다. 그래서 신하를 삼도에 보내서 짝을 구했다. 신하가 모량부(牟梁部) 동로수(冬老樹) 밑에 이르니 개 두 마리가 북만큼 큰 똥 덩어리의 양쪽 끝을 물고 싸우고 있다. 신하는 그 마을 사람을 찾아보고 누가 눈 똥인가를 물었다. 한 소녀가 말하였다.

"이것은 모량부 상공(相公)의 딸이 여기서 빨래를 하다가 숲속에 숨어서 눈 것입니다."

그 집을 찾아가 살펴보니 그 여자는 키가 7척 5촌이나 된다. 이 사실을 왕께 아뢰었더니 왕은 수레를 보내서 여자를 궁중으로 맞아 황비에 책봉하니 여러 신하들이 모두 축하했다.

또 아슬라주(阿瑟羅州, 강릉) 동쪽 바다에 순풍으로 이틀 걸리는 곳에 우릉도(于陵島, 울릉도)가 있다. 이 섬은 둘레 2만 6,730보다. 이 섬 속에 사는 오랑캐들은 그 바닷물이 깊은 것을 믿고 몹시 거만하여 조공을 바쳐 오지 않았다. 이에 왕은 이찬(伊湌) 박이종(朴伊宗)에게 명하여 군사를 거느리고 가서 치게 했다. 이때 이종은 나무로 사자를 만들어 큰 배에 싣고 위협했다.

"너희가 만일 항복하지 않으면 이 짐승을 놓아 버리겠다."

이에 오랑캐들은 두려워하여 손을 들었다. 이에 이종에게 상을 주고 지사를 삼았다.

진흥왕(眞興王)이 용상에 올랐다. 이름은 맥종(麥宗 혹은 深麥夫)이다. 이때 그의 나이 7살이었다. 그는 법흥왕의 아우 갈문왕 입종의 아들이다. 그의 어머니는 김씨 부인이며 법흥왕의 딸이다. 왕비는 박씨 사도부인이다. 왕이 어렸으므로 태후가 정사를 대신 보았다.

제24대 진흥왕은 즉위 때의 나이가 15세였으므로 태후가 섭정을 하였다. 태후는 바로 법흥왕의 딸이며 입종 갈문왕의 왕비로 임종할 때에 머리를 깎고 법의를 입고 돌아갔다. 승성(承聖) 3년(554) 9월 백제 군사가 진성(珍城, 진보)을 침입하여 남녀 3만 9천 명과 말 8천 필을 빼앗아갔다. 이보다 먼저 백제가 신라와 군사를 합쳐서 고구려를 치려고 했었다. 이때 진흥왕은 말하기를,

"나라가 흥하고 망하는 것은 하늘에 달려 있다. 만일 하늘이 고구려를 미워하지 않는다면 내가 어떻게 감히 고구려가 망하기를 바랄 수 있겠느냐."

했다. 그리고 이 말을 고구려에 전하게 하니 고구려는 이 말에 감동되어 신라와 평화롭게 지냈다. 이런 때문에 백제가 신라를 원망하여 침입한 것이다.

진지왕(眞智王)이 용상에 올랐다. 그의 이름은 사륜(舍輪, 혹은 金輪)이며, 진흥왕의 둘째 아들이다. 어머니는 사도부인이다. 왕비는 지도부인이다. 태자가 일찍 죽었으므로 진지가 용상에 올랐다.

제25대 사륜왕(四輪王)의 시호는 진지대왕으로, 성은 김, 왕비는 기오공(起烏公)의 딸 지도부인(知刀夫人)이다. 대건 8년 병신(丙申, 576, 고본(古本)에는 11년 기해(己亥)라고 했는데 이는 잘못

임)에 용상에 올랐다. 나라를 다스린 지 4년이 되었는데, 주색에 빠져 음란하고 나라의 정사가 어지럽게 되자 나라 사람들은 그를 임금의 자리에서 내쫓았다. 이보다 먼저 사량부(沙梁部)의 어떤 민가의 여자 하나가 얼굴이 곱고 아름다워 당시 사람들은 도화랑(桃花娘)이라 불렀다. 왕이 이 소문을 듣고 궁중으로 불러들여 불타는 욕정을 채우고자 하니 여인은 말한다.

"여자가 지켜야 하는 것은 두 남편을 섬기지 않는 일입니다. 그런데 남편이 있는데도 남에게 시집가는 일은 비록 만승(萬乘)의 위엄을 가지고도 맘대로 하지는 못할 것입니다."

왕이 말한다.

"너를 죽인다면 어찌하겠느냐."

여인이 대답한다.

"차라리 거리에서 베임을 당하더라도 딴 데로 가는 일은 원치 않습니다."

왕은 희롱으로 말했다.

"남편이 없으면 되겠느냐."

"되겠습니다."

왕은 그를 놓아 보냈다. 이 해에 왕은 자리에서 쫓겨나 죽었다. 그 후 2년 만에 도화랑의 남편도 또한 죽었다. 10일이 지난 어느 날 밤중에 문득 왕은 평시와 같이 여인의 방에 들어와 말한다.

"네가 옛날에 허락한 말이 있지 않느냐. 지금은 네 남편이 없으니 되겠느냐."

여인이 쉽게 허락하지 않고 부모에게 고하니 부모는 말하기를,

"임금의 말씀인데 어떻게 피할 수가 있겠느냐."

하고 딸을, 왕이 있는 방에 들어가게 했다. 왕은 7일 동안 머물렀는데 머무는 동안 오색 구름이 집을 덮었고 향기는 방안에 가득하였

다. 7일 뒤에 왕이 갑자기 사라졌으나 여인은 이내 태기가 있었다. 달이 차서 해산하려 하는데 천지가 흔들거리더니 한 사내아이를 낳았는데 이름을 비형(鼻荊)이라고 했다.

진평대왕이 그 이상한 소문을 듣고 아이를 궁중에 데려다가 길렀다. 15세가 되어 집사(執事)라는 벼슬을 주었다. 그러나 비형은 밤마다 멀리 도망가서 놀곤 하였다. 왕은 용사 50명을 시켜서 지키도록 했으나 그는 언제나 월성을 날아 넘어가서 서쪽 황천(荒天) 언덕 위에 가서는 귀신들을 데리고 놀았다. 용사들이 숲 속에 엎드려서 엿보았더니 귀신의 무리들이 여러 절에서 들려오는 새벽 종소리를 듣고 각각 흩어져 가 버리면 비형랑도 또한 집으로 돌아왔다. 용사들은 이 사실을 왕에게 보고했다. 왕은 비형을 불러서 말했다.

"네가 귀신들을 데리고 논다니 그게 사실이냐."

"그렇습니다."

"그렇다면 너는 그 귀신의 무리들을 데리고 신원사(神元寺) 북쪽 개천(신중사(神衆寺)라고도 하지만 그것은 잘못이다. 이것을 황천 동쪽 심거(深渠)라고도 함)에 다리를 놓아라."

비형은 명을 받아 귀신의 무리들을 시켜서 하룻밤 사이에 큰 다리를 놓았다. 그래서 다리를 귀교(鬼橋)라고 했다. 왕은 또 물었다.

"그들 귀신들 중에서 사람이 되어서 나라의 정사를 도울 만한 자가 있느냐."

"길달(吉達)이란 자가 있사온데 가히 정사를 도울 만합니다."

"그러면 데리고 오도록 하라."

이튿날 그를 데리고 와서 왕께 뵈니 집사 벼슬을 주었다. 그는 과연 충성되고 정직하기가 비할 데 없었다. 이때 각간 임종(林宗)이 아들이 없었으므로 왕은 명령하여 길달을 그 아들로 삼게 했다. 임종은 길달을 시켜 흥륜사 남쪽에 문루를 세우게 했다. 그리고 밤마다 그 문루 위에 가서 자도록 했다. 그리하여 그 문루를 길달문이라고 했다. 어느 날 길달이 여우로 변하여 도망쳤다. 이에 비형은 귀신의 무리를 시켜서 잡아 죽였다. 이때문에 귀신의 무리들은 비형의 이름만 들어도 두려워하여 달아났다. 당시 사람들은 글을 지어 말했다. 성제(聖帝)의 넋이 아들을 낳았으니, 비형랑의 집이 바로 그곳일세. 날고뛰는 모든 귀신의 무리, 이곳에는 아예 머물지 말라. 향속(鄕俗)에 이 글을 써 붙여 귀신을 물리친다.

진평왕(眞平王)이 용상에 올랐다. 그의 이름은 백정이며, 진흥왕 태자 동륜의 아들이다. 어머니는 김씨 만호(일명 만내)부인이며, 갈문왕 입종의 딸이다. 왕비는 김씨 마야부인이며 갈문왕 복승의 딸이다. 왕은 태어나면서부터 얼굴 생김이 기이하였다. 그는 체격이 장대하였으며, 지식이 깊고 의기가 활달하였다.

원년 8월, 이찬 노리부(弩里夫)를 상대등에 임용하였다. 왕의 어머니의 동생인 백반을 진정 갈문왕에 봉하고, 국반을 진안 갈문왕에 봉했다.

천사옥대(天賜玉帶)는, 청태(淸泰) 4년 정유(丁酉, 937) 5월 정승(正承) 김부(金傅)가 금으로 새기고 옥으로 장식한 허리띠 하나를 바쳤다. 길이는 10위(圍)요. 전과(鐫銙, 쇠고리)가 62개나 되었다. 이것을 진평왕(眞平王)의 천사대라고 한다. 고려 태조는 이것을 받아 내고(內庫)에 간직했다. 제42대 백정왕(白淨王)의 시호는 진평대왕, 성은 김이다. 대건(大建) 11년 기해(己亥, 579) 8월에 즉위했다. 키가 11자나 되었다. 내제석궁(內帝釋宮, 일명 천주사(天柱寺)는 왕이 창건한 것임)에 거동하여 섬돌을 밟자 두 개가 한꺼번에 부러졌다. 왕이 좌우 사람을 돌아보면서 말했다.

"이 돌을 옮기지 말고 그대로 두었다가 후세인들이 보도록 하라."

이것이 바로 성 안에 있는 다섯 개의 움직이지 않는 돌의 하나다.

왕이 즉위한 원년 천사가 대궐 뜰에 내려와 왕에게 말한다.

"상제께서 내게 명하여 이 옥대를 전하라고 하셨습니다."

왕이 꿇어앉아 친히 이것을 받으니 하늘로 올라갔다. 하늘과 땅에 지내는 교사(郊社)나 종묘의 큰 제사 때에는 언제나 이것을 띠었다. 그 뒤 고려왕이 신라를 치려고 할 때 말했다.

"신라에는 세 가지 보물이 있어서 침입하지 못한다고 하니 그게 무엇 무엇이냐."

좌우가 대답한다.

"황룡사의 장육존상(丈六尊像)이 그 첫째요, 그 절에 있는 구층탑이 그 둘째요, 진평왕의 천사옥대가 그 셋째입니다."

이 말을 듣고 신라를 공격할 계획을 중지하였으니 찬(讚)하여 말했다.

구름 밖에 하늘이 주신 긴 옥대는
임금의 곤룡포에 알맞게 둘려 있네
우리 임금 이제부터 몸 더욱 무거우니
이 다음날엔 쇠로 섬돌을 만들 것이네

5. 신라본기 제5

선덕왕(善德王)이 용상에 올랐다. 그의 이름은 덕만(德萬)이며, 진평왕의 맏딸이다. 어머니는 김씨 마야부인이다. 덕만은 성품이 너그럽고 어질고 총명하였다. 진평왕이 별세하였으나 아들이 없었으므로 백성들이 덕만을 왕위에 오르게 하고 성조황고라는 호칭을 올렸다. 전 임금 때 당나라에서 온 모란꽃 그림과 꽃씨를 얻어 덕만에게 보인 적이 있었다. 덕만은

"이 꽃이 비록 곱기는 하지만 틀림없이 향기가 없을 것이다."

라고 말하였다. 왕은 웃으면서

"네가 어떻게 그것을 아느냐?"

고 물었다. 그녀는

"꽃을 그렸으나 나비가 없기에 이를 알았습니다. 무릇 여자로서 국색을 갖추고 있으면 남자가 따르는 법이고, 꽃에 향기가 있으면 벌과 나비가 따르는 법입니다. 이 꽃이 무척 고운데도 그림에 벌과 나비가 없으니 이는 틀림없이 향기가 없는 꽃일 것입니다."

라고 대답하였다. 그 씨앗을 심었는데 과연 덕만이 말한 것과 같았다. 그녀의 앞을 내다보는 지혜가 이와 같았다.

제27대 덕만(德曼, 만(曼)은 만(萬)으로도 씀)의 시호는 선덕여대왕이다, 성은 김, 아버지는 진평왕이다. 정관(貞觀) 6년 임진(壬辰, 632)에 즉위하여 나라를 다스린 지 16년 동안에 미리 안 일이 세 가지가 있었다.

첫째는, 당나라 태종(太宗)이 붉은빛·자줏빛·흰빛의 세 가지 빛으로 그린 모란과 그 씨 석 되를 보내 온 일이 있었다. 왕은 그림의 꽃을 보더니 말하기를,

"이 꽃은 필경 향기가 없을 것이다."

하고 씨를 뜰에 심도록 했다. 거기에서 꽃이 피어 떨어질 때까지 과연 왕의 말과 같았다.

둘째는, 영묘사(靈廟寺) 옥문지(玉門池)에 겨울인데도 개구리들이 많이 모여들어 3, 4일 동안 울어 댄 일이 있었다. 나라 사람들이 이상히 여겨 왕에게 물었다. 그러자 왕은 급히 각간(角干) 알천(閼川)·필탄(弼呑) 등에게 명하여 정예병 2천 명을 뽑아 가지고 속히 서쪽으로 가서 여근곡(女根谷)이 어딘지 찾아 가면 반드시 적군이 있을 것이니 기습해서 모두 죽이라고 했다. 두 각간이 명을 받고 각

각 군사 1천 명을 거느리고 서쪽에 가보니 부산(富山) 아래 과연 여근곡이 있고 백제 군사 5백 명이 와서 거기에 숨어 있었으므로 이들을 모두 죽여 버렸다. 백제의 장군 우소(于召)가 남산 고개 바위 위에 숨어 있었으므로 포위하고 활을 쏘아 죽였다. 또 뒤에 군사 1,200명이 따라오고 있었는데, 모두 쳐서 죽여 한 사람도 남기지 않았다.

셋째는, 왕이 아무 병도 없을 때 여러 신하들에게 일렀다.

"나는 아무 해 아무 날에 죽을 것이니 나를 도리천(忉利天) 속에 장사지내도록 하라."

여러 신하들이 그게 어느 곳인지 알지 못해서 물으니 왕이 말하였다.

"낭산(狼山) 남쪽이니라."

그 날이 이르니 왕은 과연 죽었고, 여러 신하들은 낭산 양지에 장사지냈다. 10여 년이 지난 뒤 문호대왕(文虎(武)大王)이 왕의 무덤 아래에 사천왕사를 세웠는데 불경에 말하기를,

"사천왕천(四天王天) 위에 도리천이 있다."

라고 했으니 그제야 대왕의 신령하고 성스러움을 알 수가 있었다. 왕이 죽기 전에 여러 신하들이 왕에게 아뢰었다.

"어떻게 해서 모란꽃에 향기가 없고, 개구리 우는 것으로 변이 있다는 것을 아셨습니까."

왕이 대답했다.

"꽃을 그렸는데 나비가 없으므로 그 향기가 없는 것을 알 수가 있었다. 이것은 당나라 임금이 나에게 짝이 없는 것을 희롱한 것이다. 또 개구리가 성난 모양을 하는 것은 병사의 형상이요. 옥문(玉門)이란 곧 여자의 옥문이다. 여자는 음이고 그 빛은 흰데 흰빛은 서쪽을 뜻하므로 군사가 서쪽에 있다는 것을 알았다. 또 남근은 여근에 들어가면 죽는 법이니 그래서 잡기가 쉽다는 것을 알 수 있었다."

이에 여러 신하들은 모두 왕의 성스럽고 슬기로움에 탄복했다. 꽃은 세 빛으로 그려 보낸 것은 대개 신라에는 세 여왕이 있을 것을 알고 한 일이었던가. 세 여왕이란 선덕·진덕·진성이니 당나라 임금도 짐작하여 아는 밝은 지혜가 있었던 것이다. 선덕왕이 영묘사(靈廟寺)를 세운 일은 양지사전(良志師傳)에 자세히 실려 있다. 별기(別記)에 말하기를,

"이 임금 때에 돌을 다듬어서 첨성대(瞻星臺)를 쌓았다."

라고 했다.

11년 봄 정월, 당나라에 사신을 보내 토산물을 바쳤다. 가을 7월, 백제왕 의자가 군사를 크게 일으켜 서쪽 지방의 40여 성을 공격하여 빼앗았고, 8월에 다시 고구려와 공모하여 당항성(黨項城, 화성)을 빼앗아 당나라로 가는 길을 막고자 하였다. 왕이 사신을 당나라로 보내 태종에게 급한 사정을 통보하였다. 이 달에 백제 장군 윤충이 군사를 거느리고 대야성(大耶城, 합천)을 공격하여 점령하였다. 도독 이찬 품석과 사지 죽죽·용석 등이 이 싸움에서 죽었다. 겨울에 왕이 백제를 공격하여 대야성의 패배를 설욕하고자 하였다. 이를 위하여, 이찬 김춘추를 고구려에 보내 군사의 파견을 간청하였다. 애초에 대야성이 패했을 때 도독 품석의 아내가 여기서 죽었다. 그녀는 춘추의 딸이었다. 춘추는 이 소식을 듣고, 온종일 기둥에 기대서서 눈도 깜빡이지 않은 채, 사람이나 물체가 앞을 지나가도 알아보지 못했다. 그는 얼마 후에 "아아! 대장부가 어찌 백제를 이길 수 없으랴!" 하고는 곧 왕에게 나아가 "명령을 내려 주신다면 제가 고구려에 가서 군사의 파견을 요청하여 백제에 대한 원한을 갚기를 원하나이다"라고 말했다. 왕은 이를 허락하였다. 고구려왕 보장(寶藏)은 원래 춘추에 대한 명성을 듣고 있었다. 그는 먼저 군사의 호위를 엄하게 한 뒤에 춘추를 만났다. 춘추가 말했다.

"지금 백제가 무도하여, 대악당이 되어 우리 국토를 침입하였습니다.

이제 우리 임금이 귀국의 군사를 얻어 원한을 갚고자 하여, 저를 보내어 하집사에게 명령을 전하게 한 것입니다."

고구려왕이 말했다.

"죽령은 본래 우리 땅인데 너희들이 만약 죽령 서북 땅을 돌려준다면 군사를 파견할 수 있다."

춘추가 대답했다.

"제가 임금의 명령을 받들어 군사를 빌리고자 하여 왔으나, 대왕께서는 이웃의 환난을 구원하여 이웃과 잘 지낼 뜻은 없고, 다만 남의 나라 사신을 위협하여 땅을 돌려주기를 요구하니, 저에게는 죽음이 있을 뿐, 다른 것은 모르겠습니다."

그의 말이 공손하지 않자 보장왕은 분노하여 그를 별채에 가두었다. 춘추는 사람을 시켜 비밀리에 본국 왕에게 이를 알리도록 하였다. 왕은 대장군 김유신에게 명령하여 결사대 1만 명을 거느리고 고구려로 가도록 하였다. 유신이 군사를 이끌고 한강을 건너 고구려의 남쪽 국경으로 들어가자, 고구려왕이 이를 듣고 춘추를 풀어 돌려보냈다. 유신을 압량주의 군주로 임용하였다.

김유신(金庾信)은 호력(虎力) 이간(伊干)의 아들 서현각간(舒玄角干) 김씨의 맏아들이고 그 아우는 흠순(欽純)이다. 맏누이는 보희(寶姬), 아명은 아해(阿海)이며, 누이동생은 문희(文姬)로서 아명이 아지(阿之)다. 유신은 진평왕 17년 을묘(乙卯, 595)에 태어났다. 일곱별의 정기를 타고났기 때문에 등에 일곱별의 무늬가 있었다. 그에게는 신기하고 이상한 일이 많았다.

나이 18세가 되는 임신(壬申)년 검술을 익혀 국선이 되었다. 이때 백석(白石)이란 자가 있었는데 어디서 왔는지 알 수가 없었다. 여러 해 동안 유신의 낭도에 속해 있었다. 이때 유신은 고구려와 백제의 두 나라를 치려고 밤낮으로 깊은 의논을 하고 있었는데 백석이 그 계획을 알고 유신에게 고한다.

"내가 공과 함께 먼저 저들 적국에 가서 그들의 실정을 정탐한 뒤에 일을 도모하는 것이 어떻겠습니까."

유신은 기뻐하여 친히 백석을 데리고 밤에 떠났다. 고개 위에서 쉬고 있노라니 두 여인이 그를 따라와서 골화천(骨火川, 영천)에 이르러 자게 되었을 때, 한 여자가 또 문득 이르렀다. 공이 세 여인과 함께 기쁘게 이야기하고 있노라니 여인들은 맛있는 과자를 그에게 주었다. 유신은 그것을 받아먹으면서 마음으로 그들을 믿게 되어 자기의 실정을 말하였다. 여인들이 말한다.

"공의 말씀은 알겠습니다. 원컨대, 공께서는 백석을 떼어 놓고 우리들과 함께 저 숲속으로 들어가면 실정을 다시 말씀하겠습니다."

이에 그들과 함께 들어가니 여인들은 문득 신으로 변하더니 말하였다.

"우리들은 나림(奈林, 경주)·혈례(穴禮, 청도)·골화(骨火, 영천) 등 세 곳의 호국신이오. 지금 적국 사람이 낭주를 이끌고 가는데도 낭은 알지 못하고 따라가므로, 우리는 낭을 말리려고 여기까지 온 것이었소."

말을 마치고 자취를 감추었다. 공은 말을 듣고 놀라 쓰러졌다가 두 번 절하고 나와서는 골화관에 묵으면서 백석에게 말했다.

"나는 지금 다른 나라에 가면서 중요한 문서를 잊고 왔다. 너와 함께 집으로 돌아가 가지고 오도록 하자."

드디어 함께 집에 돌아오자 백석을 묶어 놓고 사실대로 말하라고 하니 백석이 말하였다.

"나는 본래 고구려 사람이오(고본(古本)에 백제 사람이라고 한 것은 잘못이다. 추남(楸南)은 고구려 사람이요, 또한 음양을 역행한 일도 보장왕 때의 일이다). 우리나라 여러 신하들이 말하기를, 신라의 유신은 우리나라 점쟁이 추남(楸南, 고본에 춘남(春南)이라 한 것은 잘못임)이었는데, 국경 지방에 역류수(逆流水, 암수라고도 하는데, 엎치락뒤치락 하는 일)가 있어서 그에게 점을 치게 했었소. 이에 추남이 아뢰기를, '대왕의 부인이 음양의 도를 역행한 때문에 이러한 징조로 나타난 것입니다' 했소. 이에 대왕은 놀라고 괴이하게 여기고 왕비는 몹시 격노했소. 이것은 필경 요망한 여우의 말이라 하여 왕에게 고하여 다른 일을 가지고 시험해서 물어 보아 맞지 않으면 중형에 처하라고 했소. 이리하여 쥐 한 마리를 함 속에 감추어 두고 이것이 무슨 물건이냐 물었더니 그 사람은, 이것이 반드시 쥐인데 그 수가 여덟 마리입니다 했소. 이에 그의 말이 맞지 않는다고 해서 죽이려 하자 그 사람은 맹세하기를, 내가 죽은 뒤에는 꼭 대장이 되어 반드시 고구려를 멸망시킬 것이라 했소. 곧 그를 죽이고 쥐의 배를 갈라 보니 새끼 일곱 마리가 있었소. 그제야 그의 말이 맞는 것을 알았지요. 그날 밤 대왕의 꿈에 추남이 신라 서현공 부인의 품속으로 들어가는 것을 보고 여러 신하들에게 물었더니 모두 추남이 맹세하고 죽더니 과연 맞습니다 했소. 그런 때문에 고구려에서는 나를 보내서 그대를 이끌어 가게 한 것이오."

공은 곧 백석을 죽이고 음식을 갖추어 삼신에게 제사지내니 이들은 모두 나타나서 제물을 받았다. 김유신의 아내인 재매부인(財買夫人)이 죽자 청연(青淵) 상곡에 장사지내고 재매곡(財買谷)이라 불렀다. 해마다 봄이 되면 온 집안의 남녀들이 그 골짜기 남쪽 시냇가에 모여서 잔치를 열었다. 이럴 때엔 백 가지 꽃이 화려하게 피고 송화가 골짜기 안 숲속에 가득했다. 골짜기 어귀에 암자를 짓고 이름을 송화방(松花房)이라 하여 전해 오다가 원찰로 삼았다. 54대 경명왕(홍덕왕이 맞음) 때에 공을 봉해서 홍호대왕(興虎(武)大王)이라 했다. 유신의 능은 서산 모지사(毛只寺) 북쪽 동으로 향해 뻗은 봉우리에 있다.

진덕왕(眞德王)이 용상에 올랐다. 그녀의 이름은 승만(勝曼)이며, 진평왕의 친 아우인 갈문왕 국반(國飯, 國芬)의 딸이다. 어머니는 박씨 월명부인이다. 승만은 자태가 곱고 아름다웠으며, 키가 7척이었고, 팔을 늘이고 있으면 그 길이가 무릎을 넘었다.

제28대 진덕(眞德)이 왕위에 오르자 친히 태평가(太平歌)를 지어 비단을 짜서 그 가사로 무늬를 놓아 사신을 시켜서 당나라에 바치게 했다(다른 책에는, 춘추공(春秋公)을 사신으로 보내서 군사를 청하게 했더니 당나라 태종이 기뻐하여 소정방(蘇定方)을 보냈다고 했으나 이것은 잘못된 것이다. 현경 이전 춘추공(春秋公)은 이미 왕위에 올랐기 때문이다. 그리고 현경, 경신(庚申)년은 태종 때가 아니라 고종 때다. 소정방이 온 것은 현경, 경신년이니 비단을 짜서 무늬를 놓아 보냈다는 것은 당나라에 청병한 때의 일이 아니고 진덕왕 때의 일이라야 옳다. 대개 이때는 김흠순(金欽純)을 석방해 달라고 청할 때의 일이다). 당나라 황제는 이것을 아름답게 여겨 칭찬하고 진덕여왕(眞德女王)을 계림국왕으로 고쳐 봉했다. 태평가의 가사는 이러했다.

큰 당(唐) 나라 왕업을 세우니, 높고 높은 임금의 뜻이 장하여라.
전쟁 끝나니 천하를 평정하고, 문치(文治)를 닦으니 백왕(百王)이 뒤를 이었네.
하늘을 거느리니 좋은 비 내리고, 만물을 다스리니 모든 것이 광채가 나네.
깊은 덕은 해와 달에 비기겠고, 돌아오는 운수는 요순보다 앞서네.
깃발은 어찌 그리 번쩍이는가, 징소리 북소리는 웅장도 하여라.
오랑캐로서 황제의 명을 거슬리는 자는 칼 앞에 자빠져 천벌을 받으리.
순후한 풍속 곳곳에 퍼지니, 멀고 가까운 곳에서 상서(祥瑞)를 바치네.

사시의 기후는 옥촉(玉燭)처럼 고르고, 칠요(七曜)의 광명은 만방에 두루 비치네.

산악의 정기는 보필할 재상을 낳고, 황제는 충성되고 어진 신하에게 일을 맡겼네.

오제 삼황의 덕이 하나로 이룩되니, 우리 당나라 황제를 밝게 해 주리.

왕의 대(代)에 알천공(閼川公)·임종공(林宗公)·술종공(述宗公)·호림공(虎林公,자장(慈藏)의 부)·염장공(廉長公)·유신공(庾信公)이 있었다. 이들은 남산 우지암(亏知巖)에 모여서 나랏일을 의논했다. 이때 큰 범 한 마리가 좌중에 뛰어들었다. 여러 사람들은 놀라 일어났지만 알천공만은 조금도 움직이지 않고 태연히 담소하면서 범의 꼬리를 잡아 땅에 메쳐 죽였다. 알천공의 완력이 이처럼 세었으므로 그를 수석에 앉혔다. 그러나 모든 사람들은 유신공의 위엄에 감복했다.

신라에는 네 곳의 신령스러운 땅이 있어서 나라의 큰일을 의논할 때면 대신들은 반드시 그곳에 모여서 일을 의논했다. 그러면 그 일이 반드시 이루어지는 것이었다. 이 네 곳의 첫째는 동쪽의 청송산(青松山)이요, 둘째는 남쪽의 우지산(亏知山)이요, 셋째는 서쪽의 피전(皮田)이요, 넷째는 북쪽의 금강산(金剛山)이다. 이 왕 때에 비로소 정월 초하룻날 아침의 조례(朝禮)를 행했고, 또 시랑(侍郞)이라는 칭호도 이때 처음으로 쓰기 시작했다.

태종무열왕(太宗武烈王)이 용상에 올랐다. 그의 이름은 춘추(春秋)이며, 진지왕의 아들인 이찬 용춘(龍春 일명 龍樹)의 아들이다(〈당서〉에는 진덕왕의 아우라고 기록되어 있으나 이는 잘못임). 어머니는 천명부인이니 진평왕의 딸이다. 왕비는 문명부인이며 각찬 서현의 딸이다. 왕은 풍모가 영명하고 당당하였으며, 어려서부터 정치에 뜻을 두었다. 그는 진덕왕을 섬겨 이찬의 직위를 지냈으며, 당나라 황제가 특진을 인허했다. 진덕왕이 죽자 여러 신하들이 이찬 알천에게 섭정할 것을 요청하였다. 알천은 굳이 사양하며

"나는 늙었고 이렇다 할 만한 덕행이 없다. 지금 덕망이 두텁기로는 춘추공만한 이가 없다. 그는 실로 세상을 다스릴 영걸이라고 할 수 있다."

라고 말했다. 마침내 그를 받들어 왕으로 삼으려 하니 춘추가 세 번이나 사양하다가 마지못하여 용상에 올랐다.

제29대 태종대왕(太宗大王)의 이름은 춘추(春秋), 성은 김씨다. 용수(龍樹, 혹은 용춘(龍春)) 각간으로 죽은 뒤에 추봉된 문흥대왕(文興大王)의 아들이다. 어머니는 진평대왕의 딸 천명부인(天明夫人)이며 비는 문명황후(文明皇后) 문희(文姬)이니 곧 유신공의 막내누이였다. 처음에는 문희의 언니 보희가 꿈에 서악에 올라가서 오줌을 누는데 오줌이 서울 안에 가득 찼다. 이튿날 아침에 문희에게 꿈 이야기를 하자 문희는 이 말을 듣고,

"내가 그 꿈을 사겠어요."

하고 말하니 언니는,

"무슨 물건으로 사려 하느냐."

하고 물었다.

"비단치마를 주면 되겠지요."

언니가 웃으면서,

"그렇게 하자."

하여, 동생이 옷깃을 벌리고 받으려 하자 언니는

"어젯밤 꿈을 네게 준다."

했고, 동생은 비단치마로 값을 치렀다. 그런 지 10여 일이 지났다.

정월 오기일(午忌日, 위의 사금갑(射琴匣)에 보였으니 최치원의 설이다)에 유신이 춘추공과 함께 유신의 집 앞에서 공을 찼다(신라 사람은 공차는 것을 농주(弄珠)의 희롱이라 한다). 이때 유신은 일부러 춘추의 옷을 밟아서 옷끈을 떨어뜨리게 하고 말하기를

"내 집에 들어가서 옷끈을 달도록 합시다."

하매 춘추공은 그 말을 따랐다. 유신이 언니인 아해(阿海)를 보고 옷을 꿰매 드리라 하니 아해는 말한다.

"어찌 그런 사소한 일로 해서 가벼이 귀공자와 가까이 한단 말입니까."

하고 사양했다(고본에는 병 때문에 나오지 않았다고 했다). 이에 유신은 아우인 아지(阿之)에게 일렀다. 춘추공은 유신의 뜻을 알고 드디어 아지와 정을 나누고 이로부터 자주 오갔다. 유신은 그 누이가 임신한 것을 알고 꾸짖었다.

"너는 부모에게 알리지도 않고 아이를 배었으니 그게 무슨 일이냐."

그리고는 온 나라 안에 말을 퍼뜨려 그 누이를 불태워 죽인다고 했다. 어느 날 선덕왕이 남산에 거동한 틈을 타서 유신은 마당 가운데 나무를 쌓아 놓고 불을 질렀다. 연기가 일어나자 왕이 바라보고 무슨 연기냐고 물으니, 좌우에서 아뢰기를,

"유신이 누이동생을 불태워 죽이려고 합니다."

했다. 왕이 그 까닭을 물으니, 그 누이동생이 남편도 없이 임신한 때문이라고 했다. 왕이

"그게 누구의 소행이냐,"

라고 물었다. 이때 춘추공은 왕을 모시고 앞에 있다가 얼굴빛이 몹시 변했다. 왕은 말한다.

"그것은 네가 한 짓이구나. 빨리 가서 구하도록 하라."

춘추공은 명을 받고 말을 달려 왕명을 전하여 죽이지 못하게 한 뒤

버젓이 혼례를 올렸다. 공은 진덕왕이 죽자 영휘(永徽) 5년 갑인(甲寅, 654)에 왕위에 올라 나라를 다스린 지 8년 만인 용삭(龍朔) 원년(元年) 신유(辛酉, 661)에 죽으니 나이 59세였다. 애공사(哀公寺) 동쪽에 장사지내고 비석을 세웠다.

왕은 유신과 함께 신비스러운 꾀와 힘을 다해서 삼한을 통일하여 나라에 큰 공을 세웠다. 그런 때문에 묘호를 태종이라고 했다. 태자 법민(法敏)과 각간 인문(仁問)·각간 문왕(文王)·각간 노차(老且)·각간 지경(智鏡)·각간 개원(愷元) 등은 모두 문희가 낳은 아들들이었으니 전날에 꿈을 샀던 영험이 여기에 나타난 것이다. 서자는 개지문(皆知文) 급간(級干)과 거득(車得) 영공(令公)·마득(馬得) 아간(俄間)이다. 딸까지 합치면 모두 다섯 명이다.

왕은 하루에 쌀 3말과 꿩 9마리를 먹었다. 그러나 경신(庚申, 660)에 백제를 멸한 뒤로는 점심을 먹지 않고 다만 아침저녁뿐이었다. 그래도 하루에 쌀 6말, 술 6말, 꿩 10마리를 먹었다. 성안 물건값은 포목 한 필에 벼가 서른 섬 혹은 쉰 섬이어서 백성들은 태평성대라고 불렀다. 왕이 태자로 있을 때 고구려를 치고자 군사를 청하려고 당나라에 갔다. 이때 당나라 임금이 그의 풍채를 보고 칭찬하여 신성한 사람이라 하고 당나라에 머물러 두고 시위로 삼으려 했지만 굳이 청해서 돌아오고 말았다.

이때 백제 마지막 왕 의자(義慈)는 곧 호왕(虎(武)王)의 맏아들로서 영웅스럽고 용맹하고 담력이 있었다. 부모를 효성스럽게 섬기고 형제간에 우애가 있어 당시 사람들은 그를 해동증자(海東曾子)라 했다. 정관(貞觀) 15년 신축(辛丑, 641)에 왕위에 오르자 주색에 빠져서 정사는 어지럽고 나라는 위태로웠다. 좌평(佐平, 정승) 성충(成忠)이 애써 간했지만 듣지 않고 도리어 옥에 가두니 몸이 쇠약해지고 지쳐서 거의 죽게 되었으나 성충은 글을 올려 말했다.

"충신은 죽어도 임금을 잊지 않습니다. 원컨대 한마디 말만 여쭙고 죽겠습니다. 신이 일찍이 시국의 변화를 살펴보오니 반드시 병란이 있을 것입니다. 대체로 용병은 그 지세를 잘 가려야 하는 것이니 상류에 진을 치고 적을 맞아 싸우면 반드시 버틸 수가 있을 것입니다. 또 만일 다른 나라 군사가 오거든 육로로는 탄현(炭峴, 沈峴이라고도 하니 백제의 요새지임)을 넘지 말 것이고, 수군은 기벌포(伎伐浦, 곧 장암이니 손량(孫梁)이라고도 하고 기벌포(只火浦) 또는 백강(白江)이라고도 함)에 적군이 들어오지 못하게 해야 합니다. 그리고 험한 곳에 의지하여 적을 막아야 합니다."

그러나 왕은 그 말을 깨닫지 못했다. 현경 4년 기미(己未, 659)에 백제 오회사(烏會寺, 오합사(烏合寺)라고도 함)에 크고 붉은 말 한 마리가 나타나 밤낮으로 여섯 번이나 절을 돌아다녔다. 2월 여우 여러 마리가 의자왕의 궁중으로 들어왔는데 그 중 한 마리는 좌평의 책상 위에 올라앉았다. 4월 태자궁 안에서 암탉과 작은 참새가 교미했다. 5월에는 사비수(泗沘水, 부여의 강) 언덕 위에 큰 물고기가 나와서 죽어 있었는데 길이가 세 길이나 되었으며 이것을 먹은 사람은 모두 죽었다. 9월에는 궁중에 있는 홰나무가 마치 사람이 우는 것처럼 울었으며, 밤에는 귀신이 대궐 남쪽 길에서 울었다. 5년 경신(庚申, 660) 봄 1월엔 서울의 우물물이 핏빛이 되었다. 서쪽 바닷가에 작은 물고기가 나와 죽었는데 이것을 백성들이 다 먹을 수가 없었다. 또 사비수의 물이 핏빛이 되었다. 4월에는 청개구리 수만 마리가 나무 위에 모였다. 서울 시민들이 까닭 없이 놀라 달아나는 것이 마치 누가 잡으러 오는 것 같았다. 마침내 놀라 자빠져 죽은 이가 100여 명이나 되었고 재물을 잃은 이는 그 수효를 모를 만큼 많았다. 6월에는 왕흥사(王興寺)의 중들이 보니 배가 큰 물결을 따라 절 문으로 들어오는 것 같았다. 또 마치 들 사슴과 같은 큰 개가 서쪽에서 사비수 언덕에 와서 대궐을 바라보고 짖더니 이윽고 어디로 갔는지 알 수가 없었으며, 성안에 있는 여러 개들이 길 위에 모여들어 혹은 짖기도 하고 울기도 하다가 얼마 후에야 흩어졌다. 또 귀신 하나가 궁중으로 들어오더니 큰 소리로 부르짖기를,

"백제는 망한다, 백제는 망한다."

하다가 이내 땅속으로 들어갔다. 왕이 이상히 여겨 사람을 시켜 땅을 파게 하니 3자 깊이에 거북 한 마리가 있는데 그 등에 글이 씌어 있었다.

"백제는 둥근 달 같고, 신라는 초승달과 같네."

이 글 뜻을 무당에게 물으니 무당은,

"둥근 달이라는 것은 가득 찬 것이니 차면 기웁니다. 새 달은 차지 않은 것이니 차지 않으면 점점 차게 됩니다."

하자 왕은 노해서 무당을 죽여 버렸다. 어떤 사람이 말했다.

"둥근 달은 성한 것이고, 초승달은 미약한 것이오니, 생각건대, 우리나라는 점점 성하고 신라는 점점 약해진다는 뜻이 아니겠습니까."

왕은 이 말을 듣고 기뻐했다. 태종은 백제에 괴상한 변고가 많다는 소식을 듣고 5년 경신(庚申, 660)에 김인문을 사신으로 당나라에 보내서 군사를 청했다. 당 고종은 좌호위장군 형국공(荊國公) 소정방(蘇定方)으로 신구도행군총관(神丘道行軍摠管)을 삼아 좌위장군 유백영(劉伯英)과 좌호위장군 풍사귀(馮士貴), 좌효위장군 방효공(龐孝公) 등을 거느리고 13만의 군사를 이끌고 와서 치게 했다. 또 신라 왕 춘추로 우이도 행군총관(嵎夷道行軍摠管)을 삼아 신라의 군사를 데리고 합세하도록 했다.

소정방이 군사를 이끌고 성산(城山)에서 바다를 건너 신라 서쪽 덕물도(德勿島)에 이르자 신라왕은 김유신 장군을 보내서 정병 5만을 거느리고 싸움에 나가게 했다. 의자왕은 이 소식을 듣고 여러 신

하들을 모아 싸우고 지킬 계책을 물으니 좌평 의직(義直)이 나와 아뢴다.

"당나라 군사는 멀리 큰 바다를 건너왔고 또 수전에 익숙하지 못하여, 또 신라 군사는 큰 나라가 원조해 주는 것만 믿고 적을 가볍게 여기는 마음이 있습니다. 만일 당나라 군사가 싸움에 이롭지 못한 것을 보면 반드시 의심하고 두려워하여 감히 진격해 오지 못할 것입니다. 그러므로 우리는 먼저 당나라 군사와 겨루는 것이 좋을 것입니다."

그러나 달솔 상영(常永) 등은 말한다.

"그렇지 않습니다. 당나라 군사는 멀리서 왔기 때문에 속히 싸우려고 서두르고 있으니 그 예봉을 당할 수가 없을 것입니다. 한편 신라 군사는 여러 번 우리에게 패한 때문에 이제 우리 군사의 기세를 바라만 보아도 두려워하지 않을 수가 없을 것입니다. 하오니 오늘날의 작전은 마땅히 당나라 군사의 길을 막고 그 군사들이 피로해지기를 기다릴 것입니다. 그러니 먼저 일부 조그만 군사로 신라를 쳐서 그 예봉을 꺾은 후에 편의를 보아서 싸운다면 군사를 하나도 죽이지 않고서 나라를 보전할 것입니다."

이리하여 왕은 망설이고 어느 말을 따를지 모르고 있었다. 이때 좌평 흥수(興首)가 죄 짓고 고마며지현(古馬旀知縣)에 귀양 가 있었으므로 사람을 보내어 물었다.

"일이 급하니 어찌하면 좋겠는가."

흥수는 말한다.

"대체로 좌평 성충의 말과 같사옵니다."

대신들은 이 말을 믿지 않고 말하기를,

"흥수는 죄인의 몸이어서 임금을 원망하고 나라를 사랑하지 않는 것이오니 그 말은 쓸 것이 되지 못합니다. 당나라 군사로 하여금 백강 기벌포에 들어가서 강물을 따라 내려오되 배를 나란히 하지 못하게 할 것입니다. 또 신라군은 탄현에 올라와서 소로를 따라 내려오되 말을 나란히 하지 못하게 할 것입니다. 이렇게 해 놓고 군사를 놓아 친다면 마치 닭장에 든 닭과 그물에 걸린 물고기와 같을 것입니다."

했다. 왕은,

"그 말이 옳다."

했다. 또 들으니 당나라 군사와 신라 군사가 이미 백강과 탄현을 지났다 한다. 의자왕은 계백(階(偕)伯) 장군을 보내 결사대 5천 명을 거느리고 황산(黃山)으로 나가 신라 군사와 싸우게 했더니 계백은 네 번 싸워 네 번 다 이겼다. 하지만 군사는 적고 힘이 다하여 마침내 패하고 계백은 전사했다. 이에 당나라 군사와 신라 군사는 합세해서 전진하여 나루터까지 나가서 강가에 군사를 주둔시켰다. 이때 갑자기 새가 소정방의 진영 위에서 맴돌므로 사람을 시켜서 점을 치게 했더니

"반드시 원수가 상할 것입니다."

한다. 정방이 두려워하여 군사를 물리고 싸움을 중지하려 하므로 김유신이 소정방에게 이르기를,

"어찌 나는 새의 괴이한 일을 가지고 하늘이 내린 때를 어긴단 말이오. 하늘에 응하고 민심에 따라서 지극히 어질지 못한 자를 치는데 어찌 상서롭지 못한 일이 있겠소."

하고 신검을 뽑아 그 새를 겨누니 새는 몸뚱이가 찢어져 그들의 자리 앞에 떨어진다. 이에 정방은 백강 왼쪽 언덕으로 나와서 산을 등지고 진을 치고 싸우니 백제군이 크게 패했다. 당나라 군사는 조수를 타고 싸우는 전선이 꼬리를 물어 북을 치면서 전진했다. 정방은 보병과 기병을 이끌고 바로 백제의 도성으로 쳐들어가 30리쯤 되는 곳에 머물렀다. 이때 백제에서는 군사를 다 내어 막았지만 싸우다 죽은 자

가 1만여 명이나 되었다. 이리하여 당나라 군사는 이긴 여세를 몰아 성으로 들이닥쳤다. 의자왕은 죽음을 면치 못할 것을 알고 후회한다.

"내가 성충의 말을 듣지 않고 있다가 이렇게 되었구나."

의자왕은 드디어 태자 융(隆, 효(孝)라고도 했지만 잘못임)과 함께 북비(北鄙, 북쪽 변방)로 도망했다. 정방이 그 성을 포위하자 왕의 둘째 아들 태(泰)가 스스로 왕이 되어 무리를 거느리고 성을 굳게 지켰다. 이때 태자의 아들 문사(文思)가 태에게 말한다.

"왕이 태자와 함께 성에서 달아났는데 숙부가 맘대로 왕이 되었으니, 만일 당나라 군사가 포위한 것을 풀고 물러간다면 그때에는 우리들이 어떻게 온전할 수가 있겠습니까."

하고는 좌우 사람들을 거느리고 성을 넘어 나아가자 백성들은 모두 그를 따르니 태는 이것을 말릴 수가 없었다. 소정방이 군사를 시켜 성책을 세우고 당나라 깃발을 꽂으니 태는 일이 매우 급해서 문을 열고 항복하였다. 이에 왕과 태자 융(隆), 왕자 태, 대신 정복(貞福)과 여러 성이 모두 항복했다. 소정방은 의자왕과 태자 융, 왕자 태와 연(演) 및 대신들과 장졸 88명과 백성 1만 2,807명을 당나라 서울로 보냈다.

백제에는 원래 5부, 76군, 200성, 36만 호가 있었다. 이때 당나라에서는 이곳에 웅진(熊津)·마한(馬韓)·동명(東明)·금련(金蓮)·덕안(德安) 등 다섯 도독부를 두고 우두머리를 뽑아서 도독(都督)·자사(刺史)를 삼아 다스리게 했다. 낭장 유인원(劉仁願)에게 명하여 사비성을 지키게 하고, 좌위낭장 왕문도(王文度)로 웅진도독을 삼아 백제에 남아 있는 백성들을 안심하게 했다. 소정방은 포로들을 이끌고 당나라 임금에게 뵈니, 임금은 이들을 책망만 하고 용서해 주었다.

의자왕이 그곳에서 병으로 죽자, 황제는 그에게 금자광록대부 위위경(衛尉卿)을 주고 그의 옛 신하들이 가서 조문하는 것을 허락했다.

또 명하여 손호(孫皓)와 진숙보(陳叔寶)의 무덤 옆에 장사지내게 하고 모두 비를 세워 주었다. 7년 임술(壬戌, 662)에 당에서는 소정방을 명하여 요동도행군대총관을 삼았다가 다시 평양도로 고쳐 고구려군을 패강에서 깨뜨리고 마읍산(馬邑山)을 빼앗아 진영을 세우고 드디어 평양성을 포위했으나 때마침 큰 눈이 내려서 포위를 풀고 돌아가니, 양주안집대사를 삼아 토번(吐藩)을 정복했다. 건봉(乾封) 2년(667)에 소정방이 죽자 당나라 황제는 슬퍼하여 좌효기대장군 유주(幽州) 도독을 내리고 죽은 뒤 시호를 장(莊)이라 했다(당사(唐史) 참조).

신라별기(新羅別記)에 따르면, 문무왕이 즉위한 5년 을축(乙丑, 665) 8월 경자(庚子)에 왕이 친히 군사를 거느리고 웅진성(熊津城, 공주)에 가서 부여 융(隆)과 만나 단을 만들고 백마를 잡아 맹세하는데, 먼저 천신과 산천의 신령에 제사를 지낸 뒤에 말의 피를 뿌리고 글을 지어 맹세했다.

"저번에 백제의 선왕이 순종하는 것과 거스르는 이치에 어두워 이웃 나라와 평화를 두텁게 하지 않고 친척과 화목하지 않으며, 고구려와 결탁해서 왜국과 서로 통하여, 그들과 함께 잔학한 짓을 했다. 신라를 침략하여 성읍을 무너뜨리고 백성을 짓밟아 거의 편안한 해가 없었다. 중국의 천자는 한 물건이라도 제가 살 곳을 잃는 것을 가엾게 여기고 백성들이 해독을 입는 것을 불쌍히 여겨, 자주 사신을 보내서 사이좋게 지내기를 타일렀었다.

그러나 백제는 지리의 험하고 먼 것을 믿고 천자의 글을 업신여기니 황제는 크게 노하여 삼가 정벌을 행하니 깃발이 가리키는 곳 한 번 싸움에 이 땅을 평정했다. 마땅히 궁실과 주택을 무너뜨려 못을 만들어서 자손들을 경계하고 그 폐단의 근원을 아주 뽑아 없애어 뒷세상에 교훈을 보이려 한다. 합류해 오는 자는 받아들이고 거스르는 자를 정벌하는 것은 선왕의 아름다운 법이요, 망한 나라를 흥하게 하고 끊어진 대를 잇게 하는 것은 전철(前哲)의 공통된 법칙이다. 일은 반드시 옛것을 본받아야 하는 것은 전의 역사책에 전해오는 것이기 때문에, 전백제왕 사가정경(司稼正卿) 부여 융(隆)을 세워 웅진 도독을 삼아 그 선조의 제사를 받들게 함을 보전케 하는 것이다. 신라에 기대어 길이 좋은 이웃이 되어 각각 묵은 감정을 없애고 좋은 우의를 맺어 화친하게 지낼 것이며 삼가 천자의 명을 받들어 영원히 속국이 될 것이다. 이에 사자 우위위장군 노성현공 유인원을 보내서 친히 권하여 나의 뜻을 자세히 선포하는 것이다. 혼인할 것을 약속하고 맹세를 소중히 여겨 희생을 잡아 피를 뿌리고 함께 시종을 두텁게 할 것이다. 재앙을 나누고 환란을 서로 구제하여 은의를 형제처럼 할 것이다. 삼가 임금의 말씀을 받들어 감히 버리지 말 것이며, 이미 맹세를 정한 뒤에는 함께 변하지 말도록 힘쓸 것이다.

만일 어기고 등을 돌려 그 덕을 변하여 군사를 일으켜 변방을 침입하는 때에는 신명이 이를 살펴서 백 가지 재앙을 내리어 자손들도 키우지 못하고 사직도 지키지 못하여 제사는 끊어져서 남는 씨가 없게 될 것이다. 그런 때문에 여기에 서약서를 만들어 종묘에 간직해 두는 것이니 자손만대에 이르도록 감히 어기지 말 것이다. 신령께서는 이를 듣고 이에 흠향하고 복을 주시옵소서."

맹세가 끝나자 폐백을 단 북쪽에 묻고 맹세한 글은 신라의 왕실 제사를 모시는 종묘에 간직해 두었다. 이 맹세하는 글은 대방 도독 유인궤가 지은 것이다(당사(唐史)의 글을 살펴보면, 소정방이 의자왕과 태자 융 등을 당나라 서울에 보냈다고 했는데 여기에서는 부여왕 융을 만났다고 했으니, 당나라 황제가 융의 죄를 용서하고 돌려보내서 웅진도독을 삼은 것을 알 수 있다. 그런 때문에 맹서 글에도 분명히 말했으니 이로써 증거가 된다).

또 〈고기(古記)〉에는 이렇게 말했다.

총장(摠章) 원년 무진(戊辰, 668, 총장 무진(戊辰)이라면 이적(李勣)의 일이니 보내는 하문(下文)에 소정방이라고 한 것은 잘못이다. 만일 정방의 일이라면 연호는 용삭 2년 임술에 해당하며 평양을 포위했을 때의 일이다)에 신라에서 청한 당나라 군사가 평양 교외에 주둔하면서 글을 보내 말하기를,

"급히 군자(軍資)를 보내 달라."

고 했다. 이에 왕이 여러 신하들을 모아 놓고 묻기를,

"고구려에 들어가서 당나라 군사가 주둔한 곳으로 간다는 것은 그 형세가 몹시 위험하다. 그러나 우리가 청한 당나라 군사가 양식이 떨어졌는데 군량을 보내 주지 않는다는 것도 옳지 못하니 어찌 하면 좋겠는가."

했다. 이에 김유신이 아뢰었다.

"신 등이 군수물자를 전달하겠사오니 대왕께서는 염려하지 마십시오."

했다. 이에 유신·인문 등이 군사 수만 명을 거느리고 고구려 국경 안에 들어가 곡식 2만 곡(斛)을 갖다 주고 돌아오니 왕이 크게 기뻐했다. 또 군사를 일으켜 당나라 군사와 합하고자 할 때 유신이 먼저 연기(然起)·병천(兵川) 두 사람을 보내서 그 합세할 시기를 물었다. 이때 당나라 장수 소정방이 종이에 난새(鸞)와 송아지(犢)의 두 그림을 그려 보냈다. 신라 군사들은 그 뜻을 알지 못하여 사람을 보내서 원효(元曉, 617-686)에게 물었다. 원효는 풀이하기를,

"속히 군사를 돌이키라는 뜻이니 송아지와 난새를 그린 것은 두 물건이 끊어지는 것을 뜻한 것입니다."

했다. 이에 유신은 군사를 돌려 패수를 건너려 할 때 명령을 내려

"뒤떨어지는 자는 베이리라."

했다. 이리하여 군사들이 앞을 다투어 강을 건너는데 반쯤 건너자 고구려 군사가 쫓아와서 아직 건너지 못한 자를 잡아 죽였다. 그러나 이튿날 유신은 고구려 군사를 만노(萬弩)로 반격하여 수만 명을 잡아 죽였다. 백제고기(百濟古記)에는 이렇게 말했다.

"부여성 북쪽 모퉁이에 큰 바위가 있는데 아래로 강물을 내려다보고 있다. 옛날부터 전해 오는 말에 의자왕과 여러 후궁들은 죽음을 면하지 못할 것을 알고 서로 이르기를, '차라리 자진해 죽을지언정 남의 손에 죽지 않겠다' 하고 서로 이끌고 여기에 와서 강에 몸을 던져 죽었다."

했다. 그 때문에 이 바위를 타사암(墮死岩)이라고 하나 이것은 속설이 잘못 전해진 것이다. 다만 궁녀들만이 여기에 떨어져 죽은 것이다. 의자왕이 당나라에서 죽었다는 것은 당사(唐史)에 명문(明文)이 있다. 신라고전에는 이러하다.

"소정방이 이미 고구려·백제 두 나라를 토벌하고 또 신라마저 치려고 머물러 있었다. 이때 유신이 그 뜻을 알아채고 당나라 군사를 초청하여 독약을 먹여 죽이고는 모두 쓸어 묻었다. 지금 상주(尙州) 지경에 당교(唐橋)가 있는데 이것이 그들을 묻은 곳이다."

(당사(唐史)를 살피건대, 그 죽은 까닭은 말하지 않고 다만 죽었다고만 했으니 무슨 까닭일까? 감추기 위한 것인가. 향전이 근거가 없는 것인가. 만일 임술년 고구려 싸움에 신라 사람이 정방의 군사를 죽였다면 그 후일인 총장 무진(戊辰)에 어찌 군사를 청하여 고구려를 멸할 수가 있었겠는가. 이로 보면 향전의 근거 없음을 알 수가 있다. 다만 무진에 고구려를 멸한 후에 당나라에 신하로서 섬기지 않고 맘대로 그 땅을 소유한 일은 있었으나 소정방·이적 두 공을 죽인 일은 없었다.)

당나라 군사가 백제를 정복하고 돌아간 뒤에 신라왕은 여러 장수에게 명하여 백제의 남은 군사를 좇아서 잡게 하고 한산성에 주둔하니 고구려·말갈의 두 나라 군사가 와서 에워싸고 서로 싸웠으나 끝이 나지 않아 5월 11일에 시작해 6월 22일에 이르니 우리 군사는 몹시 위태로웠다. 왕이 듣고 여러 신하와 의논했으나 장차 어찌할 지 결정하지 못하고 있는데 유신이 달려와서 아뢴다.

"일이 급하여 사람의 힘으로는 할 수가 없고, 오직 신통한 도술이라야 구원할 수가 있습니다."

하고 성부산(星浮山)에 단을 모으고 신술을 쓰니 갑자기 큰 독만한 광채가 단 위에서 나오더니 별이 북쪽으로 날아갔다(이 일로 해서 성부산이라고 하나 산의 이름에 대해서는 다른 설도 있다. 산은 도림(都林) 남쪽에 있는데 솟은 한 봉우리가 이것이다. 서울에서 한 사람이 벼슬을 구하려고 그 아들을 시켜 큰 횃불을 바라보고 모두 말하기를, 그곳에 괴상한 별이 나타났다고 했다. 왕이 이 말을 듣고 근심하고 두려워하여 사람을 모아 기도하게 했더니 그 아버지가 거기에 응모하려 했다. 그러나 천기를 보는 일관이 아뢰기를 "이것은 별로 괴상한 일이 아니옵고 다만 한 집에 아들이 죽고 아비가 울 징조입니다" 라고 했다. 그래서 드디어 기도를 그만두었다. 이날 밤 그 아들이 산에서 내려오다가 범에게 물려 죽었다). 한산성 안에 있던 군사들은 구원병이 오지 않는 것을 원망하여 서로 보고 울 뿐이었는데 이때 적군이 이를 급히 치고자 하자 갑자기 광채가 남쪽 하늘 끝으로부터 오더니 벼락이 되어 적의 포석(砲石) 30여 곳을 쳐부쉈다. 이리하여 적군의 활과 화살과 창이 부서지고 군사들은 모두 땅에 자빠졌다가 한참만에야 깨어나서 모두 흩어져 달아나니 우리 군사는 무사히 돌아올 수 있었다.

태종무열왕이 처음 왕위에 오르자, 어떤 사람이 돼지를 바쳤는데 머리는 하나요, 몸뚱이는 둘이요, 발은 여덟이었다. 예언하는 자가 이것을 보고 말했다.

"이것은 반드시 육합(六合)을 통일할 좋은 징조입니다."

이 왕대에 비로소 중국의 의관과 아홀(牙笏)을 쓰게 되었는데 이것은 자장율사(慈藏律師)가 당나라 황제에게 청해서 가져온 것이다. 신문왕 때 당나라 고종이 신라에 사신을 보내서 말했다.

"나의 성고(聖考) 당태종(唐太宗)은 어진 신하 위징(魏徵)·이순풍(李淳風)들을 얻어 마음을 합하고 덕을 같이하여 천하를 통일했다. 그런 때문에 이를 태종황제라고 했다. 너의 신라는 바다 밖의 작은 나라로서 태종이란 호칭을 써서 천자의 이름을 건방지게 하고 있으니 그 뜻이 충직하지 못하다. 속히 그 왕의 호칭을 고치도록 하라."

이에 신라왕은 표(表)를 올려 말했다.

"신라는 비록 작은 나라지만 성스러운 신하 김유신을 얻어 삼국을 통일했으므로 태종이라 한 것입니다."

당나라 황제가 그 글을 보고 생각하니, 그가 태자로 있을 때에 하늘에서 허공에 대고 부르기를,

"33천(天)의 한 사람이 신라에 태어나서 김유신이 되었느니라."

한 일이 있어서 책에 기록해 둔 일이 있는데, 이것을 꺼내 보고는 놀라고 두려움을 참지 못했다. 다시 사신을 보내어 태종의 호칭을 고치지 않아도 좋다고 했다.

6년 여름 4월, 백제가 자주 국경을 쳐들어 왔으므로, 왕이 백제를 공격하기 위하여 당나라에 사신을 보내 군사를 요청하였다. 가을 8월, 아찬 진주를 병부령에 임용하였다. 9월, 하슬라주에서 흰 새를 바쳤다. 공주의 강 속에서 큰 물고기가 육지로 올라와 죽었다. 그 고기의 길이가 1백 자였는데, 이를 먹은 사람들이 목숨을 잃었다. 겨울 10월, 왕이 조정

에 앉아서, 당나라에 파병을 요청한 데 대한 회보가 없음을 걱정하고 있었다. 그때 갑자기 한 사람이 왕 앞에 나타났다. 그는 선대의 신하 장춘과 파랑 같아 보였다. 그는,

"제가 비록 몸은 백골로 변하였으나 나라에 보답할 마음이 있기에, 어제 당나라에 갔었습니다. 그 곳에서 당 황제가 대장군 소정방 등에게 내년 5월에 군사를 거느리고 와서 백제를 치도록 명령한 것을 알았습니다. 대왕께서 이토록 애타게 기다리고 계시므로 미리 말씀드립니다."

라고 말했다. 그는 말을 마치자 사라졌다. 왕이 크게 놀라고 이상히 여겨, 두 집안 자손들에게 후하게 상을 주고, 곧 해당 관청으로 하여금 한산주에 장의사(壯義寺)를 지어 그들의 명복을 빌게 하였다.

처음에 백제 군사와 황산에서 싸울 때 장춘랑(長春郎)과 파랑(罷郎)이 군영에서 죽었다. 그 뒤 백제를 칠 때 그들은 태종의 꿈에 나타나서 말했다.

"신 등이 옛날 나라를 위해서 몸을 바쳤고, 이제 백골이 되어서도 나라를 완전히 지키려고 종군하여 게을리 하지 않습니다. 하오나 당나라 장수 소정방(蘇定方)의 위엄에 눌려서 그의 뒤로만 쫓겨 다니고 있습니다. 원컨대 왕께서는 우리에게 적은 군사를 주십시오."

태종 6년(659)이었다. 대왕은 놀라고 괴이하게 여겨 두 넋을 위하여 하루 동안 모산정(牟山亭)에서 불경을 외고 또 한산주(漢山州)에 장의사를 세워 그들의 영혼의 위로하고 명복을 빌게 했다.

6. 신라본기 제6

문무왕(文武王)이 용상에 올랐다(661). 그의 이름은 법민(法敏)이며, 태종왕의 맏아들이다. 어머니는 김씨 문명 왕비이며, 소판 서현의 막내딸이고, 유신의 누이였다. 유신의 맏누이가 꿈에 서형산 꼭대기에 올라 앉

아 오줌을 누었는데, 그 오줌이 흘러 나라 안에 두루 퍼졌다. 그녀는 꿈을 깨고 난 후에 동생에게 꿈 이야기를 하였다. 동생은 장난삼아

"내가 언니의 꿈을 사고 싶다."

라고 말하고, 꿈 값으로 비단 치마를 주었다. 며칠 뒤에 유신이 춘추공과 공을 차다가 춘추의 옷고름을 밟아 떨어뜨렸다. 유신이

"우리 집이 마침 가까운 곳에 있으니, 가서 옷고름을 답시다."

라고 말하고, 춘추와 함께 집으로 왔다. 그는 주연을 베풀고 조용히 보희를 불러 바늘과 실을 가지고 와서 옷을 꿰매도록 하였다. 그러나 맏누이 보희는 일이 있어 나오지 못하고, 동생이 앞에 나와 옷고름을 달았다. 그녀의 수수한 화장과 경쾌한 의복, 그리고 어여쁜 얼굴은 눈이 부시는듯하였다. 춘추가 보고 기뻐하여 곧 혼인을 청하여 혼인식을 올렸다. 그녀는 바로 임신하여 남자아이를 낳았다. 이 아이를 법민이라 하였다. 왕비는 자의왕비이니 파진찬 선품의 딸이다. 법민은 외모가 영특하고, 총명하고 지략이 많았다. 영휘 초에 당나라에 갔을 때, 고종이 대부경 벼슬을 주었다. 태종 원년에 파진찬으로서 병부령이 되었다가 얼마 안 되어 태자로 임명되었다. 현경 5년에 태종이 당나라 장수 소정방과 백제를 평정할 때, 법민이 종군하여 큰 공을 세웠고, 이때에 이르러 용상에 올랐다.

문호왕(文虎(武)王) 법민(法敏)이 처음 즉위한 용삭 신유(辛酉, 661)에 사비수(泗沘水) 남쪽 바나 속에 한 여사의 시체가 있는데, 키는 73척, 발의 길이는 6척, 음문의 길이가 3척이었다. 혹은 말하기를 키가 18척이며 건봉(乾封) 2년 정묘(丁卯, 667)의 일이라고 했다.

총장 무진(戊辰, 668)에 왕은 군사를 거느리고 인문(仁問)・흠순(欽純) 등과 함께 평양에 이르러 당나라 군사와 합세하여 고구려를 멸망시켰다(668). 당나라 장수 이적(李勣)은 고장왕(高藏王, 보장

왕)을 잡아가지고 당나라로 돌아갔다(왕의 성이 고(高)씨이므로 고장(高藏)이라 했다. 당서(唐書) 고종기(高宗紀)를 살펴보면, 현경 5년 경신(庚申, 660)에 소정방 등이 백제를 정벌하고 그 뒤 12월에 대장군 설여하(契如何)로 패강도(浿江道) 행군대총관(行軍大摠管)을, 또 소정방으로 요동도 대총관을 삼고, 유백영(劉伯英)으로 평양도 대총관을 삼아서 고구려를 쳤다. 또 다음해 신유(辛酉) 정월에는 소사업(蕭嗣業)으로 부여도 총관을 삼고, 임아상(任雅相)으로 패강도 총관을 삼아 군사 35만 명을 거느리고 고구려를 치게 했다. 8월 갑술(甲戌)에 소정방 등은 고구려와 패강에서 싸우다가 패해서 도망했다. 건봉 원년 병인(丙寅, 666) 6월 방동선(龐同善)·고임(高臨)·설인귀(薛仁貴)·이근행(李謹行) 등으로 이를 후원케 했다. 9월에 방동선이 고구려와 싸워서 패했다. 12월 기유(己酉)일에 이적으로 요동도 행군대총관을 삼아 6총관의 군사를 거느리고 고구려를 치게 했다. 총장 원년 무진(戊辰, 668) 9월 계사(癸巳) 일에 이적이 고장왕을 사로잡았다. 12월 정사(丁巳)일에 포로를 황제에게 바쳤다. 상원(上元) 원년 갑술(甲戌, 674) 2월 유인궤로 계림도총관을 삼아서 신라를 치게 했다. 우리나라 〈고기(古記)〉에는, "당나라가 육로장군 공공(孔恭)과 수로장군 유상(有相)을 보내서 신라의 김유신 등과 함께 고구려를 멸망시켰다"라고 했다. 그런데 여기에는 인문과 흠순 등의 일만 말하고 유신은 없으니 자세히 알 수 없는 일이다). 이때 당나라의 유병(游兵, 유격대)과 여러 장병들이 진영에 머물러 있으면서 장차 우리 신라를 치려고 했으므로 왕이 알고 군사를 내어 이를 쳤다. 이듬해에 당나라 고종이 인문 등을 불러들여 꾸짖기를,

"너희가 우리 군사를 청해서 고구려를 멸망시키고 나서 이제 우리를 침해하는 것은 무슨 까닭이냐."

하고 이내 둥그런 원비(圓扉)에 가두고 군사 50만 명을 훈련하여

설방(薛邦)으로 장수를 삼아 신라를 치려고 했다. 이때 의상법사가 유학하러 당나라에 갔다가 인문을 찾아보자 인문은 그 사실을 말했다. 이에 의상이 돌아와서 왕께 아뢰니 왕은 몹시 두려워하여 여러 신하들을 모아 놓고 이것을 막아 낼 방법을 물었다. 각간 김천존(金天尊)이 말했다.

"요새 명랑법사가 용궁에 들어가서 비법을 배워 왔으니 그를 불러 물어보십시오."

명랑이 말했다.

"낭산(狼山) 남쪽에 신유림(神遊林)이 있으니 거기에 사천왕사를 세우고 도량을 마련하면 좋겠습니다."

그때 정주(貞州)에서 사람이 달려와 보고한다.

"당나라 군사가 무수히 우리 국경에 이르러 바다 위를 돌고 있습니다."

왕은 명랑을 불러 물었다.

"일이 이미 급하게 되었으니 어찌 하면 좋겠는가."

명랑이 말한다.

"여러 가지 빛의 비단으로 절을 임시로 지으면 될 것입니다."

이에 채색 비단으로 임시로 절을 만들고 풀로 오방의 신상(神像)을 만들었다. 그리고 유가(瑜伽)의 명승(明僧) 열두 명으로 하여금 명랑을 우두머리로 하여 문두루(文豆婁)의 비밀한 술법을 쓰게 했다. 그때 당나라 군사와 신라 군사는 아직 싸우기 전인데 바람과 물결이 사납게 일어나서 당나라 군사는 모두 물속에 침몰되었다. 그 후 절을 고쳐 짓고 사천왕사(四天王寺)라 하여 지금까지 단석이 없어지지 않았다(국사(國史)에는 이 절을 고쳐 지은 것이 조로(調露) 원년 기묘(己卯, 679)의 일이라고 했다).

그 후 신미(辛未, 671)년에 당나라는 다시 조헌(趙憲)을 장수로

하여 5만 명의 군사를 거느리고 쳐들어왔으므로 또 그전의 비법을 썼더니 배는 전과 같이 침몰되었다. 이때 한림랑(翰林郎) 박문준(朴文俊)은 인문을 따라 옥중에 있었는데 고종이 문준을 불러서 묻는다.

"너희 나라에는 무슨 비법이 있기에 두 번이나 대군을 내었는데도 한 명도 살아서 돌아오지 못하느냐."

문준이 아뢰었다.

"소신들은 당나라에 온 지 10여 년이 되었으므로 본국의 일은 알지 못합니다. 다만 멀리서 한 가지 일만을 들었을 뿐입니다. 저의 나라가 황상의 은혜를 두텁게 입어 삼국을 통일하였기에 그 은덕을 갚으려고 낭산 남쪽에 새로 천왕사(天王寺)를 짓고 황제의 만수무강을 빌면서 법석을 길이 열었다는 일뿐입니다."

고종은 이 말을 듣고 크게 기뻐하여 이에 예부시랑 악붕귀(樂鵬龜)를 신라에 사신으로 보내어 그 절을 살펴보도록 했다. 신라왕은 당나라 사신이 온다는 사실을 먼저 알고 이 절을 사신에게 보여서는 안 될 것이라고 하여 그 남쪽에 따로 새 절을 지어 놓고 기다렸다. 사신이 와서 청한다.

"먼저 황제의 만수를 비는 천왕사에 가서 분향하겠습니다."

이에 새로 지은 절로 그를 안내하자 그 사신은 절 문 앞에 서서,

"이것은 사천왕사(四天王寺)가 아니고, 망덕요산(望德遙山)의 절입니다."

하고는 끝내 들어가지 않았다. 신라 관원들이 금 1천 냥을 주었더니 그는 본국에 돌아가서 아뢰기를,

"신라에서는 천왕사(天王寺)를 지어 놓고 황제의 만수를 축원할 뿐이었습니다."

했다. 이때 당나라 사신의 말에 따라 그 절을 망덕사(望德寺)라고 했다(혹 효소왕 때의 일이라고 하나 잘못이다). 신라왕은 문준이 말

을 잘해서 황제도 그를 용서해 줄 뜻이 있다는 소식을 들었다. 이에 강수(强首)에게 명하여 인문의 석방을 청하는 표문(表文)을 지어 사인(舍人) 원우(遠禹)를 시켜 당나라에 아뢰게 했더니 황제는 표문을 보고 눈물을 흘리면서 인문을 용서하고 위로해 돌려보냈다. 인문이 옥중에 있을 때 신라 사람은 그를 위하여 절을 지어 인용사(仁容寺)라 하고 관음도량을 열었는데 인문이 돌아오다가 바다 위에서 죽었기 때문에 미타도량으로 고쳤다. 지금까지도 그 절이 남아 있다. 대왕이 나라를 다스린 지 21년 만인 영륭(永隆) 2년 신미(辛未, 681)에 죽으니 마지막 명에 따라서 동해중의 큰 바위 위에 장사지냈다. 왕은 평소 항상 지의법사(智義法師)에게 말했다.

"나는 죽은 뒤에 나라를 지키는 용이 되어 불법을 받들어 나라를 수호하려 하오."

이에 법사가 말했다.

"용은 짐승의 응보(應報)인데 어찌 용이 되신단 말입니까."

왕이 말했다.

"나는 세상의 영화를 싫어한 지가 오래되오. 만일 추한 응보로 내가 짐승이 된다면 이야말로 내 뜻에 맞는 것이오."

왕이 처음 즉위했을 때 남산에 장창(長倉)을 설치하니, 길이가 50보, 너비가 15보로 군량미와 병기를 여기에 쌓아 두니 이것이 우창(右倉)이요, 천은사(天恩寺) 서북쪽 산 위에 있는 것은 좌창(左倉)이다. 다른 책에는,

"건복(建福) 8년 신해(辛亥, 591)에 남산성을 쌓았는데 그 둘레가 2,850보다."

했다. 그렇다면 이것은 진덕왕대에 처음 쌓았다가 이때 중수한 것이다. 또 부산성(富山城)을 처음으로 쌓기 시작하여 3년 만에 마치고 안북하변(安北河邊)에 철성(鐵城)을 쌓았다. 또 서울에 성곽을

쌓으려 하여 이미 관리를 갖추라고 명령하자 그때 의상법사가 이 말을 듣고 글을 보내서 아뢰었다.

"왕의 다스림이 밝으시면 비록 풀 언덕에 금을 그어 성이라 해도 백성들은 감히 이것을 넘지 않을 것이며, 재앙을 씻어 깨끗이 하고 모든 것이 복이 될 것이나, 정교가 밝지 못하면 비록 긴 성이 있다 하더라도 재화를 없이할 수는 없을 것입니다."

왕은 이 글을 보고 이내 그 역사를 중지시켰다. 인덕(麟德) 3년 병인(丙寅, 666) 3월 10일에 어떤 민가에서 길이(吉伊)라는 종이 한꺼번에 아들 셋을 낳았다. 총장 3년 경오(庚午, 670) 정월 7일에 한기부(漢岐部)의 일산급간(一山級干) 혹은 성산아간(成山阿干)의 종이 한꺼번에 네 아이를 낳았는데 딸 하나에 아들 셋이었다. 나라에서 상으로 곡식 2백석을 주었다. 또 고구려를 친 뒤에 그 나라 왕손이 신라에 귀화하자 그를 진골의 지위에 두게 했다. 어느 날 왕은 그의 배다른 아우 차득공(車得公)을 불러서 말하기를,

"네가 재상이 되어 백관들을 고루 다스리고 나라를 태평하게 하라."

하니 차득공은 말한다.

"폐하께서 만일 소신을 재상으로 삼으시려 하신다면, 신은 원컨대 남몰래 국내를 돌아다니면서 민생의 괴롭고 편안한 것과, 조세의 가볍고 무거운 것과, 관리의 청렴하고 청렴하지 못함을 알아보고 난 뒤에 그 직책을 맡을까 합니다."

왕은 그 말을 따랐다. 공은 승복을 입고 비파를 들어 마치 거사의 모습을 하고 서울을 떠났다. 아슬라주(阿瑟羅州, 강릉)·우수주(牛首州, 춘천)·북원경(北原京, 원주)을 거쳐 무진주(武珍州, 광주)에 이르러 두루 마을을 돌아다니노라니 무진주의 관리 안길(安吉)이 그가 보통 사람과는 다름을 알고 자기 집으로 모셔다 정성을 다해서 대접했다. 밤이 되자 안길은 처첩 세 사람을 불러 말했다.

"오늘 밤에 거사 손님을 모시는 자는 내가 몸을 마치도록 함께 살 것이오."

두 아내는,

"차라리 함께 살지 못할지언정 어떻게 남과 함께 잔단 말이오."

했다. 그 중에 아내 한 사람이 말한다.

"나리가 몸을 마치도록 함께 살겠다면 명령을 받들겠습니다."

이튿날 일찍 떠나면서 거사는 말했다.

"나는 서울 사람으로서 내 집은 황룡사와 황성사 두 절 중간에 있고, 내 이름은 단오(端午, 속언에 단오를 술의(車衣)라고 함)요. 주인이 만일 서울에 오거든 내 집을 찾아 주면 고맙겠소."

그 뒤에 차득공은 서울로 돌아와서 재상이 되었다. 나라 법에 해마다 각 고을의 향리 한 사람을 서울에 있는 여러 관청에 올려 보내서 지키게 했으니 이 사람이 곧 지금의 기인(其人, 安勝)이다. 이때 안길이 차례가 되어 서울로 왔다. 두 절 사이로 다니면서 단오거사의 집을 물어도 아는 사람이 없다. 안길은 길가에 오랫동안 서 있노라니 한 늙은이가 지나다가 그 말을 듣고 한참 동안 생각하더니 말한다.

"두 절 사이에 있는 집은 대궐 안이고 단오란 바로 차득공이오. 그가 변방에 비밀히 돌았을 때 아마 그대는 어떠한 사연과 약속이 있었던 듯하오."

안길이 그 사실을 말하자, 노인은 말한다.

"그대는 궁성 서쪽 귀정문으로 가서 출입하는 궁녀를 기다렸다가 말해 보시오."

안길은 그 말을 좇아서 무진주의 안길이 뵈러 문밖에 왔다고 했다. 차득공이 이 말을 듣고 달려 나와 손을 잡아 궁중으로 들어가더니 공의 부인을 불러내어 안길과 함께 잔치를 벌였는데 음식이 50가지나 되었다. 이 말을 임금께 아뢰고 성부산(星浮山 혹은 星損平山) 밑에 있는 땅을 무진주 상수(上守)의 땔감 밭(燒木田)을 삼아 백성들의 벌채를 금지하여 사람들이 감히 가까이 가지 못하니 안팎 사람들이 모두 부러워했다. 산 밑에 밭 30무(畝)가 있는데 씨 3석을 뿌리는 밭이다. 이 밭에 풍년이 들면 무진주가 모두 풍년이 들고, 흉년이 들면 무진주도 또한 흉년이 들었다 한다.

7. 신라본기 제8

신문왕(神文王)이 용상에 올랐다. 이름은 정명(政明)이며(명지의 자는 일조), 문무대왕의 맏아들이다. 어머니는 자의(의(儀)를 의(義)로 쓰기도 한다) 왕비다. 왕비는 김씨이며 소판 흠돌의 딸이다. 왕이 태자였을 때 그녀를 맞았으나 오래도록 아들을 낳지 못하였고, 뒤에는 그녀의 아버지가 반란에 연좌되어 궁 밖으로 쫓겨났다. 문무왕 5년에 태자가 되었으며, 이때에 와서 왕위를 계승하였다. 당 고종이 사신을 보내 신라왕으로 임명하고, 선왕의 관작을 이어 받았다.

제31대 신문대왕(神文大王)의 이름은 정명(政明), 성은 김이다. 개요 원년 신사(辛巳, 681) 7월 7일에 즉위했다. 아버지 문무대왕을 위하여 동해 가에 감은사를 세웠다(절 안에 있는 기록에는 이렇게 말했다. 문무왕이 왜군을 물리치고자 이 절을 처음 창건했는데 끝내지 못하고 죽어 바다의 용이 되었다. 그 아들 신문왕이 왕위에 올라 개요 2년(682)에 공사를 끝냈다. 금당 뜰아래에 동쪽을 향해서 구멍을 하나 뚫어 두었으니 용이 절에 들어와서 돌아다니게 하기 위한 것이다. 대개 유언으로 유골을 간직해 둔 곳은 대왕암이고, 절 이름은 감은사(感恩寺)다. 뒤에 용이 나타난 것을 본 곳을 이견대(利見臺)라 했다). 이듬해 임오(壬午) 5월 초하루(다른 책에는 천수 원년이라 했으나 잘못)에 바다 관련의 벼슬인 파진찬(波珍飡) 박숙청(朴

夙淸)이 아뢰었다.

"동해 속에 있는 작은 산 하나가 물에 떠서 감은사를 향해 오는데 물결에 따라 이리저리 왔다 갔다 합니다."

왕이 이상히 여겨 일관 김춘질(金春質, 혹은 春日)을 명하여 점을 치게 했다.

"대왕의 아버님께서 지금 바다의 용이 되어 삼한(三韓)을 지키고 계십니다. 또 김유신 공도 삼십삼천의 한 아들로서 지금 인간 세계에 내려와 대신이 되었습니다. 이 두 성인이 덕을 함께 하여 이 성을 지킬 보물을 주시려고 하십니다. 만일 폐하께서 바닷가로 나가시면 반드시 값으로 칠 수 없는 큰 보물을 얻으실 것입니다."

왕은 기뻐하여 그 달 7일에 이견대(利見臺)로 나가 그 산을 바라보고 사자를 보내어 살펴보도록 했다. 산 모양은 마치 거북의 머리처럼 생겼는데 산 위에 한 개의 대나무가 있어 낮에는 둘이었다가 밤에는 합해서 하나가 되었다. 사자가 와서 사실대로 아뢰었다. 왕은 감은사에서 묵는데 이튿날 점심 때 보니 대나무가 합쳐져서 하나가 되는데, 천지가 진동하고 비바람이 몰아치며 7일 동안이나 어두웠다. 그 달 16일에 가니 용 한 마리가 검은 옥대를 받들어 바친다. 왕은 용을 맞아 함께 앉아서 묻는다.

"이 산이 대나무와 함께 혹은 갈라지고 혹은 합치는 것은 무엇 때문인가?"

용이 대답한다.

"비유해 말씀드리자면 한 손으로 치면 소리가 나지 않고 두 손으로 치면 소리가 나는 것과 같습니다. 이 대나무란 물건은 합쳐야 소리가 나는 것이오니, 성왕(聖王)께서는 소리로 천하를 다스리실 징조입니다. 왕께서는 이 대나무를 가지고 피리를 만들어 부시면 온 천하가 화평해질 것입니다. 이제 대왕의 아버님께서는 바다 속의 큰 용이 되셨고 유신은 다시 천신(天神)이 되어 두 성인이 마음을 같이 하여 이런 값으로 칠 수 없는 큰 보물을 보내시어 나로 하여금 바치게 한 것입니다."

왕은 놀라고 기뻐하여 오색 비단과 금과 옥을 주고는 사자를 시켜 대나무를 베어 가지고 바다에서 나왔는데 그때 산과 용은 갑자기 모양을 감추고 보이지 않았다. 왕이 감은사에서 묵고 17일에 기림사(祇林寺) 서쪽 시냇가에 이르러 수레를 멈추고 점심을 먹었다. 태자 이공(理恭, 후일 효소왕)이 대궐을 지키고 있다가 이 소식을 듣고 말을 달려와서 축하하고는 천천히 살펴보고 아뢰었다.

"이 옥대의 여러 쪽은 모두 진짜 용입니다."

왕이 말한다.

"네가 어찌 그것을 아느냐."

"이 쪽 하나를 떼어 물에 넣어 보십시오."

이에 옥대의 왼편 둘째 쪽을 떼어서 시냇물에 넣으니 문득 용이 되어 하늘로 올라가고 그 땅은 이내 못이 되었으니 그 못을 용연(龍淵)이라고 불렀다. 왕이 대궐로 돌아오자 그 대나무로 피리를 만들어 월성의 천존고(天尊庫)에 갈무리해 두었다. 이 피리를 불면 적군이 물러가고 병이 나으며, 가뭄에는 비가 오고 장마가 지면 날이 개며, 바람이 멎고 물결이 가라앉는다. 이 피리를 만파식적(萬波息笛)이라 부르고 국보로 삼았다.

효소왕(孝昭王) 때에 이르러 천수 4년 계사(癸巳, 693)에 부례랑(夫禮郎)이 살아서 돌아온 이상한 일로 해서 다시 이름을 고쳐 만만파파식적(萬萬波波息笛)이라 했다. 자세한 것은 그의 전기에 실려 있다.

효소왕(孝昭王)이 용상에 올랐다. 이름은 이홍(理洪 혹은 恭)이며, 신문왕의 태자다. 어머니는 김씨 신목왕비이며, 일길찬 김흠운(金欽運 일명

金欽雲)의 딸이다. 당의 측천무후가 사신을 보내 조문하고 제사를 지냈으며, '신라왕보국대장군행좌표도위대장군계림주도독'으로 삼았다. 좌우리방부를 좌우의방부로 고쳤는데, 이는 '리'자가 왕의 이름과 같았기 때문이다.

제32대 효소왕대의 죽지랑(竹旨郎, 竹曼 또는 智官), 죽만랑(竹曼郎)의 무리 가운데 득오(得烏, 혹은 得谷) 급간이 있어서 풍류도(화랑도)에 이름을 올려놓고 날마다 나오고 있었는데, 한 번은 10일이 넘도록 보이지 않았다. 죽만랑은 그의 어머니를 불러 그대의 아들이 어디 있는가를 물으니 어머니는 말한다.

"당전(幢典) 모량부(牟梁部)의 익선아간(益宣阿干)이 내 아들을 부산성 창고를 지키는 창직(倉直)으로 보냈으므로 빨리 가느라고 미처 낭께 인사도 하지 못했습니다."

"그대의 아들이 만일 사사로운 일로 간 것이라면 찾아볼 필요가 없겠지만, 이제 공무로 갔다니 마땅히 가서 위문해야겠소."

이에 떡 한 그릇과 술 한 병을 가지고 좌인(左人, 일명 개질지(皆叱知) 뜻은 머슴)을 거느리고 찾아가니 낭도의 무리 137명도 위의를 갖추고 따라갔다. 부산성에 이르러 문지기에게, 득오실(得烏失)이 어디 있는가 물으니 문지기는 대답한다.

"지금 익선의 밭에서 예(例)에 따라 부역을 하고 있습니다."

낭은 밭으로 찾아가서 가지고 간 술과 떡을 대접했다. 익선에게 휴가를 청하여 함께 돌아오려 했으나 익선은 굳이 반대하고 허락하지 않는다. 이때 관리였던 간진(侃珍)이 추화군(推火郡, 밀양) 능절(能節)의 조(租) 30석을 거두어 싣고, 성안으로 가고 있었다. 죽만랑이 선비를 소중히 여기는 풍미를 아름답게 여기고, 익선의 고집불통을 비루하게 여겨 가지고 가던 30석을 익선에게 주면서 휴가를 주도록 함께 청했으나 그래도 허락하지 않는다. 이번엔 진절(珍節) 사지(舍

知)의 말안장을 주니 그제야 허락했다. 조정의 화주(花主)가 이 말을 듣고 군사를 풀어 익선을 잡아다가 그 더럽고 추한 것을 씻어 주려 하니, 익선은 도망하여 숨어 버렸다. 이에 그의 맏아들을 잡아갔다. 때는 한 겨울 몹시 추운 날인데 성안 못에서 목욕을 시키자 얼어붙어 죽었다.

효소왕(孝昭王)이 그 말을 듣고 영을 내려 모량리 사람으로 벼슬에 오른 자는 모조리 쫓아내어 다시는 관원이 되지 못하게 하였다. 심지어는 승복을 입지 못하게 하고, 만일 중이 된 자라도 종을 치고 북을 울리는 절에는 들어가지 못하게 했다. 임금의 칙사가 간진(侃珍)의 자손을 올려서 칭정호손(秤定戶孫)을 삼아 남달리 표창했다. 이때 원측법사(圓測法師)는 나라 안의 고승이었지만 모량리 사람인 탓에 승직을 주지 않았다.

처음에 술종공(述宗公)이 삭주(朔州, 춘천) 도독사가 되어 임지로 가는데, 마침 삼한에 병란이 있어 말 탄 기병 3천 명으로 그를 호송하게 했다. 일행이 죽지령(竹旨嶺, 죽령)에 이르니 한 거사가 그 고갯길을 닦고 있었다. 공(公)이 이것을 보고 탄복하여 칭찬하니 거사도 공의 위세가 놀라운 것을 보고 좋게 여겨 서로 마음이 교감한 바가 있었다. 공이 고을의 임소에 부임한 지 한 달이 지나서 꿈에 거사가 방으로 들어오는 것을 보았는데 공의 아내도 같은 꿈을 꾸었다. 더욱 놀라고 괴상히 여겨 이튿날 사람을 시켜 거사의 안부를 물으니 그곳 사람들이

"거사는 죽은 지 며칠 되었습니다."

한다. 사자가 돌아와 고하는데 그가 죽은 것은 꿈을 꾸던 것과 같은 날이었다. 이에 공이 말한다.

"필경 거사는 우리 집에 태어날 것이다."

공은 다시 군사를 보내어 고개 위 북쪽 봉우리에 장사지내고, 돌로

미륵을 하나 만들어 무덤 앞에 세워 놓았다. 공의 아내는 그 꿈을 꾸던 날로부터 태기가 있어 아이를 낳으니 이름을 죽지(竹旨)라고 했다. 이 죽지랑(竹旨郎)이 커서 벼슬을 하게 되어 유신공과 함께 부원수가 되어 삼한을 통일했다. 진덕·태종·문무·신문의 4대에 걸쳐 재상으로서 이 나라를 안정시켰다. 처음에 득오곡(得烏谷)이 죽지랑을 사모하여 노래를 지으니 이러하다.

간 봄 그리워하니, 모든 것이 시름이로세.
아담하신 얼굴, 주름살지시려 하네.
눈 돌릴 사이에나마, 만나 뵙도록 기회 지으리라.
낭(郎)이여! 그리운 마음에, 가고 오는 길.
쑥 우거진 마을에 잘 밤 있으리.

성덕왕(聖德王)이 용상에 올랐다. 이름은 흥광(興光)이다. 본명은 융기였으나 당 현종의 이름과 같았기 때문에 선천 연간에 고쳤다(〈당서〉에는 김지성이라 하였다). 그는 신문왕의 둘째 아들이며, 효소왕의 친아우였다. 효소왕이 별세하였으나 아들이 없으므로 백성들이 그를 왕으로 세웠다. 당나라 측천무후가 효소왕이 별세하였다는 말을 듣고 애도하기 위하여, 2일간 조회를 하지 않았으며, 사신을 보내 조문하고 성덕왕을 신라왕으로 임명하고, 장군도독이라는 형의 호칭을 이어받게 하였다.

2년 봄 정월, 왕이 직접 신궁에 제사를 지냈다. 당나라에 사신을 보내 토산물을 바쳤다. 가을 7월, 영묘사에 불이 났다. 서울에 홍수가 나서 익사자가 많았다. 중시 원훈이 사직하자 아찬 원문을 중시로 임용하였다. 일본국 사신이 왔는데 총 인원이 204인이었다. 아찬 김사양을 당나라에 입조시켰다.

第33대 성덕왕 2년 병오(丙午, 706)에 흉년이 들어 백성들이 몹시 굶주렸다. 그 이듬해인 정미년(丁未年, 707) 정월 초하루부터 7월 30일에 이르기까지 백성을 구제하기 위하여 곡식을 나누어 주는데, 한 식구에 하루 석 되씩으로 정했다. 일을 마치고 계산해 보니 도합 30만 500석이었다. 왕이 태종대왕을 위해서 봉덕사(奉德寺)를 세우고 7일간 인왕도량(仁王道場)을 열고 대사령(大赦令)을 내렸다. 이때 비로소 시중(侍中)이라는 직책을 두었다(다른 책에는 효성왕 때의 일이라고 했다).

4년 봄 정월, 중시 원문이 죽었으므로 아찬 신정을 중시로 임용하였다. 3월, 사신을 당나라에 보내 예물을 하였다. 여름 5월에 가뭄이 들었다. 가을 8월, 노인들에게 술과 밥을 베풀었다. 9월, 살생을 금하는 교서를 내렸다. 사신을 당나라에 보내 토산물을 바쳤다. 겨울 10월, 동쪽 지방의 주와 군에 흉년이 들어 사람들이 많이 유랑하자, 왕이 사신을 보내 구제하였다.

순정공(純貞公)이 강릉태수로 부임하는 도중에 바닷가에서 점심을 먹었다. 곁에는 돌 봉우리가 병풍과 같이 바다를 두르고 있어 그 높이가 천 길이나 되는데, 그 위에 철쭉꽃이 만발하여 있다. 공의 부인 수로(水路)가 이것을 보더니 좌우 사람들에게 말했다.

"꽃을 꺾어다가 내게 줄 사람은 없는가."

그러나 수행원들은,

"거기에는 사람이 갈 수 없는 곳입니다."

하고 아무도 나서지 못한다. 이때 암소를 끌고 길을 지나가던 늙은이 하나가 있었는데 부인의 말을 듣고는 그 꽃을 꺾어 가사까지 지어서 바쳤다. 그러나 그 늙은이가 어떤 사람인지 알 수가 없었다. 그 뒤 편안하게 이틀을 가다가 또 임해정(臨海亭)에서 점심을 먹는데 갑자기 바다에서 용이 나타나더니 부인을 끌고 바다 속으로 들어갔다. 공이 땅에 넘어지면서 발을 굴렀으나 어찌 할 수가 없었다. 또 한 노인이 나타나더니 말한다.

"옛 사람의 말에, 여러 사람의 말은 쇠도 녹인다 했으니 이제 바다 속의 용인들 어찌 여러 사람의 입을 두려워하지 않겠습니까. 마땅히 경내의 백성들을 모아 노래를 지어 부르면서 지팡이로 강 언덕을 치면 부인을 만나 볼 수가 있을 것입니다."

공이 그대로 하였더니 용이 부인을 모시고 나와 도로 바쳤다. 공이 바다 속에 들어갔던 일을 부인에게 물으니 부인이 말한다.

"칠보궁전의 음식은 맛있고 향기롭게 깨끗한 것이 인간의 음식이 아니었습니다."

부인의 옷에서 나는 이상한 향기는 이 세상의 것이 아니었다. 수로부인은 아름다운 용모가 세상에 뛰어나 깊은 산이나 큰 못을 지날 때마다 여러 차례 귀신에게 붙잡혀 갔다. 이때 여러 사람이 부르던 해가(海歌)의 가사는 이러했다.

거북아, 거북아, 수로부인을 내놓아라.
남의 부인 앗아간 죄 그 얼마나 크랴.
너 만일 거역하고 내놓지 않는다면
그물로 잡아서 구워 먹으리.

노인의 헌화가(獻花歌)는 이러했다.

진달래 바위 가에
잡은 손 암소 놓게 하시고,
나를 부끄러워 않으신다면,
저 꽃 꺾어 바치오리다.

경덕왕(景德王)이 용상에 올랐다. 이름은 헌영(憲英)이며, 효성왕의 친아우다. 효성왕이 아들이 없으므로 헌영을 태자로 삼아 왕위를 잇게 한 것이다. 왕비는 이찬 순정의 딸이다.

원년 겨울 10월, 일본국 사신이 왔으나 받아들이지 않았다.

2년 봄 3월, 주력공의 집에서 소가 한 번에 송아지 세 마리를 낳았다. 당 현종이 찬선대부 위요를 보내와 제사에 참여하게 하고, 이어 왕을 신라왕으로 삼아서 선왕의 관작을 잇게 하였는데, 그 조서는 다음과 같았다.

"고 '개부의동삼사사지절대도독계림주제군사겸지절영해군사신라왕' 김승경의 아우 헌영은 대대로 왕업을 이어 어진 생각을 품고, 상도에 맞는 예의에 마음을 두었으니, 기자(箕子)의 풍속과 교화는 조리가 더욱 밝아지고, 중국 제도의 의관도 스스로 답습하게 되었다. 바다를 통하여 사신을 보내오고, 구름을 벗 삼는 먼 길을 따라 당나라의 조정에 왕래하여, 대대로 사심 없는 신하로서 여러 번 충절을 나타내었다. 이전에 왕의 형이 국가를 계승하였으나, 그가 아들이 없어 아우가 그 뒤를 잇게 되니, 이것도 상례일 것이므로, 이에 빈례로 우대하여 책명하노니, 마땅히 구업을 지켜 신하국의 수장으로서의 명예를 계승해야 할 것이다. 따라서 특별한 예우를 가하여 중국 관작의 호칭을 주노니 형의 관작인 '신라왕개부의동삼사사지절대도독계림주제군사겸충지절영해군사'를 이어 받으라."

조서와 함께 황제의 명령으로 주해를 가한 〈효경〉 한 권을 주었다. 여름 4월, 서불한 김의충의 딸을 왕비로 맞았다. 가을 8월, 지진이 있었다. 겨울 12월, 왕의 아우를 당나라에 보내 신년 하례를 하니, 황제가 그에게 좌청도솔부원외장사 벼슬을 주고, 초록빛 웃옷과 은대를 주어 돌려보냈다.

15년 봄 2월, 상대등 김사인이, 해마다 천재지변이 자주 일어난 사실을 들어 왕에게 상소를 올렸다. 그 상소는 시국 정치의 옳고 그름을 통

렬하게 혹평한 것이었다. 왕이 이를 가상히 여겨 받아 들였다. 왕이, 당 현종이 촉 지방에 있다는 말을 듣고 그에게 사신을 보냈다. 사신은 양자강을 거슬러 올라가 성도에 이르러 예물을 바쳤다. 현종은 5언 10운 시를 직접 짓고 써서 왕에게 보내며 말했다.

"신라왕이 해마다 조공을 잘 하고, 예악 및 대의명분을 훌륭하게 실행에 옮기므로, 시 한편을 지어 주노라.

사방은 위도로 나뉘어 있으나 만물은 모두 중심을 가지고 있네. 옥과 비단은 천하에 두루 퍼져 있으나 산 넘고 물 건너 중국의 서울로 찾아든다. 생각하면 먼 곳 동방은 막혔건만 해마다 신라는 중국을 위해 애를 쓰네. 아득히 먼 곳 땅의 끝 푸른 바다 한 구석에 자리하건만 대의명분 지키는 나라라고 일컬어지니 산 다르고 물 다른 나라라고 어찌 부르랴.

사신은 돌아가 중국의 풍속과 교화를 전하고 사람들은 찾아와 우리의 옛 고전을 배워 가는구나. 의관을 예절에 맞출 줄 알고 충성스럽고 신의를 지키며 학문을 존중할 줄 아나니, 그 성실함이여, 하늘이 굽어볼 것이오, 그 슬기로움이여, 덕행은 외롭지 않으리! 깃발 세우고 우리처럼 백성을 다스리니 보내 준 후한 선물 정성이 넘치나니 푸르고 푸른 지조 더욱 소중히 하여 바람서리 맞아도 영원히 변하지 말라."

현종이 촉 지방에 갔을 때, 신라가 천리 길을 멀다 하지 않고, 황제의 행재소까지 찾아 갔으므로, 그 지성을 가상히 여겨 시를 지어 준 것이다. 시구 중의

"푸르고 푸른 지조 더욱 소중히 하여, 바람서리 맞아도 영원히 변하지 말라."

라고 한 것은, 옛날의 시구인

"강한 바람이 불어야만 강한 풀을 알게 되고, 정치가 문란한 뒤에야 지조 있는 신하를 알 수 있다."

라는 의미가 아니겠는가. 선화 연간에 송나라에 사신으로 갔던 김부의가 이 시의 각본을 가지고 국경에 가서 접빈사로 있던 학사 이병에게 보였다. 이병은 이를 황제에게 바쳤는데, 황제는 양부와 여러 학사들에게 돌려 보이고, 황제의 의견을 말하기를,

"진봉 시랑이 바친 시는 틀림없는 현종의 글씨다."

라고 하면서 감탄하였다. 여름 4월, 큰 우박이 내렸다. 대영랑이 흰 여우를 바쳤으므로, 남변 제일의 자리를 주었다.

찬기파랑가에 일렀다.

헤치고 나타난 달이, 흰 구름 좇아 떠가는 것 아닌가.
새파란 시내에, 기파랑의 모습 잠겼어라.
일오천(逸烏川) 조약돌 같은,
낭(郎)이 지니신 마음 좇으려 하네.
아아! 잣나무 가지 드높아,
서리 모를 그 씩씩한 화랑의 모습이여!

경덕왕은 옥경(玉莖)의 길이가 여덟 치나 되었다. 아들이 없어 왕비를 폐하고 사량부인(沙梁夫人)에 명했다. 후비 만월부인(滿月夫人)의 시호는 경수태후(景垂太后)이니 의충(依忠) 각간의 딸이었다. 어느 날 왕은 표훈대덕(表訓大德)에게 명했다.

"내가 복이 없어서 아들을 두지 못했으니 바라건대 대덕은 상제께 청하여 아들을 두게 해 주오."

표훈은 명령을 받아 천제에게 올라가 고하고 돌아와 왕께 아뢰었다.

"상제께서 말씀하시기를, 딸을 구한다면 될 수 있지만 아들은 될 수 없다고 하셨습니다."

왕은 다시 말한다.

"원컨대 딸을 바꾸어 아들로 만들어 주시오."

표훈은 다시 하늘로 올라가 천제께 청하자 천제는 말한다.

"될 수는 있지만 그러나 아들이면 나라가 위태로울 것이다."

표훈이 내려오려고 하자 천제는 또 불러 말한다.

"하늘과 사람 사이를 어지럽게 할 수는 없는 일인데 지금 대사는 마치 이웃 마을을 왕래하듯이 하여 천기(天機)를 누설했으니 이제부터는 아예 다니지 말도록 하라."

표훈은 돌아와서 천제의 말대로 왕께 알아듣도록 말했건만 왕은 다시 말한다.

"나라는 비록 위태롭더라도 아들을 얻어서 대를 잇게 하면 만족하겠소."

이리하여 만월부인이 태자를 낳으니 왕은 무척 기뻐했다. 8세 때에 왕이 죽어서 태자가 왕위에 오르니 이가 혜공대왕이다. 나이가 매우 어렸기 때문에 태후가 섭정하였다. 정사가 다스려지지 못하고 도둑이 벌떼처럼 일어나 이루 막을 수가 없다. 표훈 대사의 말이 들어맞았다. 왕은 이미 여자로서 남자가 되었기 때문에 돌날부터 왕위에 오르는 날까지 항상 여자의 놀이를 하고 자랐다. 비단 주머니 차기를 좋아하고 도류(道流)와 어울려 노니 나라가 크게 어지러워지고 마침내 선덕왕(宣德王)과 김양상(金良相)에게 죽임을 당했다. 표훈 이후에는 신라에 성인이 나지 않았다.

24년 여름 4월, 지진이 있었다. 사신을 당나라에 보내 조공하니, 황제가 사신에게 검교예부상서 벼슬을 주었다. 6월, 유성이 심성을 범하였다. 이 달에 왕이 별세하였다. 시호를 경덕이라 하고 모지사 서쪽 산에 장사지냈다(〈고기〉에는 '영태 원년 을사에 죽었다'라고 기록되어 있고, 〈구당서〉와 〈자치통감〉에는 모두 '대력 2년에 신라왕 헌영이 죽었다'라고 기록되어 있으니, 잘못된 것이다).

당나라에서 덕경(德經) 등을 보내오자 대왕이 예를 갖추어 이를 받았다. 왕이 나라를 다스린 지 24년에 오악(五岳)과 삼산신(三山神)들이 때때로 나타나서 대궐 뜰에서 왕을 모셨다. 3월 3일 왕이 귀정문(歸正門) 누각 위에 나가서 좌우 신하들에게 일렀다.

"누가 길거리에서 위의 있는 중 한 사람을 데려올 수 있겠느냐."

이때 마침 위의 있고 깨끗한 고승 한 사람이 길에서 이리저리 거닐고 있었다. 좌우 신하들이 이 중을 왕에게로 데리고 오니, 왕이

"내가 말하는 위의 있는 중이 아니다."

하고 그를 돌려보냈다. 다시 중 한 사람이 있는데 납의를 입고 앵통을 지고 남쪽에서 오고 있었는데 왕이 보고 기뻐하여 누각 위로 맞이했다. 통 속을 보니 차를 다리는 차구(茶具)가 들어 있었다. 왕은 물었다.

"그대는 대체 누구요?"

"소승은 충담(忠談)이라고 합니다."

"어디서 오는 길이오?"

"소승은 3월 3일과 9월 9일에는 차를 달여서 남산 삼화령(三花嶺)의 미륵세존께 드리는데, 지금도 드리고 돌아오는 길입니다."

"나에게도 그 차를 한 잔 나누어 주겠소."

충담이 이내 차를 달여 올리니 차 맛이 이상하고 찻잔 속에서 이상한 향기가 풍긴다. 왕이 다시 물었다.

"내가 일찍이 들으니 스님이 기파랑(耆婆郎)을 찬미한 사뇌가(詞腦歌)가 그 뜻이 무척 고상하다고 하니 그 말이 과연 옳은가요."

"그렇습니다."

"그렇다면 나를 위하여 안민가(安民歌)를 지어 주시오."

충담은 이내 왕의 명을 받들어 노래를 지어 바치니 왕은 아름답게 여기고 그를 왕사로 봉했으나 충담은 두 번 절하고 굳이 사양하여 받

지 않았다. 안민가는 이러하다.

임금은 아버지요, 신하는 사랑스런 어머니시라.
백성을 어리석은 아이라 여기시니,
백성이 그 은혜를 알리.
꾸물거리면서 사는 중생들에게, 이를 먹여 다스리네.
이 땅을 버리고 어디로 가랴, 나라 안이 유지됨을 알리.
(후구)
임금답게 신하답게 백성답게 하면,
나라는 태평하리이다.

혜공왕(惠恭王)이 용상에 올랐다. 그의 이름은 건운(乾運)이며, 경덕왕의 맏아들이었다. 어머니는 김씨 만월부인이며 서불한 의충의 딸이다. 왕이 즉위했을 때 나이가 8살이었으므로, 태후가 섭정하였다.

2년 봄 정월, 두 개의 해가 나타났다. 죄수들을 크게 풀어주었다. 2월, 왕이 신궁에 직접 제사를 지냈다. 양리공 집에서 암소가 송아지를 낳았는데, 다리가 다섯이었다. 다리 하나는 위로 향하였다. 강주에서 땅이 내려앉아 연못이 되었는데, 넓이가 50여 척이고 검푸른 물빛이었다. 겨울 10월, 하늘에서 소리가 들렸는데, 그 소리가 북소리 같았다.

대력(大曆) 초년에 강주(康州, 진주) 관청의 대당(大堂) 동쪽에서 땅이 점점 꺼져서 못이 되었는데(다른 책에는 대사(大寺) 동쪽의 조그만 못이라 함) 세로가 13척, 가로가 7척이었다. 갑자기 잉어 5, 6마리가 나타나더니 계속해서 점점 커지고 여기에 따라 못도 커졌다.

2년 정미(丁未, 767)에는 또 천구성(天狗星)이 동루 남쪽에 떨어졌는데 머리는 항아리만하고 꼬리는 3척 가량이나 되며, 빛은 활활 타오르는 불과 같고, 이 때문에 하늘과 땅 또한 진동했다. 또 같은 해에 금포현(今浦縣)의 5경(頃) 가량의 논 속에서 쌀이 모두 이삭으로 매달렸다. 7월에는 북궁 뜰 안에 먼저 두 별이 떨어지고 또 한 별이 떨어지니 세 별이 모두 땅 속으로 들어갔다. 이보다 먼저 대궐 북쪽 뒷간 속에서 두 줄기 연(蓮)이 나고 또 봉성사(奉聖寺) 밭 속에서도 연이 생겨났으며 범이 궁성 안으로 들어온 것을 쫓아가 잡으려다가 놓쳤다. 각간 대공(大恭)의 집 배나무 위에 참새가 무수히 모여들었다. 〈안국병법(安國兵法)〉 하권에 따르면, 이런 일이 있으면 천하가 크게 어지러워진다. 이에 임금은 죄인들에게 대사령을 내리고 몸을 닦고, 반성했다. 7월 3일에 각간 대공이 반란을 일으켜 서울과 5도의 주군 도합 96명의 각간들이 서로 싸워 크게 어지러웠다. 각간 대공의 집이 망하자 그 집의 재산과 보물과 비단 등을 모두 왕궁으로 옮겼다. 새로운 신성의 장창(長倉)이 불에 타자 사량(沙梁)·모량(牟梁) 등 마을에 있던 역적들의 보물과 곡식을 또한 왕궁으로 옮겼다. 난리가 3개월 만에 멎으니 상을 받은 사람도 제법 많았으나 죽음을 당한 자도 수없이 많았으니, 표훈이

"나라가 위태롭다."

라고 한 말이 바로 이것이다.

8. 신라본기 제10

원성왕(元聖王)이 용상에 올랐다. 그의 이름은 경신(敬信)이며, 내물왕의 12대손이다. 어머니는 박씨 계오부인이다. 왕비는 김씨니 신술 각간의 딸이다. 처음 혜공왕 말년에 신하들이 반역하여 날뛰었다. 선덕(宣德)이 당시에 상대등이 되어 임금 측근의 못된 무리들을 없앨 것을 앞장서서 주창하였다. 경신이 이에 동조하여 반란을 평정하는 데 공을 세우자, 선덕이 왕위에 오르면서 바로 상대등으로 임용하였다. 선덕이 죽었으나

아들이 없었다. 여러 신하들이 의논한 후, 왕의 조카인 주원(周元)을 왕으로 세우려 하였다. 그때 주원은 서울 북쪽 20리 되는 곳에 살았는데, 때마침 큰 비가 내려 알천의 물이 불어나 주원이 건너올 수 없었다. 누군가가 "임금이라는 큰 자리는 실로 사람이 마음대로 할 수 없는 것인데, 오늘 폭우가 내리니 하늘이 혹시 주원을 왕으로 세우려 하지 않는 것이 아닌가? 지금의 상대등 경신은 전 임금의 아우로서, 덕망이 높고 임금의 자질을 가졌다"라고 말하였다. 이에 여러 사람들의 의견이 일치하여, 그로 하여금 왕위를 잇게 하였다. 얼마 후 비가 그치니 백성들이 모두 만세를 불렀다.

2월, 왕의 고조부 대아찬 법선을 현성대왕으로 추봉하고, 증조부 이찬 의관을 신영대왕으로, 조부 이찬 위문을 흥평대왕으로, 아버지 일길찬 효양을 명덕대왕으로, 어머니 박씨를 소문태후로 추봉하고, 아들 인겸을 왕태자로 삼았다. 성덕대왕과 개성대왕의 두 묘당을 헐고, 시조대왕과 태종대왕, 문무대왕 및 조부 흥평대왕과 부 명덕대왕을 5묘로 정하였다. 문무백관에게 작위를 한 급씩 올려주었다. 이찬 병부령 충렴을 상대등으로 임용하고, 이찬 제공을 시중으로 임용하였다가, 제공이 물러나자, 이찬 세강을 시중으로 임용하였다. 3월, 전 왕비 구족왕비를 외궁으로 내보내고, 벼 3만 4천 석을 주었다. 패강진에서 붉은 까마귀를 바쳤다. 총관을 고쳐 도독이라 하였다.

이찬(伊飡) 김주원(金周元)이 처음 상재(上宰, 상대등)가 되고 왕은 각간으로서 상재의 다음 자리에 있었는데, 꿈에 복두(幞頭)를 벗고 흰 갓을 쓰고 열두 줄 가야금을 들고 천관사(天官寺) 우물 속으로 들어갔다. 꿈에서 깨어 사람을 시켜 점을 치게 했더니

"복두를 벗은 것은 관직을 잃을 징조요, 가야금을 든 것은 칼을 쓸 징조요, 우물 속으로 들어간 것은 옥에 갇힐 징조입니다."

했다. 경신은 이 말을 듣고 몹시 근심하여 집밖을 나오지 아니 하

였다. 이때 아찬(阿飡) 여삼(餘三, 일명 餘山)이 와서 뵙기를 청했으나 그는 병을 핑계하고 나오지 않았다. 아찬이 다시 청하여 한 번 뵙기를 원하였다. 마침내 경신이 이를 허락하니 아찬이 물었다.

"공께서 꺼리는 것은 무엇입니까?"

경신이 꿈을 점쳤던 일을 자세히 말하니 아찬이 일어나서 절하고 말한다.

"이는 좋은 꿈입니다. 공이 만일 왕위에 올라서도 나를 버리지 않으신다면 공을 위해서 꿈을 풀어 보겠습니다."

경신이 이에 좌우 사람들을 물리고 아찬에게 꿈풀이를 청하니 아찬은 말한다.

"복두를 벗은 것은 위에 앉는 이가 없다는 것이요, 흰 갓을 쓴 것은 면류관을 쓸 징조요, 열두 줄 가야금을 든 것은 12대손이 왕위를 이어받을 징조요, 천관사 우물에 들어간 것은 궁궐에 들어갈 상서로운 징조입니다."

경신이 말한다.

"위에 주원이 있는데 내가 어떻게 상위에 있을 수가 있단 말이오?"

아찬이,

"비밀로 북천신에게 제사 지내면 좋을 것입니다."

하니 이에 따랐다. 얼마 안 되어 선덕왕이 세상을 떠나자 나라 사람들은 김주원을 왕으로 삼아 장차 궁으로 맞아들이려 했다. 그의 집이 북천 북쪽에 있었는데 갑자기 냇물이 불어서 건널 수가 없었다. 이에 경신이 먼저 궁에 들어가 왕위에 오르자 대신들이 모두 와서 따라(삭제) 새 임금에게 축하를 드리니 이가 곧 원성대왕이다.

왕의 이름은 경신이요 성은 김씨이니 대개 길몽이 맞았다. 주원은 명주에 물러가 살았다. 경신이 왕위에 올랐으나 이때 여산은 이미 죽었기 때문에 그의 자손들을 불러 벼슬을 주었다. 왕에게는 손자가 다섯 있었으니, 혜충태자(惠忠太子)・헌평태자(憲平太子)・예영잡간(禮英匝干)・대룡부인(大龍夫人)・소룡부인(小龍夫人) 등이다. 대왕은 실로 인생의 힘들고 영화로운 이치를 알았으므로 신공사뇌가(身空詞腦歌, 노랫말은 전하지 않음)를 지었다. 왕의 아버지 대각간 효양(孝讓)이 조종의 만파식적(萬波息笛)을 왕에게 전했다. 왕은 이것을 얻게 되었으므로 하늘의 은혜를 두텁게 입고 그 덕이 멀리까지 빛났던 것이다.

2년 여름 4월, 동쪽 지방에 우박이 내려 뽕과 보리가 모두 상하였다. 김원전을 당에 보내 토산물을 바쳤다. 당나라 덕종이 다음과 같은 조서를 내렸다.

"신라왕 김경신에게 말하노라. 김원전이 와서 바친 표문과 진상한 물건을 살펴보았다. 그대 나라의 풍속은 신의를 중시하고, 지조는 바르며, 일찍부터 중국의 변방으로서 가르침을 잘 받들었다. 또한 변방에 속한 무리들을 훌륭하게 다독였으며, 유교의 풍습을 받들어 예법이 성행하고, 나라가 평안하게 다스려졌으며, 중국에 정성을 다하고, 천자에게 직무를 보고하지 않는 일이 없었다. 또한 자주 사신을 보내 조공과 진상을 계속하였고, 비록 바닷길이 멀고 육로로도 먼 곳에 떨어져 있지만, 폐백의 왕래가 옛 법을 따르고, 충성은 더욱 드러나니 더없이 가상하고 감탄할 일이다. 나는 만방에 백성의 부모로 군림하였으니, 안으로부터 중외에 이르기까지, 법도에 맞게 하며, 문화를 공유하고, 태평화락을 이루어서, 모두와 함께 안락장수의 경계에 오르고자 한다. 그대는 마땅히 국내를 안정시키고, 백성들을 열성으로 구휼하며, 길이 변방의 신하가 되어, 바다 변방의 백성들을 평안케 하라. 이제 그대에게 비단・능직・채단 등 30필과 옷 한 벌・은합 한 개를 주노니, 이들이 도착하면 받을 것이며, 왕비에게 비단・채단・능직 등 20필과 금실로 수놓은 비단 치마 한 벌과 은쟁반 한 개를, 가장 높은 재상 한 사람에게 옷 한 벌과 은합 한 개를, 다음 직위의 재상 두 사람에게는 각각 옷 한 벌과 은쟁반 한 개를 준다. 그대는 이를 받아서 나누어 주라. 여름이 깊어 날씨가 더워지는데, 그대 내내 평안하기 바라며, 재상 이하 모두에게도 안부를 묻는다. 글월로는 나의 뜻을 다 싣지 못하노라."

7월에 가뭄이 들었다. 9월에 서울에 기근이 들어 곡식 3만 3천 2백 40석을 내어 구제하였고, 겨울 10월에도, 곡식 3만 3천 석을 나누어 주었다. 무오대사가 병법 15권과 화령도 2권을 바쳤으므로, 굴압 현령으로 임용하였다.

정원(貞元) 2년 병인(丙寅, 786) 10월 11일 일본왕 문경(文慶, 〈일본제기(日本帝紀)〉를 보면 제55대 문덕왕(文德王)이라고 했는데 아마 이 사람인 듯하다. 그 밖에 문경은 없다. 어떤 책에는 이 왕의 태자라고 했다)이 군사를 일으켜 신라를 치려다가 신라에 만파식적이 있다는 말을 듣고 군사를 물리고 금 50냥을 사자에게 주어 보내서 피리를 달라고 청하므로 왕이 사자에게 일렀다.

"나는 들으니 상대 진평왕 때에 그 피리가 있었다고 하는데 지금은 어디에 있는지 알 수가 없다."

이듬해 7월 7일에 다시 사자를 보내어 금 1천 냥을 가지고 와서 청하며 말하기를

"내가 그 신비로운 물건을 보기만 하고 그대로 돌려보내겠습니다."

하였다. 왕은 먼저와 같은 대답으로 이를 거절했다. 그리고 은 3천 냥을 그 사자에게 주고, 보내 온 금은 돌려주고 받지 않았다. 8월에 사자가 돌아가자 그 피리를 내황전(內黃殿)에 간수해 두었다.

11년 봄 정월, 혜충 태자의 아들 준옹을 태자로 봉하였다. 여름 4월, 가뭄이 들자 왕이 직접 죄수를 다시 심사하여 형량을 낮추어 주었다. 6월에 이르러 비가 내렸다. 가을 8월, 서리가 내려 곡식을 해쳤다.

왕이 즉위한 지 11년 을해(乙亥, 795)에 당나라 사자가 서울에

와서 한 달을 머물러 있다가 돌아갔다. 하루 뒤에 두 여자가 내정에 나와서 아뢴다.

"저희들은 동지(東池)·청지(靑池, 청지는 곧 동천사(東泉寺)의 샘. 절 기록을 보면 이 샘은 동해의 용이 왕래하면서 불법을 듣던 곳이요, 절은 진평왕이 지은 것으로서 오백성중과 오층탑과 농민까지 함께 헌납했다고 함)에 있는 두 용의 아내입니다. 그런데 당나라 사자가 하서국(河西國) 사람들을 데리고 와서 우리 남편인 두 용과 분황사 우물에 있는 용까지 모두 세 용의 모습을 바꾸어 작은 고기로 변하게 해서 통 속에 넣어 가지고 돌아갔습니다. 바라옵건대, 폐하께서는 그 두 사람에게 명령하여 우리 남편들인 나라를 지키는 용을 여기에 머무르게 해 주십시오."

왕은 하양관(河陽館, 하양)까지 쫓아가서 친히 연회를 열고 하서국 사람들을 다그쳤다.

"너희들은 어찌해서 우리나라의 세 용을 잡아 여기까지 왔느냐. 만일 사실대로 고하지 않으면 반드시 극형에 처할 것이다."

그제야 하서국 사람들이 고기 세 마리를 내어 바치므로 세 곳에 놓아 주자, 각각 물속에서 한 길이나 뛰고 기뻐하면서 가 버렸다. 이에 당나라 사람들은 왕의 혜안에 감복했다.

어느 날 왕이 황룡사(皇龍寺, 어떤 책에는 화엄사(華嚴寺)라 했고, 또 금강사(金剛寺)라고도 했으니 이것은 아마 절 이름과 불경 이름을 혼동한 것인 듯)의 중 지해(智海)를 대궐 안으로 청하여 화엄경을 50일 동안 외게 했다. 승려 묘정(妙正)이 매양 금광정(金光井, 대현법사(大賢法師)가 지은 이름) 가에서 바리때를 씻는데 자라 한 마리가 우물 속에서 떴다가는 다시 가라앉곤 하므로 묘정은 늘 먹다 남은 밥을 자라에게 주면서 희롱했다. 법석이 끝나려 할 무렵 사미 묘정은 자라에게 말했다.

"내가 너에게 은덕을 베푼 지가 오랜데 너는 무엇으로 갚으려느냐?"

그런 지 며칠 후에 자라는 조그만 구슬 한 개를 입에서 토하더니 묘정에게 주려는 것같이 하므로 묘정은 그 구슬을 얻어 허리띠 끝에 달았다. 그 후로부터 대왕은 묘정을 보면 사랑하고 소중히 여겨 내전에 맞아들여 좌우에서 떠나지 못하게 했다. 이때 잡간 한 사람이 당나라에 사신으로 가게 되었는데, 그도 묘정을 사랑해서 같이 가기를 청하자 왕은 이를 허락했다. 이들이 함께 당나라에 들어가니 당나라의 황제도 역시 묘정을 보자 매우 사랑하게 되고 승상과 좌우 신하들도 모두 그를 존경하고 믿었다. 관상 보는 사람 하나가 황제에게 아뢰었다.

"저 승려를 살펴보니 하나도 길한 상이 없는데 남에게 신뢰와 존경을 받으니 틀림없이 이상한 물건을 가졌을 것입니다."

황제가 사람을 시켜서 몸을 뒤져 보니 허리띠 끝에 조그만 구슬이 매달려 있다. 황제는 말한다.

"나에게 여의주 네 개가 있던 것을 지난해에 한 개를 잃었는데 이제 이 구슬을 보니 내가 잃은 그 구슬이다."

황제가 묘정에게 그 구슬을 가진 연유를 물으니 묘정은 그 사실을 자세히 말했다. 황제가 생각하니 구슬을 잃었던 날짜가 묘정이 구슬을 얻은 날과 똑같다. 황제가 그 구슬을 빼앗아 두고 묘정을 돌려보냈더니 그 뒤로는 아무도 묘정을 사랑하지도 않고 신뢰하지도 않았다.

왕의 능은 토함산 서쪽 동곡사(洞鵠寺, 지금의 崇德寺)에 있는데 최치원이 지은 비문이 있다. 왕은 또 보은사와 망덕루를 세웠고, 조부 훈입잡간(訓入匝干)을 추봉하여 흥평대왕(興平大王)이라 하고, 증조 의관잡간(義官匝干)을 신영대왕(神英大王)이라 하고, 고조 법선대아간(法宣大阿干)을 현성대왕(玄聖大王)이라 했다. 현성대왕의 아버지는 곧 마질차잡간(摩叱次匝干)이다.

흥덕왕(興德王)이 용상에 올랐다. 그의 이름은 수종이지만, 그 후에 경휘로 바꾸었다. 그는 헌덕왕의 친 아우다. 겨울 12월, 왕비 장화부인(章和夫人)이 죽자, 정목왕비로 추봉하였다. 왕은 왕비를 잊지 못하고 슬퍼하였다. 여러 신하들이 표문을 올려 다시 왕비를 맞아들이기를 요청하였다. 왕이 말했다.

"짝을 잃은 새에게도 자기의 짝을 잃은 슬픔이 있는데, 좋은 배필을 잃고 나서 어찌하여 무정하게도 바로 다시 부인을 얻겠는가?"

왕은 끝내 요청을 듣지 않고, 시녀들조차도 가까이 하지 않았다. 좌우의 심부름꾼은 오직 내시뿐이었다(장화의 성은 김씨이고, 소성왕의 딸이다).

제42대 흥덕대왕(興德大王)은 보력(寶曆) 2년 병오(丙午, 826)에 즉위했다. 얼마 되지 않아서 어떤 사람이 당나라에 사신으로 갔다가 앵무새 한 쌍을 가지고 왔다. 오래지 않아 암놈이 죽자 홀로 남은 수놈은 슬피 울기를 그치지 않는다. 왕은 사람을 시켜 그 앞에 거울을 걸어 놓게 했더니 새는 거울 속의 그림자를 보고는 제 짝을 얻은 줄 알고 그 거울을 쪼다가 제 그림자인 것을 알고는 슬피 울다 죽었다. 이에 왕이 앵무새를 두고 노래를 지었다고 하나 가사는 알 수 없다.

신무왕(神武王)이 용상에 올랐다. 그의 이름은 우징이다. 그는 원성대왕의 손자인 상대등 균정의 아들이며, 희강왕의 사촌 아우다. 예징 등이 이미 궁중을 숙청하고, 예절을 갖추어 그를 맞이하고, 왕위에 오르게 하였다. 왕의 조부 이찬 예영(효진이라고도 한다)을 추존하여 혜강대왕이라 하고, 아버지를 성덕대왕이라 하고, 어머니 박씨 진교부인을 헌목태후라 하고, 아들 경응을 태자로 삼았다. 청해진 대사 궁복(弓福)을 감의 군사로 삼고 아울러 식읍 2천 호를 주었다. 이홍은 화가 미칠 것을 두려워하여, 처자를 버리고 산으로 도망하였으나, 왕이 기병을 보내 추격시켜 잡아 죽였다. 가을 7월, 당나라에 사신을 보냈다. 그들이 당나라로 가는 도중에 치청의 절도사에게 종을 딸려주었다. 황제가 이를 듣고 먼 지방 사람이라고 불쌍히 여겨서, 그들을 귀국시키게 하였다. 왕이 병으로 누웠는데, 꿈에 이홍이 왕의 등에 활을 쏘았다. 왕이 잠을 깨어 보니 등에 종기가 났다. 이 달 23일에 왕이 별세하였다. 시호를 신무라 하고 제형산 서북쪽에 장사지냈다.

제45대 신무대왕(神武大王)이 왕위에 오르기 전에 협사 궁파(弓巴)에게 말했다.

"나에게는 이 세상을 같이 살아나갈 수 없는 원수가 있다. 네가 만일 나를 위해서 이를 없애 준다면 내가 왕위에 오른 뒤에 네 딸을 맞아 왕비로 삼겠다."

궁파가 이를 허락하니 마음과 힘을 같이하여 군사를 일으켜 서울로 쳐들어가서 그 일을 성취하였다. 그 뒤에 이미 왕위를 빼앗고 궁파의 딸을 왕비로 삼으려 하매 여러 신하들이 힘써 간한다.

"궁파는 아주 보잘 것 없는 사람이오니 왕께서 그의 딸을 왕비로 삼으려는 것은 옳지 못합니다."

왕은 그 말을 따랐다. 그때 궁파는 청해진(淸海鎭)에서 진을 지키고 있었는데 왕이 약속을 어기는 것을 원망하여 반란을 일으키려 하자 장군 염장(閻長)이 이 말을 듣고 왕께 아뢰었다.

"궁파가 장차 충성스럽지 못한 일을 하려 하오니 소신이 가서 이를 없애겠습니다."

왕은 기뻐하여 이를 허락했다. 염장은 왕의 뜻을 받아 청해진으로 가서 길을 안내하는 자를 통해서 말했다.

"나는 왕에게 원한이 있어서 그대에게 의탁하여 몸과 목숨을 보전하려 하오."

궁파는 이 말을 듣고 크게 노했다.

"너희들이 왕에게 간언해서 내 딸을 폐하고 어찌 나를 보려 하느냐?"

염장이 다시 사람을 통해서 말했다.

"그것은 여러 신하들이 간한 것이고 나는 그 일에 간여하지 않았으니 그대는 나를 혐의치 마십시오."

궁파는 이 말을 듣고 청사로 그를 불러들여 물었다.

"그대는 무슨 일로 여기에 왔는가?"

"왕의 뜻을 거스른 일이 있기에 그대의 휘하에 들어와서 있다가 해를 면할까 하는 것이오."

"그렇다면 다행한 일이오."

하고 궁파는 술자리를 마련하여 무척 기뻐했다. 이에 염장은 궁파의 긴 칼을 빼어 궁파를 베어 죽이자 휘하에 있던 군사들은 놀라서 모두 땅에 엎드린다. 이에 염장은 이들을 이끌고 서울로 와서 왕에게 복명했다.

"이미 궁파를 베어 죽였습니다."

왕은 기뻐해서 그에게 상을 내리고 아간(阿干) 벼슬을 주었다.

9. 신라본기 제11

경문왕(景文王)이 용상에 올랐다. 그의 이름은 응렴('응(膺)'을 '의(疑)'라고도 한다)이며, 희강왕의 아들인 아찬 계명의 아들이다. 어머니는 광화('광의'라고도 한다)부인이다. 왕비는 김씨 영화부인이다.

제48대 경문대왕(景文大王), 왕의 이름은 응렴(膺廉)이니 나이 18세에 국선이 되었다. 약관에 이르자 헌안대왕은 그를 불러 궁중에서 잔치를 베풀고 물었다.

"낭(郎)은 국선이 되어 사방을 돌아다니면서 놀았으니 무슨 이상한 일을 본 것이 있는가."

"신(臣)은 아름다운 행실이 있는 자 셋을 보았습니다."

"그 말을 나에게 들려주게."

"남의 윗자리에 있을 만한 사람이면서도 겸손하여 남의 밑에 있는 사람이 그 하나요, 세력 있고 넉넉하면서도 옷차림을 검소하게 한 사람이 그 둘이요, 본래부터 귀하고 세력이 있으면서도 그 위력을 부리지 않는 사람이 그 셋입니다."

왕은 그 말을 듣고 낭이 어질다는 것을 알고 자기도 모르게 눈물을 떨어뜨리면서 말했다.

"나에게 두 딸이 있는데 낭의 시중을 들게 하리라."

낭이 자리를 피하여 절하고 머리를 조아려 물러가 부모에게 고했다. 부모는 놀라고 기뻐하여 그 아들들을 모아 놓고 의논하기를,

"왕의 큰 공주는 모양이 몹시 초라하고 둘째 공주는 매우 아름답다 하니 그를 아내로 삼으면 다행이겠다."

하였다. 낭의 무리들 중에 우두머리로 있는 범교사(範敎師) 낭주가 이 말을 듣고 낭의 집에 가서 낭에게 물었다.

"대왕께서 공주를 공의 아내로 주고자 한다니 사실인가?"

"그렇습니다."

"어느 공주에게 장가들려는가?"

"부모님께서 둘째 공주가 좋겠다고 하십니다."

범교사는 말한다.

"낭이 만일 둘째 공주에게 장가를 든다면 나는 반드시 낭의 면전에서 죽을 것이고, 큰 공주에게 장가간다면 반드시 세 가지 좋은 일이 있을 것이니 경계해서 하도록 하라."

"그 말씀대로 하겠습니다."

그 뒤에 왕이 날을 가려서 낭에게 사자를 보내어 말했다.

"두 딸 중에서 공의 뜻대로 결정하도록 하라."

사자가 돌아와서 낭의 의사를 왕에게 보고했다.

"큰 공주를 받들겠다고 합니다."

그런 지 3개월이 지나서 왕은 병이 위중했다. 여러 신하들을 불러 놓고 말한다.

"내게는 사내 자식이 없으니 죽은 뒤의 일은 마땅히 맏딸의 남편 응렴이 이어야 할 것이다."

이튿날 왕이 죽으니 낭이 유언을 받들어 용상에 올랐다. 이에 범교사는 왕에게 나아가 말했다.

"제가 아뢴 세 가지 아름다운 일이 이제 모두 이루어졌습니다. 큰 공주에게 장가를 드셨기 때문에 이제 왕위에 오른 것이 그 하나요, 예전에 연모하시던 둘째 공주에게 이제 쉽게 장가드실 수 있게 되신 것이 그 둘이요, 큰 공주에게 장가를 드셨기 때문에 왕과 부인이 매우 기뻐하신 것이 그 셋입니다."

왕은 그 말을 듣고 고맙게 여겨서 대덕(大德)이란 벼슬을 주고 금 130냥을 하사했다. 왕이 죽자 시호를 경문(景文)이라고 했다. 일찍이 왕의 잠자리에는 날마다 저녁만 되면 수많은 뱀들이 모여들었다. 궁인들이 놀라고 두려워하여 이를 쫓아내려 했지만 왕은 말했다.

"내게 만일 뱀이 없으면 편하게 잘 수가 없으니 쫓지 말라."

왕이 잘 때에는 언제나 뱀이 혀를 내밀어 온 가슴을 덮고 있었다. 왕위에 오르자 왕의 귀가 갑자기 길어져서 나귀의 귀처럼 되었는데 왕비와 궁인들은 모두 이를 알지 못했지만 오직 복두장(幞頭匠) 한 사람만은 이 일을 알고 있었으나 그는 평생 이 일을 남에게 말하지 않았다. 그 사람은 죽을 때에 도림사(道林寺) 대밭 속 아무도 없는 곳으로 들어가서 대를 보고 외쳤다.

"우리 임금의 귀는 나귀의 귀와 같다."

그런 후로 바람이 불면 대밭에서 소리가 났다. '임금의 귀는 당나귀의 귀다.' 왕은 이 소리가 듣기 싫어서 대를 베어 버리고 그 대신 산

수유나무를 심었다. 그랬더니 바람이 불면 거기에서는 다만 '우리 임금의 귀는 길다'고 하는 소리가 났다(도림사는 예전에 서울로 들어가는 곳에 있는 숲가에 있었다). 국선 요원랑(邀元郎)·예흔랑(譽昕郎)·계원(桂元)·숙종랑(叔宗郎) 등이 금란(金蘭, 통천)을 유람하는데 은근히 임금을 위해서 나라를 다스리려는 뜻이 있었다. 이에 노래 세 수를 짓고, 다시 심필(心弼) 사지(舍知)를 시켜서 초고를 주어 대구화상(大矩和尙)에게 보내어 노래 세 수를 짓게 하니 첫째는 현금포곡(玄琴抱曲)이요, 둘째는 대도곡(大道曲)이요, 셋째는 문군곡(問群曲)이었다. 대궐에 들어가 왕께 아뢰니 왕은 기뻐하여 칭찬하고 상을 주었다. 노래는 알 수가 없다.

헌강왕(憲康王)이 용상에 올랐다. 그의 이름은 정이며, 경문왕의 맏아들이다. 그의 어머니는 문의왕비이며, 왕비는 의명부인이다. 왕은 성품이 명민하였으며 글 읽기를 좋아하였는데, 눈으로 한 번 보면 입으로 모두 외웠다. 왕위에 오르면서 이찬 위홍을 상대등으로 임용하고, 대아찬 예겸을 시중으로 임용하고, 서울과 지방에 있는 사형수 이하의 죄수들을 크게 풀어주었다.

6년 봄 2월, 금성이 달을 범하였다. 시중 예겸이 사직하자, 이찬 민공이 시중이 되었다. 가을 8월, 웅주에서 상서로운 벼이삭을 바쳐 왔다. 9월 9일, 왕이 좌우의 신하들과 월상루에 올라가 사방을 바라보니, 서울에 민가가 즐비하고, 노래 소리가 연이어 들렸다. 왕이 시중 민공을 돌아보면서 "내가 듣건대 지금 민간에서는 짚이 아닌 기와로 지붕을 덮고, 나무가 아닌 숯으로 밥을 짓는다 하니 과연 그러한가?"

라고 물었다. 민공이

"저도 일찍이 그렇다는 말을 들었습니다."

라고 대답하고, 이어서

"왕께서 즉위하신 이후로 음양이 조화를 이루고, 바람과 비가 순조로

워서 해마다 풍년이 들고, 백성들은 먹을 것이 넉넉하며, 국경이 안정되고 시정이 즐거워하니, 이는 왕의 어진 덕에 따라서 이루어진 것입니다."

라고 말했다. 왕이 즐거워하며

"이는 그대들의 도움 때문이지, 나에게 무슨 덕이 있겠는가?"

라고 말했다.

제49대 헌강대왕 때에는 서울로부터 지방에 이르기까지 집과 담이 연하여 초가는 하나도 없었다. 음악과 노래가 길에 끊이지 않았고, 바람과 비는 사철 순조로웠다. 어느 날 대왕이 개운포(開雲浦, 울주)에서 놀다가 돌아가려고 낮에 물가에서 쉬고 있는데 갑자기 구름과 안개가 자욱해서 길을 잃었다. 왕이 괴이하게 여겨 좌우 신하들에게 물으니 일관(日官)이 아뢴다.

"이것은 동해용의 심술이오니 마땅히 좋은 일을 해서 풀어야 할 것입니다."

이에 왕은 일을 맡은 관원에게 명하여 용을 위하여 근처에 절을 짓게 했다. 왕의 명령이 내리자 구름과 안개가 걷혔으므로 그곳을 개운포라 했다. 동해의 용은 기뻐해서 아들 일곱을 거느리고 왕의 앞에 나타나 덕을 찬양하여 춤을 추고 음악을 연주했다. 그 중의 한 아들이 왕을 따라 서울로 들어가서 왕의 정사를 도우니 그의 이름을 처용(處容)이라 했다. 왕은 아름다운 여자로 처용의 아내를 삼아 머물러 있도록 하고, 또 급간이라는 벼슬까지 주었다. 처용의 아내가 무척 아름다웠기 때문에 마마를 일으키는 역신(疫神)이 흠모해서 사람으로 변하여 밤에 그 집에 가서 남몰래 동침했다. 처용이 밖에서 자기 집에 돌아와 두 사람이 누워 있는 것을 보자 이에 노래를 부르고 춤을 추면서 물러나왔다. 그 노래는 이러하다.

동경(東京) 밝은 달에, 밤들게 노닐다가
들어와 자리를 보니, 가랑이 넷일러라.
둘은 내 해이고, 둘은 뉘 해인고.
본디 내 해지만, 빼앗겼으니 어찌할꼬.

그때 역신이 본래의 모양을 나타내어 처용의 앞에 꿇어앉아 말했다. "내가 공의 아내를 사모하여 이제 잘못을 저질렀으나 공은 노여워하지 않으니 감동하여 아름답게 여기는 바입니다. 맹세코 이제부터는 공의 얼굴을 그린 것만 보아도 그 문 안에 들어가지 않겠습니다."

이 일로 인해서 나라 사람들은 처용의 얼굴을 문에다 그려 붙여서 병마를 물리치고 경사스러운 일을 맞아들이게 되었다. 왕은 서울로 돌아오자 이내 영취산(靈鷲山) 동쪽 기슭의 경치 좋은 곳을 가려서 절을 세우고 이름을 망해사(望海寺)라 했다. 또는 이 절을 신방사(新房寺)라 했으니 이것은 용을 위해서 세운 것이다.

왕이 또 포석정(鮑石亭)에 갔을 때 남산의 산신이 왕 앞에 나타나 춤을 추었는데 좌우의 사람에겐 그 신이 보이지 않고 왕만이 혼자서 보았다. 사람이 나타나 앞에서 춤을 추니 왕 자신도 춤을 추면서 형상을 보였다. 신의 이름을 혹 상심(詳審)이라고도 했으므로 지금까지 나라 사람들은 이 춤을 전해서 어무상심(御舞詳審), 또는 어무산신(御舞山神)이라 한다. 혹은 말하기를, 신이 먼저 나와서 춤을 추자 그 모습을 살펴 공인(工人)에게 명해서 새기게 하여 후세 사람들에게 보이게 했기 때문에 상심(象審)이라고 했다 한다. 혹은 상염무(霜髯舞)라고도 하는데 이것은 그 형상에 따라서 이름 지은 것이다. 왕이 또 금강령(金剛嶺)에 갔을 때 북악의 신이 나타나 춤을 추었는데, 이를 옥도검(玉刀劍)이라 했다. 또 동례전(同禮殿)에서 잔치를 할 때에는 지신이 나와서 춤을 추었으므로 지백급간(地伯級干)이라 했다.

어법집(語法集)에 말하기를,

"그때 산신이 춤을 추고 노래 부르기를, '지리다도파(智理多都波)'라 했는데 '도파(都波)'라고 한 것은 대개 지혜로 나라를 다스리는 사람이 미리 사태를 알고 많이 도망하여 도읍이 장차 파괴된다는 뜻이다."

했다. 즉 지신과 산신은 나라가 장차 멸망할 것을 알기 때문에 춤을 추어 이를 경계한 것이나 나라 사람들은 깨닫지 못하고 도리어 상서로움이 나타났다 하여 술과 여색을 더욱 즐기다가 나라가 마침내 망하고 만다.

진성왕(眞聖王)이 용상에 올랐다. 그의 이름은 만이며, 헌강왕의 누이동생이다(최치원 문집 제2권 사추증표에는 "신하 탄은 말합니다. 삼가 하명을 받들어 저의 죽은 아비 응을 태사로 추증하고, 죽은 형인 정을 태부로 추증하였습니다"라고 되어 있으며, 또한 납정절표에는, "저의 맏형인 국왕 정이 지난 광계 3년 7월 5일에 갑자기 세상을 떠났으나, 저의 조카 요는 태어난 지 아직 1년이 되지 않았으므로, 저의 둘째 형인 황이 임시로 나라를 다스리다가, 또한 1년을 넘기지 못하고 세상을 떠났습니다"라고 하였으니, 이를 보면 경문왕의 이름이 응인데, 본기에는 응렴이라 하였고, 진성왕의 이름이 탄인데, 본기에는 만이라 하였으며, 또한 정강왕 황은 광계 3년에 죽었는데, 본기에는 2년에 죽은 것으로 되어 있으니, 모두 어느 것이 옳은지 알 수 없다).

죄수들을 크게 방면하고, 모든 주와 군의 1년 간의 조세를 면제하였다. 황룡사에 백고좌를 열고 왕이 직접 가서 설법을 들었다. 겨울에 눈이 내리지 않았다.

2년 봄 2월, 소양리에서 돌이 저절로 움직였다. 왕이 원래부터 각간 위홍(魏弘)과 간통하고 지냈다. 이때에 이르러서는 언제나 궁중에 들어와서 일을 보게 하였다. 그리고 그에게 명령하여 대구화상(大矩和尙)과 함께 향가를 수집하게 하였는데, 이를 삼대목(三代目)이라고 불렀다. 위홍이 죽자 혜성대왕이라는 시호를 추증하였다. 이후로 왕은 젊은 미남자 두세 명을 남몰래 불러들여 음란하게 지내고, 그들에게 요직을 주어 나라 정사를 맡겼다. 이에 따라 아첨하고 총애를 받는 자들이 방자하여지고, 뇌물을 주는 일이 공공연하게 행해졌으며, 상벌이 공평하지 못하고 기강이 문란해졌다. 이때 누군가가 이름을 감추고 시정을 비방하는 말을 만들어 관청 거리에 방을 붙였다. 왕이 그를 수색케 하였으나 잡을 수 없었다. 누가 왕에게 말하기를

"이것은 필시 문인으로서 뜻을 펴지 못한 자의 소행이니, 아마도 대야주에 숨어 사는 거인이 아닌가 생각합니다."

라고 하였다. 왕이 명령을 내려 거인을 체포하여 서울 감옥에 가두고 처벌하려 하였는데, 거인(居仁)이 분하고 원망스러워, 감옥 벽에 다음과 같은 글을 썼다.

"우공이 통곡하니 3년이나 가물었고, 추연이 슬퍼하니 5월에도 서리 왔네.
지금 나의 깊은 시름, 옛 일과 같건만 하늘은 말없이 푸를 뿐인가."

그날 저녁에 갑자기 구름과 안개가 덮이고 번개가 치며 우박이 내렸다. 왕이 이를 두려워하여 거인을 석방하여 돌려보냈다. 3월 초하루 무술에 해가림이 있었다. 왕이 병들어 편치 못하자, 죄수들을 조사하여 사형수 이하의 죄수를 석방하고, 중 60명에게 도첩을 주었다. 왕의 병이 곧 나았다. 여름 5월, 가뭄이 들었다.

제51대 진성여왕(眞聖女王)이 임금이 된 지 몇 해 만에 유모 부호부인(鳧好夫人)과 그의 남편 위홍잡간(魏弘匝干) 등 3, 4명의 총신들이 권력을 마음대로 휘둘러 정사를 어지럽히자 도둑들이 벌떼처럼

일어났다. 나라 사람들이 근심하여 이에 다라니(陁羅尼)의 은어를 지어 써서 길 위에 던졌다. 왕과 권세를 잡은 신하들은 이것을 얻어 보고 말했다.

"이 글은 왕거인(王居仁)이 아니고는 지을 사람이 있겠느냐."

이리하여 거인을 옥에 가두자 거인은 시를 지어 하늘에 호소했다. 이에 하늘이 그 옥에 벼락을 쳐서 거인을 살아나게 했는데 그 시는 이러했다.

연단(燕丹)의 피어린 눈물 무지개가 해를 뚫었고,
추연(鄒衍)의 품은 슬픔 여름에도 서리 내리네.
지금 나의 불우함 그들과 같거니,
황천(皇天)은 어이해서 아무런 상서로움도 없는가.

또 다라니의 은어는 이러했다. 나무망국 찰니나제 판니판니소판니 우우삼아간 부이사바하(南無亡國 刹尼那帝 判尼判尼蘇判尼 于于三阿干 鳧伊娑婆訶)를 풀이하는 사람은 이렇게 말했다.

"찰니나제(刹尼那帝)란 여왕을 가리킨 것이요, 판니판니소판니(判尼判尼蘇判尼)는 두 소판을 말한 것이다. 소판은 벼슬의 이름이요, 우우삼아간(于于三阿干)은 3, 4명의 총신을 말한 것이요, 부이(鳧伊)는 부호(鳧好)를 말한 것이다."

이 왕 때 아찬 양패(良貝)는 왕의 막내아들이었다. 당나라에 사신으로 갈 때에 후백제의 해적들이 진도(津島)에서 길을 막는다는 말을 듣고 활 쏘는 사람 50명을 뽑아 따르게 했다. 배가 곡도(鵠島, 백령도)에 이르니 풍랑이 크게 일어나 10여 일 동안 묵게 되었다. 양패공은 이를 걱정하여 사람을 시켜 점을 치게 하였더니,

"섬에 신 못이 있으니 거기에 제사를 지내면 좋겠습니다."

했다. 이에 못 위에 제물을 차려 놓자 못물이 한 길이나 넘게 치솟는다. 그날 밤 꿈에 노인이 나타나서 양패공에게 말한다.

"활 잘 쏘는 사람 하나를 이 섬 안에 남겨 두면 순풍을 얻을 것이오."

양패공이 깨어 그 일을 좌우에게 물었다.

"누구를 남겨 두는 것이 좋겠소."

여러 사람이 말한다.

"나무 조각 50개에 저희들의 이름을 각각 써서 물에 가라앉게 해서 제비를 뽑으시면 될 것입니다."

공은 이 말을 좇았다. 이때 군사 중에 거타지(居陁知)의 이름 조각이 물에 잠겼으므로 그 사람을 남겨 두니 문득 순풍이 불어서 배는 거침없이 잘 나갔다. 거타지가 조심스럽게 섬 위에 서 있는데 갑자기 노인 하나가 못 속에서 나오더니 말한다.

"나는 서해약(西海若, 서해 신)이오. 해가 뜰 때면 중 하나가 늘 하늘로부터 내려와 다라니를 외우면서 이 못을 세 번 돌면 우리 부부와 자손들이 물 위에 뜨게 되오. 그러면 중은 내 자손들의 간을 빼어 먹는 것이오. 그래서 이제는 오직 우리 부부와 딸 하나만이 남아 있을 뿐인데 내일 아침에 그 중이 또 반드시 올 것이니 그대는 활로 그 중을 쏘아 주시오."

거타지는 말했다.

"활 쏘는 일이라면 나의 장기이니 명령대로 하겠습니다."

노인은 고맙다는 인사를 하고 물속으로 들어가고 거타지는 숨어서 기다렸다. 이튿날 동쪽에서 해가 뜨자 과연 중이 오더니 전과 같이 주문을 외면서 늙은 용의 간을 빼먹으려 했다. 이때 거타지가 활을 쏘아 맞히니 중은 이내 늙은 여우로 변하여 땅에 쓰러져 죽었다. 이에 노인이 나와 치사를 한다.

"공의 은공으로 내 목숨을 보전하게 되었으니 내 딸을 아내로 삼기를 바라오."

거타지가 말한다.

"따님을 저에게 주시고 저를 저버리지 않으신다면, 그것은 제가 참으로 원하는 바입니다."

노인은 그 딸을 한 가지의 꽃으로 변하게 해서 거타지의 품속에 넣어 주고, 두 용에게 명하여 거타지를 데리고 사신의 배를 따라 그 배를 호위하여 당나라에 들어가도록 했다. 당나라 사람은 신라의 배를 용 두 마리가 호위하고 있는 것을 보고 이 사실을 황제에게 말했다. 이에 황제는 말한다.

"신라의 사신은 반드시 보통 사람이 아니다."

이에 잔치를 베풀어 여러 신하들의 윗자리에 앉히고 금과 비단을 후하게 주었다. 본국으로 돌아오자 거타지는 꽃가지를 내어 여자로 변하게 하여 함께 살았다.

10. 신라본기 제12

효공왕(孝恭王)이 즉위했다. 그의 이름은 요이며, 헌강왕의 서자다. 그의 어머니는 김씨였다. 죄수들을 크게 풀어주었다. 문무백관의 작위를 한 급씩 올렸다.

제52대 효공왕 때인 광화(光化) 15년 임신(壬申)인(사실은 후량(後梁)의 건화(乾化) 2년)에 봉성사(奉聖寺) 외문(外門) 동서쪽 21칸에 까치가 집을 지었다. 또 신덕왕 즉위 4년 을해(고본에는 천우 12년이라고 하였는바, 마땅히 정명(貞明) 원년임)에 영묘사 안 행랑에 까치둥지가 34개, 까마귀 둥지가 40개였다. 또 3월에 서리가 두 번 내렸고, 6월에 참포(斬浦, 홍해)의 물과 바다의 파도가 삼일 동안 서로 싸웠다.

14년, 견훤이 직접 보병과 기병 3천을 거느리고 나주성을 포위하여 열흘 동안 풀지 않았다. 궁예가 수군을 출동시켜 그를 습격하니, 견훤이 군사를 이끌고 퇴진하였다.

〈삼국사〉 본전(本傳)에 보면 이러하다. 견훤은 상주 가은현 사람으로, 함통(咸通) 8년 정해(丁亥, 867)에 났다. 본성은 이(李)였는데 뒤에 견(甄)으로 성씨를 고쳤다. 아버지 아자개(阿慈介)는 농사를 지어 생활했다. 광계 연간에 사불성(沙弗城, 상주)에 웅거하여 스스로 장군이라 했다. 아들이 넷이 있어 모두 세상에 이름이 알려졌는데 그 중에 견훤은 남보다 뛰어나고 지략이 많았다.

〈이제가기(李磾家記)〉에 보면 이렇게 말했다. 진흥대왕의 왕비 사도(思刀)의 시호는 백숭부인(白烏戎夫人)이다. 그 셋째 아들 구륜공(仇輪公)의 아들 파진간(波珍干) 선품(善品)의 아들 각간(角干) 작진(酌珍)이 왕교파리(王咬巴里)를 아내로 맞아 각간 원선(元善)을 낳으니 이가 바로 아자개다. 아자개의 첫째 부인은 상원부인(上院夫人)이요, 둘째 부인은 남원부인(南院夫人)으로 아들 다섯과 딸 하나를 낳았으니 그 맏아들이 상보(尙父) 훤(萱)이요, 둘째 아들이 장군 능애(能哀)요, 셋째 아들이 장군 용개(龍盖)요, 넷째 아들이 보개(寶盖)요, 다섯째 아들이 장군 소개(小盖)이며, 딸이 대주도금(大主刀金)이다.

또 〈고기(古記)〉에는 이렇게 말했다. 옛날에 부자 한 사람이 있어 모양이 몹시 단정했다. 딸이 아버지께 말하기를

"밤마다 자줏빛 옷을 입은 남자가 침실에 와서 자고 갑니다."

하자 아버지는,

"너는 긴 실을 바늘에 꿰어 그 남자의 옷에 꽂아 두어라."

하여 그 말대로 시행했다. 날이 밝아 그 실이 간 곳을 찾아보니 북쪽 담 밑에 있는 큰 지렁이 허리에 꽂혀 있다. 이로부터 태기가 있어

사내아이를 낳았는데 나이 15세가 되자 스스로 견훤이라 일컬었다. 경복 원년 임자(壬子, 892)에 이르러 왕이라 일컫고 완산군(完山郡, 전주)에 도읍을 정했다. 나라를 다스린 지 43년 청태 원년 갑오(934)에 견훤의 세 아들 즉 신검(神劍)·용검(龍劍)·양검(良劍)이 즉위하여 천복(天福) 원년 병신(936)에 고려 군사와 일선군(一善郡, 선산)에서 싸워서 패하니 후백제는 아주 없어졌다.

처음에 견훤이 나서 포대기에 싸였을 때, 아버지는 들에서 밭을 갈고 어머니는 아버지에게 밥을 가져다주려고 아이를 수풀 아래 놓아두었더니 범이 와서 젖을 먹이니 마을 사람들은 이 말을 듣고 이상하게 여겼다. 아이가 장성하자 몸과 모양이 웅장하고 기이했으며 뜻이 커서 남에게 얽매이지 않고 비범했다. 군인이 되어 서울로 들어갔다가 서남의 해변으로 가서 국경을 지키는데 창을 베개 삼아 적군을 지키니 그의 기상은 항상 다른 병사에 앞섰으며 그 공로로 비장이 되었다. 당나라 소종(昭宗) 경복 원년은 신라 진성왕의 재위 6년이다. 이때 왕의 총애를 받는 신하가 곁에 있어서 국권을 농간하니 기강이 어지럽고 해이하였으며, 굶주림이 더해지니 백성들은 떠돌아다니고 도둑들이 벌떼처럼 일어났다. 이에 견훤은 남몰래 반역할 마음을 품고 무리를 모아 서울의 서남 주현들을 공격하니 가는 곳마다 백성들이 호응하여 한 달 동안에 무리는 5천이나 되었다.

드디어 무진주(武珍州, 광주)를 습격하여 스스로 왕이 되었으나 감히 공공연하게 왕이라 일컫지는 못하고 스스로 신라서남도통행전주자사 겸 어사중승상주국 한남국개국공이라 했으니 용화 원년 기유(889)였다. 이것을 혹 경복 원년 임자의 일이라고도 한다.

이때 북원(北原, 원주)의 도적 양길(良吉)의 세력이 몹시 커져서 궁예는 자진해서 그 부하가 되었다. 견훤이 이 소식을 듣고 멀리 양길에게 직책을 주어 비장으로 삼았다. 견훤이 서쪽으로 행차하여 완산주에 이르니 고을 백성들이 환영하면서 위로했다. 견훤은 민심을 얻은 것이 기뻐서 좌우 사람들에게 말했다.

“백제가 나라를 시작한 지 600여 년에 당나라 고종은 신라의 요청으로 소정방을 보내서 수군 13만 명이 바다를 건너오고 신라의 김유신은 있는 군사를 거느리고 황산(黃山, 논산)을 거쳐 당나라 군사와 합세하여 백제를 쳐서 멸망시켰으니 어찌 감히 도읍을 세워 옛날의 분함을 씻지 않겠는가.”

드디어 스스로 후백제 왕이라 일컫고 벼슬과 직책을 나누었으니 이는 당나라 광화 3년이요 신라 효공왕 4년(900)이다. 정명 4년 무인(918)에 철원경(鐵原京)의 민심이 졸지에 변하여 우리 태조를 추대하여 왕위에 오르게 하니 견훤은 이 소식을 듣고 사자를 보내서 축하하고 공작선(孔雀扇)과 지리산의 죽전(竹箭) 등을 바쳤다. 견훤은 우리 태조에게 겉으로는 화친하는 체하면서 속으로는 시기하였다. 그는 태조에게 총마(驄馬)를 바치더니 3년 겨울 10월에는 기병(騎兵) 3천을 거느리고 조물성(曹物城, 김천)까지 오자 태조도 역시 정병을 거느리고 와서 싸웠으나 견훤의 군사가 날래어 승부를 결단할 수가 없었다. 이에 태조는 일시적으로 화친하여 견훤의 군사들이 피로하기를 기다리려고 글을 보내서 화친할 것을 요구하고 종제인 왕신(王信)을 인질로 보내니 견훤도 역시 그 사위 진호(眞虎)를 보내서 교환했다. 12월에 견훤은 거서(居西, 불명) 등 20여 성을 쳐서 차지하고 사자를 후당(後唐)에 보내서 속국의 신하라 일컬으니 후당에서는 그에게 검교태위 겸 시중판백제군사의 벼슬을 주고, 전과 같이 도독행전주자사 해동서면도통지휘병마판치등사 백제왕이라 하고 식읍 2,500호를 주었다.

4년에 진호가 갑자기 죽자 견훤은 일부러 죽인 것이라고 의심해서 즉시 왕신을 가두고 사람을 보내서 전년에 보낸 총마를 돌려보내라고 하니 태조는 웃고 그 말을 돌려보냈다. 천성(天成) 2년 정해(927) 9월에 견훤은 근품성(近品成, 산양)을 빼앗아 불을 질렀다. 이에 신라왕이 태조에게 구원을 청하자 태조는 장차 군사를 내려는데 견훤은 고울부(高鬱府, 울주)를 쳐서 취하고 족시림(族始林, 혹은 계림 서쪽 들)으로 진군하여 졸지에 신라 서울로 들어갔다. 이때 신라왕은 부인과 함께 포석정에 나가 놀고 있었으므로 더욱 쉽게 패했다. 견훤은 왕의 부인을 억지로 끌어다가 욕보이고 왕의 족제인 김부(金傅)로 왕위를 잇게 한 뒤에 왕의 아우 효렴(孝廉)과 재상 영경(英景)을 사로잡고, 나라의 귀한 보물과 무기와 자제들, 그리고 여러 가지 장인 중에 우수한 자들을 모두 데리고 갔다.

태조는 정예한 기병 5천을 거느리고 공산(公山, 대구) 아래에서 견훤을 맞아서 크게 싸웠으나 태조의 장수 김락(金樂)과 신숭겸(申崇謙)은 죽고 모든 군사가 패했으며, 태조만이 겨우 죽음을 면했을 뿐 맞서지 못했기 때문에 견훤은 많은 죄악을 짓게 되었다. 견훤은 전쟁에 이긴 여세를 몰아 대목성(大木城, 약목)과 경산부(京山府, 성주)와 강주(康州, 진주)를 침략하고 부곡성(缶谷城)을 공격했다. 의성부(義城府)의 태수 홍술(洪述)은 맞서 싸우다가 죽었다. 태조는 이 소식을 듣고 말했다.

"나는 오른손을 잃었다."

왕 42년 경인(930)에 견훤은 고창군(古昌郡, 안동)을 치려고 군사를 크게 일으켜 석산(石山)에 영채를 마련하니 태조는 백 보 가량을 공격해서 고을 북쪽 병산(甁山)에 영채를 마련했다. 여러 번 싸웠으나 견훤이 패하매 시랑 김악(金渥)이 사로잡혔다. 다음날 견훤이 군사를 거두어 순주성(順州城)을 습격하니 성주 원봉(元逢)은 막지 못하고 성을 버리고 밤에 도망했다. 태조는 몹시 노하여 그 고을을 낮추어 하지현(下枝縣)을 삼았다.

신라의 군신들은 속수무책, 다시 일어날 수가 없으므로 우리 태조를 끌어들여 좋은 의(誼)를 맺어서 자기들을 도와주도록 했다. 견훤이 이 소식을 듣고 또다시 신라 서울에 들어가 나쁜 짓을 하려 하는데, 태조가 먼저 들어갈까 두려워해서 태조에게 편지를 보냈다.

"전일에 국상(國相) 김웅렴(金雄廉) 등이 장차 그대를 서울로 불러들이려 한 것은 작은 자라가 큰 자라의 소리에 호응하는 것과 같으며, 종달새가 매의 죽지를 찢으려 드는 것과 같으니, 반드시 백성들을 도탄에 빠뜨리고 종묘와 사직을 빈 터전으로 만들 것이오. 나는 이때문에 먼저 조적(祖逖)의 채찍을 가지고 홀로 한금호(韓擒虎)의 도끼를 휘둘러 백관들에게 맹세하기를 백일과 같이 했고, 6부를 의리 있는 풍도로 설득했더니 뜻밖에 간신은 도망하고 임금은 세상을 떠났소. 이에 경명왕의 외종제인 헌강왕의 외손을 받들어 왕위에 오르게 해서 위태로운 나라를 다시 세우고 없는 임금을 다시 있게 만들었소. 그런데 그대는 내 충고를 자세히 살피지 않고 한갓 흘러 다니는 말만을 듣고 온갖 속임수로 왕위를 엿보고 여러 가지로 나라를 침노했으나 오히려 내가 탄 말의 머리도 보지 못했고 내 쇠털 하나도 뽑지 못했소. 이 겨울 초순에는 도두(都頭) 색상(索湘)이 성산(星山)의 진 밑에서 손을 묶어 항복했고, 또 이달 안에는 좌장(左將) 김락(金樂)이 미리사(美利寺) 앞에서 전사했소. 이밖에 죽인 것도 많고 사로잡은 것도 적지 않았소. 그 강하고 약한 것이 이와 같으니 이기고 질 것은 알 만한 일이오. 내가 바라는 일은 활을 평양성 문루에 걸고 말에게 패강의 물을 먹이는 일이오. 그러나 지난달 7일에 오월국의 사신 반상서(班尙書)가 와서 국왕의 조서를 전하기를, '경(卿)은 고려와 오랫동안 좋은 화의(和誼)를 통하고 함께 이웃 나라의 맹약을 맺은 줄 알았었소. 그런데 인질로 간 사람이 죽은 것을 보고 드디어 화친하던 옛 뜻을 잃어버리고 서로 국경을 침입하여 전쟁이 쉬지 않게 되었소. 이제 일부러 사신을 경의 고을로 보내고 또 고려에도 글을 보내어 마땅히 각각 서로 친목해서 길이 평화를 도모하도록 한 것이오.' 내가 생각하는 의리는 왕실을 높이는 데에 독실하고 마음은 큰 나라를 섬기는 데 깊었소. 이제 오월왕(吳越王)이 조칙을 타이르는 것을 듣고 즉시 받들어 행하고자 하나, 다만 그대가 그만두고 싶어도 그만둘 수가 없고 국경에 있으면서도 싸우려는 것을 걱정하는 바요. 이제 그 조서를 베껴서 보내는 터이니 청컨대 유의해서 자세히 살피시오. 또 토끼와 사냥개가 다 함께 지치고 보면 마침내는 반드시 남의 조롱을 받는 법이오. 조개와 황새가 서로 버티다가는 역시 남의 웃음거리가 되는 것이오. 마땅히 미복(迷復)을 경계하여 후회하는 일을 스스로 불러오지 말도록 하시오."

천성 2년(927) 정월에 태조는 회답을 보냈다.

"오월국의 통화사(通和使) 반상서가 전한 조서 한 통을 받들고, 겸하여 그대가 보낸 긴 편지도 받아 보았소. 위엄을 차린 사신이 조서를 가지고 왔고, 좋은 소식과 함께 가르침도 받았소. 조서를 받아 비록 감격은 더했지만 편지를 펴 보고 의심스러운 마음을 없애기 어려웠소. 이제 돌아가는 사신에게 부탁하여 내가 하고 싶은 말을 하려 하오. 나는 위로 하늘의 명령을 받들고 아래로 백성들의 추대에 못 이겨서 외람되이 장수의 직권을 맡아서 천하를 다스릴 기회를 얻었던 것이오. 저번에 삼한이 액운을 당하고 모든 국토에 흉년이 들어 날로 황폐해져서 백성들은 모두 황건 무리에 소속되고, 논밭은 적토(赤土)가 아닌 땅이 없었소. 난리의 시끄러움을 그치게 하고 나라의 재앙을 구하려 하여 이에 스스로 선린의 우호를 맺으니 과연 수천 리 되는 국토가 농사로 생업을 즐기고, 병사들은

7, 8년 동안 한가롭게 쉬었소. 그러던 것이 계유(癸酉)년 10월 갑자기 일이 생겨서 싸우게 되었소. 그대가 처음에는 적을 가볍게 여겨 곧장 전진해 와서 마치 당랑(螳螂, 사마귀)이 수레바퀴를 막는 것 같이 하더니, 마침내 어려움을 알고 용감히 물러가서 마치 모기가 산을 짊어진 것과 같이 했소. 그리고 손을 모아 공손한 말로 하늘을 가리켜 맹세하기를, 오늘 이후로는 길이 화목하며, 혹시라도 이 맹세를 어긴다면 신이 벌을 줄 것이라 하였소. 이에 나도 전쟁을 멈추게 하는 무(武)를 숭상하고 사람을 죽이지 않는 인(仁)을 기약하여 드디어 여러 겹 포위했던 것을 풀어 피로한 군사들을 쉬게 했으며, 인질 보내는 것도 거절하지 않고 다만 백성만을 편안하게 하려 했으니, 이것은 곧 내가 남쪽 사람들에게 큰 덕을 베푼 것이었소. 그런데 맹약의 피가 채 마르기도 전에 흉악한 세력이 다시 일어나 봉채(蜂蠆, 전갈)의 독이 백성을 뒤흔들고 미친 이리와 호랑이가 서울 땅을 가로막아 금성(金城, 서라벌)이 군색하고 황옥(黃屋, 궁궐)을 몹시 놀라게 할 줄 어찌 생각했겠소? 큰 의리에 의거해서 주(周)나라 왕실을 높이는 것이 그 누가 환공(桓公)·문공(文公)의 패업과 같겠는가. 기회를 타서 한(漢)나라를 도모한 것은 오직 왕망(王莽)·동탁(董卓)의 간사함을 볼 뿐이오. 왕의 지극히 높은 지위로서 몸을 굽혀 그대에게 자(子)라고 하게 하여 높고 낮은 차서를 잃게 하였으니 상하가 모두 조심해서 원보(元輔)의 충순(忠純)이 아니면 어찌 사직을 편안케 할 수 있으랴 했소, 나의 마음에는 악의가 없고 뜻은 왕실을 높이는 데 간절하여 장차 조정을 구원해서 나라를 위태로운 데서 구해 내려 했소. 그대는 터럭만한 작은 이익을 보고 천지의 두터운 은혜를 저버려 임금을 죽이고 대궐을 불사르며 대신들을 죽이고 백성을 도륙했소. 궁녀들은 잡아서 수레에 실어 가고 보물은 빼앗아서 짐 속에 실었으

니 그 흉악함은 걸왕(桀王)・주왕(紂王)보다 더하고 어질지 못함은 어미를 잡아먹는 다는 경과 올빼미보다 더 심했소. 나는 붕천(崩天, 임금의 죽음)의 원한과 해를 뒤로 돌리려는 깊은 정성으로, 매가 참새를 쫓듯이 한 나라에 대해 수고로움을 다하려 했소. 그리하여 두 번째 군사를 일으켜 2년이 지났는데, 육로로 치는 데는 천둥과 번개처럼 빨리 달렸고, 수로로 치는 데는 범과 용처럼 용맹스러워 움직이면 반드시 공을 세우고 일을 하는 데 헛일이 없었소. 윤경(尹卿)을 바닷가로 쫓으면 쌓인 갑옷이 산더미 같았고, 추조(雛造)를 성 가에서 잡았을 때에는 시체가 들을 덮었소. 연산군(燕山郡)에서는 길환(吉奐)을 군막에서 베었고, 마리성(馬利城, 거창) 가에서는 수오(隨晤)를 깃발 아래서 죽였소. 임존성(任存城, 대흥)을 함락시키던 날에는 형적(刑積) 등 수백 명이 목숨을 버렸고, 청천현(淸川縣, 상주 영내)을 깨칠 때에는 직심(直心) 등 네다섯 무리가 머리를 바쳤소. 동수(桐藪, 동화사)는 깃발만 바라보고 도망해 흩어졌고, 경산(京山, 성주)은 구슬을 입에 물고 항복했소. 강주(康州, 진주)는 남쪽으로부터 합류해 왔고, 나부(羅府)는 서쪽에서 와서 소속되었소. 공격하는 것이 이와 같았으니 수복될 날이 어찌 멀겠소. 반드시 저수(泜水)의 영채에서 장이(張耳)의 묵은 원한을 씻고, 오강(烏江) 기슭에서 한왕(漢王)의 한번 승전한 마음을 이룩해서 마침내 바람과 물결을 쉬게 하여 길이 천하를 맑게 할 것이오. 이는 하늘이 돕는 바이니 천명이 어디로 돌아가겠소. 더구나 오월왕 전하의 덕은 포황(包荒)에도 흡족하고 인자함은 어린 백성에게도 깊어 특히 대궐에서 명령을 내려 우리나라에서 난리를 그치라고 효유하였소. 이미 가르침을 받았으니 어찌 받들어 행하지 않겠소. 만일 그대도 이 조서를 받들어 흉악한 싸움을 그친다면, 다만 오월국의 어진 은혜에 보답할 뿐만 아니라 또한 동방의 끊어진 큰길을 걸을 수 있을 것이오. 그러나 만일 허물을 고치지 않는다면, 후회해도 미치지 못할 것이오(이 글은 최치원이 지음)."

장흥 3년(932)에 견훤의 신하 공직(龔直)이 용맹스럽고 지략이 있었다. 태조에게로 와서 항복하니 견훤은 공직의 두 아들과 딸 하나를 잡아서 다리 힘줄을 지져서 끊었다. 9월에 견훤은 일길(一吉)을 보내어 수군을 이끌고 고려 예성강으로 들어가 3일 동안 머무르면서 염주(鹽州)·백주(白州)·진주(眞州) 등 세 주의 배 100여 척을 빼앗아 불사르고 돌아갔다.

청태(淸泰) 원년 갑오(934)에 견훤은 태조가 운주(運州, 홍성)에 주둔해 있다는 말을 듣고 갑옷 입은 군사를 뽑아 잠자리에서 밥을 먹어가며 빨리 가게 하였는데, 미처 영채에 이르기 전에 장군 유금필(庾黔弼)이 강한 기병(騎兵)으로 쳐서 3천여 명의 목을 베니 웅진(熊津, 공주) 이북의 30여 성은 이 소문을 듣고 자진해서 항복하였다. 견훤의 부하였던 술사 종훈(宗訓)과 의사 지겸(之謙), 용장 상봉(尙逢)·최필(崔弼) 등도 모두 태조에게 항복했다.

병신년(936) 정월에 견훤은 그 아들에게 말했다.

"내가 신라 말 후백제를 세운 지 여러 해가 되어 군사는 북쪽의 고려 군사보다 배나 되는데도 오히려 이기지 못하니 필경 하늘이 고려를 위하여 손짓하는 것 같다. 어찌 북쪽 고려왕에게 합류해서 생명을 보전하지 않을 수 있겠느냐."

그러나 그 아들 신검(神劍)·용검(龍劍)·양검(良劍) 등 세 사람은 모두 응하지 않았다. 〈이제가기(李磾家記)〉에는 이렇게 말했다.

"견훤에게는 아들 아홉이 있으니, 맏이는 신검(神劍), 둘째는 태사(太師) 겸뇌(謙腦), 셋째는 좌승(佐承) 용술(龍述), 넷째는 태사(太師) 총지(聰智), 다섯째는 대아간(大阿干) 종우(宗祐), 여섯째는 이름을 알 수 없고, 일곱째는 좌승(佐承) 위흥(位興), 여덟째는 태사(太師) 청구(靑丘)이며, 딸 하나는 국대부인(國大夫人)이니 모두 상원부인(上院夫人)의 자손이다."

또 말하기를,

"견훤은 처첩이 많아서 아들 10여 명을 두었는데, 넷째아들 금강은 키가 크고 지혜가 많아 견훤이 특히 그를 사랑하여 왕위를 전하려 하니 그 형 신검·양검·용검 등이 알고 몹시 근심했다. 이때 양검은 강주도독, 용검은 무주도독으로 있고, 홀로 신검만이 견훤의 곁에 있었다. 이찬(伊湌) 능환(能奐)이 사람을 강주와 무주에 보내서 양검 등과 모의했다. 청태(淸泰) 2년 을미(935) 3월에 이들은 영순(英順) 등과 함께 신검을 권해서 견훤을 금산(金山) 불당에 가두고 사람을 보내서 금강을 죽이고 신검이 자칭 대왕이라 하고 나라 안의 모든 죄수들을 방면해 주었다."

라고 한다. 처음에 견훤이 아직 잠자리에서 일어나기 전에 멀리 대궐 뜰에서 고함치는 소리가 들리므로 이게 무슨 소리냐고 묻자 신검이 아버지에게 아뢰었다.

"왕께서는 늙으시어 군국의 정사에 어두우시므로 장자 신검이 부왕의 자리를 대신하게 되었다고 해서 여러 장수들이 기뻐하는 소리입니다."

조금 후에 아버지를 금산사(金山寺) 불당으로 옮기고 파달(巴達) 등 30명의 장사를 시켜서 지키게 하니, 동요에 이렇게 말했다.

가엾은 완산(完山) 아이
아비를 잃어 울고 있네.

당시 견훤은 후궁과 나이 어린 남녀 두 명, 시비인 고비녀(古比

女), 나인(內人) 능예남(能乂男) 등과 함께 갇혀 있었다. 그러다가 4월에 이르러 견훤은 술을 빚은 뒤에 지키는 장사 30명에게 먹여 취하게 하고는 고려로 도망쳤다. 이에 태조는 소원보향예(小元甫香乂)·오염(吳琰)·충질(忠質) 등을 보내서 수로로 가서 맞아오게 했다. 고려에 이르자 태조는 견훤의 나이가 10년 위라고 하여 높여서 상보(尙父)라 하여 남궁에 편안히 있게 하고 양주의 식읍·전장과 노비 40명, 말 아홉 필을 주고, 먼저 항복해 와 있는 신강으로 아전을 삼았다. 견훤의 사위 장군 영규(英規)가 비밀히 그 아내에게 말했다.

"대왕께서 나라를 위해서 애쓰신 지 40여 년에 공든 탑이 거의 이루어지려 하는데 하루아침에 집안사람의 화로 나라를 잃고 고려를 따르니, 대체로 열녀는 두 남편을 모시지 않고 충신은 두 임금을 섬기지 않는 법이오. 만일 내 임금을 버리고 반역한 아들을 섬긴다면 무슨 낯으로 천하의 의사들을 본단 말이오. 더구나 고려의 왕공은 인자하며 부지런하여 민심을 얻었다 하니 이는 아마 하늘의 계시로, 마침내 삼한의 임금이 될 것이니 어찌 글을 올려 우리 임금을 위로하고, 아울러 왕공에게 정성으로 뒷날의 향복을 꾀하지 않겠소?"

그 아내가 말했다.

"당신의 말씀이 바로 저의 뜻입니다."

이에 천복(天福) 원년 병신(936) 2월 사람을 보내서 태조에게 자기의 뜻을 말했다.

"왕께서 의로운 깃발을 드시면 저는 따라서 고려 군사를 기꺼이 맞이하겠습니다."

태조는 기뻐하여 사자에게 예물을 후히 주어 보내고 영규에게 치사했다.

"만일 그대의 은혜를 입어 한번 힘을 모아 길에서 막히는 일이 없게 한다면 곧 먼저 장군께 뵙고, 다음에 올라 부인께 절하여, 형으로 섬기고 누님으로 받들어 반드시 끝까지 후하게 보답하겠소. 천지와 귀신은 모두 이 말을 들을 것이오."

6월에 견훤이 태조에게 말했다.

"늙은 신하가 전하께 항복해 온 것은 전하의 위엄을 빌어 패역무도한 아들을 죽이기 위한 것이니 엎드려 바라건대 대왕이 군사를 내어 저런 망나니를 죽이시면 신이 비록 죽어도 여한이 없겠습니다."

태조가 말했다.

"그들을 치지 않으려는 것이 아니라 때를 기다리는 것이오."

이에 먼저 태자 무(武)와 장군 술희(述希)에게 보병과 기병(騎兵) 10만을 거느려 천안부로 나가게 하고, 9월에 태조는 삼군을 거느리고 천안에 이르러 군사를 합하여 일선군으로 진격해 나가니 신검이 군사를 거느리고 막았다. 갑오일에 일리천(一利川)을 사이에 두고 서로 대치하니 고려 군사는 동북방을 등지고 서남쪽을 향해 진을 쳤다. 태조는 견훤과 함께 군대를 점검하는데, 갑자기 칼과 창 같은 흰 구름이 일어나 적군을 향해 가므로 북을 치고 나가자 후백제의 장군 효봉(孝奉)·덕술(德述)·애술(哀述)·명길(明吉) 등은 고려 군사의 형세가 크고 정돈된 것을 바라보고 갑옷을 버리고 진 앞에 나와 항복했다. 태조는 이를 위로하고 장수가 있는 곳을 물으니 효봉 등은 말한다.

"원수 신검은 중군에 있습니다."

태조는 장군 공훤(公萱) 등에게 명하여 삼군을 일시에 진군시켜 협공하니 백제군은 무너져 달아났다. 황산 탄현(炭峴)에 이르자 신검은 두 아우와 장군 부달(富達)·능환(能奐) 등 40여 명과 함께 항복했다. 태조는 항복을 받고 나머지는 모두 위로하여 처자와 함께 서울로 돌아가도록 허락했다. 태조가 능환에게 물었다.

"처음에 양검 등과 비밀로 모의해서 대왕을 가두고 그 아들을 세운 것은 네 꾀이니, 신하된 의리에 이래야 마땅하단 말이냐."

능환은 머리를 숙이고 말을 하지 못한다. 태조는 명하여 이를 베라고 했다. 신검이 방자하게 왕위를 빼앗은 것은 남의 위협으로, 그의 본심이 아니었으며 또 항복하여 죄를 빌어 특히 그 죽음을 면하게 하였다. 견훤은 분하게 여겨 등창이 나서 며칠 만에 황산 불당에서 죽으니 때는 9월 8일이고 나이는 70이었다. 태조의 군령은 엄하고 분명해서 군사들이 조금도 범하지 않아 고을들이 편안하여 늙은이와 어린이가 모두 만세를 불렀다. 태조는 영규에게,

"전왕이 나라를 잃은 후에 그의 신하된 사람으로서 한 사람도 위로해 주는 이가 없었는데 오직 경(卿)의 내외만이 천리 밖에서 글을 보내서 성의를 보였고, 겸해서 아름다운 명예를 나에게 돌렸으니 그 의리를 잊을 수 없소."

하고 좌승(左承)이란 벼슬과 밭 1천 경을 내리고, 역마 35필을 빌려 주어 가족들을 맞게 했으며 그 두 아들에게도 벼슬을 주었다. 견훤은 당나라 경복 원년(892)에 나라를 세워 진(晉)나라 천복 원년(936)에 이르니, 45년 만인 병신년에 망했다.

사론(史論)에 이렇게 말했다.

"신라는 운수가 다하고 올바른 도리를 잃어 하늘이 돕지 않고 백성이 돌아갈 곳이 없이 되었다. 이에 뭇 도둑이 틈을 타서 일어나서 마치 고슴도치의 털과 같았다. 그 중에서도 강한 도둑은 궁예와 견훤 두 사람이었다. 궁예는 본래 신라의 왕자로서 도리어 제 나라를 원수로 삼아 심지어는 선조의 화상을 칼로 베었으니 그 어질지 않은 것이 너무 심했다. 견훤은 신라의 백성으로 태어나서 신라의 녹을 먹으면서 반심을 품어 나라의 위태로움을 기화로 신라의 도읍을 쳐서 임금과 신하를 마치 짐승처럼 죽였으니 참으로 천하의 원흉이

다. 그 때문에 궁예는 그 신하에게 버림을 당했고 견훤은 그 아들에게서 앙화가 생겼으나 모두 자초한 것이니 누구를 원망한단 말인가. 비록 항우(項羽)·이밀(李密)의 뛰어난 재주로도 한(漢)과 당(唐)이 일어나는 것을 대적하지 못했거늘, 하물며 궁예와 견훤 같은 흉포한 자들이 어찌 우리 태조를 대항할 수 있었으랴."

경명왕(景明王)이 용상에 올랐다. 그의 이름은 승영이며, 신덕왕의 태자다. 그의 어머니는 의성왕비다.

2년 봄 2월, 일길찬 현승이 모반하다가 처형되었다. 여름 6월, 궁예의 부하들의 인심이 갑자기 변하여 태조를 추대하자, 궁예가 도주하다가 부하에게 피살되었다. 태조가 즉위하여 연호를 새로 정하고, 이 해를 원년으로 하였다. 가을 7월, 상주의 도적 두목 아자개가 사신을 보내 태조에게 항복하였다.

제54대 경명왕 때인 정명(貞明) 5년 무인(戊寅, 918)에 사천왕사(四天王寺) 벽화 속의 개가 울었다. 3일 동안 불경을 외워 이를 물리쳤으나 반나절이 지나자 그 개가 또 울었다.

4년 봄 정월, 왕이 태조와 사신을 교환하고 수호 관계를 맺었다. 2월, 강주 장군 윤웅이 태조에게 항복하였다. 겨울 10월, 후백제 군주 견훤이 보병과 기병 1만을 거느리고, 대야성을 공격하여 점령한 후, 진례로 진군하였다. 왕이 아찬 김율을 태조에게 보내 구원을 요청하였다. 태조가 장수에게 명하여 군사를 출동시켜 구원하게 하니, 견훤이 이 말을 듣고 물러갔다.

왕 7년 경진(庚辰, 920) 2월에는 황룡사탑 그림자가 금모사지(今毛舍知)의 집 뜰 안에 한 달 동안이나 거꾸로 서서 비쳐 보였다. 또 10월에 사천왕사 오방신(五方神)의 활줄이 모두 끊어졌으며, 벽화 속의 개가 뜰로 달려 나왔다가 다시 벽의 그림 속으로 들어갔다.

경애왕(景哀王)이 용상에 올랐다. 그의 이름은 위응이며, 경명왕의 친아우다.

원년 9월, 태조에게 사신을 보내 예방하였다. 겨울 10월, 왕이 직접 신궁에 제사지내고 죄수들을 크게 풀어주었다.

제55대 경애왕이 즉위한 동광(同光) 2년 갑신(甲申, 924) 2월 19일에 황룡사에서 고승들이 모이는 백좌(百座)를 열어 불경을 풀이했다. 겸해서 선승 3백 명에게 음식을 먹이고 대왕이 친히 향을 피워 불공을 드렸다. 이것이 백좌를 설립한 선교의 시작이었다.

경순왕(敬順王)이 용상에 올랐다. 그의 이름은 부이고, 문성대왕의 후손이며, 이찬 효종의 아들이다. 어머니는 계아 태후다. 아버지는 견훤의 추대로 용상에 올랐다. 왕은 전 왕의 시체를 서쪽 대청에 모시고, 여러 신하들과 함께 통곡하였다. 시호를 올려 경애라 하고, 남산 해목령(蟹目嶺)에 장사지냈다. 태조가 사신을 보내 조문하고 제사에 자리를 함께 하게 하였다.

9년 겨울 10월, 사방의 국토가 모두 타인의 소유로 되어, 국세가 약하고 고립되었으므로, 왕은 나라를 스스로 보존할 수 없다고 판단하고, 여러 신하들과 함께 태조에게 항복할 것을 의논하였다. 여러 신하들이 의논하였으나, 옳다는 사람도 있었고, 옳지 않다고 하는 사람도 있었다. 이때 왕자가,

"나라의 존속과 멸망은 반드시 하늘의 운명에 달려 있으니, 다만 충신 의사들과 함께 민심을 수습하여, 우리 자신을 공고히 하고 힘이 다한 뒤에 망할지언정, 어찌 1천 년의 역사를 가진 사직을 하루아침에 경솔히 남에게 주겠습니까?"

라고 말했다. 왕은,

"고립되고 위태로운 상황이 이와 같아서는 나라를 보전할 수 없다. 강

하지도 못하고 약하지도 않으면서, 무고한 백성들이 참혹하게 죽도록 하는 것은, 나로서는 차마 할 수 없는 일이다."

라고 말하고, 곧 시랑 김봉휴로 하여금 태조에게 편지를 보내 항복을 청하였다. 왕자는 통곡하면서 왕에게 하직 인사를 하고, 산길을 따라 개골산으로 들어갔다. 그는 바위 아래에 집을 짓고, 삼베옷을 입고 풀잎을 먹으며 일생을 마쳤다.

11월, 태조가 왕의 편지를 받고, 대상 왕철 등을 보내 왕을 영접하게 하였다. 왕이 백관을 거느리고 서울을 출발하여 태조에게 가는데, 향나무 수레와 구슬로 장식한 말이 30여리에 이어지니, 길이 막히고 구경꾼은 울타리를 두른 것 같았다. 태조가 교외에 나와서 왕을 영접하여 위로하였으며, 왕궁 동쪽의 가장 좋은 구역을 주고, 맏딸 낙랑 공주를 아내로 삼게 하였다.

12월, 왕을 정승공으로 봉하여, 태자보다 높은 지위에 두었으며, 녹봉으로 1천 석을 주고, 시종하던 관원과 장수들을 모두 등용하였다. 신라를 고쳐서 경주라 하고, 이를 공의 식읍으로 삼았다. 처음 신라가 항복하였을 때, 태조가 매우 기뻐하여 후한 예로 대우하였고, 사자를 보내 왕에게 말하기를,

"이제 왕이 나에게 나라를 주었으니, 이는 위대한 선물입니다. 원컨대 저의 종실과 혼인하여, 영원히 집안 관계를 맺고자 합니다."

라고 하였디. 왕은

"나의 백부 잡간 억렴이 지대야군사로 있는데, 그의 딸이 덕행이 훌륭하고 용모가 아름다우니, 이 외에는 집안을 받들 만한 자가 없습니다."

라고 대답하였다. 태조가 마침내 그 여자와 결혼하여 아들을 낳았다. 이 사람이 곧 현종의 아버지로서, 후에 안종으로 추봉되었다. 경종 헌화대왕 때에 이르러, 정승공의 딸을 맞아 왕비로 삼고, 정승공을 상보령으로 봉하였다. 공이 송나라 흥국 4년 무인에 죽으니, 호를 경순(효애라고

도 한다)이라 하였다.

신라 시조로부터 이때에 이르기까지를 3대로 구분하니, 초대부터 진덕왕까지 28왕을 상대라 하고, 무열왕으로부터 혜공왕까지 8왕을 중대라 하고, 선덕왕으로부터 경순왕까지 20왕을 하대라고 하였다.

제56대 김부대왕(金傅大王)의 시호는 경순(敬順)이다. 천성(天成) 2년 정해(丁亥, 927) 9월에 후백제의 견훤이 신라를 침입해서 고울부(高蔚府, 울산)에 이르니, 경애왕은 우리 고려 태조에게 구원을 청하였다. 태조는 장수에게 명령하여 강한 군사 1만 명을 거느리고 구하게 했으나 구원병이 미처 도착하기 전에 견훤은 그 해 11월에 신라 서울로 쳐들어갔다.

이때 왕은 비빈 종척들과 포석정(鮑石亭)에서 잔치를 열고 즐겁게 놀고 있었기 때문에 적군이 오는 것도 알지 못하다가 갑자기 어찌할 줄을 몰랐다. 왕과 왕비는 달아나 후궁으로 들어가고 종척 및 공경대부와 부녀자들은 사방으로 흩어져 달아나다가 적에게 사로잡혔으며, 귀천을 가릴 것 없이 모두 땅에 엎드려 노비가 되기를 빌었다.

견훤은 군사를 놓아 공사간의 재물을 빼앗고 왕궁에 들어가서 머물렀다. 이에 좌우 사람을 시켜 왕을 찾게 하니 왕은 비첩 몇 사람과 후궁에 숨어 있었다. 이를 군막으로 잡아다가 왕은 억지로 자결해 죽게 하고 왕비를 욕보였으며, 부하들을 놓아 왕의 빈첩들을 모두 욕보였다. 왕의 집안 아우인 부(傅)를 세워 왕으로 삼으니 왕은 견훤이 세운 셈이 되었다. 왕위에 오르자 전왕의 시체를 서당(西堂)에 안치하고 여러 신하들과 함께 통곡했다. 이때 우리 태조는 사신을 보내서 조상했다.

이듬해 무자년(戊子, 928) 봄 3월에 태조는 50여 기병을 거느리고 신라 서울에 이르니 왕은 백관과 함께 교외에서 맞아 대궐로 들어갔다. 서로 대하여 정리와 예의를 다하고 임해전(臨海殿)에서 잔치를 열었다. 술이 얼큰하자 왕은 말했다.

"나는 하늘의 도움을 받지 못해서 나라가 가라앉고 화란(禍亂)을 불러일으켰고, 견훤으로 하여금 못된 짓거리를 마음껏 행하게 해서 우리나라를 잃게 되었습니다. 이 얼마나 원통한 일입니까."

이내 눈물을 흘리면서 우니 좌우 사람들도 울지 않는 사람이 없었고 태조 역시 눈물을 흘렸다. 태조는 여기에서 수십 일을 머무르다가 돌아갔다. 부하 군사들은 엄숙하고 정중하게 조금도 침입하지 않으니 서울의 관리 부인들이 서로 기뻐하며 말했다.

"전에 견훤이 왔을 때는 마치 늑대와 범을 만난 것 같더니 지금 왕공(王公)이 온 것은 부모를 만난 것 같다."

8월에 태조는 사자를 보내서 왕에게 비단옷과 안장 없는 말을 주고 또 여러 관료와 장병들에게 차등을 두어 물건을 주었다. 청태(淸泰) 2년 을미(乙未, 935) 10월에 사방 땅이 모두 남의 나라 소유가 되고 나라는 약하고 형세가 외로우니 스스로 지탱할 수가 없었으므로 여러 신하들과 함께 국토를 들어 고려 태조에게 항복할 것을 의논했다. 그러나 여러 신하들의 의논이 분분하여 끝나지 않는지라 왕태자가 말했다.

"나라의 존망은 반드시 하늘의 명에 있는 것이니 마땅히 충신·의사들과 함께 민심을 수습해서 힘이 다한 뒤에야 그만 둘 일이지 어찌 천 년의 나라를 가볍게 남에게 내주겠습니까?"

왕은 말한다.

"외롭고 위태롭기가 이와 같으니 형세는 보전할 수 없다. 이미 강해질 수도 없고 더 약해질 수도 없으니 죄 없는 백성들로 하여금 그들의 간과 뇌로 땅에 바르게 하는 일은 내가 차마 할 수 없다."

이에 시랑(侍郎) 김봉휴(金封休)를 시켜서 국가 문서를 가지고 태조에게 가서 항복하기를 청했다. 그러나 태자는 울면서 왕을 하직하고 바로 개골산(皆骨山, 금강산)으로 들어가서 삼베옷을 입고 풀을 먹다가 세상을 마쳤다. 그의 막내아들은 머리를 깎고 화엄종(華嚴宗)에 들어가 중이 되어 승명을 범공(梵空)이라 했는데 그 뒤로 법수사(法水寺)와 해인사(海印寺)에 있었다 한다.

태조는 신라의 국서를 받자 태상(太相) 왕철(王鐵)을 보내서 맞게 했다. 왕은 여러 신하들을 거느리고 우리 태조에게로 돌아가니, 향기로운 수레와 보배로운 말이 30여 리에 뻗치고 길은 사람으로 꽉 차고, 구경꾼들이 담과 같이 늘어섰다. 태조는 교외에 나가서 영접하여 위로하고 대궐 동쪽의 한 구역(현 정승원(政承院))을 주고, 장녀 낙랑공주를 그의 아내로 삼았다. 왕이 자기 나라를 떠나서 남의 나라에 와 살았다 해서 이를 난조(鸞鳥)에 비유하여 공주의 호칭을 신란공주(神鸞公主)라고 고쳤으며, 시호를 효목(孝穆)이라 했다. 왕을 정승으로 삼으니 자리는 태자의 위이며 녹봉 천 석을 주었다. 시종과 관원·장수들도 모두 채용해서 쓰도록 했으며, 신라를 고쳐 경주라 하여 이를 경순왕의 식읍으로 삼았다. 처음에 왕이 국토를 바치고 항복해 오자 태조는 무척 기뻐하여 후한 예로 그를 대접하고, 사람을 시켜 말했다.

"이제 왕이 내게 나라를 주시니 은혜가 매우 큽니다. 원컨대 왕의 종실과 혼인을 해서 구생(舅甥, 장인과 사위)의 좋은 인연을 길이 하고 싶습니다."

왕이 대답했다.

"우리 백부(伯父) 억렴(億廉, 왕의 아버지 효종(孝宗) 각간은 추봉된 신흥대왕(神興大王)의 아우)에게 딸이 있는데 덕행과 용모가 모두 아름답습니다. 이 사람이 아니고는 내정을 다스릴 사람이 없습니다."

태조가 그에게 장가를 드니 이가 신성왕비(神成王后) 김씨다(우리

왕조 등사랑(登仕郎) 김관의(金寬毅)가 지은 왕대종록(王代宗錄)에 이와 같은 말이 있다. "신성왕비 이씨(李氏)는 본래 경주 대위(大尉) 이정언(李正言)이 협주수(俠州守, 합천)로 있을 때 태조가 그 고을에 갔다가 그를 왕비로 맞았다. 그런 때문에 그를 협주군(俠州君)이라고도 한다 했다. 그의 원당은 현화사(玄化寺)이며, 3월 25일이 기일로, 정릉(貞陵)에 장사지냈다. 아들 하나를 낳으니 안종(安宗)이다." 이 밖에 25 왕비 가운데 김씨의 일은 실려 있지 않으니 자세히 알 수 없다. 그러나 사관의 의론을 봐도 역시 안종을 신라의 외손이라 했다. 그러니 마땅히 사전(史傳)을 옳다고 해야 할 것이다). 태조의 손자 경종(景宗) 주(伷)는 정승공의 딸을 맞아 왕비를 삼으니, 이가 헌승황후(憲承皇后)다. 이에 정승공을 봉해서 상보(尙父)를 삼았다. 태평흥국(太平興國) 3년 무인(戊寅, 978)에 죽으니 시호를 경순이라 했다. 상보로 임명하는 승인 문서에서 이렇게 말했다.

"조칙(詔勅)을 내리노니 희주(姬周)가 나라를 처음 세울 때는 먼저 여상(呂尙)을 봉했고 유한(劉漢)이 나라를 세울 때에는 먼저 소하(蕭何)를 봉했다. 이로부터 온 천하가 평정되었고 널리 기틀이 잡혔다. 용도(龍圖) 30대를 세우고 섭린(躡麟)은 400년을 이으니 해와 달이 거듭 밝고 천지가 서로 조화되었다. 비록 보잘 게 없는 군주로서 시작되었으나 역시 보좌하는 신하로 해서 일을 이루었던 것이다. 관광순화 위국공신 상주국 낙랑왕 정승 식읍 팔천호 김부는 대대로 계림에 살고 있어서 벼슬은 왕의 품계를 받았고, 그 영특한 기상은 하늘을 업신여길 만하고 문장은 땅을 진동할 만한 재주가 있었다. 넉넉함은 오랫동안 계속되었고 귀함은 내려준 봉토에서 살게 했으며 육도삼략(六韜三略)은 가슴 속에 들어 있고 칠종오신(七縱五申)을 손바닥으로 잡아 쥐었다.

우리 태조는 비로소 이웃 나라와 화목하게 지내는 우호를 닦으시니 일찍부터 내려오는 풍도를 알아서 이내 부마의 인연을 맺어 안으로 큰 절의에 보답했다. 이미 나라가 통일되고 군신이 완전히 삼한으로 합쳤으니 아름다운 이름은 널리 퍼지고 올바른 규범은 빛나고 높았다. 상보도성령(尙父都省令)의 호칭을 더해 주고 추충 신의 숭덕 수절공신의 호를 주니 훈봉은 전과 같고 식읍은 전후를 합쳐서 1만 호가 되었다. 유사(有司)는 날을 가려서 예를 갖추어 임명하는 것이니 일을 맡은 자는 시행하도록 하라. 개보(開寶) 8년(975) 10월 일"

"대광내의령겸총한림 신 핵선(翮宣)은 받들어 행하여 위와 같이 칙령을 받들고 직첩이 도착하는 대로 받들어 행하라. 개보(開寶) 8년 10월 일"

"시중(侍中) 서명(署名), 내봉령(內奉令) 서명(署名), 군부령(軍部令) 서명(署名), 군부령(軍部令) 무서(無署), 병부령(兵部令) 무서(無署), 병부령(兵部令) 서명(署名), 광평시랑(廣坪(評)侍郎) 서명(署名), 광평시랑(廣坪(評)侍郎) 무서(無署), 내봉시랑(內奉侍郎) 무서(無署), 내봉시랑(內奉侍郎) 서명(署名), 군부경(軍部卿) 무서(無署), 군부경(軍部卿) 서명(署名), 병부경(兵部卿) 무서(無署), 병부경(兵部卿) 서명(署名), 추충신의 숭덕수절공신 상보도성령 상주국 낙랑군왕 식읍일만호 김부(推忠愼義 崇德守節功臣 尙父都省令 上柱國 樂浪郡王 食邑一萬戶 金傅)에게 고하노니 위와 같이 칙령을 받들고 서신이 도착하는 대로 봉행하라. 주사(主事) 무명(無名), 낭중(郎中) 무명(無名), 서령사(書令史) 무명(無名), 공목(孔目) 무명(無名). 개보(開寶) 8년 10월 일에 내림."

사론(史論)에는 이렇게 말했다.

"신라의 박씨와 석씨는 모두 알에서 나왔다. 김씨는 황금 궤 속에 들어서 하늘로부터 내려왔다고 한다. 혹은 황금으로 된 수레를 타고 왔다고 하는데 이것은 더욱 황당해서 믿을 수가 없다. 그러나 세속에서는 서로 전하여 사실이라고 한다. 이제 다만 그 시초를 살펴보건대, 위에 있는 이는 그 몸을 위해서는 검소했고 남을 위해서는 너그러웠다. 그 관직을 설치하는 것은 간략히 했고 그 일을 행하는 것은 간소하게 했다. 성심껏 중국을 섬겨서 나라 사이에 사신이 오고감을 쉼 없이 하여 항상 자제들을 중국에 보내어 배우고 익히게 하고 국학에 들어가서 공부하게 했다. 이리하여 성현의 풍화를 이어받고 오랑캐의 풍속을 개혁시켜서 예의 있는 나라로 만들었다. 또 중국 군사의 위엄을 빌어 백제와 고구려를 평정하고, 그 땅을 취하여 군현을 삼았으니 가히 장한 일이라 하겠다. 그러나 부처를 숭상해서 그 흠결을 알지 못하고 심지어는 마을마다 탑과 절을 즐비하게 세워 백성들은 모두 중이 되어 군대니 농민이 점점 줄어들었다. 그리하여 나라가 날로 쇠퇴해 가니 어찌 어지러워지지 않을 것이며 또 망하지 않겠는가. 이때에 경애왕은 더욱 음란하고 놀기에만 바빠 궁녀들과 좌우 근신들과 더불어 포석정에 나가 술자리를 베풀고 즐겨 견훤이 오는 것도 몰랐으니, 저 문 밖의 한금호(韓擒虎)나 누각 위의 장려화(張麗華)와 다를 것이 없었다.

경순왕이 태조에게 합류한 것은 비록 할 수 없이 한 일이기는 하나 또한 아름다운 일이라 하겠다. 만일 힘껏 싸우고 죽기로 지켜서 고려 군사에게 반항했더라면 힘은 꺾이고 기세는 다해서 반드시 그 가족을 멸망시키고 죄 없는 백성들에게까지 해가 미쳤을 것이다. 그런데 왕명을 기다리지 않고 정부의 창고를 봉하고 군현의 이름을 기록하여 합류했으니 조정에 대해서는 공로가 있고 백성들에 대해서는 덕이 있는 것이 매우 크다 하겠다.

옛날 전씨(錢氏)가 오월(吳越)의 땅을 송나라에 바친 일을 소자첨

(蘇子瞻)은 충신이라고 했으니, 이제 신라의 공덕은 그보다 훨씬 크다고 하겠다. 우리 태조는 비빈이 많고 그 자손들도 또한 번성했다. 현종은 신라의 외손으로서 왕위에 올랐으며, 그 뒤에 왕통을 계승한 이는 모두 그의 자손이었다. 이것이 어찌 그 음덕이 아니겠는가."

신라가 이미 땅을 바쳐 나라가 없어지자, 아간(阿干) 신회(神會)는 외직을 내놓고 돌아왔는데 도성이 쑥대밭이 됨을 보고 서리리(黍離離)의 노래를 지었으나 그 노래는 없어져서 알 수가 없다.

라. 백제본기

1. 백제본기 제4

성왕(聖王) 16년, 봄에 도읍을 사비(泗沘, 일명 소부리)로 옮겼다. 나라이름을 남부여(南扶餘)라 하였다.

부여군은 전 백제의 도읍이니, 혹 소부리군(所夫里郡)이라고도 한다. 〈사기〉에 따르면,

"백제의 성왕(聖王) 26년(548) 무오(戊午) 봄에 도읍을 사비(泗沘)로 옮기고 국호를 남부여라 했다."

하고, 주(注)에

"그 지명은 소부리이니 사비는 지금의 고성진(古省津)이요, 소부리는 부여의 딴 이름이다."

했다. 또 양전장부(量田帳簿)에 따르면,

"소부리군은 농부의 기둥이다."

했으니 지금 말하는 부여군이란 옛 이름을 되찾은 셈이다. 백제왕의 성이 부씨(扶氏)였으므로 그렇게 말했던 것이다. 혹 여주(餘州)

라고도 말하는 것은, 군의 서쪽에 있는 자복사(資福寺) 고좌(高座)에 수놓은 장막이 있는데 그 수놓은 글에 말하기를,

"통화(統和) 15년(997) 정유(丁酉) 5월 여주 공덕대사(功德大寺)의 수장(繡帳, 수놓은 장막)이다."

했다. 또 옛날에는 하남(河南)에 임주자사(林州刺史)를 두었는데 그때 도적(圖籍) 중에 여주라는 두 글자가 있었으니 임주는 지금의 가림군(佳林郡)이고 여주는 지금의 부여군이다. 백제 지리지에는 〈후한서〉에 있는 말을 인용해서 이렇게 말했다.

"삼한이 대개 78개국인데 백제는 그 중의 한 나라다."

〈북사(北史)〉에는 이렇게 말했다.

"백제는 동쪽으로는 신라에 접하고 서남쪽은 큰 바다에 접하여 있다. 북쪽은 한강을 경계로 했다. 그 도읍은 거발성(居拔城) 또는 고마성(固麻城)이라고 하며, 이 밖에 다시 오방성(五方城)이 있다."

〈통전(通典)〉에는 이렇게 말했다.

"백제는 남쪽으로 신라에 접하고 북쪽으로는 고구려에 이르며, 서쪽으로는 큰 바다에 닿았다."

〈구당서(舊唐書)〉에서는 또 이렇게 말했다.

"백제는 부여의 딴 종족이다. 동북쪽은 신라이고 서쪽은 바다를 건너서 월주(越州)에 이르며 남쪽은 바다를 건너서 왜국에 이르고, 북쪽은 고구려다. 그 왕이 거처하는 곳에 동서의 누 성이 있다."

〈신당서(新唐書)〉를 보면 이러하다.

"백제는 서쪽으로 월주와 경계를 이루고, 남쪽은 왜국인데 모두 바다를 건너게 된다. 북쪽은 고구려다."

〈삼국사〉 본기(本紀)에는 이렇게 말했다.

"백제의 시조는 온조(溫祚)요, 그의 아버지는 추모왕(雛牟王)인데 혹은 주몽(朱蒙)이라고도 하니, 그는 북부여에서 난리를 피하여

졸본부여에 왔었다. 그곳 왕에게 아들이 없고 다만 딸 셋이 있었는데 주몽을 보자 범상치 않은 사람인 것을 알고 둘째딸을 아내로 주었다. 얼마 안 되어 부여의 왕이 죽자 주몽이 왕위를 이어받았다. 주몽은 두 아들을 낳았는데 맏이는 비류(沸流)이고 다음은 온조다. 그들은 후에 태자에게 용납되지 않을 것을 걱정하여 드디어 오간(烏干)·마려(馬黎) 등 10여 명 신하들과 함께 남쪽으로 가니 백성들도 이를 따르는 자가 많았다. 한산(漢山, 서울)에 이르러 부아악(負兒岳, 인왕산)에 올라서 살 만한 곳이 있는가 찾아보았다. 비류가 바닷가에 가서 살자고 하자 열 명의 신하들이 간하기를,

"이 하남 땅은, 북쪽으로는 한수가 흐르며 동쪽으로는 높은 산을 의지했고, 남쪽으로 기름진 못을 바라보고, 서쪽으로는 큰 바다가 가로놓여 있어서 천험과 지리가 좀체 얻기 어려운 형세입니다. 그러니 여기에 도읍을 정하는 것이 어찌 좋지 않겠습니까?"

했다. 그러나 비류는 이 말을 듣지 않고 백성을 나누어 미추홀(彌雛忽)에 가서 살았다. 한편 온조는 하남위례성에 도읍하여 열 명의 신하를 기둥 삼아 나라 이름을 십제(十濟)라 했으니, 이때는 한나라 성제(成帝) 홍가(鴻佳(嘉)) 3년이었다. 비류는, 미추홀이란 곳이 습기가 많고 물이 짜서 편안히 살 수가 없었다. 위례성에 돌아와 보니 도읍은 안정되고 백성들은 편안히 살고 있으므로 마침내 부끄러워하고 후회하다 죽었다. 이에 그의 신하와 백성들은 모두 위례성으로 돌아왔다. 그 뒤에, 백성들이 올 때에 기뻐했다고 해서 나라 이름을 백제라고 고쳤다. 그 계보는 고구려와 마찬가지로 부여에서 나왔기 때문에 성씨를 해(解)라고 했다. 그 뒤 성왕(聖王) 때에 도읍을 사비로 옮겼으니 이것이 지금의 부여군이다(미추홀은 인주이고 위례는 지금의 직산(稷山)임)."

고전기(古典記)에 따르면 이러하다. 동명왕의 셋째 아들 온조는

전한(前漢) 홍가(鴻佳) 3년 계유(癸酉, 전 18)에 졸본부여에서 위례성으로 와서 도읍을 정하고 왕이라 일컬었다. 14년 병진(丙辰)에 도읍을 한산으로 옮겨 389년을 지냈으며, 13세 근초고왕 때인 함안(咸安) 원년(371)에 고구려의 남평양을 빼앗아 도읍을 북한성(北漢城, 양주)으로 옮겨 105년을 지냈다. 22세 문주왕(文周王)이 즉위하던 원휘(元徽) 3년 을묘(乙卯, 475)에는 도읍을 웅천(熊川, 공주)으로 옮겨 63년을 지내고, 26세 성왕 대에 도읍을 소부리로 옮기고 국호를 남부여라 하여 31세 의자왕에 이르기까지 120년을 지냈다.

당나라 현경(顯慶) 5년(660)은 의자왕이 왕위에 있던 20년으로 신라 김유신이 소정방과 백제를 쳐서 평정하던 해다. 백제에는 본래 다섯 부(部)가 있어 37군·200성·76만호로 나뉘었다. 그런데 당에서는 그 땅에 웅진·마한·동명·금련(金蓮)·덕안(德安) 등 다섯 도독부를 두고, 그 추장들로 도독부와 자사를 삼았는데 얼마 안 되어 신라가 그 땅을 모두 통합했다. 그리고 거기에 웅주·전주·무주 등 세 주와 여러 군현을 두었다.

또 호암사(虎巖寺)에는 정사암(政事岩)이란 바위가 있는데, 나라에서 장차 재상감을 의논할 때에 뽑힐 사람 3, 4명의 이름을 써서 상자에 넣고 봉해서 바위 위에 두었다가 얼마 후에 열어 보아 이름 위에 도장이 찍힌 자리가 있는 사람을 재상으로 삼았기 때문에 그런 이름이 있다. 또 사비하(泗沘河) 가에는 바위 하나가 있는데 소정방이 일찍이 그 바위 위에 앉아서 물고기와 용을 낚았다 하여 바위 위에는 용이 꿇어앉았던 자취가 있으므로 그 바위를 용암(龍巖)이라고 한다.

또 고을 안에는 산이 세 개가 있어서 그곳을 일산(日山)·오산(吳山)·부산(浮山)이라고 하는데 백제가 융성하던 때에 산신들이 그 산에 살면서 서로 오고가기를 조석으로 끊이지 않았다. 사비수(泗沘

水) 언덕에는 또 돌 하나가 있는데 10여 명이 앉을 만하다. 백제왕이 왕흥사(王興寺)에 가서 부처에게 예불을 드리려 할 때면 먼저 그 돌에서 부처를 바라보고 절을 하면 그 돌이 저절로 따뜻해졌다 해서 그 돌을 돌석(㷜石)이라고 한다.

또 사비하의 양쪽 언덕은 마치 그림 병풍과 같아서 백제왕이 매양 그곳에서 잔치를 열고 노래하고 춤추면서 즐겼다. 그런 때문에 지금도 이곳을 대왕포(大王浦)라고 일컫는다. 또 시조 온조왕은 동명왕의 셋째아들로서 몸이 장대하고 효도와 우애가 지극하고, 말타기와 활쏘기를 잘했다. 또 다루왕(多婁王)은 너그럽고 따뜻했으며 위엄과 인망이 있었다. 또 사비왕(沙沸王, 혹은 沙伊王)은 구수왕(仇首王)이 죽은 뒤에 왕위를 이었으나 나이가 어려서 정사를 보살필 수가 없기 때문에 즉시 이를 폐위하고, 고이왕(古爾王)을 세웠다. 혹은 말하기를, 낙초(樂初) 2년 기미(己未)에 사비왕(沙沸王)이 죽고 고이왕이 용상에 올랐다.

2. 백제본기 제6

무왕(武王)의 이름은 장(璋), 법왕의 아들이다. 위풍이 당당하고 호연지기가 있었다. 그는 법왕이 즉위하였다가 다음 해 돌아가자, 뒤를 이어 용상에 올랐다.

무왕(武王, 古本에는 武康, 百濟에는 武康이 없다) 제30대 무왕의 이름은 장(璋)이다. 그 어머니가 과부가 되어 서울 남쪽 못 가에 집을 짓고 살았는데 못 속의 용과 관계하여 장을 낳았던 것이다. 어릴 때 이름은 서동으로 재주와 도량이 커서 헤아리기 어려웠다. 항상 마(薯)를 캐다가 파는 것으로 생업을 삼았으므로 사람들이 서동이라고 이름 지었다. 신라 진평왕의 셋째 공주 선화(善花 혹은 善化)가 뛰어나게 아름답다는 말을 듣고는 머리를 깎고 서울로 가서 마을 아이들에게 마를 먹이니 이내 아이들이 친해져 그를 따르게 되었다. 이에 동요를 지어 아이들을 꾀어서 부르게 하니 그것은 이러하다.

선화공주(善化公主)님은 남몰래 정을 통하고
서동방(薯童房)을 밤에 몰래 안고 간다.

동요가 서울에 가득 퍼져서 대궐 안에까지 들리자 백관들이 임금에게 극력 간해서 공주를 먼 곳으로 귀양 보내게 하여 장차 떠나려 하는 데 왕비는 순금 한 말을 주어 노자로 쓰게 했다. 공주가 장차 귀양지에 도착하려는데 도중에 서동이 나와 공주에게 절하면서 모시고 가겠다고 했다. 공주는 그가 어디서 왔는지는 알지 못했지만 그저 우연히 믿고 좋아하니 서동은 그를 따라가면서 남몰래 정을 나눴다. 그런 뒤에 서동의 이름을 알았고, 동요가 맞는 것도 알았다. 함께 백제로 와서 왕비가 준 금을 꺼내 놓고 살아 나갈 계획을 의논하자 서동이 크게 웃고 말했다.

"이게 무엇이오?"

공주가 말했다.

"이것은 황금이니 이것을 가지면 백 년의 부를 누릴 것입니다."

"나는 어릴 때부터 마를 캐던 곳에 황금을 흙덩이처럼 쌓아 두었소."

공주는 이 말을 듣고 크게 놀라면서 말했다.

"그것은 천하의 가장 큰 보배이니 그대가 지금 그 금이 있는 곳을 아시면 우리 부모님이 계신 대궐로 보내는 것이 어떻겠습니까?"

"좋소이다."

이에 금을 모아 산더미처럼 쌓아 놓고, 용화산(龍華山) 사자사(師子寺)의 지명법사(知命法師)에게 가서 이것을 실어 보낼 방법을 물으니 법사가 말한다.

"내가 신통한 힘으로 보낼 터이니 금을 이리로 가져 오시오."

이리하여 공주가 부모에게 보내는 편지와 함께 금을 사자사 앞에 갖다 놓았다. 법사는 신통한 힘으로 하룻밤 동안에 그 금을 신라 궁중으로 보내자 진평왕은 그 신비스러운 변화를 이상히 여겨 더욱 서동을 존경해서 항상 편지를 보내어 안부를 물었다. 서동은 이로부터 인심을 얻어서 드디어 용상에 올랐다. 어느 날 무왕이 부인과 함께 사자사에 가려고 용화산 밑 큰 못 가에 이르니 미륵삼존(彌勒三尊)이 못 가운데서 나타나므로 수레를 멈추고 절을 했다. 부인이 왕에게 말한다.

"모름지기 여기에 큰 절을 지어 주십시오. 그것이 제 소원입니다."

왕은 그것을 허락했다. 곧 지명법사에게 가서 못을 메울 일을 물으니 신비스러운 힘으로 하룻밤 사이에 산을 헐어 못을 메워 평지를 만들었다. 여기에 미륵삼존의 상을 만들고 회전(會殿)과 탑이며 낭무(廊廡)를 각각 세 곳에 세우고 절 이름을 미륵사(국사에서는 왕흥사(王興寺))라 했다. 진평왕이 여러 기술자들을 보내서 그 역사를 도왔는데 그 절은 지금도 보존되어 있다(〈삼국사〉에는 이 분을 법왕의 아들이라고 했는데, 여기에서는 과부의 아들이라고 했으니 자세히 알 수 없다).

마. 가락본기-가락국기(駕洛國記)를 대신하여

가락국기(駕洛國記, 고려 문종조 대강(大康) 연간에 금관지주사(金官知州事) 문인이 지은 것이니 그 대략을 여기에 싣는다) 천지가 처음 열린 이후로 이곳에는 아직 나라 이름이 없었다. 그리고 또 군신의 칭호도 없었다. 이럴 때에 아도간(我刀干)·여도간(汝刀干)·피도간(彼刀干)·오도간(五刀干)·유수간(留水干)·유천간(留天干)·신천간(神天干)·오천간(五天干)·신귀간(神鬼干) 등 아홉 간(干)이 있었다. 이들 추장들이 백성들을 다스렸으니 모두 100호(戶)로써 7만 5천 명이었다. 이 사람들은 거의 산과 들에 모여서 살았으며 우물을 파서 물을 마시고 밭을 갈아 먹고 살았다.

후한(後漢)의 세조 광무제(光武帝) 건무(建武) 18년(42) 임인 3월 계욕일(禊浴日)에 그들이 살고 있는 북쪽 구지(龜旨, 산봉우리를 말함. 마치 십붕(十朋)이 엎드린 모양과도 같기 때문에 생긴 이름)에서 누군가 부르는 이상한 소리가 났다. 백성 2, 3백 명이 여기에 모였는데 사람의 소리 같기는 하지만 그 모양이 숨기고 소리만 내서 말한다.

"여기에 사람이 있느냐?"

구간 등이 말한다.

"우리들이 있습니다."

그러자 또 말한다.

"내가 있는 곳이 어디냐."

"구지입니다."

또 말한다.

"하늘이 나에게 명하기를 이곳에 나라를 새로 세우고 임금이 되라고 하였으므로 일부러 여기에 내려온 것이니, 너희들은 모름지기 산봉우리 꼭대기의 흙을 파면서 노래를 불러라."

거북아 거북아 머리를 내밀라
만일 내밀지 않으면 구워먹겠다

하고, 뛰면서 춤을 추어라. 그러면 곧 대왕을 맞이하여 기뻐 뛰놀게 될 것이다."

구간들은 이 말을 좇아 모두 기뻐하면서 노래하고 춤추다가 얼마 안 되어 우러러 쳐다보니 문득 자줏빛 줄이 하늘에서 드리워져 땅에 닿았다. 그 노끈의 끝을 찾아보니 붉은 보자기에 금으로 만든 상자가 싸여 있으므로 열어보니 해처럼 둥근 황금 알 여섯 개가 있었다. 여러 사람들은 모두 놀라고 기뻐하여 함께 절하고 얼마 있다가 다시 알을 싸안고 아도간의 집으로 돌아와 책상 위에 놓아두고 여러 사람은 각기 흩어져 돌아갔다.

그런 지 12시간이 지나, 그 이튿날 아침에 여러 사람들이 다시 모여서 그 합을 여니 여섯 알은 화해서 어린아이가 되어 있는데 용모가 매우 훤칠했다. 이들을 평상 위에 앉히고 여러 사람들이 절하고 축하 인사를 하면서 극진히 공경했다. 이들은 나날이 자라서 10여 일이 지나니 키는 9척으로 은(殷)나라 천을(天乙)과 같고 얼굴은 용과 같아 한(漢)나라 고조와 같다.

눈썹이 여덟팔자로 채색이 나는 것은 당나라 고조와 같고, 눈동자가 겹으로 된 것은 우(虞)나라 순과 같았다. 그가 그 달 보름에 왕위에 오르니 세상에 처음 나타났다고 해서 이름을 수로(首露)라고 했다. 혹은 수릉(首陵은 죽은 후의 시호)이라고도 했다. 나라 이름을 대가락(大駕洛)이라 하고 또 가야국(伽耶國)이라고도 하니 이는 곧 여섯 가야 중의 하나다. 나머지 다섯 사람도 각각 가서 다섯 가야의 임금이 되니 동쪽은 황산강(黃山江), 서남쪽은 창해(滄海), 서북쪽은 지리산(地理山), 동북쪽은 가야산(伽耶山)이며 남쪽은 나라의 끝이었다. 그는 임시로 대궐을 세우게 하고 거처하면서 다만 질박하고 검소하니 지붕에 이은 이엉을 자르지 않고, 흙으로 쌓은 계단은 겨우 3척이었다. 즉위 2년 계묘(癸卯, 43) 정월에 왕이 말하기를,

"내가 서울을 정하려 한다."

하고는 이내 임시 궁궐의 남쪽 신답평(新沓坪, 이는 옛날부터 묵은 밭인데 새로 경작했기 때문에 신답평(新沓坪)이라 했다. 답(沓)자는 속자)에 나가 사방의 산악을 바라보다가 좌우 사람을 돌아보고 말한다.

"이 땅은 협소하기가 여뀌(蓼) 잎과 같지만 수려하고 기이하여 가위 16나한이 살 만한 곳이다. 더구나 1에서 3을 이루고 그 3에서 7을 이루니 7성인이 살 곳으로 가장 적합하다. 여기에 의탁하여 강토를 개척해서 마침내 좋은 곳을 만드는 것이 어떻겠느냐."

여기에 1,500보 둘레의 성과 궁궐과 전당 및 여러 관청의 청사와 무기고와 곡식 창고를 지을 터를 마련한 뒤에 궁궐로 돌아왔다. 두루 나라 안의 장정과 장인들을 불러 모아서 그 달 20일에 성 쌓는 일을 시작하여 3월 10일에 공사를 끝냈다.

그 궁궐과 옥사는 농사일에 바쁘지 않은 틈을 이용하니 그 해 10월에 비로소 시작해서 갑진년(甲辰, 44) 2월에 완성되었다. 좋은 날을 가려서 새 궁으로 옮겨서 모든 정사를 다스리고 여러 일도 부지런히 보살폈다.

이때 갑자기 완하국(琓夏國) 함달왕(含達王)의 부인이 아기를 배어 달이 차서 알을 낳으니, 그 알이 화해서 사람이 되어 이름을 탈해라 했다. 이 탈해가 바다를 좇아서 가락국에 왔다. 키가 3척이요 머리 둘레가 1척이나 되었다. 그는 기꺼이 대궐로 나가서 왕에게 말하기를,

"나는 왕의 자리를 빼앗으러 왔소."

하니 왕이 대답했다.

"하늘이 나를 명해서 왕위에 오르게 한 것은 장차 나라를 안정시키고 백성들을 편안케 하려 함이니, 감히 하늘의 명을 어겨 왕위를 남에게 줄 수도 없고, 또 우리 백성을 너에게 맡길 수도 없다."

탈해가 말하기를,

"그렇다면 도술로 겨뤄 보려는가?"

하니 왕이 좋다고 하였다. 잠깐 동안에 탈해가 변해서 매가 되니 왕은 변해서 독수리가 되고, 또 탈해가 변해서 참새가 되니 왕은 새매로 화하는데 그 변하는 것이 조금도 시간이 걸리지 않았다. 탈해가 본 모양으로 돌아오자 왕도 역시 전 모양이 되었다. 이에 탈해가 엎드려 항복한다.

"내가 도술을 겨루는 마당에 매가 독수리에게, 참새가 새매에게 잡히기를 면한 것은 대개 성인께서 죽이기를 싫어하는 어진 마음을 가진 때문입니다. 내가 왕과 더불어 왕위를 다툼은 실로 어려울 것입니다."

탈해는 문득 왕께 인사하고 나가서 이웃 교외의 나루터에 이르러 중국에서 온 배가 대는 물길로 해서 갔다. 왕은 그가 머물러 있으면서 반란을 일으킬까 염려하여 급히 수군 500척을 보내서 쫓게 하니 탈해가 계림의 땅으로 달아나므로 수군은 모두 돌아왔다. 그러나 여기에 실린 기사는 신라의 것과는 많이 다르다. 건무(建武) 24년 무신(48) 7월 27일에 구간 등이 조회할 때 말씀드렸다.

"대왕께서 강림하신 후로 좋은 배필을 구하지 못하셨으니 신들 집에 있는 처녀 중에서 가장 고운 여인을 골라서 궁중에 들여보내어 대왕의 짝이 되게 하겠습니다."

그러자 왕이 말했다.

"내가 여기에 내려온 것은 하늘의 명령일진대, 나에게 짝을 지어 왕비를 삼게 하는 것도 역시 하늘의 명령이 있을 것이니 경들은 기다려 주세요."

왕은 드디어 유천간에게 명해서 가벼운 배와 좋은 말을 가지고 망산도(望山島)에 가서 서서 기다리게 하고, 신귀간에게 명하여 승점

(乘岾, 망산도는 서울 남쪽의 섬이요, 승점은 경기(京畿) 안에 있는 나라)으로 가게 했더니 갑자기 바다 서쪽에서 붉은 빛의 돛을 단 배가 붉은 기를 휘날리면서 북쪽을 바라보고 오고 있었다. 유천간 등이 먼저 망산도에서 횃불을 올리니 사람들이 다투어 육지로 내려 뛰어오므로 신귀간은 이것을 바라보다 대궐로 달려와서 왕께 아뢰었다. 왕은 이 말을 듣고 무척 기뻐하여 이내 구간 등을 보내어 목련으로 만든 키를 갖추고 계수나무로 만든 노를 저어 가서 그들을 맞이하여 곧 모시고 대궐로 들어가려 하자 왕비가 말했다.

"나는 본래 너희들을 모르는 터인데 어찌 감히 경솔하게 따라갈 수 있겠느냐."

유천간 등이 돌아가서 왕비의 말을 전달하니 왕은 옳게 여겨 유사를 데리고 행차해서, 대궐 아래에서 서남쪽으로 60보쯤 되는 산기슭에 장막을 쳐서 임시 궁전을 만들어 놓고 기다렸다. 왕비는 산 밖의 별포(別浦) 나루터에 배를 대고 육지에 올라 높은 언덕에서 쉬고, 입은 비단바지를 벗어 산신령에게 폐백으로 바쳤다. 이 밖에 따라온 잉신(媵臣, 공주의 수행원) 두 사람의 이름은 신보(申輔)・조광(趙匡)이고, 그들의 아내 두 사람의 이름은 모정(慕貞)・모량(慕良)이라고 했다. 데리고 온 노비까지 합해서 20여 명인데, 가지고 온 금수능라와 비단・금은주옥과 구슬로 만든 패물들은 이루 기록할 수 없을 만큼 많았다. 왕비가 점점 왕이 계신 곳에 가까워 오니 왕은 나아가 맞아서 함께 장막 궁전으로 들어왔다. 잉신 이하 여러 사람들은 뜰아래에서 뵙고 즉시 물러갔다. 왕은 유사에게 명하여 잉신 내외들을 안내하게 하고 말했다.

"사람마다 방 하나씩을 주어 편안히 머무르게 하고 그 이하 수행원들은 한 방에 5, 6명씩 두어 편안히 있게 하라."

말을 마치고 난초로 만든 마실 것과 혜초(蕙草, 향기로운 난초)로 만든 술을 주고, 무늬와 채색이 있는 자리에서 자게하고, 심지어 옷과 비단과 보화까지도 주고 군인들을 많이 내어 보호하게 했다. 이에 왕이 왕비와 함께 잠자리에 드니 왕비가 조용히 왕에게 말한다.

"저는 아유타국(阿踰陁國)의 공주인데, 성은 허(許)이고 이름은 황옥(黃玉)입니다. 나이는 16세입니다. 본국에 있을 때 금년 5월에 부왕과 모후께서 저에게 말씀하시기를, '우리가 어젯밤 꿈에 함께 하늘의 상제를 뵈었는데, 상제께서는, 가락국의 왕 수로를 하늘이 내려 보내서 왕위에 오르게 하였으니 신령스럽고 성스러운 사람이다. 또 나라를 새로 다스리는 데 아직 배필을 정하지 못했으니 경들은 공주를 보내서 그 배필을 삼게 하라 하시고, 말을 마치자 하늘로 올라가셨다. 꿈을 깬 뒤에도 상제의 말이 아직도 귓가에 그대로 남아 있으니, 너는 이 자리에서 곧 부모를 작별하고 그곳으로 떠나라' 하셨습니다. 이에 저는 배를 타고 멀리 증조(蒸棗,대추)를 찾고, 하늘로 가서 반도(蟠桃, 복숭아)를 찾아 이제 모양을 가다듬고 감히 용안을 가까이하게 되었습니다."

왕이 대답했다.

"나는 나면서부터 성스러워서 공주가 멀리 올 것을 미리 알고 있어서 신하들의 왕비를 맞으라는 청을 따르지 않았소. 그런데 이제 현숙한 공주가 스스로 오셨으니 이 몸에는 매우 다행한 일이오."

왕은 드디어 그와 혼인해서 함께 두 밤을 지내고 또 하루 낮을 지냈다. 이에 그들이 타고 온 배를 돌려보내는 데 뱃사공이 모두 15명이라 이들에게 각각 쌀 10석과 베 30필씩을 주어 본국으로 돌아가게 했다. 8월 1일에 왕은 대궐로 돌아오는데 왕비와 한 수레를 타고, 잉신 내외도 역시 나란히 수레를 탔으며, 중국에서 나는 여러 가지 물건도 모두 수레에 싣고 천천히 대궐로 들어오니 이때 시간은 점심때가 가까웠다. 왕비는 중궁에 거하고 잉신 내외와 그들의 달린 사람들은 비어 있는 두 집에 나누어 들게 하고, 나머지 따라온 자들도 20여 칸 되는 빈관 하나를 주어서 사람 수에 맞추어 구별해서 편안히 있게 했다. 그리고 날마다 물건을 적적하게 주고, 그들이 싣고 온 보배로운 물건들은 안 창고에 두어서 왕비의 생활비로 쓰게 했다. 어느 날 왕이 신하들에게 말했다.

"구간들은 여러 관리의 어른인데, 그 지위와 명칭이 모두 소인이나 농부들의 호칭이니 이것은 벼슬 높은 사람의 호칭이 못된다. 만일 외국 사람들이 듣는다면 반드시 웃음거리가 될 것이다."

마침내 아도(我刀)를 고쳐서 아궁(我躬)이라 하고, 여도(汝刀)를 고쳐서 여해(汝諧), 피도(彼刀)를 피장(彼藏), 오도(五刀)를 오상(五常)이라 하고, 유수(留水)와 유천(留天)의 이름은 윗 글자는 그대로 두고 아래 글자만 고쳐서 유공(留功)·유덕(留德)이라 하고 신천(神天)을 고쳐서 신도(神道), 오천(五天)을 고쳐서 오능(五能)이라 했다. 신귀(神鬼)의 음은 바꾸지 않고 그 훈만 신귀(臣貴)라고 고쳤다. 또 계림의 직제를 따라서 각간(角干)·아질간(阿叱干)·급간(級干)의 품계를 두고, 그 아래의 관리는 주(周)나라 법과 한(漢)나라 제도를 가지고 나누어 정하니 이것은 옛것을 고쳐서 새것을 취하고, 벼슬을 나누어 설치하는 방법이다. 이에 비로소 나라를 다스리고 집을 정돈하며, 백성들을 자식처럼 사랑하니 그 교화는 엄숙하지 않아도 위엄이 서고, 그 정치는 엄하지 않아도 다스려졌다.

더구나 왕이 왕비와 함께 사는 것은 마치 하늘에게 땅이 있고, 해에게 달이 있고, 양에게 음이 있는 것과 같았으며 그 공은 도산(塗山)이 하(夏)를 돕고, 당원(唐媛)이 교씨(嬌氏)를 일으킨 것과 같았다. 그 해 왕비는 곰을 얻는 꿈을 꾸고 태자 거등(居登)을 낳았다.

영제(靈帝) 중평(中平) 6년 기사(己巳, 189) 3월 1일에 왕비가 죽으니 나이는 157세였다. 온 나라 사람들은 땅이 꺼진 듯이 슬퍼하여 구지봉 동북 언덕에 장사하고, 왕비가 백성들을 자식처럼 사랑하던 은혜를 잊지 않으려 하여 처음 배에서 내리던 도두촌(渡頭村)을 주포촌(主浦村)이라 하고, 비단바지를 벗은 높은 언덕을 능현(綾峴)이라 하고, 붉은 기가 들어온 바닷가를 기출변(旗出邊)이라고 했다. 잉신 천부경(泉府卿) 신보(申輔)와 종정감(宗正監) 조광(趙匡) 등은 이 나라에 온 지 30년 만에 각각 두 딸을 낳았는데 그들 내외는 12년을 지나 모두 죽었다. 그 밖의 노비의 무리들도 이 나라에 온 지 7, 8년이 되는데도 자식을 낳지 못했으며, 오직 고향을 그리워하는 슬픔을 품고 모두 죽었으므로, 그들이 거처하던 빈관은 텅 비고 아무도 없었다.

왕비가 죽자 왕은 매양 외로운 베개를 의지하여 몹시 슬퍼하다가 10년을 지난 헌제(獻帝) 입안(立安) 4년 기묘(己卯, 199) 3월 23일에 죽으니, 나이는 158세였다. 나라 사람들은 마치 부모를 잃은 듯 슬퍼하여 왕비가 죽던 때보다 더했다. 대궐 동북쪽 평지에 빈궁(殯宮)을 세우니 높이가 한 길이며 둘레가 300보인데 거기에 장사 지내고 이름을 수릉왕묘(首陵王廟)라고 했다.

그의 아들 거등왕으로부터 9대손인 구형왕까지 이 사당에 배향하고, 매년 정월 3일과 7일, 5월 5일과 8월 5일과 15일에 넉넉하고 깨끗한 제물을 차려 제사를 지내어 대대로 끊이지 않았다. 신라 제30대 법민왕(法敏王, 문무왕) 용삭(龍朔) 원년 신유(661) 3월에 왕은 조서를 내렸다.

"가야국 시조의 9대손 구형왕이 이 나라에 항복할 때 데리고 온 아들 세종의 아들인 솔우공(率友公)의 아들 서운잡간(庶云匝干)의 딸 문명 황후께서 나를 낳으셨으니, 시조 수로왕은 어린 나에게 15대조가 된다. 그 나라는 이미 없어졌지만 그를 장사지낸 사당은 지금도 남아 있으니 종묘에 합해서 계속하여 제사를 지내게 하리라."

이에 그 옛 터에 사자를 보내서 사당에 가까운 상전(上田) 30경으로 제향을 위한 자원으로 하여 왕위전이라 부르고 본토에 소속시켰다. 수로왕의 17대손 갱세(賡世) 급간이 조정의 뜻을 받들어 그 밭을 주관하여 해마다 명절이면 술과 단술을 마련하고 떡과 밥・차・과실 등 여러 가지를 갖추고, 제사를 지내어 해마다 끊이지 않게 하고, 그 제삿날은 거등왕이 정한 연중 5일을 변동하지 않으니, 이에 비로소 그 정성어린 제사는 우리 가락국에 맡겨졌다.

거등왕이 즉위한 기묘년(199)에 편방(便房, 휴게실)을 설치한 뒤로부터 구형왕 말년에 이르는 330년 동안에 사당에 지내는 제사는 길이 변함이 없었으나 구형왕이 왕위를 잃고 나라를 떠난 후부터 용삭 원년 신유(661)에 이르는 60년 사이에는 이 사당에 지내는 제사를 가끔 빠뜨리기도 했다. 아름답구려, 문무왕(文武王, 法敏王의 시호)이여. 먼저 조상을 받들어 끊어졌던 제사를 다시 지냈으니 효성스럽고 또 효성스럽도다.

신라 말년에 충지(忠至) 잡간이란 자가 있었다. 높은 금관성을 쳐서 빼앗아 성주장군(城主將軍)이 되었다. 이에 영규 아간이 장군의 위엄을 빌어 묘향을 빼앗아 함부로 제사를 지내더니, 단오를 맞아 제향을 올리는데 공연히 대들보가 부러져 깔려죽었다. 이에 장군이 혼잣말로 중얼거렸다.

"다행히 전세의 인연으로 해서 외람되이 성왕이 계시던 국성(國城)에 제사를 지내게 되었으니 마땅히 나는 그 영정을 그려 모시고 향과 등을 바쳐 신하된 은혜를 갚아야겠다."

하고, 석 자 교견(鮫絹)에 진영을 그려 벽 위에 모시고 아침저녁으로 촛불을 켜 놓고 공손히 받들더니, 겨우 3일 만에 진영의 두 눈에서 피눈물이 흘러서 땅 위에 괴어 거의 한 말이나 되었다. 장군은 몹시 두려워하여 그 진영을 모시고 사당으로 나가서 불태워 없애고 곧 수로왕의 친손 규림(圭林)을 불러서 말했다.

"어제는 상서롭지 못한 일이 있었는데 어찌해서 이런 일들이 거듭 생기는 것일까? 이는 필시 사당의 영령이 내가 진영을 그려서 모시는 것을 불손하게 여겨 크게 노하신 것인가 보다. 영규가 이미 죽었으므로 나는 몹시 두려워하여, 화상도 이미 불살라 버렸으니 반드시 신의 베임을 받을 것이다. 그대는 왕의 진정한 후손이니 전에 하던 대로 제사를 받드는 것이 옳겠다."

규림이 대를 이어 제사를 지내 오다가 나이 88세에 죽으니 그 아들 간원경(間元卿)이 계속해서 제사를 지내는데 단오날 알묘제(謁廟祭, 묘에 알리는 제사) 때 영규의 아들 준필(俊必)이 또 발광하여, 사당으로 와서 간원이 차려 놓은 제물을 치우고 자기가 제물을 차려 제사를 지내는데 삼헌(三獻)이 끝나지 못해서 갑자기 병이 생겨서 집에 돌아가서 죽었다. 옛 사람의 말에 이런 것이 있다.

"음사(淫祀)는 복이 없을 뿐 아니라 도리어 재앙을 받는다."

먼저는 영규가 있고 이번에는 준필이 있으니 이들 부자를 두고 한 말인가. 또 도둑의 무리들이 사당 안에 금과 옥이 많이 있다고 해서 와서 그것을 도둑질해 가려고 했다. 그들이 처음에 왔을 때는, 몸에 갑옷을 입고 투구를 쓰고 활에 살을 당긴 한 용사가 사당 안에서 나오더니 방면을 향해서 비 오듯 화살을 쏘아서 7, 8명이 맞아 죽으니, 나머지 도둑의 무리들은 달아나 버렸다. 며칠 후에 다시 오자 길이 30여 척이나 되는 눈빛이 번개와 같은 큰 구렁이가 사당 옆에서 나와 8, 9명을 물어 죽이니 겨우 살아남은 자들도 모두 자빠지면서 도망해 흩어졌다. 그리하여 능원 안에는 반드시 신의 물건이 있어 보호한다는 것을 알았다.

건안(建安) 4년 기묘(199)에 처음 이 사당을 세운 때부터 지금 임금께서 즉위하신 지 31년 만인 대강(大康) 2년 병진(1076)까지

도합 878년이 되었으나 층계를 쌓아 올린 아름다운 흙이 허물어지거나 무너지지 않았고, 심어 놓은 아름다운 나무도 시들거나 죽지 않았으며, 더구나 거기에 벌여 놓은 수많은 옥조각들도 부서진 것이 없다. 이것으로 본다면 당나라 신체부(辛替否)가 말한,

"옛날로부터 지금에 이르기까지 어찌 망하지 않은 나라와 파괴되지 않은 무덤이 있겠느냐."

라고 한 말은, 오직 가락국이 옛날에 일찍이 망한 것은 그 말이 맞았지만 수로왕의 사당이 허물어지지 않은 것은 신체부의 말을 믿을 수 없다 하겠다. 이 중에 또 수로왕을 사모해서 하는 놀이가 있다. 매년 7월 29일엔 이 지방 사람들과 서리·군졸들이 승점에 올라가서 장막을 치고 술과 음식을 먹으면서 즐겁게 논다. 이들이 동서쪽으로 서로 눈짓을 하면 건장한 인부들은 좌우로 나뉘어서 망산도에서 말발굽을 급히 육지를 향해 달리고 뱃머리를 둥둥 띄워 물 위로 서로 밀면서 북쪽 고포(古浦)를 향해서 다투어 달리니, 이것은 대개 옛날에 유천간과 신귀간 등이 왕비가 오는 것을 바라보고 급히 수로왕에게 아뢰던 옛 자취이다.

가락국이 망한 뒤로는 대대로 그 칭호가 한결같지 않았다. 신라 제31대 정명왕(政明王, 신문왕)이 즉위한 개요(開耀) 원년 신사(681)에는 금관경(金官京)이라 이름하고 태수를 두었다. 그 후 259년에 우리 고려 태조가 통일한 뒤로는 여러 대를 내려오면서 임해현(臨海縣)이라 하고 배안사(排岸使)를 두어 48년을 계속했으며, 다음에는 임해군 혹은 김해부라고 하고 도호부를 두어 27년을 계속했으며, 또 방어사를 두어 64년 동안 계속했다.

순화(淳化) 2년(991)에 김해부의 양전사(量田使) 중대부 조문선(趙文善)은 조사해서 보고했다.

"수로왕의 능묘에 소속된 밭의 면적이 많으니 마땅히 15결을 가지

고 전대로 제사를 지내게 하고, 그 나머지는 부의 부역하는 이들에게 나누어 주는 것이 좋겠습니다."

이 일을 맡은 관청에서 상부에 올리는 그 장계를 가지고 가서 보고하자, 그때 조정에서는 명령을 내렸다.

"하늘에서 내려온 알이 화해서 성군이 되었고 이내 왕위에 올라 나이 158세나 되셨으니 저 삼황 이후로 이에 견줄 만한 분이 드물다. 수로왕께서 붕어한 뒤 선대부터 능묘에 소속된 전답을 지금에 와서 줄인다는 것은 참으로 두려운 일이다."

하고는 이를 허락하지 않았다. 양전사가 또 거듭 아뢰자 조정에서도 이를 옳게 여겨 그 반은 능묘에서 옮기지 않고, 반은 그곳의 동원된 일꾼에게 나누어 주게 했다. 절사(節使) 곧 양전사는 조정의 명을 받아 이에 그 반은 능원에 소속시키고 반은 김해부의 부역하는 장정에게 주었다. 이 일이 거의 끝날 무렵에 양전사가 몹시 지치더니 어느 날 밤에 꿈을 꾸니 7, 8명의 귀신이 보이는데 밧줄을 가지고 칼을 쥐고 와서 말한다.

"너에게 큰 죄가 있어 목을 베어 죽여야겠다."

양전사는 형을 받고 몹시 아파하다가 놀라서 깨어 이내 병이 들었는데 남에게 알리지도 못하고 밤에 도망 가다가 그 병이 낫지 않아서 관문을 지나자 죽었다. 이때문에 양전도장에는 그의 도장이 찍히지 않았다. 그 뒤에 사신이 와서 그 밭을 검사해 보니 겨우 11결 12부 9속뿐이며 3결 87부 1속이 모자랐다. 이에 모자라는 밭을 어찌했는가를 조사해서 내외궁에 보고하여, 임금의 명령으로 그 부족한 것을 채워 주게 했는데 이때문에 고금의 일을 탄식하는 사람이 있었다.

수로왕의 8대손 김질왕(金銍王)은 정치에 부지런하고 또 참된 일을 매우 숭상하여 시조모 허황후를 위해서 그의 명복을 빌고자 했다. 이에 원가 29년(452) 임진에 수로왕과 허황후가 혼인하던 곳에 절을 세워 절 이름을 왕후사(王后寺)라 하고 사자를 보내어 절 근처에 있는 좋은 밭 10결을 측량해서 삼보(三寶)를 이바지하는 비용으로 쓰게 했다.

이 절이 생긴 지 500년 뒤에 장유사(長遊寺)를 세웠다. 이 절에 바친 밭이 도합 300결이나 되었다. 이에 장유사의 삼강(三綱)이, 왕후사가 장유사의 밭 동남쪽 지역 안에 있다고 해서 왕후사를 없애고 그 자리에 장원 관리사를 만들어 가을에 곡식을 거두어 겨울에 저장하는 장소와 말을 기르고 소를 치는 마구간으로 만들었으니 슬픈 일이다. 세조 이하 9대손의 역수를 아래에 자세히 기록하니 그 명(銘, 공적을 쓴 글)은 이러하다.

> 처음에 천지가 열리니, 이안(利眼. 해와 달 혹은 임금)이 비로소 밝았네.
> 비록 인륜은 생겼지만, 임금의 지위는 아직 이루지 않았네.
> 중국은 여러 대를 거듭했지만, 동국은 서울이 갈렸네.
> 계림이 먼저 정해지고, 가락국이 뒤에 경영되었네.
> 스스로 맡아 다스릴 사람 없으면, 누가 백성을 보살피랴.
> 드디어 상제께서, 저 백성을 돌봐 주었네.
> 여기 거룩한 명을 내려, 특별히 정령을 보내셨네.
> 산 속에 알을 내려 보내고 안개 속에 모습을 감추었네.
> 속은 오히려 아득하고, 겉도 역시 컴컴했네.
> 바라보면 모습이 없는듯하나 들으니 여기 소리가 나네.
> 무리들은 노래 불러 아뢰고, 춤을 추어 바치네.
> 7일이 지난 후에, 한때 안정되었지.
> 바람이 불어 구름이 걷히니, 푸른 하늘이 텅 비었네.
> 여섯 개 둥근 알이 내려오니, 한 오리 자줏빛 끈이 드리웠어.

낯설고 이상한 땅에, 집과 집이 이었다네.
구경하는 사람 줄지었고, 바라보는 사람 우글거리지.
다섯은 각 고을로 돌아가고, 하나는 이 성에 있었네.
같은 때 같은 자취는, 아우와 같고 형과 같았어.
실로 하늘이 덕을 낳아서, 세상을 위해 질서를 만들었네.
왕위에 처음 오르니, 온 세상은 맑아지려 했다네.
궁전 구조는 옛 법을 따랐고, 토계(土階)는 오히려 평평했네.
모든 제도를 비로소 만들고, 모든 정치를 시행했네.
기울지도 치우치지도 않으니, 오직 하나이고 오직 정밀했네.
길 가는 자는 길을 양보하고, 농사짓는 자는 밭을 사양했네.
나라는 모두 편안해지고, 만백성은 태평을 맞이했네.
갑자기 풀잎의 이슬처럼, 대춘(大椿)의 나이를 보전하지 못했네.
천지의 기운이 변하고 조야가 모두 슬퍼했네.
금과 같은 그의 발자취요, 옥과 같이 떨친 그 이름이라.
후손이 끊어지지 않으니, 사당의 제사가 오직 향기로웠네.
세월은 비록 흘러갔으나, 범절은 기울어지지 않았네.

거등왕(居登王)이 즉위하였다. 아버지는 수로왕, 어머니는 허황후. 건안(建安) 4년 기묘(199) 3월 13일에 즉위, 치세는 39년으로 가평(嘉平) 5년 계유(253) 9월 17일에 죽었다. 왕비는 천부경(泉府卿) 신보(申輔)의 딸 모정(慕貞)이며 태자 마품(麻品)을 낳았다. 〈개황력(開皇曆)〉에

"성은 김씨니 대개 시조가 황금알에서 난 까닭으로 김으로 성을 삼았다."

라고 했다.

마품왕(麻品王) 마품이라고도 하며, 김씨. 가평(嘉平) 5년 계유

(253)에 즉위하였다. 치세는 39년으로, 영평(永平) 원년 신해(291) 1월 29일에 죽었다. 왕비는 종정감(宗正監) 조광(趙匡)의 손녀 호구(好仇)로 태자 거질미(居叱彌)를 낳았다.

거질미왕(居叱彌王) 금물(今勿)이라고도 하며 김씨. 영평 원년에 즉위. 치세 56년, 영화(永和) 2년 병오(346) 7월 7일에 죽었다. 왕비는 아궁아간(阿躬阿干)의 손녀 아지(阿志)로, 왕자 이시품(伊尸品)을 낳았다.

이시품왕(伊尸品王) 김씨. 영화 2년에 즉위. 치세는 62년, 의희(義熙) 3년 정미(407) 4월 10일에 죽었다. 왕비는 사농경 극충의 딸 정신(貞信)으로, 왕자 좌지(坐知)를 낳았다.

좌지왕(坐知王) 김질(金叱)이라고도 한다. 의희(義熙) 3년(407)에 즉위. 용녀(傭女,궁녀)에게 장가들어 그 여자의 무리를 관리로 등용하니 국내가 시끄러웠다. 계림이 꾀를 써서 치려하므로, 박원도라는 신하가 간했다.

"하찮은 풀이라도 보고 또 보면 역시 털이 나는 법인데 하물며 사람이야 오죽하겠습니까. 하늘이 망하고 땅이 꺼지면 사람이 어느 곳에서 보전하오리까. 또 점쟁이가 점을 쳐서 괘를 얻었는데 그 괘사(卦辭)에 '소인을 없애면 군자가 와서 도울 것이다' 했으니 왕께선 역(易)의 괘를 살피시옵소서."

이에 왕은 사과하여 옳다고 하고 용녀를 내쳐서 하산도(荷山島)로 귀양 보내고, 정치를 고쳐 행하여 길이 백성을 편안하게 다스렸다. 세는 15년으로, 영초(永初) 2년(421) 신유 4월 12일에 죽었다. 왕비는 도령대아간(道寧大阿干)의 딸 복수(福壽)로서 아들 취희(吹

希)를 낳았다.

취희왕(吹希王) 질가(叱嘉)라고도 한다. 김씨. 영초 2년에 즉위. 치세는 31년 동안, 원가(元嘉) 28년(451) 신묘 2월 3일에 죽었다. 왕비는 진사(進思)의 딸 인덕(仁德), 왕자 질지(叱知)를 낳았다.

질지왕(銍知王) 김질왕이라고도 한다. 원가(元嘉) 28년에 즉위, 이듬해에 시조와 허황옥 왕비의 명복을 빌기 위하여 처음 시조와 만났던 자리에 절을 지어 왕후사라 하고 밭 10결을 바쳐 비용에 쓰게 한다. 치세는 42년. 영명(永明) 10년(492) 임신 10월 4일에 죽었다. 왕비는 김상사간(金相沙干)의 딸 방원(邦媛), 왕자 겸지(鉗知)를 낳았다.

겸지왕(鉗知王) 김겸왕이라고도 한다. 영명 10년에 즉위하여 치세 30년, 정광(正光) 2년 신축(521) 4월 7일에 죽었다. 왕비는 출충 각간의 딸 숙(淑), 왕자 구형(仇衡)을 낳았다.

구형왕(仇衡王) 김씨. 정광 2년에 즉위했다. 치세는 42년. 보정(保定) 2년 임오(562) 9월에 신라 제24대 진흥왕이 군사를 일으켜 쳐들어오니 왕은 친히 군사를 지휘했다. 그러나 적군의 수는 많고 이쪽은 적어서 맞서 싸울 수가 없었다. 이에 동기 탈지닛금(脫知尒叱今)을 보내서 본국에 머물러 있게 하고, 왕자와 장손 졸지공(卒支公) 등은 항복하여 신라에 들어갔다. 왕비는 뿐수니질(分水尒叱)의 딸 계화(桂花)로, 세 아들을 낳으니, 첫째는 세종 각간, 둘째는 무도(茂刀) 각간, 셋째는 무득(茂得) 각간이다. 〈개황력〉에 보면,

"양(梁)나라 무제(武帝) 중대통(中大通) 4년(532) 임자에 신라에 항복했다."

라고 했다. 논평해 말한다. 〈삼국사〉를 살피건대, 구형왕은 양 나라의 무제 중대통 4년 임자에 땅을 바쳐 신라에 항복했다. 그렇다면 수로왕이 처음 즉위한 동한(東漢)의 건무(建武) 18년 임인(壬寅, 42)으로부터 구형왕 말년(532) 임자까지를 셈하면 490년이 된다. 만일 이 기록으로 따진다면 땅을 바친 것은 원위(元魏) 보정(保定) 2년(562) 임오에 값한다. 그러면 30년을 더하게 되어 모두 520년이 되는 셈이다. 여기에는 두 가지 설을 모두 기록해 둔다. 여기 삼국유사의 번역글은 이민수(1975, 을유문화사)본을, 삼국사기는 김종권(1983, 신화사)본을 참고로 하여 윤문을 하였다.

4

일연의 삶과 꿈

4. 일연의 삶과 꿈

가. 들머리

우리는 〈보각국존비명(普覺國尊碑銘)〉에 드러난 일연(一然)의 삶과 선사가 남긴 민족 문화의 꿈을 살펴보기로 한다. 이 비명을 재구성한 이야기하기로 그 속내를 탐구한다. 아울러 필자는, 〈고려대장경〉 판각의 마무리 주체가 일연선사이며 장소가 남해라는 점을 상정하려 한다.

보각국존은 일연이다. 보각(普覺)이란 선사가 입적하고 난 뒤에 임금이 내려준 시호다. 이 비명의 원명은 「고려국 화산 조계종 인각사 가지산하 보각국존비명병서(高麗國華山曹溪宗麟角寺迦智山下普覺國尊碑銘幷序)(이하 비명)」였다. 이로써 일연이 조계종이며 인각사 가지산파에 속하였음을 알 수 있다.[1)] 이 비는 일연이 입적한 지 6

1) 이 비명에 따르면, 일연의 속명은 김견명(金見明)이고 자는 회연(晦然), 법명은 일연(一然)이다. 시호는 보각(普覺)이고 사리탑의 이름은 정조지탑(靜照之塔)이다. 장산(章山 현 경산) 출생으로 아버지는 김언필(金彦弼)이고 뒤에 좌복야(左僕射)에 추증되었고 어머니는 이씨 부인으로 뒤에 낙랑군부인(樂浪郡夫人)으로 추증된다. 그의 호는 목암(睦庵)이라 하는바, 이는 중국 고사에 나오는 목주(睦州) 화상 진존숙(陳尊

년이 지난 충렬왕 21년(1295) 8월 운문사 주지이고 선사의 문인이었던 청분(淸玢)이 지은 일연의 생애를 바탕으로 왕명에 따라서 당대의 문장가였던 민지(閔漬)가 지은 글을 왕희지가 쓴 글자를 집자하여 돌에 새겨 세운 것이다.

빗돌은 높이가 6자, 폭은 3자 5치의 담흑색 점판암으로 되었다. 죽허(竹虛) 스님이 왕희지의 글씨를 따다가 국사의 덕을 기린 소중한 금석문 자료다.[2] 앞면은 비명의 본문이고 뒷면인 음기(陰記)에는 선사의 입적을 전후한 신이한 행적에 대하여 증언하고 있다.

이제 이 글에서 다루려고 하는 가장 핵심적인 속내는 일연이 〈삼국유사〉를 짓고 〈고려대장경〉을 마무리 한 인물이라는 점으로 간추릴 수 있다. 말하자면 비명에 실린 내용을 이야기로 재구성하는 흐름으로 살펴보게 될 것이다. 비명에 실린 이야기를 다시 구성한 이야기—스토리텔링의 형식으로 다가서기로 한다.

나. 일연의 삶과 시대상

사람의 일생은 짧지만 그가 남긴 작품은 길다. 문학작품이나 한 시대를 풍미한 위대한 사상은 속성상 그 시대의 시대정신이며 역사인 속내를 투영한다. 우리 겨레 정신문화의 흐름 속에 백두산이 된 〈삼국유사〉나 고려대장경이 만들어진 필연성과 개연성은 어디에서 왔는가.

먼저 일연선사가 살았던 시대의 역사적인 배경을 알아보도록 한다.

宿)을 표방하는 일연의 효성스러운 지향성을 알 수 있는 자이기도 하다.

2) 일연국사가 고승대덕인데다 왕희지의 글씨체를 집자하여 만든 관계로 뒤로 가면서 과거를 보려는 사람, 혹은 아들 낳기를 원하는 사람 등이 빗돌을 훼손하여 알아보기 어려웠으나 최근 금석문 연구가인 박영돈 선생이 30년간 연구한 끝에 없어진 왕희지의 글씨를 재구성하여 오늘의 새로운 모습을 보게 되었다.

일연(一然, 1206-1289)은 고려 희종 2년(1206) 병인에 지금의 경산(당시 章山)에서 아버지 김언필공과 어머니 이씨 부인 사이에서 태어났다. 아이 적 이름은 김견명(金見明)이고 승려가 된 뒤의 법명은 일연이다. 자는 회연(晦然), 호는 목암(睦庵)이다. 국보 306호인 〈삼국유사〉와 국보 32호이자 세계문화유산이 된 〈고려대장경〉을 만든 승려이며 시인이고 겨레의 자존의식을 터놓은 역사가였다. 그의 시호는 보각(普覺), 탑호는 정조(靜照)였다.

일연선사가 살다 간 때는 칼바람 몰아치는 풍운의 시절이었다. 고종이 즉위할 즈음에는 최충헌이 무단정치로 전횡을 하던 험난한 상황이었다.[3] 고종 6년(1219)에 그가 죽자 그의 아들 최이(후에 최우)가 그 뒤를 이어 교정별감이 되어 왕권을 넘어 온 나라를 손아귀에 넣고 쥐락펴락하였다. 다시 그의 아들인 최항과 손자인 최의가 잇달아 권력을 계승, 장악하였다. 고종 45년(1258) 유경・김준 등이 손을 잡고 최씨 무단정치의 마지막 계승자인 최의를 죽여 왕정을 되찾게 한다. 그러나 정치적 상황은 달라진 것이 없었다.

고종의 재위 기간 동안 나라 밖의 주변정황이 몹시 어려웠다. 고종 13년(1216) 거란족이 침입하자 김취려, 조충 등이 앞장서 이를 물리쳤다. 고종 18년(1231)에 몽고족이 쳐들어오자 당시의 권력의 실세인 최이(뒤에 최우로 개명)는 이듬 해 서울을 개경에서 강화도로 옮겨 강도(江都)라 부르고 장장 28년 동안의 대몽항쟁을 계속 이어갔다. 몽고는 이 기간 동안 6차례에 걸쳐 고려에 침입하면서 수많은 목숨과 재산에 엄청난 상처를 입혔다. 말 그대로 온 나라는 쑥대밭이 되고 말았다. 이때 경주 황룡사 구층탑과 현종 때에 만든 대구 팔공산의 부인사(符仁寺)에 보관하였던 〈대장경판〉이 속절없이 잿더미로 화

3) 최충헌의 무단 정치에 항거하고 자신을 죽이려 했던 교종의 승려 가운데 약 8백 명을 처형한 막무가내식의 전횡을 저질렀다는 야화가 전한다.

하였다. 고통의 수렁에서 가장 허덕이던 이들은 힘없는 민초들이었다.

원종 11년(1270)에 이루어진 몽고와의 화친을 통하여 개경으로 돌아오게 되었다. 무신정권의 종말과 몽고와의 전쟁은 끝났으나 일본 정벌의 야욕에 불타는 원나라에 의해서 강요된 경제적, 군사적 부담은 30여 년간의 대몽항전으로 피폐할 대로 피폐한 고려사회에 설상가상이었다. 왕정복고라는 명분을 앞세워 원나라가 고려의 무신 통치를 끝내면서 결국은 원나라의 식민국가라는 나락으로 떨어지고 말았다. 임금의 이름조차도 충(忠)-계열이나 공(恭)-계열로 이어질 수밖에 없었고, 왕 세자는 반드시 원나라의 조정에서 볼모의 성격으로 머무르며 원나라 식의 군왕교육을 받게 되었다. 왕비 또한 원나라의 공주들을 맞아 혈연을 통한 불가분의 군신 관계요, 사위의 나라, 부마국이라는 거미줄에 걸려들고 말았던 것이다.

한편, 이런 민족적 치욕과 수난을 겪는 동안 민족의 자주와 자존을 지키려는 민족 공동체로서의 집단의식은 오히려 강화되었고 현실적 수난을 불교의 신앙심과 민초들의 단결력을 통해 극복해 보려는 역사의식 또한 고조되고 있었다. 얼음장 밑에서도 물은 흐르는 법.

이렇게 심화된 민족의식은 민중 속에서 싹이 터서 자라온 승려들과 젊은 선비들에게서 더욱 구체적인 인식과 성취동기로 강화된다. 지눌(知訥)에서 혜심(慧諶)으로 이어지는 무신란 이후의 조계종은 국난을 타개하려는 국민 의식 속에 새로운 힘을 불어넣는 버팀목이 되었다. 특히 평생 글로써 조국을 빛내야겠다는 신념을 구현한 애국시인 이규보(李奎報, 1168-1241)는 고구려 건국의 영웅인 동명왕(東明王)의 사적을 민족서사시로 읊으면서 '천하로 하여금 우리나라가 본래 성인의 도읍임을 알도록 하려 함이라'고 그 의기를 드러내기도 하였다. 이어 이승휴(李承休, 1224-1300)는 민족정기를 일깨우는 〈제왕운기(帝王韻紀)〉를 지었다. 그와 관련한 저술로는 〈제왕운기〉

와 둘째 아들 이연종이 편집한 문집 〈동안거사집〉이 있다. 이 가운데 〈제왕운기〉는 충렬왕 13년(1287) 임금으로서 본받고 경계해야 할 교훈을 주려는 목적으로 저술했다. 우리나라와 중국의 역사를 7언시와 5언시로 엮은 서사시다. 이는 고려 후기의 요동치던 나라 안팎의 정황 속에서 지식인의 한 사람으로서 이승휴의 역사인식과 현실인식을 보여주었을 뿐 아니라 일연의 〈삼국유사〉 저술에 커다란 동기를 유발했던 것으로 보인다.

〈삼국유사〉는 곧 이러한 시대적 상황에 따르는 민족의식의 발로에서 기인한 열매다. 몽고를 상대로 한 약 30년 동안의 대몽항전에서 민족의식이 더욱 깊어지고, 마침내 이민족의 혹독한 속박 아래 당시 조계종의 큰 산맥이었던 가지산문의 일연선사의 손을 빌어 민족정기를 불러일으킨 횃불이 〈삼국유사〉였다. 오늘에 와서 국보 306호로 자리매김되었음은 물론, 고대 한국의 역사와 문학, 민속과 사회를 들여다볼 수 있는 유일한 길목이기도 하다.

이제 정보화 문화산업시대를 맞아 〈삼국유사〉야말로 더할 나위 없이 귀중한 문화자원이 된다. 일연과 그가 남긴 작품에 대한 이야기식 사고에 바탕을 둔 스토리텔링이 요구되는 까닭이 여기에 있다.

다. 〈비명〉의 속살

가장 보수적이면서 오랜 세월을 지나도 연구자들에게 믿음을 주는 자료는 금석문 자료다. 일연과 관련하여 〈비명〉에 드러난 자료를 바탕으로 한 일연 삶에 대한 이야기하기는, 글쓴이(2010)의 〈삼성현 스토리텔링연구〉를 바탕으로 하여 구성하였다. 여기서 담론[4]이라 함

4) 한국불어불문학회의 〈불한중사전〉을 보면 담론(談論 discours)을 ① 연설 강연, ② 변

은 주로 문학론에서 이르는바 이야기를 하면서 중간에 필자의 의견이 들어가는 개념으로 쓴다. 먼저 비명 이야기하기의 갈래는 출생담과 성장담, 그리고 공적담과 인물담으로 나누어 다루기로 한다.

1) 출생담

일반적으로 뛰어난 인물 설화에는 그의 출생과 관련해서 신이한 화소가 내재해 있다. 그러면 일연의 경우는 어떠한가.

① 해를 쏘이는 신비한 꿈[5)]

고려 희종 원년(1205), 날로 격심해 가는 몽고의 간섭과 약탈이 도를 넘었고, 그 고통은 실로 엄청났다. 하지만 한가위를 갓 지난 가을, 장산의 남쪽 마을은 조용하였다.

이 마을을 두른 동학산, 사방이 산으로 둘러싸인 전형적인 농촌 마을인 산전 동녘에 해가 솟는다. 방안에 잠들어 있는 부부의 정겨운 모습이 비둘기 같다. 검정과 붉은 색이 아로새겨진 이불은 바둑판처럼 기워져 있었다. 갑자기 아내 쪽으로 한줄기 햇살이 굵게 비춰지며

론, 설교, ③ 이야기 대화, ④ (언어학)담화 담론, ⑤ (철학)추리논증이라고 풀이하여 다양한 의미를 내포하고 있다. 프랑스에서 대학진학을 앞둔 청소년들을 위한 〈미래 대학 진학자를 위한 휴대용 사전〉을 보면 담론이란, ① 언어학적, ② 문학적, ③ 이데올로기적 의미로 갈래지어 풀이했다. 언어학적 의미라면 언어의 가능성을 동원해서 서술하고 진술하는 행위를 통틀어 이른다. 문학에서는 '이야기를 하는 사람이 이야기 중간에 자신의 생각을 말하는 것을 담론이라고 본다. 혹은 민중문학론처럼 문학비평적 논리를 말한다. 흔히 지식인 사회에서 쓰이는 담론이란 다분히 이념적 성격을 강하게 풍긴다. '주어진 주제에 관해 말과 글로써 표현되는 개인적 혹은 집단적 철학의 총체'란 뜻으로 풀이된다. 이글에서는 문학적 관점에서 담론이란 표현을 원용한다.

5) 國尊 諱見明 字晦然 後易名一然 俗性金氏 慶州章山郡人也 考諱彦弼 不仕 以師故 贈左僕射 妣李氏 封樂浪郡夫人 初母夢日輪入屋 光射于腹者 凡三夜 因以有娠 泰和丙寅六月 辛酉誕焉 生以俊邁 儀表端嚴 豊準方口 牛行虎視 少有出塵志(보각국존비명).

해가 구르듯 이씨 부인의 품안으로 파고든다. 놀라 깬 이씨 부인은 눈이 휘둥그레졌다. 옆에서 누워 자던 남편 김언필도 놀라 함께 일어난다.

"아니! 벌써 해가 중천에……. 그래, 부인은 자다 말고 무슨 일이요?"

"정말 이상하네요, 오늘이 세 번짼데 같은 꿈을 꾸어서……."

"무슨 꿈을 꾸었기에 그리도 놀라시는 게요?"

"해괴하게도 이른 새벽에 해가 내 품안으로 뛰어드는 꿈을……."

"해가 품안으로…… 그것 참 예사롭지 않구려!"

"벌써 사흘째나 같은 꿈이라서……."

김언필은 잠시 천정을 바라보더니,

"아무래도 부인에게 삼신할머니가 훌륭한 아기를 주시려나 보오."

"그럼 태몽이라는 말씀입니까?"

"아무래도 그런 듯하오."

이러던 어느 날 과연 이씨 부인은 태기가 있었고 그로부터 열 달 후 해산에 이르렀다. 언필은 방안을 이리저리 오가고 들락거리며 안절부절. 이러기를 두 시각이 지나자 갑자기 아기 울음소리가 집밖으로 퍼졌다. 어머니의 태몽은 일연의 신비한 출생과정을 말해주고 있다. 뭔가 보통 사람과는 아주 다른 면모를 보여준다.

2) 성장담

누구나 그러하듯 하나의 튼튼한 재목이 되려면 그만한 시련을 겪어야 한다. 일연선사도 마찬가지. 주요한 속내로서, ① 행자의 시련, ② 번뇌와 방황, ③ 비슬산의 해탈, ④ 〈삼국유사〉 갑론을박을 통한 선사의 자아발견과 해탈의 과정에 대한 사연을 다루어 본다.[6)]

6) 年甫九歲 往依海陽無量寺 始就學而聰警絶倫 有時 危坐盡夕 人異之 興定己卯 就陳

① 행자의 시련

아주 어린 나이에 아버지를 잃고 어머니 슬하에서 자라났다. 아이의 교육을 걱정한 이씨 부인은 마침내 아이를 데리고 지금의 광주인 해양(海陽)의 무량사로 갔다. 5년의 행자 수행을 마치고 다시 강원도 진전사에 가서 행자의 수행과정을 밟는다. 일연 모자가 진전사를 찾아 간 것은 찬바람 부는 늦가을이었다. 밤이면 벌써 양양 바다의 바람은 을씨년스럽기 그지없었다. 선방에서 새우잠을 잔 모자의 가을밤은 헤어지는 아픔의 터널이었다. 아이를 두고 되돌아서야 하는 이씨 부인은 차마 발길이 떨어지지 않았다. 아침 예불 시간에 일어난 일연은 어머니를 따라서 날이 새도록 탑돌이를 하였다. 애간장이 타는 듯한 어머니의 애원 섞인 흐느낌.

"부처님. 저의 아이를 부처님께 맡기오니 불쌍히 보시고 제발 너그러이 안아 주소서. 나무관세음……"

두 손을 모으고 빌고 또 빌었다. 벌써 바다에 둥근 해가 솟았고 늦가을 썰렁한 아침의 절은 자욱한 안개에 싸여 있었다. 그렇게 하루밤이 짧게 지나갔다. 대웅 스님을 찾아 인사를 드렸다.

"큰스님, 이렇게 염치없이 아이를 맡기고 가옵니다. 드릴 말씀이 없습니다."

"보살님, 먼 길에 살펴 가십시오. 제가 편지를 드릴 테니 가시다 날이 저물면 몇몇 절에 들러 보십시오. 그럼. 견명이, 너는 어머님께 인사드리고 곧장 내 방으로 오너라."

눈물로 헤어진 모자의 거리는 점점 멀어져 갔고 손을 흔드는 어머니의 모습은 안개 속으로 묻혀 갔다. 이내 큰스님의 선방으로 들어갔다.

"수도자 생활이 어렵다. 적어도 한 사오 년은 견뎌내야만 반듯한 스님

田長老大雄 剃度受具 於是 遊歷禪肆 聲價藉甚 時輩推爲九山四選之首 丁亥冬 赴選佛場 登上上科 厥後 寄錫于包山寶幢庵 心存禪觀(〈삼국유사〉).

이 될 수가 있느니라. 나도 그런 과정을 다 거쳤다. 머리만 갖고 되는 게 아니다. 마음공부를 끊임없이 해야 하느니. 정말 괜찮겠느냐?"

"예, 큰스님. 해보겠습니다."

② 방황과 번뇌

〈삼국유사〉 조신(調信)의 꿈 이야기는 널리 잘 알려진 설화다. 전해오는 이야기를 적었던 것으로 보이나 일연 자신의 감정을 이입하여 삶의 본질이 꿈이라는 선사의 사유를 드러낸 것으로 보인다. 스님의 몸으로 수행은 다 집어치우고 태수의 딸이었던 김 낭자를 사모하여 가정을 이루고 살다가 끝내 헤어지고 만다는 쓰라린 삶의 여정을 그린 부분이다. 깨고 보니 꿈이었다. 몸부림치는 조신의 목소리는 아예 아우성이었다.

바로 그때 조신은 눈을 떴다. 그는 긴 밤을 꿈속에서 자신이 사랑하였던 여인을 만난 환상을 본 것이다. 그것은 한순간의 꿈이었다. 온몸에 땀이 흘렀다.

'아! 모든 것이 꿈이었구나! 부처님께서 나의 그릇됨을 책하신 것이야…….'

일연은 잠시나마 조신을 통하여 헛된 꿈을 꾸게 된 것을 참회하였다.

"부처님! 이 못난이의 죄업을 어찌 씻을 수가 있겠습니까? 참회합니다. 참회합니다. 이 미혹한 중생이 그만 헛된 꿈을 꾸었니이다. 참회하나이다."

다 꺼져 가는 촛불위로 관세음보살의 자비로움은 예와 다름없었다. 멀리서 아침 예불을 알리는 범종 소리에 정신을 차려 옷깃을 여미고 밖으로 나왔더니 바람이 차다. 새벽별은 유난히도 밝게 빛나고 있었다.

③ 비슬산의 해탈

고종 23년(1236) 가을 몽고군의 침략이 있었다. 일연선사는 다른 곳으로 피하고자 하였다. 문수오자주(文殊五字呪)를 외워서 감응하기를 바랐다. 난데없는 문수보살이 나타나 '무주 북쪽에 머물라'고 일러 주었다. 다음 해 여름 묘문암에서 지내다가 지난번의 계시를 깨닫고 무주암으로 옮겼다. 늘 생각하기를,

"중생의 세계는 줄지 않고 부처의 세계는 늘지 않는다."

라는 화두를 떠올렸다. 어느 날 갑자기 큰 깨달음을 얻었다. 옆 사람들에게 이르기를,

"내 오늘에서야 삼계가 비로소 헛된 꿈임을 알았고 대지가 실낱같은 거리낌도 없음을 알았다."

라고 하였다.[7]

3) 공적담

일연선사의 남긴 빛은 단연 〈삼국유사〉의 저술과 〈고려대장경〉으로 간추릴 수 있다. 〈삼국유사〉를 통하여 꺼져가는 고려 백성들에게 꿈과 자존의식을 불러 일으켰다면, 이를 신앙적으로 뒷받침하기 위한 가시적 업적이 고려대장경 판각 사업이었다. 이들 두 업적이 우리 문화사에 북두칠성으로 빛나는 것이다. 머리로 깨닫고 눈으로 보고 손으로 만질 수 있게 말이다.

---

7) 丙申秋 有兵亂 師欲避地 因念文殊五字呪 以期感應 忽於壁間 文殊現身曰 無住北 明年夏 復居是山妙門庵 庵之北有蘭若 曰無住 師乃悟前記 住是庵 時常以生界不減 佛界不增之語 參究之 忽一日豁然有語 謂人曰 吾今日 乃知三界如幻夢 見大地無纖豪礙(보각국존비명).

① 〈삼국유사〉 편찬

그 어려운 시기에 국사의 몸으로서 짓밟힐 대로 짓밟힌 나라와 겨레의 자존의식을 드높이고 흩어진 민심을 한데로 모으려는 열정은 〈삼국유사〉를 통한 역사의식의 재정립이라 다짐하였다.

단군조선의 건국 시기도 중국의 요순의 시기에 맞추었다. 거기서 기자 조선을 뛰어넘어 위만조선과 〈가락국기〉 등을 중심으로 한 민족주의 사관에 따라서 겸손하게도 유사(遺事)란 이름으로 글을 발표하였다. 〈삼국유사〉가 없다면 어디 가서 향가를 찾을 것이며 가락국기(駕洛國記)의 진면목을 찾을 것인가. 이야기 속에 녹아 배인 우리 겨레의 뿌리와 자존심, 귀족과 왕족만이 판을 치던 세상에서 서민과 미천한 신분의 사람들이 먼저 극락에 가며 내공을 쌓는다는 이야기가 〈삼국유사〉의 뿌리를 이룬다. 특히 기이(紀異) 부분에서는 역사상의 모든 나라의 건국신화는 어떠한가를 민족사관의 관점에서 기술하고 있다. 단군신화를 통해서 일연은 홍익인간(弘益人間)의 멀고 큰 화두를 우리 겨레에게 던져 주었다. 〈삼국유사〉의 기이(紀異)편은 일연선사가 왜 〈삼국유사〉를 짓는가에 대한 의문을 풀 수 있다.

기이가 열쇠말이다. 〈삼국사기〉의 신라와 고구려 그리고 백제를 내용으로 하는 본기(本紀)가 나온다. 〈삼국유사〉의 기이의 기(紀)는 이 본기를 뜻한다. 이(異)는 본기와 다른 내용이라는 뜻이다. 그래서 〈삼국유사〉의 기이편에는 〈삼국사기〉에 나오는 본기와 다른 내용이 담겨 있다는 점을 간과해서는 안 된다. 말하자면 이 기이야말로 용 그림의 눈이요, 심장이다. 주위 모인 승려들이 선사에게 날카로운 질문을 던진다.

"〈삼국유사〉에는 민초들이 바로 극락으로 가기도 하고 용왕이 등장해서 일을 벌이는 이상한 이야기가 많습니다. 어떤 사람들은 큰 스님이 세상 사람들을 속인다고 합니다. 안타깝습니다. 이렇게 신비하고 이상한 이야기가 많이 있는 건 왜 그렇습니까?"

"삶이란 사실을 뛰어넘는 게 있다네. 누구나 이해할 수 있는 이야기를 쓰는 건 좋지만 자기가 모른다고 하여 왕따 시키는 건 그르다고 보네. 신비스런 전설에는 사실인가 아닌가를 떠나 그때 그 시절 사람들의 눈높이로 사실들을 담고 있네. 호랑이 담배 피던 시절에는 그 나름대로의 이야기 방식이 다른 걸 가지고 그게 왜 다르냐고 하는 건 오히려 역사를 그르치는 거지."

한참 묻고 대답하는 가운데 해양 보림사에서 왔다는 남도 선승이 불쑥 나타나 말을 가로채 묻는다. 어색한 얼굴로 좀 못마땅한 표정이다.

"〈삼국유사〉는 신라 서라벌의 얘기가 많습니다. 그래 어떤 이는 '신라유사'가 아니냐고 비난을 하기도 합니다. 큰스님의 이야기를 듣고 싶습니다. 좀 불만입니다."

"〈삼국유사〉를 쓰겠다는 생각은 20대부터였소. 그래 인연 따라 이곳저곳 거처를 옮길 때마다 많은 곳을 답사하곤 했소. 이런 저런 유적과 유물은 물론 마을 사람들의 이야기에 귀를 기울였소. 그러나 내가 살아온 때는 이미 고구려와 백제가 이 땅에서 사라진 지어언 600여 차례의 봄가을이 지나 자료도 많지 않았고 특히 옛 고구려와 백제 땅에는 그리 갈 일이 많지 않았소. 아쉬운 일이지요. 다음 기회에 보완하도록 할 것이요. 아주 좋은 물음인데……."

"큰스님께서 20대부터 꿈꾸어 온 일을 80대에 마무리했다면 정말 많은 곳을 다니셨을 텐데 가장 기억이 남는 일은 무엇입니까?"

"굳이 꼽는다면 황룡사지. 비슬산 시절 보았던 황룡사에서 이 땅이 바로 부처님께서 나타나신 극락이라는 생각을 했소만 훗날 갔을 때는 몽고군들이 불을 싸질러 잿더미가 되었지. 그 안타까움과 슬픔을 어찌 말로 다 하겠나? 힘을 길러야 된다 이거지."

"〈삼국유사〉에는 많은 고승들이 나옵니다. 그런데 딱히 원효(元曉)

스님에게만 성사(聖師)라고 쓰신 이유가 있습니까? 행여 고향이 같기 때문은 아닌가요?"

"어허, 그럴 리가. 성사께서는 제왕의 불교를 평민의 불교로, 내생을 현세로, 산림을 세간으로, 출가를 재가로도 전파시키셨지요. 생활은 가장 중요한 명분이요. 생활 불교에 관심이 있다면 성사를 어찌 본으로 삼지 않을 수 있겠소. 그러나 성사의 뛰어난 점만 남기려 했던 것은 아니요. 오어사의 부분에서 성사는 혜공 스님의 도력에 미치지 못했고 의상 법사는 관세음보살을 친견했지만 성사께서는 뵙지 못했다는 이야기도 있소. 법을 말함에 어찌 구구한 감정이 있을 수가 있겠소?"

② 〈고려대장경〉의 판각 마무리[8)]

뭉치면 산다. 옳은 말이다. 나라는 몽고군에게 점령당하여 신음하는데 아무리 불상 앞에 열흘 아니라 일 년 내내 빈다고 하여도 전혀 달라질 게 없다. 그러나 사람들의 사기란 매우 중요하다. 부처님의 가피로 나라도 되찾고 침략군을 물리칠 수 있다는 굳은 신념과 이에 따른 단결력이 있다면 곧 쓰러질망정 정체성을 잃지 않는다. 일체유심이기에.

수도하던 선승의 몸으로 본인이 할 수 있는 과업이란 바로 백성들의 정신세계에 활력을 불어넣고 격려를 보내는 일이라고 믿었던 것이다. 더욱이 팔공산 부인사에 갔을 때 몽고군의 손에 불타버린 대장경을 둔 장경각을 보고 잿더미로 화한 경주 황룡사 터를 바라보면서 부

8) 己酉鄭相國 晏 捨南海私第爲社 曰定林 請師主之 己未加大禪師 〈중략〉 師之所著 有語錄二卷 偈頌雜著三卷 其所編修 有重編曹洞五位二卷 祖派圖二卷 大藏須知錄三卷 諸乘法數七卷 祖庭事苑三十卷 禪門拈頌事苑三十卷等 百餘卷 行于世 〈중략〉 戊辰夏 有朝旨 集禪教明德 一百員 設大藏落成會於雲海寺 請師主盟 晝讀金文 夜談宗趣 諸家所疑 師皆剖釋如流 精義入神 故無不敬服(보각국존비명).

글부글 끓어오르는 분함을 가라앉힐 수가 없었다. 일연을 모시고 따르던 무극이 나서 재조대장경 마무리에 대한 이야기로 화제를 돌린다.

"스승님의 〈대장수지록(大藏須知錄)〉에는 대장경을 만드는 데 필요한 요강을 기록하셨는데 남해에서 만드신 〈고려대장경〉과 어떤 관련이 있습니까?"

"그렇고말고. 누구나 한 번 읽으면 쉽게 잘 알 수 있도록 해야 새기는 사람이나 증의를 보는 사람이 빠른 시일 안에 판각을 마칠 수 있지."

"여기 부인사에 보관되었던 것은 거의 70년 이상 걸렸는데 재조 때에는 20년밖에 안 걸렸는데 〈대장수지록〉을 보고 했기 때문인가요?"

"그럴 수도 있겠지. 판각에 참여한 이들의 성심과 이를 뒷받침한 정안 거사와 나라의 배려가 한데 어우러진 열매라고 할 수 있지."

석등과 통일 신라 후기의 양식을 가진 3층 석탑이 을씨년스럽다. 일연은 어떡해서든 〈고려대장경〉을 다시 만들어 일으켜 세워야겠다는 결심을 굳힌다. 언젠가 저 석등에 불을 밝히며 조국의 통일과 만국평화를 발원할 날이 있겠지 하면서 떼져 날아가는 겨울 철새들의 군무를 본다. 서산에 해 그림자가 길게 드리워졌을 무렵 일연 일행은 바람 부는 팔공산 기슭을 돌아 내려 선사의 보금자리로 돌아갔다.

오늘날에 와서 〈고려대장경〉은 국보 32호로 되었을 뿐더러 세계기록문화유산으로 지정되었다. 이상의 글에서 보듯이 "대장수지록"이 암시하는 바가 자못 크다. 글자 그대로 풀면 대장경판각을 마무리함에 있어 반드시 알아야(須知) 할 일을 기록한 책이다. 현존하는 판본이 없음은 정말 안타깝다. 대장경의 각판은 고종 23년(1236)에 시작하여 고종 38년(1251) 9월에 불사를 마무리하였다. 일연선사가 남해 정림사의 분사도감에서 증의(證義)를 한 시기가 고종 35년(1249)이니 대장경 판각에 약 3년 동안을 관여한 셈이다.[9)]

지금까지 재조 〈고려대장경〉은 강화도에서 수기(守其) 승통이 대장도감에서 만들고 감리한 것으로 알려져 왔다. 하지만 남해 분사도감에서 일연이 증의한 각판이 상당 부분 있음을 간과하고 있었다. 특히 대장경 팔만여 판목 가운데 판각처가 각인된 것은 종경록(宗鏡錄) 27권 말미에 찍혀 있는 "정미세고려국분사남해대장도감개판(丁未歲高麗國分司南海大藏都監 開板)"이 있을 뿐이다. 더욱이 조당집(祖堂集)은 남해에서 만들어졌다는 기록이 나온다.[10]

4) 인물담

일연선사는 수도자로서 보살수행과 아름다운 시를 쓴 시인이었다. 민족 중심 사관을 세운 역사학자로서, 어머니에 대한 효자로서의 삶을 동아리 지어 볼 수 있다.[11]

① 수도자로서 보살 수행

수도승으로서 일연은, 당시 선종을 대표하는 고승으로서 많은 승려들의 추앙을 한 몸에 받았다. 말년에 인각사(麟角寺)에 머물면서 두 번이나 구산문도회를 열었던 것은 이러한 증거이기도 하다. 당신이 몸 담았던 가지산문을 넘어 선종과 교종 전체를 아울렀던 고승이었

9) 이 밖에도 최근 경북대학교 임산공학과 박상진 교수의, 대장경의 판각 2백매를 대상으로 나무 재질을 조사한 바에 따르면, 벚나무(70%)와 배나무(10%), 후박나무(10%)로 되었는바 이 가운데 후박나무는 남해도에만 자생하는 군락지를 갖고 있음이 밝혀졌다. 남해의 향토사학자 정상운(2002)에 따르면 지명의 분포로 보아 남해분사도감에서 대장경 조조를 했을 개연성을 더해주고 있다.

10) 일본의 조당집 연구가로 널리 알려진 화원대학(花園大學) 국제선학연구소(國際禪學研究所)의 야나기다(柳田) 교수는 조당집이 고려대장경에 20권으로 갈무리되었고 이들이 남해에서 판각되었음을 밝힌 바 있다(김정학(1998), 〈일연선사로 고려대장경을 본다〉, 페이지원, 200-207 참조).

11) 말하자면 현대 민족 사학의 물꼬를 튼 신채호 선생의 학맥으로 보면 된다.

다. 동시에 그는 불교계의 권위를 드높이던 학승이었다. 많은 저술이 있지만 지금은 '〈삼국유사(三國遺事)〉'와 '중편조동오위(重編曹洞五位)'만이 전한다. 참으로 안쓰러운 일이다.

원종 9년(1268) 운해사[12]에서 열린 대장낙성회의 주맹(主盟)으로 일연 스님은 부름을 받았다. 선종과 교종의 이름 높은 스님 100여명이 모여 밤과 낮으로 교리를 토론하고 불경을 읽고 하는 가운데 일연스님은 불교의 그윽한 진리와 영감어린 선의 경지를 보여 모두 경탄해 마지않았다고 비문은 증언한다. 정안의 초청을 받아 남해의 정림사에 머물면서 대장경 간행의 대들보 구실을 하였다. 이렇게 나라가 바람 앞에 등불이 되었을 때 사람들의 마음을 다독이고 추스르는 일이 국사로서의 보살 수행하는 길이라고 믿었던 것이다.

② 시인으로서 열정

쓰지 않고는 견딜 수 없는 충동이 있을 때 시인은 글을 쓴다. 이른바 감정이입을 통하여 자아의 세계화를, 자아의 미륵 화신을 꿈꾸었을 것이다. 거꾸로 쓰라린 현실의 자기화를 통하여 겨레와 자신의 하나 됨에 대한 체험을 통한 형상화를 한다. 아니 표현 이전에 나라를 구하고 걱정하는 선지 피 같은 정서가 그의 글 내면을 흐르고 있었다.

조신(調信) 부분에서 꿈속에 사랑을 맺고 가난과 병마에 시달려 마침내 울며불며 이산가족이 되는 꿈 이야기를 통하여 느낀 정서를 자신의 시를 통해 투영시키고 있다.

즐거웠던 한 때 덧없이 가버렸네
근심과 걱정 속에 그 곱던 얼굴이 다 늙었네.

---

12) 운해사는 일설에 영천의 은해사로 추정하는 주장도 있으나 황해도의 운해사로 상정하는 정상윤(2002)의 주장도 있다. 후자가 개연성이 클 것으로 본다.

어찌 한 끼 좁쌀 밥이 다 되기를 기다리리.

이제 수고로운 인생이 한갓 꿈인 것을 알았다네.[13)]

③ 홍익인간의 주창자

역사가로서의 일연이 지은 〈삼국유사〉는 무엇보다도 우리 겨레의 정체성을 세우기 위하여 지은 대안사서다. 〈삼국사기〉에 없는 단군신화를 실어 몽고의 침략으로 신음하던 그 시기에 겨레의 자주의식을 불러 일으켰다. 〈삼국사기〉에 빠져 있던 작은 나라들도 빠뜨리지 않았다. 그 상징적인 것이 '가락국기(駕洛國記)'다. 〈삼국유사〉가 아니었다면 가야는 설화 정도로 남아 전할 것이다. 만일 〈삼국유사〉의 향가(鄕歌)가 없었더라면 어떻게 우리의 고대문학을 규정지을 만한 언덕을 마련할 수 있었을까. 화쟁사상이 원효의 인본주의 사유라면 이를 좀 더 승화하고 보편화한 것이 단군신화에 나타난 일연의 홍익인간(弘益人間)이었다. 다소 이견은 있을 수 있다. 하지만 민족사관으로서 원효의 맥을 이은 일연의 사관이며 사상이었다고 할 수 있다. 홍익인간은 오늘날 우리나라 교육법에 나타난 교육의 가장 큰 꿈이다. 나아가 인류 평화를 지향하는 유엔의 헌장에 바탕을 이루고 있다. 한국인이 유엔 사무총장을 하고 있음은 결코 우리의 역사와 무관하지가 않다.

마침내 환웅은 잠시 남자로 변해 웅녀와 혼인하였다. 그 뒤 웅녀는 아들을 낳았으니, 그가 단군왕검이다. 왕검은 요임금이 즉위한 50년 뒤인 경인년에 평양에 서울을 정하였다. 나라의 이름을 조선이라 했다. 훗날 서울을 백악산(白岳山) 아래 아사달로 옮겼다. 단군은 천오백년 동안 조선을 다스렸고 주나라 무왕(武王) 즉위년에 기자를 조

13) 快適須臾意已閑 暗從愁裏老蒼顔 不須更待黃粱熟 方悟勞生一夢間

선 왕으로 봉하고 자신은 장당경(藏唐京)으로 들어갔다. 아사달로 돌아와 산신이 되었다. 단군의 나이는 1,908세, 나라를 다스린 지 1,500년이나 되었다.

"어때? 여기 홍익인간이 나오는데, 이는 인간에게 두루 이롭게 한다는 뜻이 아닌가?"

"네, 큰스님!"

일연은 위서(魏書)와 〈고기(古記)〉를 읽고 지금까지 고민하여 왔던 민족의 일체감을 생각하였다. 그리고 그는 이로써 〈삼국유사〉의 첫 문을 열어갔다.

④ 효행과 선행의 추구[14)]

충성이라 함은 사회 정치적인 가치다. 반면 효행은 내 부모형제를 생각하고 이웃을 생각함은 가장 자연스러운 사람의 참 모습이라 할 수 있다. 〈삼국유사〉의 마지막 완성편이 효선이다. 일연 국사는 평생에 원을 하되 홀로 사시는 어머니를 모시고 여생을 마치는 일이었을 것이다. 임금이 선사를 부른 것이다. 사직상소에 대한 만류의 자리였다.

"국존, 어서 오시오, 잘 오셨소. 상한[15)]이나 없으신지요."

"소승은 무탈하오나 전하께서 강녕하신지요."

"국존의 별호가 목암이라 했소이까. 당나라의 효행으로 이름 높은 진존숙 화상의 고향이 목주(睦州) 아니더이까. 진(陳) 화상의 고사를 들려주시겠소. 웬만하면 짐의 옆에 있어 주시오."[16)]

---

14) 養母純孝 慕睦州陳尊宿之風 自號睦庵 年及耄期 聰明不小衰 教人不倦 非至德眞慈孰能如是乎(보각국존비명).

15) 감기를 상한(傷寒)이라 한다. 글자대로라면 추위에 몸이 상한다는 뜻이다. 하기는 감기가 만병의 시초라고 하는 주장도 있으니까 무리가 없는 표현이다.

16) 목암(睦庵). 목주에 살던 진존숙 화상의 효행을 떠올리면서 언제나 어머니를 잊어서는 안 된다는 뜻으로 일연 국사의 별호를 목암이라 하였다.

"진존숙 화상은 고향으로 돌아가서 어머니를 모시고자 평소 수행을 하는 사이에 틈을 내어 짚신을 삼았더이다. 그래서 그 신을 팔아 어머니를 모시고 어머니가 돌아가시고 난 뒤에는 어머니 생각에 만든 짚신을 나그네들이 지나가는 길섶 나뭇가지에 걸어 놓았다고 합니다. 나이 든 분들이 신고 다니라고요. 소승은 진화상의 일을 가슴에 담고 지냈습니다. 저의 어머니는 90평생을 홀로 사셨습니다."

"그래, 고향으로 꼭 돌아가셔야 되겠소?"

"……"

우부승지 염승익이 말을 거든다.

"전하, 국존의 뜻이 간절하오니 윤허하소서."

우부승지의 나지막한 말소리였다. 다른 신하들도 머리를 조아리며 혀를 찼다. 어느 누가 국존이라는 고귀한 자리를 박차고 고향으로 가기가 쉬울까. 회의는 끝이 났다. 임금은 국존을 다시 불렀다.

"다시 생각을 고쳐 돌릴 수는 없으시겠소?"

왕비는 단호하게 말을 잘라 임금에게 명령조다. 마치 자신이 임금이라도 된 듯,

"국사의 뜻대로 보내드리면 될 것 아닙니까. 무얼 그리 말리십니까?"

원나라의 공주 출신인 장목왕비 게리미실의 못마땅한, 그러면서도 내심 잘 되었다는 속내가 선연하다. 날이 밝자 근시 황수명이 모시겠노라고 찾아왔다. 그럴 필요가 없다고 사양하였으나 왕명을 거스를 수는 없다는 것이다. 고향에서 다소 떨어져 있는 화산 인각사로 가기로 한 것이다. 근시가 아뢰었다.

5) 죽음과 부활

① 삶과 죽음이 하나

선사가 임종할 때 대중을 모아 놓고 말씀을 남기시고 숨을 거둔지 한참 되었다. 선원사 정(頂)이 어쩔 줄을 모르고 탑비 세울 장소를 여쭈어 볼 겨를도 없었으니 어찌할 것인가 하면서 대중과 함께 걱정을 하고 있었다. 선사께서 깨어 일어나 대중에게 일렀다.

"여기서 동남쪽으로 사오리 쯤에 숲이 있는데 높낮이가 무덤과 같으니 탑을 세우기가 적합할 것이다."

다비를 마치고 탑 안에 사리를 모시려 할 적에 운홍사 인공이 암자에 있을 때의 꿈 이야기를 하였다. 국존께서 찾아오시니 묻되,

"다비하려는 순간 다시 일어나셨으니 무슨 이치입니까."

국존이 대답하였다.

"죽지 아니한 이치니라."

또 묻기를,

"그럼 불이 능히 태우지 못한 것입니까."

"그러니라."

묻되,

"내일 탑을 세우는데 스님께서는 다시 안 들어가십니까."

대답하기를,

"들어간다."

또 묻되,

"꿈과 생시가 같습니까."

대답하시기를,

"같다."

라고 하였다(중략). 또한 명부의 군사가 국존을 맞이하여 지키며 산신령이 단월에게 이르기를 식량을 준비하라 하였다. 그리고 화장할

때 단정하게 앉아 있었으니 불꽃이 바람의 반대쪽으로 불었다. 임종할 때 금당이 땅에 떨어졌다.[17)]

이렇게 입적을 하신 뒤로 제자인 산립(山立) 스님의 꿈에 보련화를 깐 자리에 국존께서 그 위에 앉아 계시다가 잠시 쉬시려고 내려와 느린 걸음으로 마당을 거니는 것을 보았다. 삶이란 꿈과 같음을 꿈으로 보여준 가르침이었다. 참으로 신비한 이야기 속에 영원으로 향하는 국사의 모습이 아닌가.

라. 〈고려대장경〉 판각

우리는 흔히 고려대장경의 판각 장소를 강화도로 배웠고 그렇게 가르쳤다. 이와는 달리 최근 경남의 남해 지역이라는 주장이 향토사학자인 정상운(2002)에 따라서 제기되었다. 필자가 현지답사와 더불어 근거자료를 고찰한 바, 그럴 개연성이 아주 높다. 앞에서도 지적한 바 있거니와 이를 요약하고 〈비명〉을 토대로 한 담론 구성을 해보기로 한다.[18)] 일연선사가 남해 정림사(定林社)에 주석하면서 〈고려대

17) 今按行狀於其終也 辭衆斂目氣絶已久 今禪源頂公先聲曰 立塔之所 未暇諮稟悔 將何及 衆辭皆同 師從寂定中安詳而起 顧謂衆曰 此東南行四五許里 有林麓起伏隱若古冢 是眞吉祥之地 可安置也 〈중략〉 又茶毗將入塔 今雲興印公 住庵時適夢 師至迎勞問所曰 茶毗而復起 此理如何 師云不死故 進云 恁麽則火不能燒 師云如是如是 又問明日入塔未審 師云入進云 那麽則塔却活 和尙也答語 不記 又問夢同列 答云同 〈중략〉 神人稱符兵而迎衛 山靈告檀越而輸糧 端坐而火焰逆吹 臨去而金幢倒地(보각국존비명).

18) 己酉鄭相國 晏 捨南海私第爲社 曰定林 請師主之 己未加大禪師 〈중략〉 師之所著有語錄二卷 偈頌雜著三卷 其所編修 有重編曹洞五位二卷 祖派圖二卷 大藏須知錄三卷 諸乘法數七卷 祖庭事苑三十卷 禪門拈頌事苑三十卷等 百餘卷 行于世 〈중략〉 戊辰夏 有朝旨 集禪敎明德 一百員 設大藏落成會於雲海寺 請師主盟 晝讀金文 夜談宗趣 諸家所疑 師皆剖釋如流 精義入神 故無不敬服(보각국존비명).

장경〉을 조성하였을 논거는 다음의 몇 가지로 간추릴 수 있다.

① 분사남해대장도감(分司南海大藏都監)이라고 판각된 것이 종경록(宗鏡錄) 권 27에 정미세고려국분사남해대장도감개판(丁未歲高麗國分司南海大藏都監開板)이란 기록이 유일한 바 그밖에 달리 판각지명을 명시한 경판이 없다. 여기에 일본의 야나기다(柳田) 교수가 밝힌 조당집(祖堂集)에 남해분사도감이 나옴을 지적하고 있다.[19]

② 일연선사가 대장경 낙성법회의 주맹(主盟)을 맡았다.

③ 대장경 마무리 단계인 시기(1249-1251)에 감리감독을 하는 증의(證義)를 맡아 경판 조성의 모든 과정을 총괄하였다. 이때 증의를 함에 필요한 요강을 적은 〈대장수지록(大藏須知錄)〉을 지어 증의 요원을 교육하였다. 말 그대로 '대장수지'란 대장경을 증의함에 반드시 알아야 할 점을 간추려 적은 것이다. 다만 현전하는 자료가 없음이 안타까울 따름이다.

④ 판각의 재료가 되는 나무 성분을 보면 산벚나무(70%), 돌배나무(10%), 후박나무(10%) 등으로 된 바, 여기서 후박나무의 그 군락지는 남해섬 외에서는 찾기가 어렵다.

⑤ 임금이 피란을 간 강화도에서는 전란의 와중에 판각 작업이 현실적으로 불가능하다.

⑥ 대장경 판각을 하였다는 강화도의 선원사는 최우가 1245년에 세

19) 유전성산(柳田聖山), 〈초기선종사(初期禪宗史)〉, 김영사, 2002 참조.

운 원찰이다. 판각작업이 1248년에 다 되었고 이를 남해 정림사에서 일연의 증의 과정을 거쳐 만들어져 선원사로 옮겨졌음을 고려하면, 선원사에서 판각을 하였을 가능성은 매우 적어 보인다.

아울러 그 많은 경판을 만들려면, 다음의 몇 가지 조건이 충족되지 않으면 이루어질 수 없다. 따라서 그 조건들을 크게 몇으로 나누어 제시해 보기로 한다.[20]

(가) 판각에 소요되는 나무를 쉽게 마련할 수 있어야 한다. 남해가 적지로 된 것은 남해와 지리산을 잇는 섬진강의 수운이 좋다는 점이다. 지리산의 산벚나무, 돌배나무와 자작나무 그리고 남해의 후박나무 등이 경판에 필요했을 것이다. 섬진강을 통하여 많은 나무를 쉽게 운반할 수 있다. 홍수 때를 잘 맞추면 남해의 관음포 안쪽까지도 운반했을 것이다.

(나) 나무의 운반과 관련하여 생긴 지명으로 추정되는 곳은 달실과 어서리가 있다. 달실(樣室, 月谷)과 건너편의 어서리는 관음포로 들어가는 길목이다. 호리병의 모가지와 같은 곳이다. 어서리란 어원으로 보아도 그럴 가능성이 크다. 어서리를 형태분석하면 '엇(母)+어리(한 끝은 묶고 다른 끝은 벌려 세운 장대)'[21]로 포구의 생김새와 관련하여 말하자면 호리병 같은 포구의 목으로 들어가 널리 퍼지는 모양으로 나무를 저장하는 곳이다. 엇(母)은 기항지랄까 나무를 저장하는 터전을 뜻하는 것으로 보인다. 달실만 해도 그렇다. 달실의 달(樣)은 '박달나무' 혹은 '수채'를 말한다. 수채가 무엇인가. 집안에서 허드렛물을 흘려버

20) 정상운, 〈고려대장경 판각흔적〉, 한글마당, 2002 참조.
김정학, 〈일연선사로 팔만대장경을 본다〉, 페이지원, 1998 참조.

21) 喬杆三木束頭闊開其根以積穀者俗名어리 〈물명 3:3〉.

리게 하는 시설 곧 개수시설이다.[22] 그러니까 밀물 때 필요한 나무가 들어간 뒤에는 썰물 때 박달나무로 엮어서 어리를 만들어 나무가 못 빠져 나가게 하는 물을 가누는 수리시설로 하여 달실이란 이름이 생긴 것으로 보인다.

(다) 판각을 위한 나무의 가공 공간과 관련한 지명으로는 덤벙내와 가매소가 있다. 썰물 때는 민물이 들어오고, 밀물 때는 바닷물이 들어와 나무의 진을 빼고 재질을 고르던 장소를 이른다. 그런 장소가 말하자면 덤벙소에 나무를 물속에 잠기게 해서 일정 기간 두는 곳이다. 가매소는 어떤가. 물에 떠 있던 목재가 가라앉으면 그 상태로 나무의 숙성도를 높이는 곳이고, 가마소는 나무를 찌거나 말리는 가마가 있던 장소로 나무를 말리던 공간을 이른다.

(라) 경판의 판각을 하던 장소며 경판을 하는 과정에 쓰이는 여러 가지 부대기구나 시설을 이르는 곳과 이를 저장하여 보관하는 장소가 있었을 것으로 추정되는 지명이 보인다. 서실모(書室-)는 판각을 하기 위하여 종이에 불경을 필사하고 틀린 글자를 증의함에 관련된 종이를 관리했던 지소골(紙所谷), 종이의 원료인 닥나무를 길렀던 한지골, 경판의 판각을 하고 보호를 했던 대사마을(大寺--)이 있다. 여기 대사를 정상운(2002:199)에서는 큰 절이 있었던 마을이 아니고 큰절 같은 마을이란 풀이를 했다.

다시 관음포 안쪽에 포상(浦上)마을이 있다. 이곳에 게뫼(偈山), 게상(偈上)으로 대장경을 판각하던 마을과 경판 작업을 한 대청마루가 중심이 된 청주배미, 각수들과 기술자들의 도구

22) 槎, 所以洩水也 〈類編〉.

를 관리하던 장구배미, 경판 작업 현장의 경계구역을 지정한 벅시배미가 있다. 여기 벅시란 장승을 이른다. 예전에 장승이란 이정표나 마을의 경계 곧 살피(柈)를 삼기 위하여 장승, 남해말로 벅시를 세웠던 곳이다.

특히 빗게(剸偈)가 눈에 띄는 지명이다. 이는 경판에 게송을 새기던 곳이란 말이니 모든 남해의 지명 가운데 용 그림의 눈이라고 할 수 있다. 작업현장은 물론 마실 물로 사용했던 참새미며 나무의 운송과 판각 공정에 짐승을 매어두었던 말뚝이 있었던 말배미, 경판각 마을을 보호했던 방죽이며 경판을 보관했던 오실마을(奧室), 판각에 사용하는 연장을 생산하던 관당리—옛 지명은 에로리(恚爐里, 홍골, 날골, 대장간)—가 있다.[23] 대장도감에서 공적으로 경판의 출입을 통제하던 공진날(公陣津)이 있다.

(마) 앞에서 이른 이러한 여러 가지 남해의 분사대장도감을 한눈으로 감독하고 외적의 침입을 감시할 수 있던 곳이 있어야 하는데 그곳이 바로 대국산성(大國山城)이다. 일제 강점기에 대국산성(大局山城)이라 하여 마치 바둑판의 형국을 이르는 이름으로 바꾸어 놓았다.[24]

마. 마무리

〈비명〉에 드러난 일연의 인물 특성을 이야기하기의 관점에서 살펴보려 한 것이 이 장의 목적이었다. 아울러 제대로 자리매김되지 않은

23) 에로리를 홍골이라고도 이르는바 여기서는 대장간이 있었던 곳으로 상정된다. 에로리의 로(爐)가 있음으로 그리 추정할 수 있다.

24) 정상윤(2002:302)에서는 대국산성을 분사남해대장도감의 자리로 추정하고 있다. 그럴 개연성이 높아 보인다.

〈고려대장경〉 판각지가 남해임과 더불어 일연이 판각 과정에 관여하고 주도적인 역할을 하였다는 주장의 옳음을 살펴보려 하였다. 이야기 순서로는 먼저 일연이 살다 간 당시의 역사적인 배경과 비명을 중심으로 한 그의 생평과 〈비명〉의 속내를 콘텐츠로 한 담론 갈래별 스토리텔링의 화소들을 중심으로 살펴보았다. 아울러 이 〈비명〉에 나타난 일연의 〈고려대장경〉 판각 관여와 지명으로 본 남해의 판각 장소 이야기를 함으로써 일연의 삶과 그가 남긴 빛을 알아보았다. 이를 간추리면 다음과 같다.

(1) 일연은 원나라의 침략과 최씨 일파의 무단정치로 야기된 내우외환의 시기에 짓밟힐 대로 밟힌 나라와 겨레에게 자존감과 용기를 주고 대동단결의 하나됨 곧 일연(一然)을 동기화하려 하였다. 국사로서 일연은 민족사관을 정립했고 홍익인간(弘益人間)을 표방한 역사가로서, 그 이념과 이상을 적절한 언어미학으로 형상화하였던 승려이자, 시인이었다.

(2) 그는 늙고 병든 어머니를 모시기 위하여 국사의 자리도 내놓고 고향으로 내려온 효자였다. 아울러 그는 가장 인간미 넘치는 한 생애를 살았던 우리 역사에서 가장 뛰어난 이야기꾼이었다. 단적으로 우리 문화사에 빛나는 스토리텔러의 큰 별이요, 한국의 사마천이었다. 그 증거로 국보 306호인 〈삼국유사〉를 들 수 있다.

(3) 그동안 강화도를 중심으로 수기(守其) 승통이 주도하여 만들었다는 국보 32호이자 세계 기록 문화유산인 〈고려대장경〉은 지명과 일연의 역할기대와 시대적 정황을 보아 남해 정림사에서 상당 부분 선사의 감리로 마무리되었다. 선사가 지은 〈대장수지

록(大藏須知錄)〉이 결정적인 정보다. 이는 '대장경을 마무리하는 데 반드시 알아두어야 할 요록'이란 뜻이기에 그렇다. 다만 그 자료가 남아 전하지 않음이 안타까울 따름이다.

(4) 〈비명〉을 바탕으로 하여 스토리텔링 함으로써 콘텐츠로 만들 수 있는 놀이 학습으로서의 개연성이 있음을 확인하여 보았다. 스토리텔링에서 가장 핵심요소가 주요 인물의 캐릭터적인 특성을 두드러지게 하는 일이다.
앞에서 살펴본바, 일연은 자신이 처한 아픈 시대적 상황을 넘어 우리 겨레의 정신과 문화사에 〈삼국유사〉와 〈고려대장경〉이라는 빛을 남겼다. 원효의 화쟁(和諍) 사상을 승화하여 '홍익인간(弘益人間)'의 꿈을 심은 겨레의, 인류문화의 큰 바위 얼굴이라고 할 수 있다.

아픔은 씻어버려 강물에 흘려
더불어 살라고 은공은 돌비에

유사는 꿈길인가 사기와 함께
한 몸 되는 꿈을.

정호완

대구대 명예교수, 시조시인
〈삼국유사〉사업추진위 대표
〈삼국유사〉문인협회 대표
세종기념사업회 역주위원
한국문인협회
민조시학 천료
문학세계 신인상
시조문학 작가상
경북문화상
홍조근정훈장
우리말의 상상력 1-2
그 밖 30여 권의 저서
hwjeong@daegu.ac.kr

삼국유사의 상상력 값 14,000원

2013년 8월 20일 1판 1쇄

저 자 정 호 완
발 행 인 임 삼 규
발 행 처 **지 문 당**
주 소 413-756 경기도 파주시 광인사길 85(본사)
110-360 서울시 종로구 돈화문로 82(서울사무소)
등 록 1997. 12. 30. 제406-2003-000038호
영 업 부 (02)743-3192~3 팩스(02)742-4657
전자우편 sale@jimoon.co.kr
편 집 부 (02)743-3096~7 팩스(02)743-0227
전자우편 edit@jimoon.co.kr
홈페이지 www.jimoon.co.kr

ISBN 978-89-6297-154-5

이 도서의 국립중앙도서관 출판시도서목록(CIP)은 e-CIP홈페이지(http://www.nl.go.kr/ecip)와 국가자료공동목록시스템(http://www.nl.go.kr/kolisnet)에서 이용하실 수 있습니다.
(CIP제어번호: CIP2013013948)